Das Buch

Der Zusammenbruch des internationalen Finanzsystems im Jahr 2008 kam alles andere als überraschend. Denn seit über zwei Jahrzehnten finden unter der Oberfläche der globalen Wirtschaft massive Verschiebungen statt. USA, China und Indien ringen um die weltwirtschaftliche Dominanz und haben eine Krise forciert, die den ganzen Globus erschüttert. Die kommende globale Depression wird vor allem für die Menschen in den westlichen Industrienationen existenzbedrohend sein: Wohnungsmieten steigen auf bis zu 30 Euro pro Quadratmeter, der Liter Benzin kostet 5 Euro, die Arbeitslosigkeit schnellt nach oben. Der Wert von Kapitalanlagen sinkt, und selbst Anleihen und Rentenpapiere sind keinesfalls mehr sicher. Seine Warnungen und Prognosen hat der angesehene Wirtschaftsprofessor Max Otte, schon lange bevor sie sich bewahrheiteten, mit vielen Fakten und Argumenten untermauert. »Seine vorausschauende Analyse war eine der wenigen, die das mögliche Ausmaß der Finanzkrise vorhersahen.« (Prof. Harold James, Princeton University)

Das heißt aber nicht, dass Sie nichts gegen die Krise tun können. Börsenexperte Otte zeigt in einem 7-Punkte-Programm, wie Schulden reduziert werden können, warum bestimmte Aktien sicherer sind als Immobilien, warum Gold immer noch die Krisenanlage Nummer eins ist und wie Sie Ihr finanzielles Rettungsboot bauen.

Ein alarmierendes und nützliches Buch!

Der Autor

Max Otte hat in Princeton promoviert, ist Professor an der Fachhochschule Worms und Leiter des von ihm gegründeten Instituts für Vermögensentwicklung (IFVE). Er hat acht Bücher geschrieben und war Dauergast im *Börsenspiel* auf 3sat. *Der Crash kommt* wurde ein überragender Bestseller.

Von Max Otte ist in unserem Hause außerdem erschienen:
Investieren statt sparen

Max Otte

Der Crash kommt

Die neue Weltwirtschaftskrise
und was Sie jetzt tun können

Ullstein

Besuchen Sie uns im Internet:
www.ullstein-taschenbuch.de

Umwelthinweis:
Dieses Buch wurde auf chlor- und säurefreiem Papier gedruckt.

Komplett aktualisierte und erweiterte Neuausgabe
im Ullstein Taschenbuch
1. Auflage Februar 2009
4. Auflage 2009
auf Basis der 15. Auflage der Taschenbuchausgabe 2008
© Ullstein Buchverlage GmbH, Berlin 2006/Econ Verlag
Umschlaggestaltung: HildenDesign, München
(unter Verwendung einer Vorlage von Etwas Neues entsteht, Berlin)
Titelabbildung: LWA/Getty Images, München
Grafiken: Peter Palm, Berlin
Satz: LVD GmbH, Berlin
Gesetzt aus der Legacy und LegacySan
Druck und Bindearbeiten: CPI – Ebner & Spiegel, Ulm
Printed in Germany
ISBN 978-3-548-37290-7

Die Recherchen in diesem Buch wurden mit äußerster Sorgfalt erarbeitet. Sie sind jedoch nicht als Aufforderung zum Kauf oder Verkauf von Wertpapieren und Vermögensgegenständen zu sehen. Eine Haftung können Verlag und Autor nicht übernehmen.

Für
Sophie Elisabeth
und
Carl Jonathan

Inhalt

Vorwort zur aktualisierten Taschenbuchausgabe	11
Einleitung zur Originalausgabe 2006	13

TEIL I

Warum die Krise kommt	21
Das wandernde Zentrum	53
Das Imperium der Schulden	84
Finanzderivate und der Verfall der Wirtschaftssitten	110
Die Dollarschwemme und das Versagen der Notenbanken	136
Japan und das Gespenst der Deflation	168
Europa in der Weltwirtschaftskrise	189

ZWISCHENBILANZ

Die Welt in der Finanzkrise	217

TEIL II

So bringen Sie Ihr Geld sicher durch die Krise – was Sie jetzt tun sollten	249
Kapitalanlagen für die Krise	288
Große Checkliste: die wichtigsten Fragen und Antworten zur Finanzkrise	331

ANHANG

Anmerkungen	345
Kommentierte Linksammlung	367
Quellenverzeichnis	369
Dank!	378

Vorwort zur aktualisierten Taschenbuchausgabe

Als ich im Jahr 2005 über ein Buch nachdachte, mit welchem ich auf die gravierenden Risiken im Weltfinanzsystem aufmerksam machen wollte, freute ich mich, dass Jürgen Diessl, der Verlagsleiter des Econ-Verlags, den Mut hatte, den Titel zu veröffentlichen, und mir kurz entschlossen zusagte.

In meiner Analyse schrieb ich all das nieder, was mir auf dem Herzen lag. Ich wollte weitergeben, wie Sie sich auf die Krise vorbereiten und vor ihr schützen konnten. In Politik und Medien bekamen Sie meine Argumente damals überhaupt nicht oder nur sehr selten zu hören. Also war das Medienecho auf das Buch zunächst auch eher verhalten.

Aber meine Warnung stieß bei sehr vielen Menschen auf große Resonanz. Neben anderen interessieren sich Ärzte, Unternehmer, Handwerker und Steuerberater für meine Thesen – kurzum: Menschen, die man als Repräsentanten des Mittelstands ansehen kann. Binnen eines Jahres wurde der Titel insgesamt achtmal aufgelegt und hielt sich hartnäckig auf den oberen Plätzen der Wirtschaftsbestsellerlisten.

Nun hat der Ullstein-Verlag eine aktualisierte Taschenbuchausgabe herausgegeben. Nach den massiven Rettungsaktionen der Staaten im September und Oktober 2008, die in dieser Form nicht vorherzusehen waren, lässt sich in etlichen Bereichen besser erkennen, wohin die Reise gehen wird. In der vorliegenden aktualisierten Ausgabe ziehe ich eine Zwischenbilanz der Krise und sage Ihnen, was Sie aus meiner Sicht jetzt tun sollten, um Ihr Vermögen zu schützen.

Die Gefahr ist noch lange nicht gebannt. Viele Sünden der letzten Jahrzehnte werden sich erst in den nächsten Jahren zeigen. In den USA werden die Häuserpreise weiter fallen. Die hohen Kreditkartenschulden müssen tendenziell zurückgeführt werden, was den Konsum zusätzlich belastet. Die zuletzt nur künstlich am Leben gehaltene Autokonjunktur muss einbrechen. An den Folgen der Finanzkrise werden wir nach meiner Einschätzung drei bis fünf Jahre zu tragen haben. Bestenfalls bekommen wir eine scharfe Rezession. Im schlimmsten Fall will ich auch trotz der vielen Rettungsaktionen die große Weltwirtschaftskrise nicht ausschließen. Das chinesische Bankensystem ist zum Beispiel labiler als gemeinhin angenommen. Und sollten die schon angekündigten Stützen für verschiedene Industrien in einen internationalen Subventionswettlauf ausufern, würde das die Staatshaushalte zusätzlich belasten.

Der Crash kommt ist auch ein politisches Buch: Es soll Bürgerinnen und Bürgern die Augen öffnen für das, was hinter den Kulissen geschieht. Wenn viele Menschen sich auf die Krise vorbereiten und dann überlegt handeln, schafft dies zumindest eine gewisse Stabilität. Dabei wird es allerdings wohl leider bleiben. Von der Finanzbranche selber und von der Politik können wir nicht allzu viel erwarten. Hier mache ich mir keine Illusionen. Ich zitiere den bekannten US-Ökonomen John Kenneth Galbraith: »Das Verantwortungsbewusstsein der Finanzbranche für die Allgemeinheit ist nicht etwa gering. Es ist nahezu nicht vorhanden. Vielleicht ist dies im System begründet. Sich gegen den Wahnsinn auszusprechen könnte bedeuten, diejenigen zu ruinieren, die sich von ihm haben hinreißen lassen. Deswegen schweigen die weisen Männer der Wall Street lieber. Die Narren haben das Feld für sich. Niemand pfeift sie zurück.«[1]

Nach ihren – im Großen und Ganzen in der Sache berechtigten – Rettungsaktionen ist die Politik leider wieder zum Tagesgeschäft übergegangen. Kaum ein Spitzenpolitiker wird sich ernsthaft und lange mit den Fehlern der Vergangenheit beschäftigen – das wäre auch für viele Politiker allzu peinlich. Damit ist die Chance, dass diese Krise zu einer grundlegenden Neuausrichtung unserer Politik gegenüber den Finanzmärkten führt, nahezu null, selbst wenn jetzt überall etwas anderes zu hören ist.

Weil Politik und Finanzwelt sich höchstwahrscheinlich nicht gänzlich neu orientieren werden, ist es unerlässlich, dass Sie weiter mit einem offenen und kritischen Verstand die Entwicklung beobachten und in Finanzfragen Ihr eigener Chef sind. Wer Geld anlegt, ist Kaufmann (oder Kauffrau) und muss immer kaufmännische Vorsicht walten lassen. Die aktuellen Hinweise in diesem Buch können Ihnen dabei helfen.

Köln, im Februar 2009
Prof. Dr. Max Otte

Einleitung zur Originalausgabe 2006

Ich kann Ihnen nicht sagen, ob der Crash im Jahr 2008 kommt. Vielleicht ist es 2007 schon so weit, vielleicht erst 2009 oder 2010. Menschliches Verhalten – und um nichts anderes handelt es sich bei dem Ausbruch einer großen Wirtschaftskrise – lässt sich nicht mit mathematischer Präzision voraussagen, auch wenn es bestimmte Krisenpropheten immer wieder versuchen. Einige der stärksten Hinweise deuten eher auf das Jahr 2010, andere schon auf Ende 2007. Aber wenn ich die Zeichen richtig verstehe, die uns die Weltwirtschaft derzeit überall hinterlässt, dann muss es krachen – und zwar mit einer gewaltigen Wucht.

Seit über zwei Jahrzehnten finden unter der Oberfläche der globalen Wirtschaft massive Verschiebungen statt. Irgendwann müssen sich diese aufgebauten Spannungen wie bei einem Tsunami entladen, um ein etwas strapaziertes Bild zu gebrauchen. Und wie bei einem Tsunami trifft die Entladung auf Personen, die keinesfalls damit gerechnet haben und die sich wenige Minuten zuvor noch in Sicherheit wähnten. Wenn ich mit meinen Analysen richtig liege, dann bereiten Sie sich lieber früher als später auf die Krise vor. Es ist höchste Zeit.

Besonders betroffen ist der Mittelstand in den westlichen Industrienationen. Diejenigen in Nordamerika, Japan und Europa, die heute noch einen festen Arbeitsplatz in einem großen Unternehmen oder in einer Organisation innehaben, sind bislang Nutznießer der

Globalisierung. Die letzten beiden Jahrzehnte haben ihnen einen nie zuvor vorhandenen Wohlstand gebracht. Zwar fallen auch in Europa und Japan immer mehr Menschen durch die sozialen Netze, aber der Mehrheit geht es wesentlich besser, vergleicht man die Situation mit der, die noch vor zwanzig oder dreißig Jahren herrschte. Materiell stand ein Industriearbeiter in Deutschland in den sechziger Jahren schlechter da als heute die meisten Sozialhilfeempfänger. Welcher Haushalt hatte denn 1980 schon zwei Autos? Wer leistete sich einen Fernurlaub? Handys, Faxgeräte und das Internet waren unbekannt, gerade kamen in dieser Zeit die ersten Homecomputer auf den Markt. Und wenn ich durch Deutschland fahre, sehe ich riesige Wohnsiedlungen mit neuen und großen (wenn auch nicht immer besonders geschmackvollen) Einfamilienhäusern, die erst in den letzten fünfzehn Jahren an den Stadträndern oder im Grünen gewachsen sind.

Wir ahnen seit einigen Jahren, dass dieser automatische Fortschritt vorbei ist. Worauf sich aber wenige Menschen in den westlichen Industrienationen einlassen, ist die Möglichkeit, dass es zu einem Crash der Weltwirtschaft kommen könnte und dass das globale Wohlstandsniveau, insbesondere das des Westens, einen empfindlichen und lang währenden Rückgang durchmachen muss. Noch dazu verschließen wir systematisch die Augen davor, dass dieser GAU mit jedem Jahr wahrscheinlicher wird. In der heutigen, stark verflochtenen Weltwirtschaft hätte er dramatische Folgen, die jeden Einzelnen unmittelbar betreffen würden.

Zwangsläufige Lohn- und Gehaltssteigerungen gehören der Vergangenheit an, was wir mittlerweile begriffen haben. Können Sie sich vorstellen, dass

- die Inflation wieder auf zweistellige Raten ansteigt?
- die Sparvermögen und Lebensversicherungen (immer noch der Deutschen liebste Geldanlagen) innerhalb weniger Jahre radikal entwertet werden?
- Sie amerikanische Dollars, britische Pfund oder japanische Yen nur noch mittels staatlicher Genehmigung oder Zuteilung erhalten?
- der Liter Normalbenzin drei, vier oder fünf Euro kostet?
- die Heizungs- und Energiekosten explodieren?

- Sie als »normaler« Mieter Quadratmeterpreise von 20 oder 30 Euro zahlen müssen?
- es vielleicht gar keinen Euro mehr geben wird, sondern wieder nationale europäische Währungen?
- Sie Ihre geliebten Shrimps, die meistens aus Peru oder Thailand stammen, nicht mehr im Regal Ihres Supermarkts finden werden, weil sich das Angebot stärker auf europäische Waren konzentrieren muss? (Statt Shrimps können Sie genauso gut Austern, Auberginen, chinesische Textilien, südafrikanische Weine oder andere Waren einsetzen.)
- der Staat in vielen Bereichen (Krankenversorgung, Rentenversicherung, Schulen und Hochschulen) seine Leistungen in einem heute überhaupt noch nicht diskutierbaren Ausmaß einschränken wird?

und

- trotzdem immer weniger Menschen in Europa Arbeit haben?

Wenn nicht, haben Sie wahrscheinlich wichtige Entwicklungen bislang nicht in Erwägung gezogen, die Ihre Lebensplanung massiv verändern könnten.

Ich möchte nicht mit Ängsten spielen. Krisenpropheten hat es schon immer gegeben. Manchmal lagen sie richtig, oftmals aber falsch. Aber die Krise wird dennoch kommen. Dies ist meine einzige Warnung. Ich hoffe, dass meine vorliegenden Analysen Sie überzeugen und Sie die Anzeichen mit Ihrem eigenen Verstand deuten. Panik will ich nicht verbreiten. Im Gegenteil: Wer vorbereitet ist, wird nicht in Unruhe verfallen, wenn das Unheil tatsächlich naht. Durch eigenes besonnenes Handeln wird die Krise vielleicht sogar etwas abgemildert. Ich gebe mich dennoch keinen Illusionen hin: Die Mehrzahl der Menschen wird völlig unvorbereitet sein, wenn das Unglück über sie hereinbricht.

Wenn selbst Warren Buffett, der durch Langfristanlagen in ausgewählten Qualitätsaktien das nach Bill Gates zweitgrößte Vermögen der Vereinigten Staaten aufgehäuft hat, skeptisch wird, sollten Sie sich ernsthafte Gedanken machen. Man kann Buffett wirklich nicht zu den Krisenpropheten zählen. Seit 2003 ist er davon überzeugt, dass die USA dabei sind, ihre Zukunft zu verpfänden und dass es höchste Zeit ist, das amerikanische Handelsbilanzdefizit einzudämmen.[1]

George Soros, der Altmeister der globalen Spekulation, gründete mit seinem Quantum Funds einen der ersten und profitabelsten Hedge-Fonds überhaupt und verdiente mit Spekulationsgeschäften seit den sechziger Jahren ein Milliardenvermögen. Er warnte im Januar 2006 erstmalig vor einer ernst zu nehmenden Rezession in den USA und sah diese für das Jahr 2007 als wahrscheinlich an.[2]

Buffett und Soros sind zwei Investoren, wie sie unterschiedlicher nicht sein könnten: einerseits der solide Langfristinvestor aus der Mitte Amerikas, andererseits der nach 1956 aus Ungarn geflüchtete Einwanderer mit einem Hang zu gewagten Spekulationen. Aber es sind zwei Männer, auf die man hören sollte. Bei ihren Investmententscheidungen haben sie sich selten geirrt.

Krisen zu prognostizieren ist notorisch schwierig. Seit über zwei Generationen hat die Welt keine große Deflation und Depression erlebt. US-Starprognostiker Robert Prechter, der auch den Bullenmarkt der achtziger und neunziger Jahre vorhersah, prognostizierte 2002 eine Depression für die Jahre nach 2003. Seine Voraussage hat sich bislang nicht erfüllt.[3] Der amerikanisch-indische Ökonom Ravi Batra hatte zuvor für 1990 und dann noch einmal für 2000 eine große Depression prophezeit. Beide Male kam es anders. Paradoxerweise haben viele seiner Analysen dennoch bis heute Bestand – die wirtschaftlichen Ungleichgewichte haben sich nur in einem Ausmaß verschärft, das Batra nicht für möglich gehalten hatte. Angesichts dieser Dimension hätte es nach seiner Auffassung schon längst zu einer großen Krise kommen müssen.[4]

Innerhalb der Zunft der Ökonomen werden Sie kaum einen etablierten Kollegen finden, der Depressionen prognostiziert. Sämtliche Voraussagen von Wirtschaftsforschungsinstituten gehen bestenfalls von einem nahenden leichten Abschwung aus, niemals von einer schmerzhaften Depression. Schnupfen darf die Weltwirtschaft gelegentlich haben, die Möglichkeit einer ernsthaften Erkrankung wird standhaft geleugnet.

Auch aus einem zweiten Grund ist dies kein Wunder: Wirtschaftsinstitute werden mit Staats- und Verbandsgeldern bezahlt – da lohnt sich der Zweckoptimismus. Über die Möglichkeit langer Krisen spricht man als gutes und angepasstes Mitglied der Ökonomenzunft deshalb nicht. Und wenn man es doch macht, riskiert man die soziale Isolation. Sollten die Krisenprognosen dann auch noch aufgehen, können Kassandra-Rufer erst recht nicht damit rechnen, nachträglich rehabilitiert zu werden. Den Überbringern schlechter Nachrichten wurde dies selten gedankt.

Das vorliegende Buch ist für Menschen geschrieben, die ihren gesunden Menschenverstand benutzen wollen und sich noch nicht komplett von den trügerischen Sirenengesängen aus Politik und der Finanzbranche haben betäuben oder verwirren lassen. Meine Daten können Sie nachprüfen. Sie sind öffentlich zugänglich – die meisten sogar mit nur wenigen Klicks im Internet. Regierungseinrichtungen und internationale Institutionen übertrumpfen sich nämlich gegenseitig darin, uns mit Informationen zu überschütten. Vielleicht spielt dabei die Hoffnung mit, dass wir dann den Wald vor lauter Bäumen nicht mehr sehen.

Als Vermögensberater wäre ich mit einer optimistischen Prognose sicherlich besser bedient. Menschen lassen sich leichter mit der Aussicht auf hohe Gewinne ködern als mit dem Wissen, wie sie Verluste vermeiden können. Für Ihr Vermögensmanagement ist jedoch beides gleich wichtig. Unabhängig davon fühle ich mich – ähnlich wie ein Arzt der Gesundheit seiner Patienten – Ihrem Vermögen verpflichtet. Und aus diesem Grund muss ich meine Krisenwarnung aussprechen. Es lohnt sich, darüber nachzudenken.

Übrigens: Wenn Sie meinem Rat folgen, ist Ihr Risiko begrenzt. Im schlimmsten Fall haben Sie etwas weniger Geld verdient als andere, im besten Fall aber Ihr Vermögen gerettet, während Millionen andere in den Ruin rutschten.

Das Buch ist in zwei Teile gegliedert. Im ersten Teil erläutere ich, warum aus meiner Sicht die Krise eintreten wird, zudem analysiere ich einzelne Ursachen. Überlebensstrategien zeige ich dann im zweiten Teil auf. Lesen Sie, warum die Krise kommen muss. Prüfen Sie meine Argumente – und bereiten Sie sich vor! Noch können Sie handeln.

Princeton und Worms im Sommer 2006,
Prof. Dr. Max Otte

TEIL I

Viel mehr ist über Wirtschaftskrisen, Euphorie und Panik geschrieben
worden, als wir auch mit dem umfassendsten Intellekt zu verfolgen
vermögen; aber eine Sache ist sicher, dass nämlich zu bestimmten Zeiten
viele dumme Menschen eine sehr große Menge dummen Geldes halten ...
Zu gewissen Zeiten ist das Kapital dieser Leute – wir nennen es das »blinde
Kapital des Landes« – besonders groß und anlagebedürftig;
es sucht jemanden, der es verschlingt, und es entstehen
»neue Anlagemöglichkeiten«; es findet diese und es blüht die
»Spekulation«; es wird verschlungen und es gibt eine »Panik«.

Walter Bagehot,
englischer Finanzjournalist[1]

Warum die Krise kommt

In den vergangenen fünfundzwanzig Jahren war es trotz aller Umwälzungen trügerisch ruhig in den westlichen Ökonomien. Der
scheinbar unaufhaltsame Fortgang der Globalisierung hat die Illusion genährt, dass große Weltwirtschaftskrisen der Vergangenheit angehören. Zwar gibt es viele Verlierer dieses Prozesses, aber
die Weltwirtschaft insgesamt schien mit einer geradezu logischen
Gesetzmäßigkeit immer leistungsfähiger zu werden und in der
Summe immer mehr Menschen zu materiellem Wohlstand zu ver-
helfen.

Es ist höchste Zeit, diese Annahme in Frage zu stellen. Nach allem, was mir meine Daten sagen, ist eine Weltwirtschaftskrise in
den nächsten fünf Jahren sehr wahrscheinlich. Die Globalisierung
selbst hat eine große Blase erzeugt, die über kurz oder lang entweder schnell platzen oder langsam in sich zusammensinken muss.
Zwar weist die gesamtwirtschaftliche Statistik in den Industrienationen noch überwiegend gute Zahlen auf, aber viele Menschen
beschleicht bei der Wirtschaftsentwicklung der letzten Jahre doch
ein ungutes Gefühl. Zu Recht: Der Aufschwung der jüngsten Ver-

gangenheit war zu großen Teilen eine Scheinblüte, getragen durch eine Aufblähung der Geldmenge – und zwar auf Kosten immer ungesunderer Wirtschaftsstrukturen.

Seit der Großen Depression von 1929 betreiben die westlichen Industrienationen, allen voran die USA, bewusst oder unbewusst eine Politik der Ausdehnung von Kredit und Geld. Die Weltbank und der Internationale Währungsfonds (IWF) haben das trotz des Rufs, den sie vor allem in Entwicklungsländern haben, im Großen und Ganzen voll unterstützt. Durch diese leichtsinnige Geldpolitik wurde die Welt mit Liquidität geradezu überschwemmt. Die Geldmenge der Welt hat sich in den letzten dreißig Jahren mehr als vervierzigfacht, die Gütermenge nur vervierfacht. Der Dow-Jones-Index verzwölffachte sich seit 1982, das Inlandsprodukt der USA stieg lediglich um den Faktor vier.

Mehr als siebzig Jahre dauert das nun schon an. Fast alle Ökonomen glauben heute, damit den Königsweg zu immer während em Wachstum und Wohlstand gefunden zu haben. Sie irren sich fatal. Eigentlich hätte das viele Geld ja zu einer Inflation führen müssen. Stattdessen sind die Schulden des gesamten Wirtschaftssystems explodiert. Kurt Biedenkopf spricht davon, dass unser Land – und mit ihm fast alle Länder der westlichen Welt – so hoch verschuldet ist, als hätte es erneut Krieg geführt.[2]

Das globale Finanzsystem ist mittlerweile ein komplexes Kartenhaus von Krediten auf vielen Ebenen, die beim besten Willen nicht mehr zurückgezahlt werden können. 2005 betrug allein das Volumen der Finanzderivate – die der amerikanische Superinvestor Warren Buffett als »finanzielle Massenvernichtungswaffen« bezeichnet – fast das Fünffache des Weltsozialprodukts.[3] Irgendwann wird die Masse der Schulden unter ihrem eigenen Gewicht zusammenbrechen.

Bei der aktuellen Diskussion hierzulande geht es vor allem darum, ob »Deutschland noch zu retten ist«, wie ein aktueller Bestseller fragt, nicht darum, ob der Weltwirtschaft insgesamt erhebliches Unheil droht. Aber wir können Deutschland nicht »retten«, wenn eine Weltwirtschaftskrise über uns hereinbricht. Als exportabhängige Nation wird sich Deutschland der globalen Depression nicht entziehen können, egal welche Reformanstrengungen wir unternehmen.[4] Ich halte es daher für sehr wichtig, neben der Reform- und der Globalisierungsdebatte die Frage nach der Krisenanfälligkeit der Weltwirtschaft insgesamt zu stellen, denn in der kommenden Krise wird Europa eine Nebenrolle spielen – und Deutschland ist bestenfalls Statist.[5]

Das letzte Mal machte sich in den siebziger Jahren anhaltende Krisenstimmung breit. Das ist immerhin schon über dreißig Jahre her. Nach dem viel diskutierten Bericht des Club of Rome sollten sich die Rohstoffvorräte rasch erschöpfen. Inflation, Ölkrisen und abnehmendes Produktivitätswachstum erweckten bei vielen Wirtschaftsexperten den Eindruck, dass das westliche Wirtschaftssystem insgesamt an seine Grenzen stoßen würde.[6]

Es kam alles ganz anders. Im Jahr 1979 begann Paul Volker, damaliger Chef der amerikanischen Zentralnotenbank Federal Reserve System, die Inflation radikal zu bekämpfen. Die Zinsen in den USA stiegen zeitweilig bis auf über 20 Prozent,[7] und die amerikanische Wirtschaft rutschte in die Rezession. Danach war das Gespenst der weltweiten Inflation gebannt. (Später, als Professor an der Princeton University, berichtete Volker äußerst ungern über diese Zeit. Wir Studenten mussten ihm die Details förmlich aus der Nase ziehen. Offensichtlich war die Erinnerung an die wirtschaftlichen Probleme, die er vielen Menschen zwangsläufig bereiten musste, um die Inflation zu besiegen, auch knapp zehn Jahre später noch sehr schmerzhaft für ihn.)

Seitdem hat die Welt einen Wirtschaftsaufschwung in einem noch nie da gewesenen Ausmaß erlebt. Seit 1982 fallen die Zinsen. Der Dow-Jones-Aktienindex ist von 808 Punkten im Juli 1982 auf 10 864 Punkte im Januar 2006 gestiegen. Die amerikanische Wirtschaft eilt – zumindest oberflächlich betrachtet – von einem Rekord zum nächsten; und Asien ist zur Wirtschaftswunderregion geworden. Mit dem Fall der Berliner Mauer hat sich das westliche Wirtschaftssystem offenbar endgültig durchgesetzt. Der Fortschritt des globalen Kapitalismus erscheint unaufhaltbar.

Sicher, Krisen gab es auch nach der zweiten Ölkrise von 1979 und der Reagan-Rezession von 1981 bis 1982 zuhauf. Diese waren allerdings immer nur kurz und von begrenztem Ausmaß:

Der Dow-Jones-Index ist von Juni 1982 bis Februar 2006 um mehr als 1200 % gestiegen

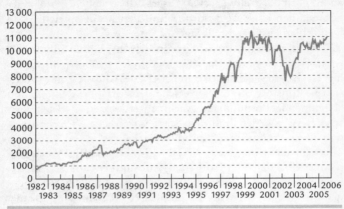

Quelle: Bloomberg

- der Aktiencrash vom Oktober 1987 (diesen erlebte ich als junger Praktikant auf dem Parkett der Frankfurter Börse hautnah mit),
- die Implosion der ökonomischen Supermacht Japan nach 1990,
- die mexikanische Schuldenkrise von 1994/95,
- die Asienkrise von 1997,
- die russische Schuldenkrise von 1998,
- der Kollaps des LTCM-Hedgefonds 1998,
- die brasilianische Schuldenkrise 1999,
- das Platzen der New Economy und der Börsencrash bei Technologiewerten nach dem Jahr 2000
- die Schuldenkrisen in der Türkei und Argentinien im Jahr 2001
- sowie die von mir 2006 vorausgesagte Krise bei den amerikanischen Hypothekendarlehen.

Die Krisen der letzten fünfundzwanzig Jahre waren keinesfalls trivial. Stellen Sie sich zum Beispiel die Wertvernichtung in der immerhin zweitgrößten Volkswirtschaft der Welt – Japan – vor: Von 38 806 Punkten im Dezember 1989 sank der Nikkei bis auf 7607

Punkte im April 2003. Das sind vierzehn Jahre eines ununterbrochenen Abstiegs. Gleichzeitig brachen die Immobilienpreise dramatisch ein. In den vierzehn Jahren zwischen 1990 und 2004 sank das japanische Volksvermögen um mehr als 20 Prozent. Auch Konjunkturprogramme halfen nichts: Heute drücken Japan Staatsschulden in Höhe von 150 Prozent des Bruttosozialprodukts. Da sind die gut 60 Prozent, die der deutsche Staat mittlerweile aufgetürmt hat, noch vergleichsweise bescheiden. Durch das Platzen der Technologieblase wurden nach dem Jahr 2000 unvorstellbare zwölf bis fünfzehn Billionen Dollar an Anlegervermögen vernichtet.

Aber irgendwie waren alle Krisen kurzlebig (wie der Börsencrash von 1987 und die Mexikokrise von 1994/95) oder regional beschränkt wie in Japan nach 1990. Die Weltwirtschaft insgesamt wurde nicht nachhaltig aufgehalten. Trotz all der kleineren und mittleren Krisen hält der globale Aufschwung bis heute an. Erkauft wurde er mit leichtem Geld und immer höheren Schulden in den Industrienationen.

Das kann nicht mehr lange so weitergehen. Schon deuten sich die nächsten Blasen an: Die Rohstoff- und Ölmärkte eilen seit dem Jahr 2003 von einer Rekordmarke zur nächsten. Der Immobilienboom in einigen amerikanischen und europäischen Märkten hat die Preise auf ein Niveau steigen lassen, das bestenfalls mit den Immobilienpreisen in Tokio Ende der achtziger Jahre vergleichbar ist.

Unter »Crash« verstehe ich hier den großen Unfall der Weltwirtschaft, nicht nur eine schleichende Krankheit, wie zum Beispiel die Inflation, die Rohstoffverknappung und das mangelnde Produktivitätswachstum in den siebziger Jahren. Solange einzelnen Blasen die Luft ausgeht, die Weltwirtschaft sich aber insgesamt weiterentwickelt, kann man nicht wirklich von einem Crash sprechen. Bei einem Crash platzen mehrere Blasen, oder eine ganz große. Die darauf folgende Vermögensvernichtung – selbst wenn sie zunächst nur auf dem Papier stattfindet – ist so gravierend, dass die einzelnen Teilnehmer am Wirtschaftsgeschehen ihre Konsum- oder Investitionspläne einschränken. Darunter wiederum leidet die wirtschaftliche Nachfrage. In einem Teufelskreis schrumpft die Wirtschaft, ohne dass sie davon gesünder würde.

Der amerikanische Wirtschaftshistoriker Charles Kindleberger definierte die ernsthafte Krise pragmatisch als »Vorfall, der mindestens zwei große Volkswirtschaften sowie mehrere Klassen von Wirtschaftsgütern und Vermögensgegenständen umfasst«.[8] In dieser Hinsicht wären die Implosion der japanischen Wirtschaft nach 1990, die Asienkrise nach 1997[9] (nur ein Land beziehungsweise eine Wirtschaftsregion) oder das Platzen der Technologieblase (nur eine Vermögensklasse, nämlich Aktien) – so schmerzhaft sie auch für die Betroffenen waren – keine wirklich großen Unfälle.

Ein Crash erfolgt zudem plötzlich, obwohl die Vorzeichen im Nachhinein meist für jedermann erkennbar waren. Aber gerade Ökonomen, die vom rationalen Menschenbild ausgehen, tun sich schwer mir Krisen.[10] Kurz vor dem großen Crash im Herbst 1929 stellte der bekannte US-Ökonom Irving Fisher fest: »Die Aktienkurse haben ein dauerhaft hohes Niveau erreicht.« Professor Joseph Lawrence von der Princeton University stimmte zu: »Der Konsens und das Urteil der Millionen, deren Bewertungen den Aktienmarkt ausmachen, ist«, so sein Kommentar dazu, »dass Aktien derzeit nicht überbewertet sind. Wo ist die Gruppe von Menschen mit der allumfassenden Weisheit, die sich berechtigt fühlt, das Urteil dieser intelligenten Masse anzuzweifeln?«[11] Nur einen Monat später begann die längste und schwerste Krise der neueren Wirtschaftsgeschichte.

Die Grundlage zu meinen Analysen bildet die politische Ökonomie, wie sie von Denkern wie Friedrich List, Karl Marx, John Maynard Keynes, John Kenneth Galbraith, Charles Kindleberger und Robert Gilpin begründet und weiterentwickelt wurde. List – der deutsche demokratische Patriot und spätere amerikanische Staatsbürger – erkannte, dass wirtschaftliche Entwicklung immer eine Heimatbasis, eine funktionierende Nationalökonomie benötigt. Marx, Keynes und Galbraith wiesen darauf hin, dass in einer Wirtschaft, bei welcher die Produktivität dauerhaft schneller wächst als die Löhne und Einkommen, die Neigung zu Spekulationen und die Krisenanfälligkeit steigen. Galbraith und Kindleberger beschäftigten sich mit Spekulationsblasen. Kindleberger und Gilpin zeigten schließlich, dass es immer dann zu Krisen in der Weltwirtschaft kommt, wenn sich ihr Zentrum verschiebt.

Auch heute nehmen sich einige Ökonomen wieder vermehrt der Problematik einer möglichen Weltwirtschaftskrise an. Der amerikanische Ökonom Paul Krugman verfasste schon 1999 ein kleines Büchlein mit dem Titel *The Return of Depression Economics* (dt.: *Die Große Rezession. Was zu tun ist, damit die Weltwirtschaft nicht kippt?*).[12] Robert Shiller von der Yale University schrieb eine Analyse der Technologieblase, der er den Titel *Irrationaler Überschwang* gab.[13] Harold James von der Princeton University schrieb 2001 ein Buch mit dem Titel *The End of Globalization – Lessons from the Great Depression* (2003 unter dem Titel *Der Rückfall – die neue Weltwirtschaftskrise* in Deutschland erschienen). In einer detaillierten Analyse der letzten Großen Depression zeigt der führende Experte für die Finanz- und Wirtschaftgeschichte des späten 19. und frühen 20. Jahrhunderts auf, wie die letzte Depression entstand und zieht Parallelen zur Situation um das Jahr 2000. Bemerkenswert ist, dass das Buch vor den Anschlägen vom 11. September 2001 erschien.

Sie sehen, wenn sich auch nicht viele Akademiker mit der großen Krise auseinander setzen – es gibt sie doch, und zwar an führenden Hochschulen. Die internationale politische Ökonomie dieser Ausprägung findet heute vor allem in den USA statt. Das ist paradox,

Krisen beginnen in der Phase der größten Euphorie, Aufschwünge in der tiefsten Niedergeschlagenheit

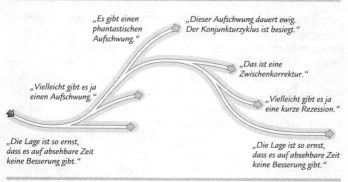

Quelle: Eigene Darstellung

denn eigentlich sind die Vereinigten Staaten das Zentrum des modernen, entfesselten neoklassischen Kapitalismus. In Deutschland, wo die politische Ökonomie einmal eine große Tradition hatte, führt sie nur noch ein Schattendasein. Die Kritische Theorie existiert hierzulande vor allem bei den Soziologen und Politologen, und die haben – Verzeihung! – von der Ökonomie meistens keine Ahnung.[14]

Der gegenwärtige Boom dauert nun schon fast ein Vierteljahrhundert an. Zweieinhalb Jahrzehnte eines halbwegs stabilen Aufschwungs, halbwegs stabilen Geldes und fallender Zinsen haben dazu geführt, dass die meisten Menschen, die derzeit aktiv am Wirtschaftsleben teilnehmen, keinerlei Erinnerung mehr daran haben, dass es auch andere Zeiten geben kann. Aber Krisen werden *immer* in einem Zeitalter der Euphorie und des Optimismus geboren.[15] Wenn die Menschen anfangen zu glauben, dass der Konjunkturzyklus endgültig besiegt sei (oder die Malaria oder die Pest), werden sie früher oder später eines Besseren belehrt.

Dabei wird die Stimmung in der Wirtschaft und an der Börse meistens nur von den Verhältnissen bestimmt, die in den letzten zwei, drei Jahren vorherrschten. Bewusst oder unbewusst denken die meisten Menschen, dass es so weitergehen wird wie in den letzten Jahren.

Gut ließ sich dieses Verhalten nach dem Platzen der Technologieblase im Jahr 2000 beobachten. 2001 und 2002 kauften Privatanleger verstärkt noch einmal kräftig »billige« Aktien ein, nur um zu sehen, wie es noch weiter nach unten ging. 2003 und 2004 gaben dann viele entnervt auf und verkauften ihre Aktien, gerade als der DAX drehte und traumhafte Gewinne zu machen waren. Und erst in der zweiten Hälfte 2005 begannen die Privatanleger zurückzukehren.

In einer Rezession werden auch solvente Kreditnehmer oder gute Projekte keinen Kreditgeber finden, weil die Grundstimmung pessimistisch bis verzweifelt ist.[16] Im Boom werden viele, auch schlechte Kredite vergeben, weil Optimismus und Euphorie vorherrschen. Gegen Ende – wenn der Boom in seine manische Phase übergeht – beginnen die Menschen dann zu glauben, dass der Wirtschaftszyklus abgeschafft sei. Das verführt sie dazu, Investitionen mit Geld zu tätigen, das sie nicht haben. Sie investieren in Unternehmen und

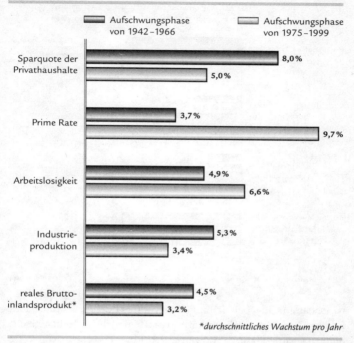

Die Hauptindikatoren der amerikanischen Wirtschaft haben sich dramatisch verschlechtert

Quelle: Prechter 2003

Wertpapiere, die nur überleben können, wenn sich der Boom endlos fortsetzt. Sie arbeiten für Firmen, die schon eine kleinere Krise umwerfen würde. Ökonomen nennen das »Fehlallokation von Kapital«. Je länger sich diese Fehlallokation von Kapital fortsetzt, umso größer muss nachher die Bereinigung ausfallen. Die Investments, Arbeitsplätze und Unternehmen, die nur in einer perfekten Welt existieren können, müssen verschwinden, um Raum für neues, für gesundes Wachstum zu schaffen.

Genau in einer solchen Welt leben und arbeiten wir derzeit, und die Situation hat sich über Jahrzehnte aufgebaut. Die westlichen Volks-

Der Schuldenstand ist explodiert

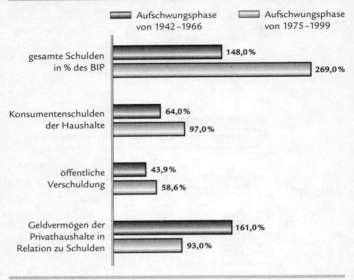

Quelle: Prechter 2003

wirtschaften schleppen sich auf Kosten immer höherer Schulden und immer ungesünderer Wirtschaftsstrukturen mehr schlecht als recht dahin. Der amerikanische Börsenexperte Robert Prechter stellte 2002 die Zahlen des US-Aufschwungs von 1942 bis 1966 denen von 1975 bis 1999 gegenüber.[17] Sie sprechen auch heute noch für sich:
Sehr deutlich ist auch, dass der lange Aufschwung von 1975 bis 1999 zu einer Explosion der Schulden geführt hat. Diese liegen erheblich über den Schulden am Ende der letzten langen Aufschwungphase (siehe Grafik oben).

Tatsächlich waren Amerika und die Weltwirtschaft schon 1999 so ungesund, dass Prechter den Ausbruch der Krise unmittelbar bevorstehen sah. Eine unerwartete Entwicklung, auf die im dritten Kapitel eingegangen wird, hat uns noch einmal gerettet. Allerdings haben sich dadurch die oben aufgeführten Zahlen deutlich weiter verschlechtert. Ende 2004 betrugen die US-Schulden 437 Prozent der Wirtschaftsleistung, die Sparquote der privaten Haushalte lag in der Nähe von 0 Prozent!

Es kann nicht gesund sein, dass in Amerika und Europa ganze Industrien zusammenbrechen und in Entwicklungsländer verlagert werden. Es kann nicht gesund sein, dass Börsenindizes wie der DAX in gut einem halben Jahrzehnt eine Achterbahnfahrt von 8000 auf 2200 und dann wieder auf 6000 Punkte machen. Die »Bewältigung« der vielen kleinen und mittleren Krisen seit 1981/82 zeigt vor allem eins: Die Finanzmärkte werden immer nervöser, die »Psychologie« spielt eine immer größere Rolle. Wenn die *Stimmung* der Märke so entscheidend ist für die Weltwirtschaft, kann die *Basis* nicht gesund sein.

Das Vertrauen der Finanzmärkte wird stabil und hoch gehalten, damit die Vergabe von Kredit einfach ist. Warum eigentlich? Kredit ist ein kostbares Gut. Wenn man einen aufnimmt, geht man wirtschaftliche Risiken ein. Die Zukunft ist immer ungewiss. Ein gewisses Misstrauen – nennen wir es »kaufmännische Vorsicht« – sollen sowohl Kreditnehmer als auch Kreditgeber walten lassen. Ansonsten werden irgendwann zu viele »schlechte« Kredite vergeben, die in einer Krise nicht mehr bedient werden können.

Zudem befinden wir uns schon seit fast zwei Jahrzehnten in einer lang anhaltenden deflationären Situation, wie sie ähnlich zuletzt von 1870 bis 1914 vorlag. Die meisten Waren und Güter werden immer billiger. Der moderne Kapitalismus hat eine Effizienz und Reichweite entwickelt, die sich Marx und Lenin (oder Adam Smith) nicht in ihren kühnsten Träumen vorstellen konnten. Ein großer Teil der im Westen konsumierten Waren wird heute in Asien hergestellt, und ein brutaler globaler Wettbewerb drückt auf die Preise.

Bei der Globalisierung der Industrieproduktion ist es nicht geblieben. Wenn heute viele Nachrichten von der internationalen Informationsagentur Reuters in Indien »produziert« werden, indische Callcenter-Agenten Krankenversicherte in England betreuen und die Lufthansa einen Großteil ihrer Buchhaltung in Bangalore abwickelt, wird klar, dass zurzeit auch viele Dienstleistungen und damit qualifizierte Arbeitskräfte im globalen Wettbewerb stehen. Das drückt noch einmal auf die Preise und reduziert die Kaufkraft in den Industrienationen.

Bislang wurden diese deflationären Kräfte durch die Aufblähung der Schulden in den Industrienationen im Zaum gehalten. Irgendwann wird das nicht mehr funktionieren. Plötzlich wird die Psychologie der Finanzmärkte kippen – und zwar dauerhaft: Wo vor kurzem Kredite noch mit vollen Händen ausgeteilt wurden, steht jetzt die Erhaltung des Bestehenden absolut im Vordergrund. Wo vorher ein Kredit den anderen ergänzte und so eine gigantische Kreditblase ermöglichte, werden jetzt Kredite nicht mehr verlängert, was wiederum Geldknappheiten an anderer Stelle auslöst und so zu einer immer schnelleren Kontraktion der Kreditsummen führt.

Neben den äußerst ungesunden Entwicklungen im internationalen Finanzsystem müssen die Industrienationen zusätzlich noch mit mehreren bedrohlichen realwirtschaftlichen Megatrends fertig werden. Zum einen werden – entgegengesetzt zu den allgemein vorherrschenden deflationären Tendenzen – Öl, Energie und Rohstoffe immer teurer. Dieser Trend wird sich – wenngleich unter Schwankungen – in den nächsten Jahren fortsetzen, denn die aufstrebenden Schwellenländer, allen voran China, beanspruchen nun ihren Teil an den Ressourcen der Welt.[18] Die »alten« Industrienationen werden also mit dauerhaft fallenden Preisen für ihre Industriegüter und Dienstleistungen und – damit verbunden – mit einem Rückgang ihrer Kaufkraft bei gleichzeitig steigenden Rohstoffpreisen zu kämpfen haben.

Doch damit nicht genug: Alle Industrienationen sind mit dem Problem alternder Bevölkerungen und fallender Geburtenzahlen konfrontiert. Das belastet die Volkswirtschaften nicht nur im Hinblick auf die sozialen Sicherungssysteme, sondern auch auf einer viel fundamentaleren Ebene. Menschen, die auf den Ruhestand zugehen, vermeiden wirtschaftliche Risiken. Das bremst die Wirtschaftsentwicklung empfindlich. Der Fall Japan, ein Land, in dem das Problem der Überalterung am weitesten fortgeschritten ist, zeigt uns, was in ähnlicher Form auf die anderen Staaten des Westens zukommen wird: Seit fünfzehn Jahren befindet sich das Land in einer schleichenden Depression.[19]

Letztlich müssen die ungesunden Entwicklungen der vergangenen Jahrzehnte in einer Depression enden.[20] Die wirtschaftliche Tätigkeit wird über einen längeren Zeitraum zurückgehen, Börsenkurse werden einbrechen, die Arbeitslosigkeit wird explodieren. Der Vertrauensverlust wird massiv sein. Die Kreditvergabe implodiert, da nur noch die vertrauenswürdigsten Unternehmen und Privatpersonen überhaupt Kredit bekommen. Firmen und Arbeitnehmer kämpfen um ihr Überleben – und sehen schwarz für die Zukunft. Die Angst vor dem Arbeitsplatzverlust führt zu verminderten Ausgaben, Unternehmen investieren nicht mehr. Damit schrumpft die Wirtschaft, was wiederum weitere Entlassungen nach sich zieht.

Die Gefahr ist groß, dass es genauso schlimm, wenn nicht sogar schlimmer wird als 1929. Auch dieses Mal wird die Weltwirtschaftskrise von den USA ausgehen.[21] Wenn die amerikanische Wirtschaft ernsthaft leidet, haben Europa, Japan und China in ihrer jetzigen Form dem nichts entgegenzusetzen. Im Gegenteil, sie werden sich – genau wie 1929 – »anstecken«.[22]

Glauben Sie nicht, dass unsere »modernen« Regierungen die Wirtschaft im Griff haben. In letzter Instanz werden unsere gewählten Politiker, abhängig von den Stimmungen der Wähler, dem Crash machtlos gegenüberstehen. Die Frage ist nur, ob sie die Krise durch ihr kopfloses Handeln verschärfen werden (was leider wahrscheinlich ist) oder ob sie die Realität erkennen und wenigstens nicht schlechter machen.

Die neue Globalisierung und der Mythos des Fortschritts

Nach dem Zweiten Weltkrieg begann ein Prozess, den wir heute als »Globalisierung« bezeichnen und der uns zunächst langsam, seit etwa 1980 aber mit voller Wucht erfasste. Der Welthandel stieg wesentlich schneller als das Weltsozialprodukt, was zu einer immer engeren Verflechtung der Volkswirtschaften führte. Zeitgleich ermöglichte der Fortschritt in Informationstechnologie, Finanzmärkten und Logistik eine immer engere Verzahnung von Produktions- und Wirtschaftsprozessen. Momentan versuchen wir immer noch, Antworten auf diesen Jahrhundertprozess zu finden.

Die Globalisierung wird sowohl von ihren Gegnern als auch von ihren Befürwortern gerne als Naturgesetz mit einer unerbittlichen

Logik gesehen. Dabei ist sie – zumindest in ihrem gegenwärtigen überzogenen Stadium – seit längerem eine gigantische Blase, die bereits den Kern ihrer eigenen Zerstörung in sich trägt.

Kritiker und Gegner zeigen vor allem die sozialen und politischen Kosten des Prozesses auf. In ihrem viel beachteten Buch *Die Globalisierungsfalle* beschrieben 1997 die Autoren Hans-Peter Martin und Harald Schumann das Verschwinden der Mittelklasse, den Aufstieg radikaler Verführer und den Niedergang der Politik.[23] Ihre Analyse hat mit den Jahren an Aktualität gewonnen.

Den weiteren Fortgang der Globalisierung haben aber alle kritischen Analysen und Aktionen, beispielsweise von Attac, nicht behindern können. Man hat oft den Eindruck, dass selbst die Gegner den Prozess heimlich und stillschweigend akzeptiert haben und sich lediglich in einem Akt heroischer Selbstaufgabe dagegen auflehnen.

Die Befürworter der Globalisierung weisen auf die enormen Möglichkeiten hin, die diese dem Einzelnen bietet. König der Globalisierungsbarden und Hofsänger der globalen Elite ist Thomas L. Friedman, Auslandskorrespondent der *New York Times*.[24] Er wartet in seinem Buch *The World is Flat* mit zehn Kräften auf, welche die Globalisierung auf ein neues Niveau, »Globalisierung 3.0«, gehoben hätten. Wo sich früher nur Länder und später Unternehmen global orientierten, ermögliche 3.0 die globale Vernetzung von einzelnen Menschen: »Was Globalisierung 3.0 ihren einzigartigen Charakter gibt, ist die neu gefundene Macht der Individuen, global zusammenzuarbeiten und in Wettbewerb zu treten ... Individuen von allen Ecken und Enden der flachen Welt werden hierzu in die Lage versetzt.«[25]

Es verwundert, mit welchem Enthusiasmus Friedman diese Aussagen im Jahr 2005 – gerade vier Jahre nach 9/11 – niederschreiben konnte. Jedenfalls findet man in seinem Buch nichts, was auch nur annähernd als ernsthafte Analyse bezeichnet werden könnte. Paul Krugman, seinerseits Kolumnist der *New York Times,* nannte das, was Thomas Friedman und andere dieser Denkrichtung betreiben, zutreffend »Pop-Internationalismus«.[26]

Wenn heute ein Zulieferer von Wal-Mart seine Waren in Bentonville, Arkansas, ablädt und diese dann auf einem Strom von Förderbändern automatisch zu den Lastwagen geliefert werden, die die entsprechenden Filialen beliefern, und wenn zudem der Zulieferer genau dann neue Waren bringt, wenn die alten Waren verkauft sind und der Scanner an der Kasse diesen Verkauf registriert hat, dann könnte das tatsächlich als eine neue Ära der globalen Koordination wirtschaftlicher Aktivität verstanden werden. Fast könnte man sogar behaupten, dass in einigen Bereichen die vom Sozialismus gewünschte perfekte Planwirtschaft mittlerweile Realität geworden ist. Können wir daraus aber politische Schlussfolgerungen ziehen? Ich meine: nein. Für mich ist das reine Bestandsaufnahme. Dort, wo diese aufhört, muss die politische Analyse erst beginnen.

Dennoch ist Friedman einer der Top-Souffleure der wirtschaftlichen und politischen US-Elite. Bill Gates hält seine Bücher für die wichtigsten, die in den letzten Jahren erschienen sind. Auch Bill Clinton lässt sich von Friedman inspirieren. Und wenn George W. Bush die angeblich linksliberale *New York Times* lesen würde, würde er wahrscheinlich feststellen, dass er mit fast allen Gedanken Friedmans übereinstimmt.

Der Mythos vom Fortschritt scheint für den modernen Menschen ein unabdingbarer Bestandteil seiner Glaubenssätze und seiner Weltanschauung zu sein. Ohne diesen Glauben würden viele Menschen wohl ihre letzte Orientierung verlieren. Dabei ist Fortschritt in der Tat nichts anderes als ein Mythos. Der Sozialforscher Meinhard Miegel hat dies treffend als »Wachstumsmythos« und »Wohlstandswahn« bezeichnet.[27]

Man kann darüber streiten, ob die Globalisierung wirklich ein »Fortschritt« ist. Fast jede technische Entwicklung kann zum Segen oder Fluch geraten; wirtschaftliche Veränderungen produzieren Gewinner und Verlierer. Noch nie lebten so viele reiche Menschen auf dem Globus, aber noch nie gab es zugleich so viele bettelarme Menschen ohne jede Hoffnung auf Würde. Ja, im Durchschnitt werden die Menschen reicher, aber für die mittlerweile zwei Milliarden Menschen, die in extremster Armut leben, ist das kein Trost. Im Durchschnitt mag der See einen Meter tief sein. Vor dem Ertrinken in tiefen Stellen rettet das nicht.

Wie oft schon wurde ewiger Wohlstand, Wohlstand für alle oder auch der Weltfrieden ausgerufen! Und genauso oft enttäuschten diese hehren Visionen, nicht, weil sie es nicht wert waren, dass man für sie kämpfte, sondern weil sich die Natur der menschlichen

Zivilisation nicht einfach grundlegend verändern lässt. Auf Aufschwungphasen folgen Abschwünge, auf lange Jahre der Ruhe stürmische Veränderungen, auf Frieden Krieg. Was viele vergessen oder verdrängen wollen: Die Geschichte verlief noch nie linear, sondern vielfach zyklisch, wobei scheinbar zufällige Diskontinuitäten und lange Phasen des Rückschritts dazugehören.

Zwischen 1870 und 1914 existierte ebenfalls ein globales Wirtschaftssystem. Es fand in diesen Jahrzehnten ein weltumfassender Güter- und Kapitalverkehr statt, und Menschen bewegten sich mit großer Freiheit zwischen den einzelnen Kontinenten hin und her. Erst heute wird Ähnliches wieder erreicht, und im Falle der freien Niederlassung von Menschen und Unternehmen auf anderen Kontinenten ist es noch lange nicht so weit wie vor hundert Jahren. Damals gab es auch ein Weltwährungssystem, das viel besser als unser heutiges System funktionierte. Der Goldstandard sorgte dafür, dass sich kein Weltbürger Gedanken um den Wert seines Geldes machen musste, nicht im Heimatland und auch nicht im Ausland. Er war eine Errungenschaft der westlichen Zivilisation, die auf langer Erfahrung beruhte und die wir im 20. Jahrhundert leichtsinnig aufgegeben haben.

Über ein weltweites Netz von Telegrafenleitungen kamen bereits 1905 die wichtigsten Meldungen mit Lichtgeschwindigkeit aus Übersee nach England. Das erste Überseekabel wurde schon 1858 zwischen Irland und Neufundland verlegt. Zwar funktionierte es nur wenige Wochen, aber immerhin existierten seit 1874 zuverlässige Telegrafenverbindungen zwischen Großbritannien und Amerika. Die Börse von England fungierte als Kapitalsammelstelle, über die sehr große Mengen von Kapital – in manchen Jahren bis zu 5 Prozent der Wirtschaftsleistung Großbritanniens – in Unternehmen und Unternehmungen in Übersee investiert wurden.

Demgegenüber war die Zeit von 1914 bis weit in die siebziger Jahre hinein vom Prinzip der nationalen Wirtschaftspolitik geprägt. Der Gedanke des britischen Wirtschaftswissenschaftlers John Maynard Keynes, dass nämlich die Nationalstaaten das Wirtschaftswachstum bis zu einem gewissen Grade steuern können und müssen, setzte sich nach dem Ende des Zweiten Weltkriegs schnell durch. Während der internationale Handel in vielen Bereichen zügig liberalisiert wurde, bestanden noch Ende der siebziger Jahre umfassende Beschränkungen im internationalen Kapitalverkehr. François Mitterrand versuchte nach seiner Wahl zum Präsidenten Frankreichs im Jahr 1981 weit reichende Kapitalverkehrskontrollen einzuführen. Zu diesem Zeitpunkt hatten die internationalen Kapitalmärkte aber bereits eine Dynamik erreicht, die Mitterrand zwang, sein Vorhaben sehr schnell aufzugeben.

Zu den Weltanschauungen, die wie der moderne Kapitalismus und Neoliberalismus auf einem starken Fortschrittsglauben beruhen, zählen auch der Marxismus und der Sozialismus, die eine Überwindung des Kapitalismus und eine klassenlose Gesellschaft vorausgesagt hatten. Mehr als hundert Jahre nach Marx hat die kommunistische Gesellschaft allerdings immer noch nicht obsiegt. Von 1914 bis 1945 befand sich der globale Kapitalismus tatsächlich in der Krise, so wie es Marx und später Lenin prognostiziert hatten. Zunächst brach der Erste Weltkrieg aus. Die Goldenen Zwanziger endeten abrupt mit dem Schwarzen Freitag, dem 25. Oktober 1929, und der Weltwirtschaftskrise. Nach dem Zweiten Weltkrieg war es allgemeine Auffassung, dass man die Wirtschaft nicht sich selbst überlassen könne. Präsident Franklin Delano Roosevelt schuf in den USA staatliche Aufsichtsbehörden, ausgestattet mit einer für die Vereinigten Staaten ungewohnten Machtfülle in Wirtschaftsfragen. Kommunistische und sozialistische Strömungen wurden im Nachkriegseuropa als eine der großen, wenn nicht die größte legitime politische Richtung angesehen. Noch 1947 setzte sich die CDU in ihrem Ahlener Programm für weit reichende Verstaatlichung von Schlüsselindustrien ein.

In den siebziger Jahren begann dann der langsame Rückzug des Staates. Und erst in der letzten Zeit hat der Kapitalismus wieder die globale Dimension erreicht, die er schon um 1900 hatte. Unser jetziges weltumfassendes Wirtschaftssystem sieht in vielen Bereichen dem System von 1914 gar nicht so unähnlich. Wenn wir also von einer »neuen Ära der Globalisierung« sprechen, sollten wir uns besser daran erinnern, dass die Menschheitsgeschichte in Zyklen verläuft.

Als ich 1989 mein Studium der internationalen politischen Ökonomie an der Princeton University aufnahm, wurde gerade der Aufsatz *Das Ende der Geschichte* des amerikanischen Politologen Francis
Fukuyama heiß diskutiert.[28] Fukuyama argumentierte darin, dass
mit dem Zusammenbruch des kommunistischen Systems der
westliche Liberalismus und der angelsächsische Kapitalismus – das
aktuelle Modell der Globalisierung – triumphiert hätten. Da sich
die Menschheit nun im Prinzip einig sei, wie sie sich zu organisieren habe, würde es in Zukunft nur noch lange, langweilige Sitzun-
gen und Diskussionen um die optimale »technische« Lösung von
Problemen geben. Große Grundsatzkonflikte würden der Vergangenheit angehören.[29]

Viele Menschen nahmen diesen Unsinn ernst. George H. W. Bush
Senior sprach zum Beispiel im Rahmen des Irakkriegs von 1989/
90 von einer »neuen Weltordnung«. Unter der Führung der Vereinigten Staaten sollte sich eine Völkergemeinschaft etablieren, die
dann alle großen Probleme der Zeit lösen würde.

Diese Hoffnung hielt kein Jahrzehnt. Die Kriege im ehemaligen
Jugoslawien, mit ihren abscheulichen Verbrechen mitten in Europa, der Völkermord in Ruanda sowie der Krieg in Tschetschenien
zeigten schon in den neunziger Jahren, wie fragil diese Vorstellung
von einer neuen Weltordnung ist und wie machtlos die internationale Völkergemeinschaft letztlich war (und noch immer ist).

Die beispiellose Entwicklung der Weltwirtschaft seit 1945 war
nur möglich, weil die politischen Rahmenbedingungen mehr als
ein halbes Jahrhundert stabil und günstig waren. Die Anschläge
vom 11. September 2001 haben uns jedoch gezeigt, wie brüchig das
Fundament der Globalisierung sein kann. Auch die Massenpro-
teste in der islamischen Welt Anfang 2006 gegen den Westen, in diesem Fall sogar gegen das äußerst friedliche Dänemark, führten
sehr deutlich vor Augen, dass jede wirtschaftliche Aktivität letztlich von dem politischen Fundament abhängt, das sie trägt.[30] Das
sieht schon eher nach Samuel Huntingtons *Kampf der Kulturen* als
nach Fukuyamas *Ende der Geschichte* aus.[31]

Gerade dann, wenn sich Trends anscheinend fest etabliert haben
und Entwicklungen unumkehrbar geworden sind, lohnt es sich,
den eigenen Verstand zu gebrauchen und nach möglichen Brüchen

Ausschau zu halten. Leider tun das viel zu wenige: Die Welt ist bei weitem nicht so wohl geordnet, wie es sich viele im Westen nach dem Fall der Berliner Mauer 1989 erhofft hatten. Heute stehen wir nicht am Beginn einer neuen globalen Ära, sondern am Ende eines langen Globalisierungszyklus. Die Globalisierung hat mittlerweile ein Ausmaß erreicht, das keinesfalls unumkehrbar ist, sondern das im Gegenteil nicht nachhaltig sein kann. Zu sehr werden die Kräfte des Einzelnen angespannt, zu sehr das Sozialgefüge ganzer Nationen und Wirtschaftsräume belastet, als dass es auf Dauer gut gehen könnte.

Es kann nicht mehr lange dauern, bis die Globalisierungsblase platzt. Wir müssen uns auf Diskontinuitäten einstellen, die uns erwarten, und nicht einfach die Entwicklung der letzten Jahre in die Zukunft fortschreiben. Das wirtschaftliche Umfeld, das zwei Generationen lang unser Denken bestimmt hat, wird früher oder später verschwinden. Etwas radikal Neues, das wir bislang nur in seinen Umrissen erahnen können, wird an seine Stelle treten.

Wenn Blasen platzen

Die moderne Volkswirtschaftslehre, wie sie von dem Schotten Adam Smith begründet wurde, auch »klassische« oder »neoliberale Ökonomie« genannt, geht vom Bild des rationalen Menschen aus. Mit der Wahl von Großbritanniens Premierministerin Margaret Thatcher und US-Präsident Ronald Reagan Ende der siebziger Jahre bestimmte die neoliberale Theorie zunehmend die Politik. Die »Befreiung« der Wirtschaft vom Staat, Privatisierung und Deregulierung wurden nun zu vorrangigen Zielen. Mit dem so genannten »Washington Consensus« wurden die Prinzipien der neoliberalen Ökonomie ab 1990 auch zum offiziellen Leitbild für die Dritte Welt gemacht.

Prinzipiell ist der Neoliberalismus geeignet, wenn es darum geht, die Effizienz von ökonomischen Prozessen zu erklären. Der konsequenten Anwendung von neoliberalen Gedanken haben wir zudem die Globalisierung und den globalen Aufschwung seit 1982 zu verdanken. Auch wenn Oskar Lafontaine und Heiner Geißler es nicht wahrhaben wollen – bislang hat das Diktat des Shareholder Value trotz aller Fehlentwicklungen zu einer deutlichen Steigerung der Effizienz und Leistungsfähigkeit der Weltwirtschaft geführt und damit auch die Menschheit insgesamt besser gestellt, wenn auch auf Kosten vieler, die zurückblieben.

Aber die Wirtschaftsentwicklung der letzten Jahre wurde erkauft mit einer stärker werdenden Instabilität des Systems und zunehmender Ungleichheit zwischen den Ländern und den Bürgern, die in diesen leben. Die klassische ökonomische Theorie versagt völlig, wenn es darum geht, zu erklären, warum viele Menschen plötzlich dem systematischen Wahnsinn oder zumindest der Irrationalität verfallen. Das war zum Beispiel in Holland während des Tulpenwahns von 1634 bis 1637 oder während der Weltwirtschaftskrise von 1929 bis 1938 oder des Technologiebooms von 1995 bis 2000 der Fall.

Irrationales Verhalten kann für den Einzelnen eben doch rational sein. Nicht wenige smarte Geschäftsleute sind in Zeiten der New Economy zu viel Geld gekommen, weil sie Unternehmen, die eigentlich nicht funktionieren konnten, mit astronomischen Bewertungen an der Börse platzierten. Wie bei einem Kettenbrief oder Strukturvertrieb werden auch in einer Börsenblase nur die Letzten von den Hunden gebissen. Jeder hofft natürlich, dass er nicht zu diesen gehört. Charles Kindleberger nannte dies dann folgerichtig die »greater fool theory« – es gibt immer noch einen größeren Narren, dem man seine bereits teuren Aktien (oder Häuser oder Tulpenzwiebeln oder was auch immer das gerade aktuelle Spekulationsobjekt ist) noch teurer verkaufen kann.

In der modernen Ökonomie gibt es endlose und mathematisch komplexe Diskussionen über die Frage, ob Märkte, gleich welcher Art, effizient sind. Wenn Märkte – also auch die internationalen Kapitalmärkte – effizient sind, dann müssen wir uns über die weltwirtschaftlichen Ungleichgewichte keine Sorgen machen. Alle beteiligten Wirtschaftssubjekte haben ihre rationalen Entscheidungen getroffen. Diese führen zu einem optimalen Ergebnis.

Tatsächlich ist es aber so, dass immer wieder gesamtwirtschaftliche Ungleichgewichte auftreten. Diese rechtzeitig zu erkennen mag nicht immer einfach und oft sogar sehr schwer sein. Im Rückblick lassen sich jedoch viele Übertreibungen der Märkte erkennen. Die Theorie mag sagen, was sie will: Viele Privatanleger haben zwischen 2000 und 2003 die sehr schmerzhafte Lektion erhalten, dass die Börse übertreiben kann.[32]

Der zu Beginn dieses Kapitels zitierte Satz von Walter Bagehot drückt den Ablauf einer typischen Krise prägnant aus: Überschüssiges Kapital wird auf wenig intelligente Weise in riskante Investments gesteckt – und zwar in großem Stil. Der Herdentrieb sorgt dafür, dass immer mehr Menschen ihr Geld in diese »neuen Anlagemöglichkeiten« stecken und dass sich immer weniger Personen der Euphorie entziehen können. Gegen Ende der Spekulationsphase wird von vielen erkannt, wie dumm sie bei ihren Investments vorgegangen sind und versuchen nun auszusteigen. Die Stimmung schlägt um. Es kommt zur Panik. Wenn diese groß genug ist, leidet die gesamte Volkswirtschaft eines Landes darunter, beim Super-GAU sogar die Weltwirtschaft.

In der New Economy fielen die realwirtschaftlichen Konsequenzen glücklicherweise vergleichsweise harmlos aus. Sie beschränkten sich auf eine kurze Rezession in den Jahren 2001/02. Beim Platzen der nächsten Blase – der Immobilienblase in den USA – werden wir nicht so einfach davonkommen. Zudem haben die meisten Länder kaum noch finanzpolitischen Spielraum, um einer solchen Situation gegensteuern zu können.

Charles Kindleberger (1910–2003): Von Manien, Paniken und Crashs[33]

Obwohl Charles Kindleberger von 1948 bis 1981 am berühmten Massachusetts Institute of Technology (MIT) lehrte und eine Zeit lang Dekan der dortigen wirtschaftswissenschaftlichen Fakultät war, mehr als dreißig Bücher schrieb, und ein allseits geschätzter Kollege sowie ein humorvoller und brillanter Redner war, kam seine große Zeit erst nach seiner Pensionierung im Jahr 1976.

In den letzten Jahrzehnten, in denen die Ökonomie mehr und mehr zu einer Spezialwissenschaft wurde, die nur noch von wenigen Menschen begriffen wird, verstand sich Kindleberger als »literarischer Wirtschaftswissenschaftler«, dessen Studium in den dreißiger Jahren ihn eher in Kontakt mit den klassischen Schriften großer Nationalökonomen brachte. Wo seine Kollegen am MIT sich auf Modelle stürzten, die Kindleberger für übertrieben rational und eindimensional hielt, verließ er sich auf seine Bildung und seinen enormen Erfahrungsschatz.

Als Militär und Mitarbeiter des US-Finanz- und Außenministeriums sowie der amerikanischen Notenbank war Kindleberger bei so ziemlich allen interessanten Planungen und Entscheidungen in Europa während des Zweiten Weltkriegs und unmittelbar danach beteiligt gewesen – zum Beispiel als Büroleiter für deutsche und österreichische Fragen im US-Außenministerium und als Berater für den Marshall-Plan.

1978 schrieb er *Manias, Panics and Crashes. A History of Financial Crises* (dt.: *Manien, Paniken, Crashs. Die Geschichte der Finanzkrisen der Welt*). Krisen können nach Kindleberger immer dann auftreten, wenn durch wirtschaftliche Umwälzungen neue Märkte oder Branchen entstehen. Die Ausbeutung dieser neuen Möglichkeiten führt oftmals zu einer Übertreibung an den Finanzmärkten, die dann irgendwann zusammenbrechen müssen. Krisen sind also ein normaler Begleitumstand des Wirtschaftens. Der Staat hat damit wenig zu tun – die Übertreibung ist Folge von Euphorie und Panik vieler Einzelner.

Damit machte es Kindleberger keinem der beiden großen Lager der Volkswirtschaftslehre in der zweiten Hälfte des 20. Jahrhunderts recht. Die Keynesianer gehen davon aus, dass der Staat Krisen durch die Steuerung der Nachfrage weitestgehend verhindern kann, die Monetaristen sehen den Staat als Ursache aller ökonomischen Probleme an. Sie gehen davon aus, dass der Marktmechanismus stabilisierend wirkt, wenn er sich frei entfalten kann.

Noch vor wenigen Jahren hätten jüngere Kollegen das Buch eher aufgrund seines Unterhaltungswerts denn wegen seiner ökonomischen Erkenntnisse gelesen. Mit der Schuldenkrise in der Dritten Welt begannen jedoch auch moderne Ökonomen, sich mit Kindleberger zu beschäftigen. Spätestens nach dem Börsencrash von 1987, der Asienkrise von 1997/98 und dem Platzen der Technologieblase wurden seine Erkenntnisse im Bereich der Börsenblasen und -krisen immer bedeutsamer. Kindleberger lebte lang genug, um zu sehen, dass seine Ideen von vielen Wissenschaftlern aufgegriffen wurden, die ihn noch wenige Jahre zuvor als untheoretischen »Oldie« ignoriert hatten.[34]

Nur durch den allgemeinen Herdentrieb ist es zu erklären, dass gerade konservative Anleger zum Höhepunkt der Technologieblase in den Jahren 1999/2000 – und sogar nach deren Platzen 2001 – massiv in irrwitzig hoch bewertete Technologiewerte investierten. Nachdem der Boom bereits fünf Jahre andauerte, waren auch die letzten Skeptiker davon überzeugt, dass sie eine solide Anlagemöglichkeit verpassen würden, wenn sie nicht zugriffen. Die alte Börsianerweisheit »Gier frisst Hirn« trifft hier den Nagel auf den Kopf.

Es ist keinesfalls so, dass Regierungen, Banken oder Großinvestoren von gelegentlichen Anfällen kollektiven Wahns verschont bleiben. In der Schuldenkrise der Dritten Welt nach 1982 traf es zum Beispiel diejenigen, die eigentlich von Finanzen am meisten verstehen sollten: die Banken. Die Finanzüberschüsse der OPEC hatten nach dem ersten Ölpreisschock von 1973 stark zugenommen und wurden als Petro- und Eurodollars recycelt, weil sie weder von den OPEC-Ländern verbraucht (obwohl man sich alle Mühe gab) noch in Europa oder den USA investiert werden konnten. Die westlichen Banken überschlugen sich mit billigen syndizierten Krediten (bei denen ein Konsortium einen einheitlichen Kreditvertrag abschließt) an Entwicklungsländer, bis 1982 das böse Erwachen kam. Nur durch das Eingreifen des Internationalen Währungsfonds und der beteiligten Industrienationen konnten größere Bankinsolvenzen und damit eine umfassendere Krise verhindert werden. Die Kosten trugen wie so oft die Steuerzahler.

Der französische Arzt und Begründer der Massenpsychologie, Gustave Le Bon, hat 1895 mit seinem Buch *Psychologie der Massen* eine umfassende Theorie des Herdentriebs vorgelegt. Systematisch zeigt Le Bon auf, wie in vielen Massenphänomenen das Unterbewusste die Entscheidungen des Menschen beeinflusst: »Die bewusste Persönlichkeit schwindet, die Gefühle und Gedanken aller Einzelnen sind nach derselben Richtung orientiert.«[35] Das Gehirnleben tritt zurück, das Rückenmarkleben herrscht vor. »In der Gemeinschaftsseele versinkt das Ungleichartige im Gleichartigen, und die unbewussten Eigenschaften überwiegen.«[36]

Der israelisch-amerikanische Psychologe Daniel Kahneman erhielt 2002 den Nobelpreis für Ökonomie – und zwar für seine Forschungen im Bereich »Behavioral Finance« (verhaltenstheoretische

Erklärungsansätze bei ökonomischen Entscheidungen), mit denen der Forscher das Herdenverhalten bei Investmententscheidungen auf spezielle Gehirnaktivitäten zurückführen konnte. Probanden wurden in einen Kernspintomographen geschoben und mit Fragen zu Geldanlagen konfrontiert, die sie per Knopfdruck zu beantworten hatten. So wurden sie beispielsweise gefragt: »Hätten Sie lieber 100 Dollar jetzt oder 110 Dollar in vier Monaten?« Die Fragen waren zum Teil sehr einfach, zum Teil aber auch recht knifflig. Der Kernspintomograph maß dabei, welche Bereiche des Gehirns bei der Beantwortung bestimmter Fragen besonders aktiv waren.

Die Erkenntnisse waren verblüffend: Immer wenn sich der Proband für die sofortige Geldauszahlung entschied, war besonders das Kleinhirn aktiv. Dieser evolutionsgeschichtlich sehr alte Gehirnteil ist auch bei Reptilien vorhanden. Das bewusste Denken, für das das Großhirn verantwortlich ist, wurde nur dann »eingeschaltet«, wenn der Teilnehmer der Studie sich für eine spätere Geldannahme entschied.

Die Schlussfolgerung: Ein Großteil unseres Investmentverhaltens wird von Mechanismen gesteuert, die aus einer Zeit stammen, als es nur um eines ging, ums Fressen oder Gefressenwerden. Kampf, Angriff oder Flucht sind damit Verhaltensmuster, die uns bis heute beeinflussen. Bei der Anlage von Geld sollten jedoch nicht Emotionen den Ausschlag geben, sondern ein kühl kalkulierender Kopf, der zukünftige Renditen und Risiken möglichst sachlich und nüchtern analysiert. Spontane Reaktionen sind absolut kontraproduktiv. Unser Gehirn ist mithin denkbar ungeeignet für Geldanlageentscheidungen. Wir steuern unsere Investmententscheidungen mit Mechanismen, auf die sich auch Reptilien verlassen. Erfahrene Anleger haben jetzt den Beleg für das, was sie schon immer wussten: 90 Prozent des Anlageerfolgs bestehen darin, die eigenen Emotionen unter Kontrolle zu halten. Das Kahneman-Experiment hat gezeigt, warum Anleger sich gelegentlich extrem idiotisch verhalten.

Wenn Sie selber beim Platzen der Technologieblase Geld verloren haben, wird Sie vielleicht das Beispiel von Sir Isaac Newton, neben seinem Zeitgenossen Gottfried Wilhelm Leibniz wohl der klügste Mann seiner Zeit, etwas trösten. 1720 wurden an der Londoner Börse Anteilsscheine der South Sea Company zu immer höheren Kursen ausgegeben. Viele Vorgänge aus diesem Jahr könnte man problemlos auf Vorgänge der New Economy übertragen, etwa ein Emissionsprospekt, das »ein Unternehmen von großem Gewinnpotenzial aber noch unbekannter Natur« ankündigte.[37]

Newton hatte zu einem relativ frühen Zeitpunkt in Aktien der South Sea Company investiert. Am 20. April 1720 verkaufte er seine Anteile (Aktien) an der South Sea Company mit einem Gewinn von 100 Prozent. Damit konnte er sich einen Gewinn von 7000 Pfund in die Tasche stecken – zu seiner Zeit ein äußerst ansehnliches Vermögen. Wenige Wochen später aber überfiel ihn der drängende Impuls, sein Geld wieder in eben dieselben Aktien zu reinvestieren, gerade als die Spekulationsblase ihren Höhepunkt erreichte. Einer der rationalsten Geister des Jahrhunderts, ein großer Physiker und Astronom, verfiel dem Herdentrieb. Das Resultat: Newton verlor über 20 000 Pfund. Entnervt gab er mit dem Kommentar auf: »Ich kann die Bewegung der Himmelskörper berechnen, aber nicht den Wahnsinn der Menschen.«[38]

Eine kurze Übersicht über spekulative Exzesse:[39*]

Bezeichnung	Zeitraum	Länder	Objekt der Spekulation
Tulpenwahn	1636–1637	Holland	Exotische Tulpenzwiebeln, Immobilien, Kanäle, Aktien der Holländischen Ostindiengesellschaft
Mississippi-Plan	1719–1720	Frankreich	Aktien der Compagnie des Indes und der Mississippigesellschaft, Banknoten der Banque Générale und der Banque Royale
Südseeblase	1720	England	Aktien der Englischen Südseegesellschaft, Staatsanleihen

Waterloo-Spekulation	1815–1816	England	Rohstoffe und Handel mit den USA
Wildcat-Bankenboom**	1837	USA	Baumwolle, Land, Silber, Banken im Wilden Westen, die ihr eigenes Geld herausgaben
Eisenbahnboom	1847–1857, 1873	England, Europ. Kontinent, USA	Aktien von Eisenbahngesellschaften, Immobilien, Weizen, Baumaterialien
Edelmetallmanie	1893	USA, Australien	Silber, Gold, Goldminen, Land
Geldpanik	1907	Frankreich, Italien, USA	Kaffee, Eisenbahnen, Bankkredite
Nachkriegsboom und Krise	1920–1921	England, USA	Aktien, Rohstoffe, Schiffe, Land in Florida
Großer Crash, Weltwirtschaftskrise	1929–1938	USA	Aktien, größtenteils auf Kredit gekauft, Investment Trusts
Schwarzer Montag	1987	USA, Weltwirtschaft	Aktien, Luxusimmobilien, Dollar
Japan Inc.	1990–?	Japan	Aktien des Nikkei, Immobilien
Asienkrise	1997	Thailand, Hongkong, Südkorea, Malaysia, Singapur, Indonesien	Immobilien, Bankkredite, lokale Währungen und Aktien

Technologieblase	1996–2001	USA, Weltwirtschaft	Aktien, insbesondere Technologie-, Internet- und Biotechnologiewerte
Immobilienblase	2002–2007***	USA, Weltwirtschaft	Immobilienkäufe privater Haushalte bei zunehmender Schuldenlast
Globalisierungsblase	1983–?	Weltwirtschaft	Aktien, Unternehmen, Immobilien, Hedgefonds, Währungen, Produktionsstandorte

* Unberücksichtigt bleiben bei dieser Aufstellung unter anderem die mit der Regelmäßigkeit eines Uhrwerks auftretenden lateinamerikanischen Schuldenkrisen (etwa alle fünfzig Jahre): 1822–1827, 1873 und den folgenden Jahren,[40] den 1930ern, 1982, 1994 (nur Mexiko) und 1998–2000 (nur Argentinien); weiterhin die weltweite Spekulation in Gold und Silber 1978–1980, die Spekulation in Bauherrenmodellen in Deutschland 1976 bis ca. 1980 (»Betongold«) und das Aufkommen von Hedgefonds im großen Stil seit ungefähr 2000.

** Unlizensierte Banken (Banken ohne Bankenlizenz)

*** In der Erstausgabe dieses Buches, stand hier anstelle von 2007 noch ein Fragezeichen. Mittlerweile ist das von mir vorausgesagte Ende der Immobilienblase Realität.

Die neue Weltwirtschaftskrise

In diesem Buch analysiere ich vor allem die Ursachen der neuen Weltwirtschaftskrise und entwickele mögliche Überlebensstrategien. Es wäre unseriös, genau »vorhersagen« zu wollen, wie die Krise ablaufen wird. Anhand der Großen Depression lassen sich aber einige Parallelen und Unterschiede zur heutigen Situation aufzeigen sowie wahrscheinliche Szenarien entwickeln. Auch damals hatte – zumindest in den USA – die Verbreitung von zwei Basistechnologien (Automobile und Telefon) und einer wichtigen Finanzinnovation (Ratenkredit) eine Spekulationsblase erzeugt. Zum Platzen der Blase kam wiederholtes Fehlverhalten von Regierungen und Notenbanken hinzu, sodass die Krise unnötigerweise verschärft wurde.

In seiner Studie über den Crash von 1929 *(Der große Crash)* führt der amerikanische Ökonom und Sozialkritiker Kenneth Galbraith vor allem fünf Ursachen auf: 1. eine ungleiche Einkommensverteilung, 2. die ungesunde Struktur der Unternehmen und Unternehmensbilanzen, 3. das fehlerhafte Banksystem, 4. eine unausgeglichene Leistungsbilanz und 5. das Herdenverhalten der Ökonomen, bei denen man darauf wetten konnte, dass sie fast immer genau den falschen Ratschlag geben würden.[41] Vier dieser Punkte lassen sich problemlos in die Gegenwart übertragen, bis auf die Tatsache, dass die Unternehmensbilanzen nach dem Schock von 2000–2003 derzeit recht gut aussehen. Dafür sind heute allerdings die Privathaushalte in den USA (und in vielen anderen Ländern) verschuldet wie nie zuvor.

In der Großen Depression sank das Inlandsprodukt der USA in vier Jahren um ein Drittel. Erst 1939 wurde in den Vereinigten Staaten wieder das Niveau von 1929 erreicht. Die Arbeitslosigkeit lag 1933 bei 24,9 Prozent. Nur wenige Jahre zuvor hatte die Fortschrittsgläubigkeit der zwanziger Jahre keine Grenzen gekannt. Die durch Henry Ford eingeführte Fließbandproduktion hatte es fast jeder Familie ermöglicht, ein Automobil zu besitzen. Jetzt, in den Dreißigern, waren über 50 Prozent der Hypothekenschuldner insolvent und konnten ihre Kredite nicht mehr bedienen. Vor den wohltätigen Suppenküchen bildeten sich lange Schlangen, da diese für viele Menschen die einzige Möglichkeit waren, überhaupt an eine warme Mahlzeit heranzukommen. In Chicago wurde eine der größten Küchen von dem Gangster Al Capone betrieben. Vor den Städten wuchsen Zeltstädte, in denen völlig verarmte Menschen hausten.

Zunächst verhielt sich die Regierung Hoover in den USA abwartend und ließ den Geschehnissen mehr oder weniger ihren Lauf. Der Schock, der 1929 von den amerikanischen Märkten ausging, breitete sich rasant über die ganze Welt aus. Die deutsche Wirtschaft, belastet durch die Reparationszahlungen des Versailler Vertrags, die schon John Maynard Keynes als kontraproduktiv und gefährlich bezeichnet hatte, war eines der ersten Opfer – mit den allseits bekannten Folgen.[42] Die Staaten verabschiedeten 1930 weit reichende Zölle mit dem Smoot-Hawley-Tariff-Act, der die Situation weiter verschlimmerte. Der Welthandel brach in der Folge in kürzester Zeit zusammen. Nach dem Crash von 1929 ging er in vier Jahren um mehr als 66 Prozent zurück.[43]

Damals hatte England ein Außenhandelsdefizit aufzuweisen, heute sind es die USA. Das durch den Ersten Weltkrieg geschwächte Großbritannien war nicht mehr in der Lage, die Leitwährung für die Welt zur Verfügung zu stellen. Die USA wollten diese Funktion noch nicht übernehmen.[44] Im Zuge zunehmender Arbeitslosigkeit, Bankpleiten und Unternehmensinsolvenzen betrieben einige Notenbanken wie etwa die französische Staatsbank noch zusätzlich eine kontraktive, also verknappende Geldpolitik, die die Probleme noch verschärfte.[45]

Hier enden allerdings die Parallelen. Amerika ist heute wesentlich mächtiger, als es England 1929 war – und das nicht nur militärisch. Die US-Wirtschaft ist nach wie vor bei weitem die größte der Welt. Allerdings haben die Vereinigten Staaten einen so hohen Schuldenberg im In- und Ausland aufgetürmt, dass die Finanzanalysten Bill Bonner und Addison Wiggin von einem »Imperium der Schulden« sprechen.[46]

Bereits 2006 schrieb ich: »In unserer jetzigen Situation sind zwei Auslöser wahrscheinlich: ein Kollaps des Dollars[47] und ein Platzen der Immobilienblase in den USA.[48] Beides hätte die unmittelbare Folge, dass die amerikanische Nachfrage auf den Weltmärkten, auf welche die Weltwirtschaft derzeit maßgeblich angewiesen ist, ausfiele. Japan, das sich selber gerade von dem Schlimmsten erholt, sowie die europäischen Länder hätten dem wenig entgegenzustellen. Auch die chinesische Wirtschaft könnte trotz aller Stärke die fehlende Exportnachfrage nicht kompensieren.«

Nach dem Platzen der amerikanischen Immobilienblase im August 2007 haben die Notenbanken mit ihrem altbekannten und einzigen Mittel reagiert, um die drohende globale deflationäre Krise zu verhindern: Binnen weniger Wochen schufen sie neues Geld im Wert von mehreren hundert Milliarden Dollar.[49] Man glaubt immerhin, aus der Großen Depression gelernt zu haben. Es wird aber auf Dauer wenig nützen, die Druckerpresse anzuwerfen, um mehr Geld in Umlauf zu bringen, wie es US-Notenbankchef Ben Bernanke 2002 vorgeschlagen hat.[50]

Kurzfristig hat das funktioniert, aber bereits im Sommer 2007 befürchtete US-Finanzminister Henry Paulson gravierende Auswirkungen für die US-Wirtschaft. Wenn das Vertrauen in die Wirtschaft erst einmal nachhaltig erschüttert ist, würde auch die Währung nicht mehr angenommen werden. Unternehmen und Privatpersonen würden zunehmend in alternative Geldformen wie zum Beispiel Gold flüchten. Die Kontraktion des globalen Kreditvolumens wäre kaum aufzuhalten. In den USA tauschten zum Beispiel nach 1929 viele Privatpersonen ihre Dollars in Gold um, weil sie der offiziellen Währung nicht mehr trauten. Das führte wiederum dazu, dass weitere Banken zusammenbrachen.

Harold James: Wie konnte es 1929 dazu kommen und wo stehen wir heute?

In seinem bereits erwähnten Buch *Der Rückfall – die neue Weltwirtschaftskrise* analysiert Harold James von der Princeton University die Ära der letzten Großen Depression. Er zeigt auf, dass es bereits mehrere Zeitalter der Globalisierung gab, die durch eine Gegenreaktionen beendet wurden – zum Beispiel der von Erasmus geprägte Humanismus und das globale Wirtschaftssystem um 1900. Auch unser System sieht James latent gefährdet: »Selbstverständlich«, so James, »gleicht kein Zusammenbruch völlig dem anderen ... Aber jeder Zusammenbruch erwächst aus Denkmustern und institutionellen Mechanismen, die als Reaktion auf eine neue, unvertraute Welt der internationalen ... Verflechtungen entstehen.«[51]

Die »Wetten des Kasino-Kapitalismus« können James zufolge »das gesamte System kollabieren lassen«.[52] James weist darauf hin, dass unsere internationalen Institutionen auf einem sehr dünnen Fundament gebaut sind: »Eine globale Finanzkrise kann systemische Wirkungen entfalten und in katastrophaler Weise die Stabilität der Institutionen untergraben, die die weltweite Verflechtung ermöglichen.«[53]

Der (amerikanische) Börsencrash des Jahres 1929 war nur einer von vielen Auslösern der Großen Depression. In den zwanziger Jahren des letzten Jahrhunderts hatte trotz aller Probleme der internationale Kapital- und Güterverkehr wieder zugenommen, wenn auch bei weitem noch nicht die globale Dimension wie vor 1914 erreicht. Deutschland war durch Reparationszahlungen belastet und nahm international Geld auf. Auch nach Lateinamerika floss zwischen den Weltkriegen viel Geld. Nach 1931 und verstärkt nach 1935 zogen die Gläubiger ihr Geld wieder ab.[54] Im Jahr 1932 hielten schätzungsweise anderthalb Millionen Amerikaner ausländische Rentenpapiere. 1937 besaßen ca. 600 000 bis 700 000 Personen ausländische Rentenpapiere, die nicht mehr bedient wurden. Heute gibt es international vor allem ein Schuldnerland: die Vereinigten Staaten von Amerika.[55] Die Rentenpapiere werden von Personen in China und Japan und anderen asiatischen und europäischen Nationen, vor allem aber von den Staaten selber gehalten. Es bleibt abzuwarten, wie sich die Gläubiger im Fall einer Währungskrise verhalten werden.

Als nächstes erwischte es die nach 1929 rohstoffexportierenden Länder. Die Exportpreise für Rohstoffe und die internationalen Kapitalexporte sanken gleichzeitig. Von 1929 bis 1931 sank zum Beispiel der Wert der argentinischen Exporte um ein Drittel. Diese Länder konnten sich also weder ausreichende Einnahmen durch Exporte sichern, noch weitere Kredite zur Deckung ihres Kapitalbedarfs aufnehmen.

Nach dem Börsenkrach kam es zum Bankenkrach. In Deutschland und Österreich hatten die Banken den Unternehmen großzügige Kredite gewährt. Im Jahr 1931 wuchs sich dies zur Krise aus: In beiden Ländern kollabierten einige Banken, wobei der Zusammenbruch der Österreichischen Creditanstalt am bekanntesten ist. Die Staatshaushalte beider Länder waren gefährlich überspannt, die Währungen kamen unter Druck. Im Anschluss wurde dann auch der Bankensektor in den bis dahin kapitalexportierenden Ländern Amerika und England in Mitleidenschaft gezogen. Diese zweite Phase der Weltwirtschaftkrise nach 1929 gleicht damit in vielen Teilen etwa dem Zusammenbruch des thailändischen Finanzsektors im Jahr 1997. Und – man wagt es kaum auszusprechen – auch im übermächtigen Exportland China ist der Bankensektor keinesfalls in guter Verfassung. James zufolge deuten neuere Forschungen darauf hin, dass seit den siebziger Jahren in vielen Fällen Bankenkrisen die eigentliche Ursache von Währungskrisen sind.[56]

Es folgten weitere Schritte, um die Heimatmärkte zu schützen. Am bekanntesten ist wohl der Smoot-Hawley-Zolltarif, den die USA 1930 verhängten, um ihre Heimatmärkte zu schützen. England – seit 150 Jahren Wächter des Freihandels – zog im Jahr 1931 nach. Deutschland verfolgte spätestens seit 1933 eine Politik der Blockbildung und der Autarkie – 1938 hatte Deutschland mit 25 Ländern bilaterale Handelsverträge geschlossen. Viele Staaten und auch Wirtschaftswissenschaftler teilten Werner Sombarts These, dass der Handel mit zunehmender Industrialisierung zurückgehen werde, da sich die einzelnen Volkswirtschaften zu immer größerer Reife entwickeln würden. Im Zuge der Handelspolitik wurde in vielen Ländern auch die Einwanderungspolitik verschärft. In den ersten Jahrzehnten des 20. Jahrhunderts hatten die Gewerkschaften eine große Macht errungen. Nun sollten die Arbeitsmärkte vor der internationalen Konkurrenz geschützt werden.

Bezeichnenderweise schrieb John Maynard Keynes, der intellektuelle Vater der Nachkriegsordnung: »Ich sympathisiere daher mehr mit denen, die die Verknüpfung zwischen den Nationen sehr stark lockern wollen, als mit denen, die sie zu steigern gedenken. Ideen, Wissen, Kunst, Gastfreundschaft, Reisen – das sind Dinge, die ihrer Natur nach international sein sollten, aber lasst Güter in der Heimat herstellen, wann immer es sinnvoll und praktisch ist und vor allem lasst die Finanzen in erster Linie nationale sein.«[57]

Die arbeitsteilige Weltwirtschaft wurde so Schritt für Schritt zurückgedrängt, James zufolge durchaus auch aufgrund von Forderungen demokratischer und populistischer Strömungen. Es gab nicht den einen »Unfall«, sondern eine ganze Reihe von »Unfällen« und politischen Tendenzen, die alle in dieselbe Richtung wiesen. Die Situation heute ist nach James eine andere – keine Situation gleicht der anderen. Während in der Zwischenkriegszeit der Ruf nach einem starken Staat fast überall zu vernehmen war, gibt es heute eine beispiellose Skepsis gegenüber der Politik überhaupt. Auch über die Leistung der nationalen und internationalen Institutionen ist Ernüchterung eingekehrt.[58] Das Eis, auf dem wir uns bewegen, ist dünn. Für James ist es keinesfalls sicher, dass wir die Risiken im Griff haben.

Natürlich können die Regierungen den Privatbesitz von Gold verbieten und mit einer Freiheitsstrafe von bis zu zehn Jahren belegen, wie es Präsident Roosevelt am 1. Mai 1933 tat.[59] Dann würden die Menschen aber andere Formen des Geldersatzes ausfindig machen – wie etwa Silber, Palladium oder nach dem Zweiten Weltkrieg Zigaretten. Im schlimmsten Fall würden sie einfach ihre Wirtschaftsleistung verweigern, wie sie es – ökonomisch rational – in den staatswirtschaftlichen Regierungen des Warschauer Paktes getan haben. Die lang anhaltende und schleichende Depression in Japan nach 1990 zeigte, dass selbst Regierungen, die nach dem Rezeptbuch der modernen Ökonomie anscheinend fast alles richtig machen, keine Möglichkeit haben, eine Krise aufzuhalten, deren Zeit gekommen ist.[60]

52

Macht ist ein notwendiger Bestandteil jeder politischen Ordnung. In der Vergangenheit ging noch jeder Versuch zu einer Weltgesellschaft auf den Aufstieg einer einzigen Macht zurück. Im 19. Jahrhundert garantierte die englische Flotte nicht nur die Immunität vor größeren Kriegen, sondern übte auch eine Polizeifunktion auf den Weltmeeren aus und bot allen gleiche Sicherheit; der Londoner Geldmarkt etablierte einen einheitlichen Währungsstandard für die ganze Welt; der britische Außenhandel sicherte – wenn auch in einer nicht perfekten Form – die Akzeptanz des Prinzip des Freihandels und Englisch wurde Welthandelssprache.

Edward Hallett Carr,
englischer Diplomat und Publizist[1]

Das wandernde Zentrum

Das Zentrum der Weltwirtschaft wandert. Langsam ahnen wir, dass wir in Deutschland und Europa nicht mehr dazugehören. Aber auch die ökonomische Vorherrschaft der Vereinigten Staaten von Amerika, die das heutige globale Wirtschaftssystem prägt, ist keinesfalls gesichert. Nachdem lange darüber geredet wurde, ist der wirtschaftliche Aufstieg Asiens – allen voran Chinas – mittlerweile eine Realität, die unser tägliches Leben beeinflusst.[2] Die Nachfrage im Reich der Mitte sorgte zum Beispiel dafür, dass sich bei uns zwischen 2003 und 2005 die Preise für Stahl verdoppelten und Konzerne wie Salzgitter und ThyssenKrupp zum ersten Mal seit Jahren glänzende Bilanzen vorlegen konnten. Die Freude wird allerdings nicht lange währen: China rüstet seine Produktionskapazität für Stahl massiv auf und wird in den nächsten Jahren den Weltmarkt überschwemmen.

Es ist keinesfalls außergewöhnlich, dass sich das Zentrum der Weltwirtschaft periodisch verschiebt.[3] Vom frühen 19. Jahrhundert zum Ersten Weltkrieg war Großbritannien die führende Wirtschafts- und Handelsnation. In der zweiten Hälfte dieses Jahrhunderts wuchsen die Vereinigten Staaten und das Deutsche Reich zu mächtigen Rivalen heran. Seit Ende des Ersten Weltkriegs und der damit einhergehenden Schwächung Englands und Deutschlands – also seit mittlerweile fast einhundert Jahren – war Amerika die mächtigste Wirtschaftsmacht der Welt. Heute stehen wir an der Schwelle einer weiteren Verschiebung der Schwerpunkte oder zumindest am Beginn einer Phase unsicherer Koexistenz zwischen den USA und China.

Ökonomie ist immer politisch. Und die internationale Gesellschaft ist trotz all ihrer Institutionen letztlich eine anarchische, in der einzelne Nationen ihre Interessen durchzusetzen versuchen. »Es mag viele in der Bundesrepublik überraschen: Nationalstaaten sind nach wie vor die entscheidenden Spieler in der Welt«, so der Volkswirt und Journalist Henrik Müller.[4]

Es geht neben Wachstum und Wohlstand eben auch um die Verteilung dieses Reichtums. »Damit ein globales Weltwirtschaftssystem auf Dauer stabil ist, benötigt es einen Stabilisierer, einen Hegemon«, schrieb Charles Kindleberger.[5] Die führende Macht legt die Regeln für die Weltwirtschaft fest und garantiert sie – notfalls auch mit Gewalt. Zwar kann mittels dieser Tatsache die bestimmende Nation ihre Interessen zu einem großen Teil realisieren, aber in einer legitimen Ordnung profitieren alle von der damit erzeugten Stabilität. Wird die Ordnung dadurch gestört, dass empfindliche Rivalitäten auftreten, sind Krisen wahrscheinlich.

Die Geburtshelfer der amerikanisch geprägten Nachkriegsordnung wie George Kennan, George Marshall und Dean Acheson wussten, dass die Völkergemeinschaft nur dann eine Zukunft hatte, wenn alle Interessen angemessen berücksichtigt wurden. Das übermächtige Amerika und das geschwächte England fanden in Bretton Woods eine Kompromisslösung für das Weltfinanzsystem. Der Westen organisierte sich militärisch unter der Führung der Vereinigten Staaten in der NATO gegen die unzweifelhaft vorhandene Bedrohung durch die Sowjetunion. Und mit dem GATT-Abkommen (General Agreement on Tariffs and Trade; Allgemeines Zoll- und Handelsabkommen) von 1947 wurde auch in Handelsfragen eine zumindest für die Industrienationen akzeptable Lösung gefunden.

Das System war nicht perfekt – kein politisches System ist es –, aber es funktionierte im Großen und Ganzen recht gut.

In Europa hängen wir immer noch dem Traum überstaatlicher Gemeinschaften nach, sei es auf europäischer Ebene (EU) oder für die Welt (UNO). Die Vereinigten Staaten scheinen an die Idee der Völkergemeinschaft hingegen nur mit einer – aus ihrer Sicht kleinen – Einschränkung zu glauben, nämlich dass sie selber die Gemeinschaft anführen. Einige US-Politikwissenschaftler propagieren schon seit den achtziger Jahren eine Richtung, die sich damit befasst, wie eine Führungsmacht die Welt zu organisieren hat und was passiert, wenn diese schwächer wird. Natürlich geht man davon aus, dass es immer eine Führungsmacht geben muss, und natürlich beansprucht Amerika die Führungsrolle für sich.

In seinem Buch *War and Change in World Politics* hat der US-Wirtschaftswissenschaftler Robert Gilpin bereits 1981 dargelegt, was passiert, wenn sich zwei oder mehr Mächte gleichzeitig auf der Weltbühne drängeln. Die alte Führungsmacht hat sich an ihren hegemonialen Anspruch gewöhnt und verteidigt ihn mit allen Mitteln. Sie muss einen immer größeren Teil ihrer Ressourcen aufwenden, um ihre dominante Rolle aufrechtzuerhalten.[6] Dadurch geht die wirtschaftliche und technologische Führung verloren.[7] Dieser Prozess war zum Beispiel zu beobachten, als Großbritannien nach 1900 die Führungsrolle entglitt. Noch im Jahr 1870 produzierte England ein Drittel aller Waren auf der Welt, 1910 hatten Deutschland und die USA das britische Empire, dessen Anteil an der Weltproduktion sich halbiert hatte, überholt.[8]

Wenn die Führungsnation ihre eigenen Interessen immer unverhohlener durchsetzt, wird die Legitimität der internationalen Regeln zunehmend in Frage gestellt. So etwas ist leider oftmals gerade dann der Fall, wenn sie schwächer wird und neue Rivalen am Horizont auftauchen.

Sollten die jetzigen Wachstumsraten halbwegs anhalten, würde China die USA spätestens im Jahr 2025, wahrscheinlich sogar schon um 2016 wirtschaftlich überholen. Die Etablierung von China als ökonomischer Größe neben den USA scheint damit nur noch eine Frage der Zeit zu sein, ein instabiles Machtgleichgewicht wäre die Folge. Nur wenn es gelänge, einen reibungslosen wirtschaftlichen Machttransfer zwischen beiden Ländern zu erreichen, könnte die Krise vermieden werden.

Danach sieht es allerdings nicht aus. Im Gegenteil: Beide Länder zeigen, dass sie immer mehr bereit sind, ihren Einfluss auszuspielen. Zuletzt hatte China im Frühjahr 2005 seine Muskeln gegenüber Japan und Taiwan spielen lassen. Und Amerika setzte seine eigenen Wirtschaftsinteressen in den letzten Jahren immer offener und unverstellter durch. Sollte sich dieser Trend fortsetzen, scheinen ökonomische Konflikte vorprogrammiert. Sie könnten die Weltwirtschaft schon bald empfindlich schädigen.

Handel und Wirtschaft: die amerikanischen Regeln

Es besteht kein Zweifel daran, dass die Globalisierung amerikanischen Regeln folgt. Die Finanzmärkte sind danach ausgerichtet, globale Unternehmen sind zunehmend nach amerikanischen Mustern organisiert und der Konsumkapitalismus amerikanischen Stils hat sich auch in Westeuropa durchgesetzt.

Noch 1968 war das anders. Da konnte der französische Politiker und Journalist Jean-Jacques Servan-Schreiber ein Buch mit dem Titel *Die amerikanische Herausforderung* schreiben, das weite Beachtung fand.[9] Heute verstehen wir in Europa oftmals die Frage nicht mehr – so sehr haben wir uns der US-Kultur angepasst und sie in vielen Bereichen schon verinnerlicht. Nur im Bereich der Sozialsysteme leistet Europa noch hartnäckigen Widerstand. Aber auch der kommt mehr durch die Trägheit und Widerstandsfähigkeit der Interessengruppen zustande als durch eine eigenständige Politik und Identität.

Seit den achtziger Jahren setzt sich das amerikanische Wirtschaftssystem mit einem erhöhten Tempo durch. Das erforderte einen weitgehenden Umbau der europäischen Volkswirtschaften. Wenn an deutschen Hochschulen heute die Abschaffung des Diploms und die Einführung von gestuften Abschlüssen – Bachelor und Master – betrieben wird, so ist das eine Umstellung auf das angelsächsische System mit seinen kürzeren Zeithorizonten. Wenn in Deutschland ein Rating für Kredite an Mittelständler eingeführt wird, so stehen dahinter ebenfalls angelsächsische Vorstellungen. Wenn die konservative deutsche Rechnungslegung, die vor allem am Gläubigerschutz orientiert war, auf die International Accounting Standards (IAS) umgestaltet wird, die mithin wesentlich flexibler und damit manipulierbarer sind, folgen wir ebenfalls amerikanischen Regeln.

Der US-Wirtschaftshistoriker Alfred Chandler unterscheidet zwischen dem »angelsächsischen« und dem »kontinentaleuropäischen« Modell des Kapitalismus. Das angelsächsische Modell ist nach Chandler kompetitiv, das kontinentaleuropäische kooperativ. Amerikanische Firmen werden straff und fast militärisch zentral gesteuert. Die Spezialisten sitzen in der Unternehmenszentrale. In Europa war das Wissen eher verteilt, die Organisation der Unternehmen dezentralisiert, die Ausbildung dauerte lange und die Fluktuation war niedrig. Die Staaten spielen American Football, Europa spielte lieber Fußball.

Der deutsche Mittelstand – lange das Rückgrat der hiesigen Wirtschaft – war und ist ganz anders organisiert, als es das Modell der modernen Management-Lehrbücher vorsieht. Und dennoch ist er höchst erfolgreich.[10] Viele Mittelständler halten nichts von einer offenen Informationspolitik; sie suchen Nischen; sie haben eine hohe Wertschöpfungstiefe, und sie setzen auf langjährige Loyalität und stabile Beziehungen. Sie sind oftmals patriarchalisch organisiert, die Eigenkapitalquote ist gering und die Hausbank sicherte die Existenz des Unternehmens.

Doch der deutsche Mittelstand ist auf dem Rückzug. Basel II (die Gesamtheit der Eigenkapitalvorschriften, die vom Basler Ausschuss für Bankenaufsicht vorgeschlagen wurden) hat hieran sicher einen wesentlichen Anteil: Banken können Kredite nicht mehr aus ihrer langjährigen Kenntnis des Unternehmens vergeben, sondern müssen ein standardisiertes Rating anwenden. Das schafft zwar auf der einen Seite Transparenz, verhindert auf der anderen Seite aber auch den Aufbau jahrzehntelanger Geschäftsbeziehungen, in denen die Bank flexibel reagieren kann. Nützlich ist das Modell vor allem für Firmenkäufer und -verkäufer, Private-Equity-Gesellschaften und Großkonzerne.

Man muss ja nicht gleich von einem »Kartell der Hochfinanz der amerikanischen Ostküste« ausgehen, das sich zum Ziel gesetzt hat, die Welt gefügig zu machen, wie der erzkonservative Leiter des Mittelstandsinstituts Hannover, Eberhard Hamer.[11] Bemerkenswert ist dennoch, dass von den neuen Regeln vor allem Finanzinstitutionen, die sich dem Modell des angelsächsischen Kapitalismus angepasst haben, profitieren.

Die Entwicklung wird kaum aufzuhalten sein. Nichts zeigt dies deutlicher als die Transformation der Deutschen Bank, die seit den 1870er Jahren im Zentrum des deutschen Kapitalismus stand: Mitte der achtziger Jahre des 20. Jahrhunderts wandelte sie sich komplett zu einer angelsächsischen Investmentbank mit angegliederter Privatkundenabteilung um.[12] Außerdem schrumpft das Institut seit Jahren unbemerkt vor sich hin.

In der Handelspolitik drückten die Vereinigten Staaten der Welt ebenfalls ihren Stempel auf. Das 1947 in Havanna verabschiedete GATT-Abkommen (ein völkerrechtlicher Vertrag, keine internationale Organisation) machte den Freihandel zum Leitprinzip für die Weltwirtschaft. Es wurden Regeln vereinbart, die das explosionsartige Wachstum des Welthandels förderten und die Globalisierung im heutigen Umfang erst ermöglichten. Natürlich wollte das wirtschaftlich überstarke Amerika nach dem Zweiten Weltkrieg neue Märkte für US-Waren finden.[13]

Aufgrund der Hauptlieferländer-Regelung setzten sich jeweils nur die Nationen zu Verhandlungen zusammen, die mindestens 10 Prozent des Welthandels in einer bestimmten Warengruppe bestritten. Die von diesen Ländern entschiedenen Vorgaben sollten dann für alle GATT-Mitglieder gelten. Ein derartiges Verfahren beschleunigte die Verhandlungen deutlich; auf der anderen Seite wurden auch viele Beitrittsländer von den Verhandlungen ausgeschlossen.[14] Amerika war aufgrund seiner wirtschaftlichen Stärke bei allen Verhandlungen vertreten.

Die Hauptlieferländer-Regelung trug maßgeblich zum Erfolg des GATT bei. Allerdings wurden die berechtigten Interessen der Entwicklungsländer an einer offenen Agrarpolitik sowie an offenen Märkten für Schuhe und Textilien – Bereiche, in denen viele Entwicklungsländer wettbewerbsfähig sind – weitgehend ignoriert.

Regionale Abkommen und Ausnahmeregelungen beziehungsweise Handelsbeschränkungen im Agrar- und Textilbereich wurden allerdings trotzdem zugelassen. England wollte seine imperia-
len Zollbegünstigungen beibehalten. Das hat bis heute zu einer
Vielzahl von regionalen Handelsabkommen geführt, unter denen
die EG/EU, NAFTA, ASEAN, Mercosur, Lomé und AKP nur einige
prominente Beispiele sind. Und die Regierung Roosevelt wollte
ihre Sozialprogramme – wie zum Beispiel die Farm Security Admi-
nistration – nicht aufgeben, die sie während der Großen Depression eingeführt hatte. Ironischerweise sind es gerade die von den
Großmächten geforderten Ausnahmen (Agrarpolitik und regionale Abkommen), die die Dauerkonflikte zwischen der EU und den
USA in Handelsfragen verursachten.

1995 ist das GATT in der Welthandelsorganisation (WTO) auf-
gegangen. Inzwischen sind es 149 Mitgliedsstaaten, die über die
weitere Öffnung der Weltwirtschaft verhandeln.[15] Neue Interessen
und Konflikte im Welthandel sind hinzugekommen. Einige sind
eher sekundärer Natur, andere sind so gravierend, dass man be-
zweifeln muss, dass sich die Erfolgsgeschichte der Liberalisierung
endlos fortsetzen lässt. Ein besonders großes Konfliktfeld würde
sich auftun, wenn Amerika und China in Handelsfragen aneinan-
der geraten sollten. Weder die USA noch China oder Europa werden in den nächsten Jahren stark oder kompromissbereit genug
sein, bei entscheidenden Fragen eine allseits akzeptable Lösung
herbeizuführen.

Die Roaring Nineties

Nach dem Zusammenbruch des Kommunismus waren die Vereinigten Staaten in den neunziger Jahren die einzige verbliebene Supermacht. Der amerikanischen Wirtschaft ging es – anscheinend –
so gut wie schon lange nicht mehr. Die Staatsschulden sanken.
Neue Technologien schienen das Wirtschaftswachstum zu beschleunigen. In dieser Situation wäre vieles möglich gewesen: der
Plan eines neuen Weltwährungssystems, der Entwurf eines Han-
delssystems, das die Vorstellungen aller Länder zumindest in

grundlegenden Zügen berücksichtigt, oder der Abbau nationaler und internationaler Verschuldung.

Aber Amerika verfolgte seine vermeintlichen Interessen – oder vielmehr die einiger Unternehmen und Branchen – weitgehend ohne Rücksicht auf die Belange der Weltgesellschaft und oftmals auch ohne die der eigenen Bevölkerung. Eine solch verhärtete Position ist eher typisch für eine absteigende Führungsmacht, die ihre Position hartnäckig verteidigt, als für die »einzig verbliebene Weltmacht«.[16]

In seinem Buch *Die Roaring Nineties* rechnet der US-Ökonom Joseph Stiglitz schonungslos mit dem amerikanischen Unilateralismus ab. Dabei ist der Nobelpreisträger der Wirtschaftswissenschaften nicht irgendwer: Er war Vorsitzender des Sachverständigenrats für Wirtschaftsfragen während der ersten Amtszeit Bill Clintons, bevor er als Chefökonom zur Weltbank wechselte.

Joseph Stiglitz: Amerikanische Außenwirtschaftspolitik in den neunziger Jahren[17]

In der zweiten Hälfte der neunziger Jahre ließ eine verfehlte Entwicklungspolitik die Marktideologie, die wir den Entwicklungsländern, vor allem über den IWF, aufoktroyierten, fragwürdig erscheinen. Als eine Krise die nächste jagte, wuchs die Sorge vor der zunehmenden Instabilität der Weltwirtschaft. Hinzu kam, dass sich die USA in den Handelsgesprächen unfair verhielten ...

Die USA propagierten die Marktideologie und machten ihren ganzen Einfluss geltend, um US-Firmen Zugang zu Auslandsmärkten zu verschaffen. Dabei setzten wir uns in der Regierung Clinton allzu leichtfertig über Prinzipien hinweg, die wir eigentlich hätten hochhalten sollen. Uns interessierte lediglich, ob unsere Politik Arbeitsplätze im Inland schuf, nicht aber, wie sie sich auf die Menschen in den Entwicklungsländern auswirkte. Wir drängten auf Liberalisierung der Kapitalmärkte, ohne darüber nachzudenken, ob dies vielleicht die Stabilität der Weltwirtschaft beeinflussen würde. Wir dachten mehr an die kurzfristigen Vorteile einer harten Verhandlungsführung – und daran, dass sie dem Ansehen der Regierung im Inland förderlich sein würde –, als daran, ob der Eindruck von Doppelmoral und Heuchelei langfristig den Interessen der USA schaden könnte.

In der Außenwirtschaftspolitik machten wir uns zu gefügigen Erfüllungsgehilfen der Wall Street – schließlich hatten ausländische Rentner in den USA kein Stimmrecht und unterstützten den Wahlkampf von US-Politikern auch nicht durch Geldspenden.

Im internationalen Handel ... liberalisierten wir die neuen Bereiche im Dienstleistungssektor in einer unausgewogenen Weise. Die USA drängten andere Länder, ihre Märkte für besonders konkurrenzstarke US-Produkte zu öffnen, wie etwa Finanzdienstleistungen, aber sie widersetzten sich erfolgreich der Forderung, gleichwertige Gegenleistungen zu erbringen. Bauwirtschaft und Seegüterverkehr, die Branchen, in denen viele Entwicklungsländer einen Wettbewerbsvorteil besitzen, wurden bei den neuen Abkommen außen vor gelassen. Schlimmer noch, die Liberalisierung der Finanzdienstleistungen dürfte einigen Entwicklungsländern geschadet haben.

In der Uruguay-Verhandlungsrunde des GATT (1986–1994), die zur Gründung der Welthandelsorganisation WTO und zu weit gehenden Liberalisierungen in der Weltwirtschaft führte, setzten sich die USA nach Stiglitz besonders einseitig und kurzsichtig für ihre eigenen Interessen ein.[18]

Zwar drängen die Vereinigten Staaten auf eine Öffnung der weltweiten Agrarmärkte, aber auch sie schützen Produzenten. Besonders deutlich ist das am Beispiel Baumwolle zu sehen: Auf diesem Wirtschaftssektor hat Amerika zweimal höhere Produktionskosten als andere Länder, dennoch wird der Anbau von Baumwolle immer noch unterstützt. Die daraus folgende Überproduktion drückt weltweit die Preise. Mali hatte alleine dadurch einen Verdienstausfall von 43 Millionen Dollar. Gleichzeitig bekam das Land nur 37 Millionen Dollar Entwicklungshilfe![19]

Amerika drängte auf eine weitere Liberalisierung der Dienstleistungen und Direktinvestitionen. Die Weltmacht bemühte sich mit gemischtem Erfolg, ähnlich offene Regelungen durchzusetzen, wie es sie im GATT für den Handel gibt. Damit fallen nach und nach diejenigen Bereiche, die bis 1995 national bestimmt waren und es teilweise immer noch sind, unter das Diktat des Weltmarkts: das Bank- und Finanzwesen, die Energiekonzerne und die Telekommunikation. Zunächst klingt dies nach einer logischen Erweiterung des GATT, das sich zu Dienstleistungen nicht äußert. Bei genauerem Hinsehen sind dies jedoch alles Sektoren, in denen die US-Wirtschaft besonders wettbewerbsfähig ist.

In vielen Entwicklungsländern, gerade in Lateinamerika, machten sich in den neunziger Jahren internationale Großbanken breit, die das Sparkapital des Landes in einer Krise beliebig abziehen können. Derartige Kapitalströme waren eine der Ursachen der mexikanischen Peso-Krise von 1994 bis 1995[20] und der Asienkrise von 1997. China war bei den Beitrittsverhandlungen zur WTO vorsichtiger. Gewarnt durch die Asienkrise, widersetzte sich das Land der vom US-Finanzministerium geforderten Öffnung der chinesischen Märkte für den Vertrieb spekulativer Finanzprodukte und Finanzderivate.[21]

In der Uruguay-Runde setzte sich Amerika für einen maximalen Rechtsschutz bei Patenten ein. Dabei ist auch dies nur eine Frage, die politisch zu lösen ist: Patente sichern denjenigen, die sie besitzen, für einen bestimmten Zeitraum ein Monopoleinkommen. Dadurch sollen Unternehmen und Privatpersonen für ihre Forschung belohnt und diese wiederum attraktiv gemacht werden. Gleichzeitig besteht aber auch ein Interesse an der Verbreitung neuer Technologien, sodass der Patentschutz nicht zu umfassend sein sollte. Die Nutznießer sollen nicht zu viel zahlen. Zudem werden viele forschende Unternehmen vom Staat subventioniert, sodass sie bei einem strengen Patentschutz sogar zweimal kassieren können.

In der Pharmabranche wird ein solches Vorgehen besonders deutlich: Medikamente mit Patentschutz können oft zu sehr hohen Preisen verkauft werden – und sind dadurch in der Dritten Welt unerschwinglich. Damit nutzt der Patentschutz den Pharmafirmen in einem besonderen Maße, während viele Länder in der Dritten Welt, aber auch einkommensschwächere Patienten in den Industrienationen, das Nachsehen haben.

Wie sehr die US-Handelspolitik zum Spielball von rücksichtslosen Unternehmensinteressen werden kann, zeigt der Fall des derzeitigen amerikanischen Botschafters in Berlin, William R. Timken. Der Multimillionär und Unternehmer war bis 2003 Vorstandsvorsitzender der Timken Company und ist nach wie vor in deren Aufsichtsrat. Als Großspender der republikanischen Partei hat er die Ehrenbezeichnung »Super Ranger« erhalten.

Die Gesellschaften der Timken Company, eines Herstellers von Kugellagern, werden durch wettbewerbswidrige US-Schutzzölle abgeschottet, um gegen die führenden Japaner und Deutschen bestehen zu können. Das so genannte Byrd Amendment (benannt nach dem US-Senator Robert Byrd) schützt diese WTO-widrige Praxis im amerikanischen Senat. Die Zölle, die deutsche und japanische Hersteller aufgrund scheinbarer Dumping-Preise zahlen, gehen zu einem Großteil direkt an die Timken Company – 2004 waren es 52,7 Millionen Dollar, 2003 sogar 92,7 Millionen. Das war übrigens das Fünffache dessen, was der nächstgrößere amerikanische Produzent von Kugellagern erhielt.[22]

Die Schaeffler-Gruppe aus Herzogenaurach beispielsweise zahlte dadurch mehr als 35 Millionen Dollar – vor allem an Timken. Jürgen Geißinger, Chef der Schaeffler-Holding und Präsident des europäischen Wälzlager-Dachverbands, sagte dazu dem *Spiegel* im August 2005: »Mit Timken wird einer der größten Profiteure WTO-widriger Handelspolitik ausgerechnet in dem Land zum Botschafter ernannt, wo die Leidtragenden dieser Politik sitzen.« Durch die deutsche Finanzspritze können die Amerikaner ihre Produkte nun sogar zu Kampfpreisen auf dem Weltmarkt anbieten. Das bedeutet Umsatzeinbußen und den Verlust von Arbeitsplätzen.[23]

Die deutsche Politik duckte sich. Der stellvertretende Bundesvorsitzende und gleichzeitige wirtschaftspolitische Sprecher der FDP, Rainer Brüderle, der sonst überall für »freien Handel« und »fairen Wettbewerb« eintritt, mahnte nur lauwarm. Der zu dieser Zeit amtierende bayerische Wirtschaftsminister Otto Wiesheu war für den *Spiegel* nicht zu sprechen, obwohl die Schaeffler-Gruppe ihren Hauptsitz in Bayern hat. Auch der Präsident der Vereinigung der Bayerischen Wirtschaft, Randolf Rodenstock, wollte sich nicht äußern. Der einstige Bundeswirtschaftsminister Wolfgang Clement (SPD) hielt sich ebenfalls zurück. Nur die EU konterte mit Gegenzöllen.[24]

Nun verhält sich Europa in der Handelspolitik selber keinesfalls immer fair. Der Fall Timken zeigt aber, wie stark die US-Handelspolitik zum Spielball einzelner Interessengruppen geworden war (und ist). Zu beachten ist dabei: Der Außenhandel ist gemäß der amerikanischen Verfassung ein Privileg der Legislative, und Kongressabgeordnete sowie Senatoren haben ständig Spenden nötig. Nicht zu vergessen: Botschafterposten und viele Tausende von Verwaltungsstellen werden bei einer neu gewählten Regierung mit Leuten aus den eigenen Reihen besetzt.[25]

Die US-Handelspolitik war nicht immer Spielball des Kongresses: Nach den desaströsen Smoot-Hawley-Zöllen von 1930, die die Weltwirtschaftskrise erheblich verstärkten und auch andernorts zu Schutzzöllen führten, hatte sich nach dem Zweiten Weltkrieg ein System entwickelt, in dem der Kongress in Form des Special Trade Representative (STR) einen Großteil der Handelsfragen auf den Präsidenten delegierte.[26] Dieses System befindet sich seit einigen Jahren in Auflösung. Amerika setzt sich mit ganzer Kraft für die kurzfristigen handelspolitischen Interessen von nationalen Unternehmen ein, ohne an die langfristigen Konsequenzen für die Welthandelsordnung zu denken. Auf diese Weise schadet Amerika letztlich sich selbst, verliert an Autorität und muss eine Schwächung seiner Führungsrolle in Kauf nehmen. Es ist zweifelhaft, ob die WTO ein angemessenes Gegengewicht darstellen kann.

Die langsame Rutschpartie des Dollar

In der Währungspolitik verhält sich Amerika schon seit langem nicht mehr wie eine Führungsmacht, die einen gewissen Ausgleich der internationalen Interessen anstrebt. Dabei fing alles so viel versprechend an. Wenn Sie einmal nach Neuengland kommen sollten, empfehle ich Ihnen, Bretton Woods zu besuchen. In diesem kleinen Ort in New Hampshire trafen sich 1944 Vertreter aus vierundvierzig Nationen in einem imposanten mehrstöckigen Hotel aus Holz, um die Währungsordnung der Nachkriegszeit auszuhandeln. Die Szenerie erinnert an die Herberge in Stanley Kubricks Film *Shining*. In Bretton Woods beginnen die White Mountains – ein traumhaft schönes Gebirge, in dem auch heute noch Bären leben. Direkt vor dem Hotel erstreckt sich ein Golfplatz, und danach sieht man nichts anderes als Natur. Man kann sich gut vorstellen, dass die vierundvierzig Delegationen in dieser Atmosphäre zu einer Übereinkunft kamen.

Dabei war dies gar nicht so einfach: Die prominentesten Vertreter waren der englische Delegationsleiter John Maynard Keynes und sein amerikanischer Gegenpart Harry Dexter White. Beide vertraten recht unterschiedliche Standpunkte. Großbritannien war durch die beiden Weltkriege geschwächt, hoch verschuldet und im Begriff, sein Empire aufzugeben. Amerika strotzte vor Kraft und war sich bereits bewusst, die neue Supermacht zu sein. Von den gesamten auf der Welt vorhandenen Goldreserven im Wert von 33 Milliarden Dollar befanden sich 26 Milliarden Dollar in den USA. Demzufolge war England mehr an einem flexiblen System der Geldschöpfung interessiert, während die Vereinigten Staaten eine harte Währung bevorzugten. Dennoch gelang es den verschiedenen Parteien, eine Basis für eine Währungsordnung der Nachkriegszeit zu legen. Bis heute ist es nicht gelungen, eine vergleichbare neue Währungsordnung zu schaffen, die diesen Namen verdient.

Das System von Bretton Woods beruhte auf dem Dollar als Leitwährung, der durch eine Goldreserve im Verhältnis von 35 Dollar je Unze gesichert war. Der Wechselkurs aller anderen Währungen zum Dollar wurde festgeschrieben, nach dem späteren Beitritt der Bundesrepublik beispielsweise 4,20 D-Mark pro Dollar.[27] Daraus ergab sich das »Privileg des n-ten Landes«: Wenn an einem System n Länder teilnehmen, reicht es, wenn n-1 Wechselkurse festgelegt werden. Waren die Wechselkurse aller Währungen gegenüber dem Dollar fixiert, kannte man auch die Wechselkurse der Währungen untereinander. Nur für den Dollar musste kein Wechselkurs festgelegt werden. Faktisch führte das dazu, dass die Vereinigten Staaten die Geld- und Konjunkturpolitik bestimmten. Die anderen Länder mussten sich an die amerikanischen Vorgaben anpassen. Dennoch profitierten alle Länder von den festen Wechselkursen und der Stabilität des internationalen Finanzsystems.

Als weiterer Bestandteil des Systems von Bretton Woods wurde der Internationale Währungsfonds gegründet. Der IWF sollte Ländern, die ein Defizit an Devisenreserven hatten, vorübergehend Kredite gewähren, sodass diese ihre finanz- und wirtschaftspolitischen Reformanstrengungen in Ruhe durchführen und ihr außenwirtschaftliches Gleichgewicht wieder herstellen konnten. Der IWF würde, so war es gedacht, diesen Reformprozess beobachten und unterstützend zur Seite stehen. Die Weltbank wiederum sollte den vom Krieg zerstörten Nationen Kredite für den Wiederaufbau der Infrastruktur geben.

Zunächst war die Exportstärke Amerikas hoch willkommen. Die vom Krieg zerstörten Länder benötigten US-Waren, wobei die Vereinigten Staaten diese Lieferungen zum Teil mit Krediten finanzierten. Das hieß: Sie liehen anderen Staaten Dollars, damit die dortigen Importeure Waren aus Amerika beziehen konnten. Dadurch wurden immer mehr Dollars in Umlauf gebracht. In einer Welt, die internationale Zahlungsmittel benötigte, stellt das kein Problem dar.

Die Dynamik begann sich in den sechziger Jahren jedoch umzukehren: Die Vereinigten Staaten waren tief in den Vietnam-Krieg verstrickt. Von 1958 bis 1971 häuften sie ein Außenhandelsdefizit von insgesamt 56 Milliarden Dollar auf. Das ist deutlich weniger als jenes, das die USA heute in *einem Monat* produzieren. Aber es reichte damals trotzdem, Zweifel an der Wertbeständigkeit des Dollars aufkommen zu lassen. Heute sind wir da viel toleranter.

Der damalige französische Staatspräsident General de Gaulle begann schließlich damit, die Dollarscheine gegen Gold einzutauschen. Die »Golddeckung« der US-Währung sank rapide, 1971 betrug sie nur noch 22 Prozent. Von Januar bis August 1971 wurden weitere 20 Milliarden an Devisen und Gold aus dem Land geschafft. Am 15. August 1971 machte Präsident Nixon das, was Regierungen fast immer tun, wenn sie mit scheinbar unlösbaren wirtschaftlichen Problemen konfrontiert werden: Er verhängte Zwangsmaßnahmen. Die Löhne und Gehälter wurden für neunzig Tage eingefroren, um die Inflation zu bremsen. Importe wurden mit einem zusätzlichen Zoll von 10 Prozent belegt, um das Außenhandelsdefizit einzudämmen. Ganz nebenbei wurde nicht zuletzt die Konvertibilität des Dollars in Gold aufgehoben. Das System von Bretton Woods war faktisch am Ende.

Zwar versuchten die Industrienationen den Schaden, der durch Nixons einseitigen Vertrags- und Vertrauensbruch entstanden war, zu beheben, aber bis heute blieben alle Versuche Makulatur. Im so genannten Smithsonian Agreement von 1971 wurden kleine Schwankungsbreiten für die Währungen vereinbart und der Dollar auf 38 Dollar pro Feinunze Gold abgewertet. Das ist bis heute der offizielle Wert, aber er ist eine Fiktion. Das Zahlungsverspre-chen der Fed kann damit nicht eingelöst werden: Wenn Sie Ihre Dollars beim Federal Reserve System of New York in der Liberty Street präsentieren, werden Sie bestenfalls Unverständnis ernten.

1973 zerbrach auch das Smithsonian Agreement. Seitdem schwanken die Wechselkurse zwischen den großen Währungsblö-cken zum Teil erheblich. Theoretisch hätten diese großen Differen-zen dem Welthandel schaden müssen – immerhin werden Expor-teure dadurch größeren Risiken ausgesetzt. In der Praxis wuchs der Welthandel aber ungebremst weiter. In diese Zeit fiel auch der erste Ölschock von 1973/74. Ein Embargo der arabischen Staaten nach dem Yom-Kippur-Krieg führte dazu, dass der Ölpreis in einem Jahr von etwa drei Dollar auf über zwölf Dollar pro Barrel kletterte. Die steigenden Ölpreise führten wiederum zu einer globalen Rezession bei gleichzeitiger Inflation. Dieses neue Phänomen nannte man Stagflation. Die Industrienationen bekämpften sie durch eine Po-litik des leichten Geldes.

Ungeahnte Mengen an Devisen – in diesem Fall Dollars – wurden nach 1973 in die Kassen der Ölstaaten gespült. Die OPEC-Länder konnten die Ölmilliarden unmöglich komplett wieder ausgeben, so sehr sie sich auch anstrengten. Viele Dollars landeten auf den Konten europäischer oder amerikanischer Banken in Europa und wurden von diesen gleich wieder verliehen. Die »Eurodollars« wa-ren geboren. Sie unterlagen nicht der Mindestreservepolitik und der Aufsicht des Fed. Da die Investitionstätigkeit in den Industrie-nationen gebremst war, fanden viele dieser Dollars ihren Weg nach Lateinamerika. Die westlichen Banken hatten »Anlagedruck« und schauten bei ihren Krediten etwas weniger genau hin, als es not-wendig gewesen wäre. Das führte später zur lateinamerikanischen Schuldenkrise von 1982.

In Keynes' Wirtschaftstheorie war Stagflation nicht vorgesehen, und die Regierungen taten sich schwer damit. Nachdem das alte Währungssystem von Bretton Woods zerbrochen war, konnten die Industrienationen ihre eigene Wirtschaftspolitik zwar autonomer gestalten, sie mussten hierfür aber stärker schwankende Wechsel-kurse in Kauf nehmen. Amerika, England und Japan betrieben eine inflationäre Politik, Deutschland achtete mehr auf den Wert der D-Mark. Diese Unterschiede führten zu Kontroversen zwischen den Regierungen Schmidt und Carter. US-Präsident Jimmy Carter wollte, dass Deutschland seine Nachfrage ankurbelte; Schmidt hielt dem ungeliebten Carter Vorlesungen über die Weltwirtschaft. Gleichzeit hob er mit dem damaligen französischen Staatspräsidenten Valéry Giscard d'Estaing 1978 das europäische Währungssystem aus der Taufe. 2002 wurde dann die »letzte« Stufe der europäischen Währungsunion vollendet, die nach Angaben der beteiligten Regierungen »unumkehrbar« ist.[28]

Nach dem zweiten Ölschock stieg der Marktpreis für Gold im Januar 1980 bis auf 835 Dollar je Unze. Das Vertrauen der Anleger in das westliche Finanzsystem und in die Fähigkeiten der Regierungen war auf einem Tiefpunkt angelangt. Im Zuge des Reagan- und Greenspan-Booms ging der Goldpreis dann auf 254 Dollar zurück, momentan, im Jahr 2006, liegt er bei etwa 600 Dollar pro Unze. Ohne dem letzten Teil dieses Buches vorgreifen zu wollen, schätze ich den wahren Wert von Gold derzeit auf mindestens 2000 Dollar pro Unze. Das ist das Zweiundfünfzigfache der offiziellen Fiktion und mehr als das Dreifache des derzeitigen Marktpreises. Es lohnt sich also, Gold, Platin und Silber zu halten, wenn Sie auch – wie immer beim Investieren – nicht alles auf eine Karte setzen sollten. Aber dazu später mehr.

Das Blatt wendete sich, als Paul Volcker, Margaret Thatcher und Ronald Reagan Anfang der achtziger Jahre die Inflation besiegten. Der Reagan-Regierung war dabei die übrige Welt zunächst egal. Erst nahm man eine Rezession, später ein hohes Außenhandelsbilanzdefizit bei gleichzeitig stark ansteigenden Dollarkursen in Kauf. Theoretisch sollten Außenhandelsdefizite eine Währung schwächen, da eine Übernachfrage nach ausländischer Währung besteht, um die Importe zu bezahlen. Solange aber genug Nachfrage für die Währung des Defizitlandes da ist, weil zum Beispiel Ausländer Aktien, Anleihen oder Immobilien kaufen wollen, kann es auch umgekehrt sein. Und so ist es im Falle der Vereinigten Staaten bis heute: Amerika produziert zwar Defizite im Außenhandel, trotzdem wird es immer noch als besonders attraktives Land für Investitionen gesehen.

US-Politiker sahen die hohen Kapitalzuflüsse als Zeichen für die Stärke ihres Landes. Nach einem übermäßigen Anstieg des Dollars bis auf 3,45 D-Mark im Jahr 1985 machte sich die Reagan-Regierung langsam doch Sorgen über die Auswirkungen auf die amerikanische Handelsbilanz. Die Finanzminister der G7-Nationen vereinbarten im Plaza-Hotel in New York, konzertierte Aktionen zur Abwertung des Dollars einzuleiten.[29]

In den letzten dreißig Jahren wurde die Währungs- und Wirtschaftspolitik zwischen den großen Wirtschaftsnationen fleißig »koordiniert«. Hierzu gibt es unter anderem die G7- und G8-Treffen und das Jahrestreffen von IWF und Weltbank in Washington. Dabei hat zumindest der IWF seit 1973 eigentlich seine Existenzberechtigung verloren, die darin bestand, Überbrückungskredite an Länder mit schwachen Währungen zu vergeben, damit diese ihre festen Wechselkurse verteidigen können. Der ganze Koordinationstourismus zeigt vor allem eins: Es fehlen verbindliche und akzeptierte Regeln für ein Weltwährungssystem, das diesen Namen verdient. Gäbe es ein solches System, würden sich sehr viele Fragen gar nicht stellen oder von selbst erledigen.

Währungsreserven können Länder aufbauen, die Überschüsse im Außenhandel erwirtschaften. Der Stand der nationalen Währungsreserven zeigt, wie stark die asiatischen Wirtschaften mittlerweile geworden sind. Japan und China liegen ganz vorne. Die USA landen auf einem hinteren Platz, ungefähr in derselben Liga wie Malaysia.[30] Südkorea hat mehr Devisenreserven als alle Euro-Länder zusammen (siehe Grafik Seite 70).

Da die Volkswirtschaften in Europa und den USA nahezu gleich groß sind, wäre es verständlich, wenn jeweils gleiche Anteile in Dollar und Euro gehalten würden. Noch aber werden über 66 Prozent der Währungsreserven der Welt in Dollar gehalten, nur 25 Prozent in Euro, 4 Prozent in Yen und 3 Prozent in Pfund Sterling.[31]

Die hohe Dollarquote spiegelt die immer noch politisch dominante Stellung der Vereinigten Staaten wider. Über 70 Prozent der amerikanischen Staatsanleihen und Dollarreserven werden mittlerweile von ausländischen Investoren, zum großen Teil Notenbanken, gehalten. Die europäischen Länder halten Dollars, um Amerika zu stützen. Da ist auch Abhängigkeit mit im Spiel.

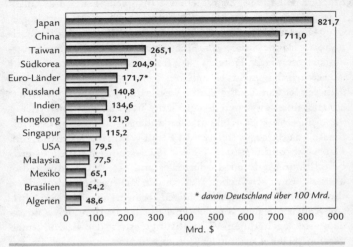

Quelle: Der Spiegel, www.imf.org

China sammelt Devisenreserven, weil es den Renimbi (die nationale Währungseinheit) künstlich unterbewertet hält, um seine Exporte zu fördern. Seine Reserven nutzt das Land unter anderem, um Rohstoffengagements zu Preisen einzugehen, die aus heutiger Sicht Fantasiepreise sind. Diese werden aber in Dollars bezahlt, die wiederum aus chinesischer Sicht wertlos sind. Das strategische Kalkül besticht: China kann mit dieser Politik seinen Handel fördern und sich gleichzeitig Rohstoffquellen sichern.

Chinas Öl- und Rohstoffstrategie[32]

2005 ging ein Aufschrei durch das politische Amerika, als die China National Offshore Oil Corporation (CNOOC) 18,5 Milliarden Dollar bot, um die amerikanische Ölgesellschaft Unocal zu übernehmen. Unocal hat Know-how in der Ausbeutung von Ölfeldern, die tief unter dem Meer liegen, und Erdgasreserven in Asien. ChevronTexaco konnte den Deal nach heftiger Lobbytätigkeit stoppen und Unocal selber übernehmen.

Dabei ist Unocal kein so wichtiger Player, dass man die heftigen Debatten im amerikanischen Kongress um die »nationale Sicherheit« wirklich nachvollziehen konnte. Aber viele westliche Ölgesellschaften – Chevron eingeschlossen – stehen vor dem Problem, dringend Reserven erschließen zu müssen. Folglich sind sie über die neue Konkurrenz aus Asien überhaupt nicht begeistert. Die Chinesen sind bereit, höhere Risiken einzugehen und mit höheren Ölpreisen zu kalkulieren, westliche Ölgesellschaften wollen dagegen auch dann noch profitabel arbeiten, wenn der Ölpreis wieder auf 30 Dollar fallen sollte.

Die Fördermenge in China stagniert seit einigen Jahren, der Bedarf des Landes an Öl explodiert. 1993 wurde China zum Ölimporteur. Im Jahr 2007 wird das Land bereits 50 Prozent seines Ölbedarfs importieren müssen – und der wächst weiter mit durchschnittlich 7 Prozent pro Jahr. Bereits 2003 überholte China Japan, das bis dahin als das Land mit dem zweitgrößten Ölverbrauch nach den USA galt. (Allerdings nehmen sich Chinas 5,4 Millionen Barrel gegenüber Amerikas 20,2 Millionen Barrel immer noch bescheiden aus.)

Dem Übernahmeangebot für Unocal waren bereits mehrere Käufe und Abkommen durch chinesische Unternehmen vorausgegangen. 2002 erwarb CNOOC Öl- und Gasfelder in Indonesien für 585 Millionen Dollar und Petro China indonesische Reserven für 262 Millionen Dollar. 2003 kaufte sich die China National Petroleum Corporation (CNPC) in einem kasachischen Ölfeld ein, und Sinochem investierte 100 Millionen Dollar in Ecuador. 2004 beteiligte sich CNPC mit 200 Millionen Dollar an einem Ölfeld in Peru, im Oktober schloss Sinopec ein umfangreiches Abkommen mit dem Iran, im Dezember zahlte CNOOC 350 Millionen Dollar für ein Ergasfeld in Australien.

China importiert mittlerweile 28 Prozent seines Öls aus Schwarzafrika. Im Sudan, Angola und Nigeria sind chinesische Unternehmen präsent – und zwar nicht nur bei der Ausbeutung von Ölreserven, sondern auch bei Entwicklungsprojekten in großem Stil. In Angola booteten chinesische Unternehmen beispielsweise den französischen Großkonzern Total aus, der eigentlich nur seine Lizenz erneuern wollte.

Bei der Sicherung seiner Rohstoffe ist China auch keinesfalls zimperlich. Im Zimbabwe haben chinesische Unternehmen ein neun Millionen Dollar teures Haus für Präsident Robert Mugabe gebaut und ihm Waffen im Wert von 240 Millionen Dollar geschickt. Dafür gibt es Gold und Tabak aus dem diktatorisch regierten Land. Und im Sicherheitsrat hat China das sudanesische Regime unterstützt.

Mit den teuren Öleinkäufen schlägt China drei Fliegen mit einer Klappe: Es sichert sich Energiereserven, es bremst die Kaufkraft seiner eigenen Bevölkerung für Güter aus dem Ausland und es kann weiterhin seine Exporte durch einen billigen Renimbi fördern.

Der Erdgasstreit zwischen Russland und der Ukraine zum Jahreswechsel 2005/06 hatte Deutschland schlagartig wieder vor Augen geführt, wie prekär die Energieversorgung der Industrienationen ist. Auch Bundesaußenminister Frank-Walter Steinmeier liegt das Thema sehr am Herzen. Auf seinen Reisen spricht er es an und in seinem Ministerium lässt er Papiere und Thesen für eine neue Energiesicherheitspolitik ausarbeiten. Energiefragen sollten nach einem Diskussionspapier des Auswärtigen Amts »stärker als bisher unsere Beziehungen zu Produzentenländern, Transitländern und Verbraucherländern bestimmen«. Wenn diese Überlegungen offizielle Politik der Bundesregierung werden würden, wäre das – laut *Spiegel* 9/2006 – eine »kleine Revolution der deutschen Außenpolitik«.[33]

Noch wird die Fiktion der Weltwährung Dollar aufrechterhalten: Europa nutzt und stützt ihn aus politischer und strategischer Abhängigkeit, China aus politischem Kalkül. Russland und einige arabische Länder, die zunehmend in Euros umschichten, fallen (noch) nicht ins Gewicht. Würden Europa oder Asien heute auch nur einen Teil ihrer Dollarreserven auf den Markt werfen, wäre ein Kollaps der Noch-Weltreservewährung kaum zu vermeiden. Amerika hätte sich zwar mit einem Schlag eines Großteils seiner Auslandsschulden entledigt, aber der Schaden wäre immens. Handel und Weltproduktion würden radikal einbrechen, bevor wieder Vertrauen in ein neues Währungssystem – welcher Art auch immer – aufgebaut werden könnte. Das Prekäre daran ist: Eine radikale Abwertung des Dollars wird mit jedem Tag wahrscheinlicher, solange sich am gegenwärtigen Zustand nichts ändert.

Der Aufstieg Asiens

Der Anteil der amerikanischen Volkswirtschaft am Welt-Brutto-sozialprodukt ist von 40 Prozent nach dem Ende des Zweiten Welt-kriegs auf 20 Prozent 2006 zurückgegangen. Seit mehreren Jahr-zehnten ist Asien die dynamischste Region der globalen Wirtschaft. Bereits Nixon und Kissinger trugen dieser Entwicklung mit der »Öffnung« Chinas Anfang der siebziger Jahre Rechnung. Ende der achtziger Jahre schien Japan den Vereinigten Staaten in vielen Be-reichen den Rang abzulaufen. Der amerikanische Soziologe Ezra Vogel illustriert mit seinem Buch *Japan as Number One. Lessons for America* den Geist dieser Zeit.[34] Japan ist aus verschiedenen Grün-den nicht die Weltmacht geworden, als die es einige gesehen hat-ten: Die Inselnation hat letztlich weniger als die Hälfte der Bevöl-kerung der USA und verfügt über keine Rohstoffe. Zudem altert die Bevölkerung rasch, da Japan kaum Einwanderung zulässt.[35]

China hat hingegen eine mehr als viermal höhere Bevölkerungs-zahl als Amerika, einen großen Heimatmarkt und zumindest einige Rohstoffe. Anders als Japan hat China durchaus das Poten-zial, zu einem dauerhaften Rivalen der Vereinigten Staaten zu wer-den. Nach den offiziellen Zahlen macht die chinesische Wirtschaft derzeit erst 14 Prozent der amerikanischen aus. Gemessen an der Kaufkraftparität, also den tatsächlich produzierten Gütern und Dienstleistungen, sind es aber bereits 66 Prozent. Und wenn die ge-genwärtigen Wachstumsraten anhalten, wird China vielleicht schon 2016 an den USA vorbeigezogen sein. Auch Indien, obwohl noch viel mehr Entwicklungsland als China, übt zunehmend einen Einfluss auf die Weltwirtschaft aus und gestaltet wesentliche Ver-änderungen mit – besonders im IT-Bereich.

Der Aufstieg Asiens vollzog sich weitgehend geräuschlos. Erst heute sehen wir die Konsequenzen deutlich.[36] Bereits jetzt steht China, gemessen an der Kaufkraftparität seiner Wirtschaftsleistung, unangefochten auf Platz zwei in der Weltwirtschaft. Das Land ist mittlerweile zum größten Stahlproduzenten der Erde aufgestiegen. Im Jahr 2004 hat China Deutschland bei der Anzahl der neu zuge-lassenen Kraftfahrzeuge überholt. 1998 verbrauchte es 16,2 Prozent des in der Welt produzierten Stahls, 2003 26,9 Prozent. 1998 wies

China 3,3 Prozent der weltweiten Computer auf, 2003 waren es schon 6,1 Prozent.[37] Und 2006 wird dieser Staat die Vereinigten Staaten bei der Anzahl der Internet-Breitbandanschlüsse überholen.

Schon im Jahr 2016 würde China die USA bei gleichbleibenden Wachstumsraten überrunden

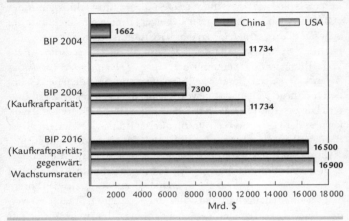

Quelle: www.imf.org

Bereits jetzt zieht das asiatische Land Direktinvestitionen im Wert von 62 Milliarden Dollar pro Jahr an, die USA 121 Milliarden. Auch vom – nur beim ersten Augenschein geringen – Militärbudget Chinas in Höhe von 56 Milliarden Dollar darf man sich nicht täuschen lassen: Gemessen an der Kaufkraftparität gibt dieser Staat 313 Milliarden Dollar aus. Jedes Jahr erreichen in China rund dreizehn Millionen Männer das wehrdienstfähige Alter – in den Vereinigten Staaten sind es 2,1 Millionen, in Deutschland 500 000.[38] Und obgleich Amerika bei den Militärtechnologien weltweit dominant ist, holt die Raumfahrtnation China schnell auf.

Rein rechnerisch ist Deutschland nach wie vor die drittgrößte Wirtschaftsnation der Welt. Gemessen an der Kaufkraftparität ist die chinesische Volkswirtschaft heute allerdings schon dreimal so groß wie die deutsche. Während die USA ein Inlandsprodukt von

11,7 Billionen Dollar erwirtschaften, sind es in China 7,3 Billionen Dollar. Deutschland rangiert mit 2,3 Billionen Dollar auf Platz fünf unter »ferner liefen«; die Europäische Union insgesamt erreicht immerhin die Wirtschaftsleistung der Vereinigten Staaten.

Seit 1980 hat sich Chinas Anteil am Weltsozialprodukt mehr als vervierfacht, Europas Anteil ist um 30 % gesunken

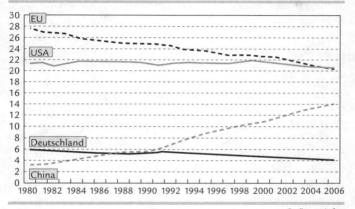

Quelle: www.imf.org

Selbst wenn alle militärischen Gefahrenpotenziale außer Acht gelassen werden, führt der Aufstieg Chinas zu erheblichen Verschiebungen und Konflikten in der Weltwirtschaft. Zwar hat dieses Land sein Interesse an einem offenen Welthandel bekundet wie auch seinen Beitritt zur WTO 2001 hartnäckig betrieben (unter anderem hat sich China verpflichtet, die Transparenz zu stärken, seine Märkte zu öffnen und die Regelungen der WTO anzuerkennen), aber es hat auch Vorstellungen, die nicht immer mit denen der etablierten Wirtschaftnationen harmonieren.

Das asiatische Land ist sich seiner Macht und Stärke sehr bewusst und nutzt dies auch äußerst geschickt. Beim weltweiten Patent- und Technologiediebstahl ist China der Hauptsünder. Meistens geben sich die jeweiligen Unternehmen noch nicht einmal die Mühe, das Design der abgekupferten Maschinen und Produkte zu ändern.[39] Die Mühlen der WTO mahlen langsam, und China ist groß und undurchsichtig. So kann das Kopieren westlichen Knowhows in den Fabriken trotz anders lautender Lippenbekenntnisse de facto weitergehen.

Wo früher nur einfache Patente übernommen wurden, ist das Reich der Mitte heute in der Lage, auch komplexe Technologien zu stehlen. Ein Beispiel ist der Transrapid, seit vielen Jahren eine der großen Hoffnungen der deutschen Wirtschaft. 2004 wurde eine Strecke in Shanghai in Betrieb genommen. Im Februar 2006 überraschte China die Welt und die Deutschen dann mit der Ankündigung, einen eigenen Magnetzug entwickeln zu wollen. Experten weisen auf die Leichtfertigkeit hin, mit der die deutsche Seite den Transrapid-Partnern Blaupausen zur Verfügung stellte. Über Nacht wurde so der erhoffte Großkunde zu einem Großkonkurrenten.[40]

Der Wirtschaftsjournalist Frank Sieren spricht in seinem Buch *Der China Code* von einer »Konkubinenwirtschaft«: China ist sich seiner Stellung als Markt der Zukunft sehr bewusst und nutzt seine Verhandlungsposition geschickt aus. Zunächst einmal werden in den wichtigen Bereichen nur Joint Ventures zwischen einem chinesischen und einem ausländischen Partner zugelassen. Des Weiteren werden die Interessenten, die sich dem asiatischen Staat wie Konkubinen andienen, gegeneinander ausgespielt. So behalten chinesische Partner die Kontrolle und bekommen sehr günstige Konditionen.[41]

Auch diejenigen, die von Anfang an dabei waren, werden irgendwann ausgemustert: VW war als ein Unternehmen der ersten Stunde in China und rühmte sich lange mit seinen Erfolgen auf dem dortigen Markt. Heute ist man in Wolfsburg erstaunlich zurückhaltend beim Thema China. Der langjährige Siemens-Vorstandsvorsitzende und Aufsichtsratschef Heinrich von Pierer sagte einmal zu China-Investitionen: »Das Risiko, nicht dabei zu sein, ist größer, als das Risiko, dabei zu sein.« Das mag wohl eher westlichem Wunschdenken als nüchterner kaufmännischer Kalkulation entsprungen sein.

Der Textilkonflikt im Jahr 2005 zeigte, wie sehr sich die Machtbalance zwischen China und dem Westen gewandelt hat. Das Reich der Mitte dominiert den globalen Textilmarkt. Bereits in den siebziger Jahren wurden die Produzenten in den Industrieländern durch ein Anwachsen der Textilimporte bedroht und schützten sich 1974 durch das Multi-Fiber-Agreement. Dieses Vertragswerk erlaubte es, bilaterale Importquoten festzulegen.[42] Anfang 2005 lief es aus.

Das Volumen der in die EU exportierten Textilien stieg in den ersten fünf Monaten des Jahres 2005 um 50 Prozent, in einzelnen Warengruppen um bis zu 534 Prozent. Zwar verhängte China Ausfuhrzölle für vierundsiebzig Bekleidungsgruppen, aber ein Aufschrei der heimischen Textilproduzenten veranlasste die Europäische Union und die USA, ihre Märkte wieder abzuschotten. Die EU führte ihre Importquoten wieder ein und blockierte achtzig Millionen Bekleidungsstücke, die dann in Häfen festsaßen.

Was als Schutzmaßnahme für die Produzenten gedacht war, geriet zum Eigentor der EU. Mode ist eine saisonabhängige Ware. Vielen europäischen Handelskonzernen oder Mittelständlern, die mittlerweile ausschließlich oder überwiegend in China produzieren lassen und die bestellte Ware vielfach schon bezahlt hatten, fehlten nun die Bekleidungsstücke. Die deutschen und europäischen Importeure erlitten schwere Einbußen und traten vehement für eine Aufhebung der Importkontingente ein.

Mitte September 2005 einigten sich die EU und das Reich der Mitte: Die Hälfte der achtzig Millionen blockierten Kleidungsstücke durfte eingeführt werden, der Rest wurde auf die Importquote des nächsten Jahres angerechnet. Der *Spiegel* kommentierte lakonisch: »Der Deal ist vor allem symbolisch, denn die Vormacht auf dem Welt-Textilmarkt hat das Riesenreich längst gewonnen.«[43] Mit einer diszipliniert arbeitenden Bevölkerung, modernen Maschinen und guter Qualität scheint China nicht mehr aufhaltbar zu sein. Produzenten aus Kambodscha oder anderen Entwicklungsländern, die sich vom Auslaufen des Multi-Fiber-Agreements eine deutliche Erhöhung der Exporte und einen Entwicklungsschub versprochen hatten, werden vom Reich der Mitte ebenfalls verdrängt.

Was man bei Japan vor zwanzig Jahren befürchtete, ist in China nun Realität. Chinesische Produzenten erobern eine Branche nach der anderen. Anders als Japan hat China die Größe, seine Weltmarktführerschaft in vielen Bereichen auf absehbare Zeit zu verteidigen, wenn sie erst einmal erreicht ist. Dieser Staat hat, wie schon gesagt, einen großen Heimatmarkt, der chinesischen Produzenten eine Basis bietet, zudem wird das Know-how in diesem Land immer größer. Im Jahr 2005 verzeichnete es 3,3 Millionen College-Absolventen, Amerika nur 1,3 Millionen, darunter wies China 600 000 Abgänger der Ingenieurswissenschaften auf, Amerika nur 70 000![44] Seit 1993 erhalten mehr Studenten im Reich der Mitte einen Doktorgrad als in den USA. Wo Amerika früher vom Brain-Drain profitierte – viele ausländische Studenten und Akademiker blieben im Land der unbegrenzten Möglichkeiten –, kehren sie heute häufig in ihre Heimatländer zurück. Auch ist nicht außer Acht zu lassen: Neben China und Indien rüsten andere Länder Asiens ebenfalls wirtschaftlich auf.

Die Rückkehr der Deflation

China ist schon heute die Fabrik der Welt: Seit 2004 stellt das Reich der Mitte mehr Autos her als Deutschland. Es produziert doppelt so viel Stahl wie die USA, dreimal so viel wie Russland und viermal so viel wie Deutschland. Und ein Großteil der Haushalts- und Spielwaren sowie der Textilien in jedem beliebigen westlichen Supermarkt stammt aus diesem Land.

Wo früher nur Großkonzerne nach China gingen, müssen heute auch Mittelständler wie der Elektrohersteller Wickmann aus Witten oder die sauerländische Sanitärfirma Grohe in diesem asiatischen Staat präsent sein, um im Preiswettbewerb überleben zu können. In China wird viel gearbeitet, oftmals sechs Tage die Woche, neuneinhalb Stunden am Tag. 500 bis 700 Yuan, das sind etwa 48 bis 68 Euro pro Monat, gelten als guter Lohn. Der gesetzliche Mindestlohn beträgt 479 Yuan – und auch der wird nicht überall gezahlt. Es ist offensichtlich, dass kein westlicher Produzent mehr mithalten kann, wenn chinesische Unternehmen erst einmal eine Technologie beherrschen. Natürlich werden sich die Lohnniveaus irgendwann in Teilen angleichen. Bis dahin hat der Westen aber keine Industrie mehr.

In der globalisierten Welt wird der Produktionsfaktor Arbeit zur Ware, und Länder wie China und Indien geben den Takt an. Die brutale Effizienz chinesischer Fabriken drückt weltweit die Preise für Produkte und Güter aller Art. Konzerne und Unternehmen in den Industrieländern können nicht – wie noch in den siebziger und achtziger Jahren – ihre Preise nach den Kosten festsetzen. Sie müssen sich fragen: »Was darf es kosten?« Danach müssen sie ihr Produkt gestalten. Seit mehr als einem Jahrzehnt verlangen die großen internationalen Automobilhersteller von ihren Zulieferern jährliche Kostenreduzierungen von 3 bis 5 Prozent. Wal-Mart wiederum wirbt mit dem Slogan: »Always low prices. Always.«

Die Entfesselung der Marktwirtschaft in Asien, sinkende Logistikkosten und die globale Vernetzung durch die Informationstechnologien haben ein Phänomen zurückkehren lassen, das lange für tot erklärt worden war: die Deflation. Die Welt lebt bereits seit mehr als einem Jahrzehnt in einem Umfeld der strukturellen Deflation, ohne sich richtig an den Gedanken gewöhnt zu haben.

Der Prozentsatz der L nder mit deflationären Tendenzen ist seit den neunziger Jahren stark angestiegen

	1991–1996	1997–1999	2000–2002
Alle Länder	1,2	9,7	13,1
Industriestaaten	2,5	6,5	8,3
Entwicklungsländer	0,3	11,9	16,3

Quelle: Farrell, nach IWF-Daten

Im Jahr 2003 sprach US-Notenbankchef Alan Greenspan von einem »unwillkommenen substanziellen Fall der Inflationsrate«, kurze Zeit später meinte er sogar, dass er die Risiken einer Deflation zwar als gering ansehe, dass die möglichen Konsequenzen aber sehr substanziell seien und ziemlich negativ sein könnten.[45] Nun ist Deflation keinesfalls die Katastrophe, für die sie gehalten oder gemacht wird. Auch in der letzten Phase der Globalisierung von 1870 bis 1914 gab es eine lang anhaltende Deflation. Auch in dieser Zeit gab es viele Globalisierungsgewinner und -verlierer. Insgesamt hatten sich die Menschen aber darauf eingestellt, dass die Preise von Jahr zu Jahr fielen, und sie lebten ganz gut damit.

In Amerika gingen sie zwischen 1870 und 1900 durchschnittlich um 1,5 Prozent pro Jahr zurück. In derselben Zeit wuchs die amerikanische Wirtschaft um das Dreifache. Der durchschnittliche Lebensstandard stieg. Gleichzeitig wandelte sich das Land zu einer Industrienation – wie auch Deutschland. Beide Länder gelten als so genannte Spätankömmlinge.[46] Die etablierte Industrienation England profitierte zunächst von billigen Importen und der Offenheit der Weltwirtschaft, später allerdings traf sie die Konkurrenz aus den Vereinigten Staaten und Deutschland mit voller Wucht.

Heute können wir im Fall Chinas Ähnliches beobachten: Auch hier fielen in den letzten Jahren die Preise. Dennoch weist das Land Jahr für Jahr Wachstumsraten um 10 Prozent auf. Der materielle Lebensstandard im Westen steigt weiterhin an – nicht zuletzt wegen auf breiter Front sinkender Preise. Wenn allerdings die produzierenden Industrien des Westens dezimiert und ausgehöhlt sind, gewinnen die Produzenten in Übersee ihre Preisgestaltungsmacht zurück. Dann folgt das Nachsehen, ähnlich wie in England nach 1900.

Wenn im Westen derzeit vor einer Inflation gewarnt wird, dann beruht dies vor allem auf dem Anstieg der Energie- und Nahrungsmittelkosten. Beide haben wir nicht im Griff. Von einem Tief von elf Dollar pro Barrel im Jahr 1998 stieg der Ölpreis auf 70 Dollar im Jahr 2005. Gold zog von 250 Dollar pro Unze 1999 auf 560 Dollar im Jahr 2006 an. Seit Anfang 2005 explodiert auch der Kupferpreis. Silber stieg in wenigen Jahren von vier auf elf Dollar pro Unze (siehe Grafik Seite 81). Und auch die Preise vieler landwirtschaftlicher Produkte sind wieder auf dem Vormarsch.

Was zunächst wie ein kurzfristiger Versorgungsengpass auf Weltmärkten aussehen mag, ist in Wirklichkeit etwas ganz anderes. Die Wirtschaftsregion Asien beginnt, ihren Anteil an den Ressourcen der Welt zu beanspruchen. Und plötzlich schießen die Rohstoffpreise, die von 1980 bis 2002 nur die Richtung nach unten kannten, wieder auf ein halbwegs normales Niveau.

Öl wird von der aufstrebenden Industrie und der zunehmend motorisierten Bevölkerung Asiens benötigt. Gold profitiert von der pri-

Preise für Öl, Gold und Silber 1980–2005

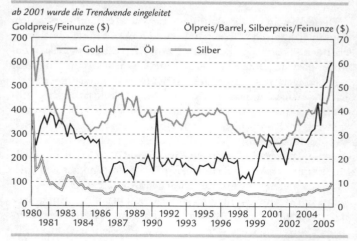

Quelle: Bloomberg, eigene Berechnungen

vaten Nachfrage in China, Indien und anderen Staaten Asiens. Viele Familien in diesen Ländern vertrauen nur begrenzt auf das Papier, das die Notenbanken der Welt ausgeben. Sie sehen Gold als das an, was es ist: das bislang wertbeständigste Geld der Menschheitsgeschichte. Die jährliche Goldnachfrage beträgt etwa 4000 Tonnen. Mit 3000 Tonnen macht die Nachfrage nach Schmuck den weitaus größten Teil aus. Und 80 Prozent des Goldschmucks wandern nach Asien oder in den Mittleren Osten! So sammeln sich die echten Geldreserven verstärkt in diesen Ländern und Regionen an, während wir im Westen mehr und mehr Papier drucken.

Bei allen anderen Warengruppen schreitet die Deflation unvermindert fort. Auch bei den Dienstleistungen machen sich deflationäre Tendenzen bemerkbar. Eine gewisse Zeit hielt sich in den Industriestaaten hartnäckig der Mythos, dass nur minderwertige Produktionstätigkeiten in Entwicklungs- und Schwellenländer verlagert würden. Hochwertige Dienstleistungen, zum Beispiel in Forschung, Lehre, Finanzen und Software, würden jedoch in den Industrienationen verbleiben. Damit wäre der Dienstleistungssektor nicht demselben Preisdruck ausgesetzt wie das produzierende Gewerbe.

Diese Ansicht ist als »Baumols Krankheit« bekannt geworden. Der amerikanische Ökonom William Baumol hatte den schleichenden Produktivitätsfortschritt im Dienstleistungssektor damit erklärt, dass Rationalisierung auf diesem Sektor nur in einem sehr geringen Umfang möglich sei. Heute werde noch immer, so behauptete einst Baumol, dieselbe Anzahl an Musikern benötigt, um ein Streichquartett von Mozart aufzuführen, wie 1787. Krankenschwestern, Rechtsanwälte, Lehrer und Polizisten schienen Beispiele dafür zu sein, dass sich die Produktivität bei Dienstleistungen kaum verbessern lässt. Heute wissen wir, dass dies größtenteils ein Irrtum war. Mit Hilfe moderner Technologien lässt sich auch in diesem Bereich die Produktivität gewaltig verbessern.[47]

Das Entwicklungszentrum von Microsoft in China zieht die besten und talentiertesten Absolventen des Landes an. Die Bewerberliste ist lang. Und es wurden sogar schon Überlegungen angestellt, japanische Altersheime aufgrund der günstigen Kostenstruktur nach China zu verlagern. Zeit und Geld heilen eben doch alle Wunden.

Wenn China sich zur Fabrik der Welt entwickelt hat, wird Indien zunehmend zu ihrem Dienstleistungszentrum. Unternehmen wie Wipro und Infosys sind mittlerweile globale Softwaregiganten. Das deutsche Software-Unternehmen SAP will 2008 über 3000 Mitarbeiter am Standort Bangalore beschäftigen. Und das Wachstum ist weiter rasant. Die indische IT-Industrie setzte 2005 geschätzte 28,2 Milliarden Dollar um. Das ist seit 2002 eine Verdoppelung – und seit 1998 fast eine Vervierfachung.[48]

Aber nicht nur die Softwareentwicklung wird verlagert, sondern auch viele andere Dienstleistungen: Die Verbesserung der Telekommunikationsinfrastruktur und -technologie ermöglicht die Ferndiagnose von Röntgenbildern durch indische Ärzte. Amerikanische und englische Steuererklärungen werden immer häufiger durch indische Buchalter erstellt. Im Jahr 2003 wurden 25 000 amerikanische Steuererklärungen in Indien bearbeitet, 2004 waren es rund 100 000, für 2005 wird von 400 000 ausgegangen. Das Steuerberatungsbüro in den USA ist nur noch Fassade, der Motor läuft in Indien.

Über 250 000 Inder arbeiten in hochmodernen und effizienten Callcentern. Sie beraten Menschen in den Industrienationen bei Versicherungsschäden, beim Aufspüren von verlorenem Reisegepäck, geben Tipps beim Reparieren des PC oder verkaufen Telefon- oder Kreditkartenverträge. Sie sind jung, unglaublich motiviert und gut ausgebildet. Die meisten dieser Mitarbeiter haben einen College-Abschluss und mussten ein hartes Auswahlverfahren bewältigen, um an einen der begehrten Jobs zu kommen. In vielen Bereichen ist der (englischsprachige) Westen nicht mehr konkurrenzfähig.

Dabei ist Indien immer noch ein Entwicklungsland. Die Infrastruktur ist oftmals unzureichend, die Armut bedrückend. Die indische Gesellschaft ist zwar freier und pluralistischer als die chinesische, aber oftmals chaotischer und weniger effizient. Dennoch könnte auch die indische Wirtschaft bis 2020 an Deutschland und Japan vorbeiziehen.

Für den Westen bedeuten diese Prozesse zweierlei: Kaum ein Sektor ist mehr vor der brutalen Konkurrenz des Weltmarkts sicher. Die Einkommen in den Industrienationen werden erodieren – und zwar relativ und absolut. Ein deflationärer Druck lastet auf der Welt. In einem relativ gesunden Wirtschaftssystem ist eine leichte Deflation – genauso wie eine leichte Inflation – gut zu verkraften. Allerdings: Bestehende Schulden wachsen durch die Deflation und nehmen nicht wie bei einer Inflation ab. Und die Schuldner sind heute die westlichen Industrienationen und deren Bevölkerung! Sie werden die Deflation kaum ohne ernsthaften Schaden überstehen.

> Was immer eine Person aus ihrem laufenden Einkommen spart, fügt sie ihrem Kapitalvermögen etwas hinzu und beschäftigt entweder mehr produktive Mitarbeiter oder ermöglicht dies einer anderen Person, indem sie das Kapital gegen Zinsen verleiht. So wie das Kapital einer einzelnen Person nur durch die Summe erhöht werden kann, welche diese von ihrem jährlichen Einkommen spart, so kann auch das Kapital der Gesellschaft insgesamt – das sich letztlich aus der Summe des Kapitals aller Individuen zusammensetzt – nur auf diese Weise erhöht werden ... Das Kapital wird vermehrt durch Sparsamkeit, und vermindert durch Verschwendung und Fehlverhalten. Sparsamkeit ... erhöht den Wert des (Sozial-)[1] Produktes eines Landes ... Wo immer das Kapital dominiert, blüht die Wirtschaft, wo immer das laufende Einkommen dominiert, die Untätigkeit.
>
> *Adam Smith*[2]

Das Imperium der Schulden

Die Welt sitzt im Jahr 2006 auf dem höchsten Schuldenstand aller Zeiten. Gegenüber dem aktuellen Schuldturm nimmt sich die lateinamerikanische Schuldenkrise der frühen achtziger Jahre geradezu bescheiden aus – und zwar sowohl absolut wie auch relativ. Dennoch werden anders als in den Achtzigern kaum Stimmen laut, die vor einem Zusammenbruch dieses Kartenhauses warnen. Es spricht einiges dafür, dass die Verantwortlichen die Realität verdrängen, weil sie ihr rat- und machtlos gegenüberstehen. Vielleicht sind sie auch davon geblendet, dass die wirtschaftliche Entwicklung im Großen und Ganzen seit fast fünfundzwanzig Jahren relativ ruhig verlief. Die Asienkrise von 1997, die Russlandkrise von 1998 und die diversen Umschuldungen in Lateinamerika hätten zwar Warnsignale sein können, aber sie waren – wenn auch nur oberflächlich – schnell bewältigt und wurden dann verdrängt.

Was die Verschuldung diesmal wesentlich gefährlicher macht, ist die Tatsache, dass die reichste und größte Wirtschaftsnation der Welt Vorreiter und Motor der globalen Verschuldung ist. Die amerikanischen Wirtschaftsanalysten Bill Bonner und Addison Wiggin sprechen von einem »Imperium der Schulden«.[3] Die USA mögen zwar nicht mehr die Dominanz haben wie nach dem Zweiten Weltkrieg, als das Land 40 Prozent der Weltwirtschaftsleistung erbrachte, doch mit immer noch knapp 25 Prozent des Weltproduktes sind sie nach wie vor tonangebend. Ohne Amerika läuft in der Weltwirtschaft nichts – auch nicht der Aufstieg Chinas und schon gar nicht die europäische Konjunktur.

An der Entwicklung der letzten zwei Jahrzehnte ist besonders alarmierend, dass die größte und reichste Volkswirtschaft der Erde das Kapital der Welt aufsaugt wie ein Schwamm – und dann für den Konsum verpulvert. Die Kauflust der amerikanischen Konsumenten – die letztlich zur Nachfrage in den USA, Europa oder Asien führt – ist für 15 Prozent des Weltsozialprodukts verantwortlich. Wenn die amerikanischen Verbraucher, die »Infanterie des globalen Kapitalismus«, einmal nicht mehr marschieren, werden die Auswirkungen global und unmittelbar zu spüren sein.

Die USA machen es der Welt gleich in drei Bereichen vor, wie das Schuldenmachen funktioniert: beim Staat, im Ausland und bei den privaten Haushalten. Addiert man alle Schulden zusammen, so erreichten die Staaten im Jahr 2004 einen Schuldenstand von rund 40 Billionen Dollar. Das sind über 443 Prozent des jährlichen Inlandsproduktes. Noch 1957 lag diese Quote bei 186 Prozent. Das geschätzte Gesamtvermögen Amerikas liegt bei rund 50 Billionen Dollar, die »Eigenkapitalquote« der Nation damit bei 20 Prozent im Jahr 2004 – und sie ist seitdem weiter rapide gesunken. 2004 schob eine Normalfamilie von vier Personen eine Schuldenlast von 545 916 Dollar vor sich her, eine Summe, die von der nächsten Generation beim besten Willen nicht zurückgezahlt werden kann.

Es kann kein Zweifel daran bestehen, dass Amerikas Wirtschaft abhängig vom Schuldenmachen ist wie ein Junkie von der Droge. Wenn die Zinsen wieder steigen – und irgendwann müssen sie steigen, denn kein Zustand dauert ewig –, muss das die wirtschaftliche Aktivität in den Vereinigten Staaten empfindlich lähmen. Betriebswirtschaftlich ausgedrückt: Bei Zinsen von 5 Prozent betrüge die Zinslast Amerikas mehr als 20 Prozent des laufenden Einkommens, bei 7,5 Prozent Zinsen würde sie bereits über 30 Prozent betragen. Das kann kein Privathaushalt auf Dauer verkraften, auch Unternehmen und Volkswirtschaften, die eine solche Zinslast zu tragen haben, müssen in die Krise geraten.

Im internationalen Vergleich sind die amerikanischen Staatsschulden relativ normal. Mit einem Schuldenstand von 61,7 Prozent des Bruttoinlandsprodukts würde Amerika zwar gerade die Maastricht-Kriterien verfehlen, aber Deutschland befindet sich zum Beispiel auf einem ähnlichen Niveau. Besorgnis erregend ist allerdings die Geschwindigkeit, mit der die Regierung Bush nach den Anschlägen des 11. September 2001 das Staatsdefizit durch ihre Aufrüstungspolitik und Wahlgeschenke erhöht hat. Noch im Jahr 2000 wies der amerikanische Haushalt einen Überschuss von 1,3 Prozent aus. 2002 stand das Defizit dann bei 4 Prozent. Auf diesem Niveau ist es bis heute verblieben. In der Folge sind die Staatsschulden von 56,6 Prozent im Jahr 2001 auf derzeit 61,7 Prozent gestiegen – und sie steigen weiter. Republikanisch ist das nicht gerade gedacht. Die Gründerväter der Vereinigten Staaten hätten dem wohl nicht zugestimmt. Am 6. September 1789 schrieb Thomas Jefferson an James Madison: »Keine Generation darf mehr Schulden aufnehmen, als sie während der Zeit ihrer Existenz zurückzahlen kann.«[4]

Ein weitaus größeres Problem sind die US-Auslandsschulden. Wie ich weiter unten detailliert ausführen werde, sind diese mittlerweile fast auf das Niveau angestiegen, das die lateinamerikanischen Staaten vor Ausbruch der Schuldenkrise 1982 aufwiesen.[5]

Am gefährlichsten ist jedoch die exorbitante Verschuldung der amerikanischen Privathaushalte, sowohl absolut wie auch relativ. Im Jahr 1957 machten die privaten Schulden gut 40 Prozent des Bruttoinlandsprodukts aus, mittlerweile sind es über 105 Prozent.[6]

In einer idealen Welt kann das toleriert werden, weil die Wirtschaft so schnell wächst, dass die Schulden relativ zum Einkommen kontinuierlich zurückgehen. In Amerika ist aber das Gegenteil der Fall: Die Schulden der privaten Haushalte haben sich seit 1999 noch einmal sprunghaft erhöht, obwohl die Amerikaner schon vorher als Weltmeister im Schuldenmachen galten.

Seit 1980 stieg der Schuldendienst der privaten Haushalte von 11,12 Prozent des verfügbaren Einkommens auf 13,75 Prozent.[7] Dies mag zunächst nicht bedrohlich erscheinen, aber es muss dabei in Erwägung gezogen werden, dass die Zinsen 2006 so billig waren wie zuletzt sechsundvierzig Jahre zuvor. 1980 lag die Prime Rate[8] bei 15,26 Prozent, 2003 bei 4,12 Prozent.[9] Jetzt kann bereits ein Anstieg der Zinsen um wenige Prozentpunkte den Schuldendienst in unhaltbare Höhen schnellen lassen.

Dazu wird es aber nicht kommen: Wenn die US-Wirtschaft das nächste Mal auch nur leicht ins Stocken gerät, werden viele Kreditnehmer ihre Schulden nicht mehr bedienen können. Dieser Prozess wird sich mit hoher Geschwindigkeit in der gesamten Wirtschaft fortsetzen, denn durch den Ausfall von Krediten geraten auch vormals solvente Gläubiger in Schwierigkeiten. Und da sich unter den Gläubigern Amerikas sehr viele ausländische Personen, Unternehmen und Staaten befinden, wird die übrige Welt mitleiden.

Die größte Spekulationsblase der Geschichte

Erinnern wir uns an das Jahr 2000. Der Optimismus der Finanzmärkte kannte keine Grenzen. Das Internet und die Informations- und Kommunikationstechnologien wurden als Schlüssel für immer währendes wirtschaftliches Wachstum angesehen. Die Gesetze der Ökonomie schienen außer Kraft gesetzt zu sein.

Unternehmen wie Yahoo!, Amazon.com, priceline.com oder eBay hatten Börsenbewertungen, die diejenigen von Traditionsunternehmen wie Siemens, DaimlerChrysler oder Coca-Cola zum Teil um das Vielfache überstiegen. Heute sind nicht wenige dieser Unternehmen insolvent oder mussten eine dramatische Neubewertung durchlaufen. Kennen Sie noch Dr. Koop.com? Furniture.com? Webvan? Oder Boris Beckers Portal Sportgate? Als die Spekulationsblase der New Economy platzte, hätte die Welt eigentlich in eine schwere Rezession, wenn nicht sogar eine Depression rutschen müssen. Immerhin hatte sich Privatvermögen in Höhe von weltweit unglaublichen zwölf Billionen Dollar durch den Börsencrash in Luft aufgelöst. Stattdessen gab es nur eine milde Rezession. Was war passiert?

Als die Kurse der Technologiewerte implodierten und auch die von Aktien etablierter Unternehmen den Rückwärtsgang einlegten, entwickelte sich zunächst langsam, später immer schneller etwas, das der englische *Economist* »die größte Spekulationsblase der Geschichte« nannte. Amerika entdeckte, dass es sinkende Hypothekenzinsen und steigende Häuserpreise nutzen konnte, um seinen Lebensstandard zu subventionieren. Die Zauberworte hießen »Refinancing« und »Home Equity Loan«.

Nach den Anschlägen vom September 2001 drehte der damalige amerikanische Notenbankchef Alan Greenspan die Geldhähne der amerikanischen Federal Reserve sperrangelweit auf und überflutete die gesamte amerikanische Wirtschaft und somit auch die restliche Welt mit Liquidität. Bis heute ist der Geldhahn nicht mehr zugedreht worden. Die Zinsen sanken von ihrem ohnehin schon niedrigen Niveau noch einmal deutlich bis zum Sechsundvierzig-Jahres-Tief von 2003.

Amerika nahm die neu geschaffene Liquidität an: Viele Bürger dieses Landes begannen, im großen Stil ihre Immobilien zu refinanzieren. Sie sind für die meisten US-Haushalte die weitaus größte Vermögensposition, weit vor Aktien und Aktienfonds.[10] Als mit dem Jahr 2000 die Aktienkurse fielen, gleichzeitig aber die Häuserpreise stiegen, konnten sich amerikanische Haushalte, vordergründig betrachtet, reicher fühlen als früher.

Wie Refinancing und Home Equity Loans seit 2001 die US-Wirtschaft am Leben halten

Es ist das Jahr 2000. Stellen Sie sich ein »normales« amerikanisches Haus im Wert von 300 000 Dollar vor. Sie haben mittlerweile 150 000 Dollar des Kredits von 300 000 Dollar getilgt, sodass Sie Eigenkapital von 150 000 Dollar in diesem Haus stecken haben. Nun passieren zwei Dinge: Die Zinsen für eine Hypothek mit dreißigjähriger Zinsbindung sinken von 8,8 Prozent auf 6 Prozent. Gleichzeitig steigt der Preis des Hauses von 300 000 Dollar auf 400 000 Dollar.

Vorausgesetzt, die Bank macht mit, können Sie nun eine Hypothek von 200 000 Dollar aufnehmen, die alte Hypothek ablösen und dabei immer noch 50 Prozent Eigenkapitalanteil aufweisen, nämlich 200 000 Euro. Obwohl Sie nun 50 000 Dollar »mehr« Eigenkapital in Ihrem Haus stecken haben, können Sie gleichzeitig 50 000 Dollar ausgeben – denn Sie haben ja 200 000 Dollar refinanziert. Und nun das Beste an der ganzen Geschichte: Sogar Ihre Zinsbelastung sinkt von 1100 Dollar auf 1000 Dollar im Monat.

2002 betrug der Wert der refinanzierten Immobilienkredite 1,5 Billionen Dollar. Trotz der steigenden Häuserpreise sank das Eigenkapital, das ein durchschnittlicher Amerikaner in sein Haus investiert hat, von 70 Prozent Anfang der achtziger Jahre auf unter 55 Prozent 2005. Das heißt: Die US-Bürger nutzten nicht nur die Preisanstiege der Immobilien, um mehr Schulden aufzunehmen, sondern erhöhten auch noch ihren Verschuldungsgrad. Die Summe der Hypothekenschulden der privaten Haushalte lag 2004 bei 8,82 Billionen Dollar. Das sind immerhin 70 Prozent der Wirtschaftsleistung des Landes.[11]

Die Hypothekenschulden der US-Haushalte sind in den letzten 20 Jahren explodiert

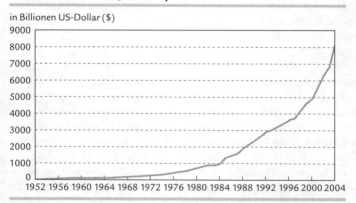

Quelle: www.federalreserve.gov/releases/z1/Current/Coded/coded-2.pdf

Ein Großteil des Kapitals, das in dieser Weise aufgenommen wurde, floss in den Konsum, in die Tilgung anderer Schulden, in Finanzinvestments oder in weitere Immobilien. Das wiederum wirkte wie ein Stimulationsmittel für die amerikanische Wirtschaft und half, den Effekt des Börsencrashs von 2000 bis 2003 zu kompensieren.

Wie Amerika seine Immobilienrefinanzierungskredite nutzt

Hausumbauten und -erweiterungen	35 Prozent
Abzahlung anderer Schulden	26 Prozent
Konsum	16 Prozent
Finanzinvestments	11 Prozent
Investments in Immobilien oder Geschäft	10 Prozent
Steuern	2 Prozent

Quelle: www.federalreserve.gov

Der Anstieg der Häuserpreise hat sich seit 1995 merklich beschleunigt. Im Zusammenspiel mit den sinkenden Zinsen waren dann alle Voraussetzungen für eine Immobilienblase gegeben. Als ich von 1998 bis 2000 an der Boston University lehrte, musste ich für ein äußerst mäßiges Apartment in Cambridge 1350 Dollar pro Monat zahlen. Eine Wohnung für gehobene Ansprüche hätte schon damals 2500 Dollar und mehr gekostet – und das hätte das Budget eines jungen Professors arg belastet. Seitdem sind die Häuserpreise und die Mieten Jahr für Jahr gestiegen.

Ein anderes Beispiel: Von 1989 bis 1992 wohnte ich mit drei anderen Doktoranden in einem kleinen Häuschen am Rande von Princeton, wie sie nach dem Zweiten Weltkrieg millionenfach für heimkehrende Soldaten und ihre Familien gebaut worden waren: vier sehr kleine Zimmer, davon zwei mit Dachschräge, Küche, Bad, Keller, keine Klimaanlage und ein großer Garten. Damals war es für 135 000 Dollar zu haben. Als ich im Herbst 2001 noch einmal vorbeifuhr, hatte das Haus gerade für 350 000 Dollar seinen Besitzer gewechselt – ein Preisanstieg von satten 159 Prozent in neun Jahren. Ich möchte gar nicht wissen, was man jetzt für diese Hütte hinlegen müsste.

Von 2002 bis 2005 stieg der Median der Häuserpreise in den Vereinigten Staaten von 158 300 Dollar auf 208 500 Dollar.[12] Diese Zahl verdeckt eher die wahre Natur der Spekulationsblase: Die stärksten Preisanstiege finden natürlich im oberen Preissegment oder in den begehrtesten Regionen statt. So kletterte der durchschnittliche Kaufpreis für ein Apartment in Manhattan binnen zehn Jahren vom 400 000 Dollar auf 1 400 000 Dollar im Jahr 2005. Und das schließt Studio- und Ein-Zimmer-Apartments ein![13] Die Quadratmeterpreise in Manhattan schossen von 2960 Dollar auf sagenhafte 10 592 Dollar hoch. Das teuerste Vier-Zimmer-Apartment der Stadt konnten Sie Anfang 2006 für 55 000 Dollar pro Monat im Trump Tower mieten. Ein Stadthaus, das 1987 6,9 Millionen Dollar kostete, soll jetzt für 50 Millionen Dollar verkauft werden.[14]

Auch in anderen »heißen« Regionen des Landes ist eine regelrechte Spekulationswelle ausgebrochen. In Kalifornien sind die Immobilienpreise so stark gestiegen, dass nur noch einer von zehn Käufern sich ein mittelgroßes Eigenheim leisten kann.[15] Der Median der Häuserpreise in San Diego lag im September 2004 bei 584 000 Dollar. Und wenn Sie wissen, wie US-Häuser konstruiert sind, dann ist Ihnen auch bekannt, dass ein amerikanisches Einfamilienhaus mit seinen Holz- und Pappwänden kaum mit einem deutschen Einfamilienhaus zu vergleichen ist. In Florida, Kalifornien, Massachusetts, New York City und Umland sowie in Las Vegas und Reno erinnert das Spekulationsfieber bei Häusern an den Höhepunkt der New Economy. Investoren kaufen nicht mehr den Wert der Gebäude, sondern die Erwartung weiterer Wertsteigerungen. Das ist typisch für eine Blase.

Das Immobilienfieber erreichte 2003/04 breite Bevölkerungsschichten. Das ist wiederum charakteristisch für das Endstadium einer Blase. Unfertige Apartments in Miami, Häuser in eintönigen Wohnsiedlungen in der Wüste von Las Vegas – Amerikaner kaufen Immobilien zunehmend, um einen schnellen Gewinn zu machen. In Kalifornien werden viele Gebäude innerhalb von sechs Monaten weiter veräußert. In Florida sind neue Apartmentkomplexe mit Hunderten von Einheiten innerhalb von Tagen verkauft – sie werden größtenteils von Spekulanten erworben, die nie dort leben werden. (Normalerweise beträgt dieser Anteil etwa 10 Prozent).[16] Mit Wohnungen werden innerhalb eines Jahres Gewinne von bis zu 100 000 Dollar gemacht.[17] In seinem Buch *Irrationaler Überschwang* hat Robert Shiller die inflationsbereinigten Häuserpreise in den USA über einen Zeitraum vom 115 Jahren berechnet und kommt zu der Schlussfolgerung, dass es noch nie eine solche Überbewertung wie nach 2003 gegeben hat.[18]

Nachdem die Day Trader (Spekulanten, die versuchen, mit kurzfristigen Aktientransaktionen innerhalb eines Handelstages Geld zu machen) vor einigen Jahren abgedankt haben, sind nun »House-Flippers« (Privatinvestoren, die auf rasante Tour Häuser für Gewinn umschlagen) die aktuellen Stars des neuen amerikanischen Traums geworden. Während der »alte« American Dream davon ausging, dass jeder mit viel Arbeit und etwas Glück vom Tellerwäscher zum Millionär aufsteigen könnte, besagt der jetzige zwar in etwa das Gleiche – allerdings soll die Traumkarriere möglichst ohne allzu viel Arbeit gelingen. Bücher, die beschreiben, wie man mit Hilfe von Eigentum reich werden kann, haben Hochkonjunktur. Anstelle von Aktienclubs schießen nun Immobilienclubs wie Pilze aus dem Boden. Der *Spiegel* kommentierte im Januar 2006: »Immobilienmakler, früher nicht gerade ein Traumberuf, werden neuerdings gefeiert wie Wall-Street-Händler auf dem Höhepunkt des Börsenbooms. Sie sind die neuen ›Masters of the Universe‹.«[19]

Auch die scheinbar konservativere Variante des »Trading up« ist in Wirklichkeit reine Spekulation. Hierbei kaufen sich eher konservative Familien größere Häuser, weil sie es sich aufgrund der gesunkenen Zinsen leisten können. Das ist jedoch zu kurz gedacht: Ein größeres Haus bringt auch entsprechende Belastungen mit sich – höhere Grundsteuern (in den USA die Haupteinnahmequelle der Gemeinden), höhere Wartungs- und höhere Energiekosten (im Winter für die Heizung, im Sommer für die Klimaanlage). Nach dem Anstieg der Energiepreise blieben im Winter 2004/05 viele Eigenheime weitgehend unbeheizt, weil es sich die jeweiligen Familien einfach nicht mehr leisten konnten. Amerika – zumindest der Nordosten und der mittlere Westen – entdeckte den Pullover wieder.

Im August 2007 war es dann soweit: Die amerikanische Immobilienblase platzte. Warnsignale hatte es schon vorher gegeben: Am 8. Februar gab die HSBC Bank, eine der größten Banken der Welt, eine Gewinnwarnung heraus. Es sollten schlechte Immobilienkredite (»Subprime-Hypotheken«) im Wert von insgesamt 10,5 Milliarden Dollar abgeschrieben werden, was zu einer unmittelbaren Gewinnminderung um 10 Prozent führen würde. Für eine Bank wie die HSBC, mit einem Jahresgewinn von 16,6 Milliarden Dollar, ist dies zwar zu verkraften, aber die Botschaft war eindeutig. Am 2. April meldete der erste Hypothekenfinanzierer – New Century – Insolvenz an.

Am 21. Juni wurde bekannt, dass zwei Subprime-Hedgefonds der bekannten Investmentbank Bear Sterns beinahe zahlungsunfähig waren. Dennoch vermeldete die amerikanische Notenbank Federal Reserve am 19. Juli, dass die Subprime-Krise »begrenzt« und »unter Kontrolle« sei. Doch ab dem 10. August fanden sich kaum noch Käufer für Wechsel. Die Banken »horteten« ihre Liquidität aus Angst vor einem großen Crash, was viele Zentralbanken dazu veranlasste, hunderte Milliarden Dollar in das System zu pumpen.

Mittlerweile befinden sich die Kurse für Subprime-Hypotheken im freien Fall. Teilweise werden nur noch 30 Cents pro Dollar verbriefte Forderung gezahlt – ein Kursrückgang von 70 Prozent. Nicht ganz so schlimm ist es bei den Häuserpreisen. Zwar sind auch hier die Preise drastisch zurückgegangen, aber viele Verkäufer klammern sich noch an die Fiktion eines hohen Preises und warten ab. Allerdings gibt es kaum noch Käufer am amerikanischen Häusermarkt.[20]

Wenn ein »geordneter Rückzug« auch denkbar ist, so ist es doch wahrscheinlicher, dass die Immobilienpreise nicht auf ihren fairen Wert fallen, sondern viel weiter nach unten, als es notwendig wäre. Ein solches Resultat wurde auch dadurch begünstigt, dass viele Hypotheken mit so genannten »Teaser Rates« (Lockkonditionen) ausgestattet waren: Im ersten Jahr zahlten die Hausbesitzer nicht die vollen Zinsen, sondern nur einen Teil. Der Rest der Zahlungen wurde in Erwartung steigender Häuserpreise zum Kredit addiert. Nun fallen die Häuserpreise, und die Zinsen sind sprungartig angestiegen. Das wird zwangsläufig zu weiteren Insolvenzen und zur Belastung des Häusermarktes führen. Nach dem Crash von 1929 konnten fast 50 Prozent aller Hypotheken nicht mehr bedient werden – die privaten Besitztümer wurden zwangsversteigert. Märkte übertreiben nach oben und nach unten, und wenn es um so etwas Wichtiges wie Häuser geht, mit denen das Schicksal vieler Familien verbunden ist, sind starke Emotionen mit im Spiel. Das ist der ideale Nährboden für irrationales Herdenverhalten.

Der Traum vom Eigenheim

Es stimmt nicht, dass die Vereinigten Staaten keine Sozialpolitik betreiben. Sie steht auf drei Säulen – der Sozialversicherung, den Streitkräften und der Förderung des Wohneigentums. Damit ist sie zwar anders strukturiert als zum Beispiel die deutsche Sozialpolitik, einen tief greifenden Eingriff in Wirtschaft und Gesellschaft stellt sie gleichwohl dar.

Wenn auch die amerikanische Sozialversicherung (Social Security, einschließlich Medicare und Medicaid) bei weitem nicht so umfangreich ist wie die vieler europäischer Länder, so spielt sie doch eine bedeutende Rolle. Die Finanzierung ist bis etwa 2020 gesichert, obwohl die Regierung Bush jetzt schon Alarm schlägt und große Teile, vor allem bei der Altersversicherung, im Rahmen einer »Ownership Society« zu Gunsten der Wall Street privatisieren will.

Eine nicht zu unterschätzende Rolle bei der staatlichen Umverteilung von Einkommen spielen auch die amerikanischen Streitkräfte. Millionen Amerikaner bekommen hier eine Berufs- oder Hochschulausbildung, die sie sich sonst nicht leisten könnten. Gerade für einkommensärmere Schichten stellt die Armee damit eine Möglichkeit zum Aufstieg dar. In strukturschwachen Gebieten ist sie auch ein wichtiger Arbeitgeber. Nicht umsonst kämpfen die meisten Kongressabgeordneten energisch darum, Militärbasen im eigenen Wahlkreis zu erhalten oder auszubauen.

Das eigene Haus ist fester Bestandteil des American Dream. Anders als in Kontinentaleuropa, wo in den Städten und sogar auf dem Land viele Menschen in Apartmenthäusern und Mietwohnungen leben, war das Eigenheim schon immer Ziel (fast) jedes US-Bürgers. Wer ein eigenes, frei stehendes Einfamilienhaus erwirbt – und sei es in einer noch so monotonen Vorortsiedlung –, ist mit einem Schlag ein »richtiger« Bürger der Vereinigten Staaten. Später wird der soziale Status dann wesentlich dadurch definiert, in welcher Nachbarschaft man lebt und wie groß das eigene Domizil ist. Schon immer haben die Amerikaner einen relativ höheren Anteil ihres Einkommens für ihre Häuser ausgegeben als die Europäer, die ihr Geld im Durchschnitt eher in Reisen, Essen und Kultur investierten. *My home is my castle* – dieser englische Ausspruch passt auch auf die Bewohner der USA.

Im 19. Jahrhundert vermochte die amerikanische Bundesregierung nicht viel für die Einwanderer zu tun, sie konnte ihnen aber ein Stück Land zuweisen. Im frühen 20. Jahrhundert war der Grund und Boden dann verteilt. Auch hierin kann der große emotionale Wert begründet liegen, den viele Amerikaner ihrem eigenen Haus zuschreiben. Was ebenfalls wichtig war: Man konnte die Hypothekenzinsen von der Einkommensteuer absetzen – das ist bis heute so und macht einen entscheidenden Steuervorteil gegenüber vielen europäischen Ländern aus: Wir bezahlen unsere Hypothekenzinsen aus dem versteuerten Einkommen, weil der Staat das eigene Haus oder die eigene Wohnung als Konsum ansieht. Amerikaner können die Zinsen für den Erstwohnsitz mehr oder weniger komplett von der Steuer absetzen, und je stärker das Haus verschuldet ist, desto größer ist der Steuervorteil!

Während der Großen Depression machte die Regierung Roosevelt den Besitz eines Eigenheims zur Priorität. Die Federal Housing Adminstration (FHA) wurde gegründet, um Hauseigentum bei einkommensschwachen Schichten zu fördern. Das machte durchaus Sinn, denn in vielen Regionen waren bereits Zeltstädte entstanden. Die FHA trat zum Beispiel bei bestimmten Hypotheken als Bürge ein. Nach dem Zweiten Weltkrieg half die Behörde heimkehrenden Kriegsveteranen, Häuser zu erwerben.

Die FHA war auch maßgeblich daran beteiligt, dass es in Amerika noch heute Hypothekenkredite mit dreißigjähriger Zinsbindung zu erschwinglichen Konditionen gibt. Eine dreißigjährige Zinssicherheit ist fantastisch für den Eigentümer – und problematisch für die Banken, da diese sich ja refinanzieren müssen. Deswegen gehen deutsche Banken normalerweise nur Zinsbindungsfristen von maximal fünfzehn Jahren ein.

1965 ging die FHA im Ministerium für Haus- und Stadtentwicklung auf, dem Department of Housing and Urban Development (HUD). Mittlerweile verwaltet die Behörde ein Budget von 31 Milliarden Dollar und betreibt eine Vielzahl von Programmen: Sie subventioniert zum Beispiel Polizisten oder Lehrer, die bereit sind, in sozial schwierigen Gegenden zu wohnen, auch Aids-Kranke oder Veteranen, die kein eigenes Dach über dem Kopf haben. Und HUD bietet den Banken weiterhin vielfältige Bürgschaften (»Versicherungen« genannt) für ökonomisch schwächere Käufer von Häusern an. Es erwirbt zudem Häuser von Banken, bei denen die Eigentümer ihre Hypotheken nicht mehr zahlen konnten, und bringt diese wieder auf den Markt.

Hinzu kommen die Federal National Mortgage Association (Fannie Mae)[21] und die Federal Home Loan Mortage Corporation (Freddie Mac).[22] Diese beiden staatlichen Banken kaufen auf die eine oder andere Art einen Großteil aller privaten Hypotheken auf. Sie können sich aufgrund staatlicher Garantien billiger refinanzieren. Das System ist so weit standardisiert, dass die Sparkassen und Banken Hypotheken meistens nur vergeben, wenn HUD, Fannie Mae oder Freddie Mac zugestimmt haben, die Hypothek nachher zu übernehmen. Anders als in Deutschland gibt es also keine großen Hypothekenbanken, sondern zwei staatsnahe Megabanken sowie viele kleine Banken, die im Prinzip die von den Megabanken genehmigten Hypotheken nur noch verkaufen und als Schnittstelle zum Kreditnehmer dienen, nicht aber die eigentliche Kreditentscheidung treffen.[23]

Das System funktionierte bis zum Jahr 2007 hervorragend. Noch nie hatten so viele Amerikaner ein »eigenes« Haus wie in den ersten Jahren des neuen Jahrtausends. Während 1950 etwas mehr als die Hälfte aller Amerikaner ein Heim ihr Eigen nennen konnten, war diese Zahl bis 2002 auf zwei Drittel angestiegen. Und obwohl sich die Verschuldung der Privathaushalte in den dazwischen liegenden Jahren drastisch erhöht hatte, konnte sich der Anteil der Hausbesitzer von 56 auf 66 Prozent vergrößern. Vordergründig hatte die amerikanische Politik ihr Ziel erfüllt – der American Dream ist anscheinend viel mehr Menschen zugänglich geworden.

2004 hatten Fannie Mae und Freddie Mac Hypotheken im Wert von 1555 Milliarden Dollar in den Büchern stehen – das entsprach stattlichen 13 Prozent des Sozialprodukts.[24] Allerdings würden die staatlichen Garantien im Krisenfall nur einen Bruchteil dieses Kreditportfolios abdecken. Gelegentlich werden ob dieser Situation kritische Stimmen laut, aber sie gehen im allgemeinen Getöse bislang unter.

Am 22. Dezember 2004 platzte dann eine Bombe: Fannie Mae machte die Ankündigung, dass die eigenen Bilanzen nicht mit den

Grundsätzen ordnungsgemäßer Buchführung in Einklang gestanden hätten. Wo Privatunternehmen von der strengen amerikanischen Börsenaufsicht SEC (Securities and Exchange Commission) mit empfindlichen Strafen zu rechnen gehabt hätten, kam das staatsnahe Unternehmen mit einer Ermahnung davon. Bis heute hat Fannie Mae für die Jahre 2004 und 2005 keine Bilanzen vorgelegt. Die amerikanische Öffentlichkeit ignorierte dies weitgehend.

Cautionary Note Regarding Previously Reported Financial Results

On December 22, 2004 Fannie Mae announced that its previously issued financial statements should not be relied upon in light of the SEC's determination that the financial statements were prepared applying accounting practices that did not comply with generally accepted accounting principles, or GAAP.

As a result, investors and others should no longer rely on Fannie Mae's previously issued annual and quarterly financial statements and the corresponding information for those periods contained in Fannie Mae's earnings releases ...[25]

Und noch etwas: Zwar wurde vor kurzem ein Insolvenzrecht verabschiedet, das eine strengere Handhabung bei Privatpersonen vorsieht, doch die amerikanischen Hypothekenbanken gehen in letzter Zeit sehr großzügig mit Kreditnehmern um, die ihre Schulden nicht mehr bedienen können. Obwohl immer mehr Privatinsolvenzen angemeldet werden, fiel die Zahl der Zwangsversteigerungen vom dritten Quartal 2002 bis zum zweiten Quartal 2005 um ein Drittel. Ebenso wird oftmals auf die Meldung an Kreditagenturen und die Erhebung von Strafzinsen verzichtet.

Dies geschieht nicht aus purem Uneigennutz. Die Hypothekenbanken wollen ihr Image schützen: Wenn sie zu viele Zwangsversteigerungen einleiten würden, wären auf einmal auch viele andere Kredite, die sie als »solide« in ihren Büchern stehen haben, fragwürdig. Auch nur der geringste Anstieg der Zwangsversteigerungen würde zu Abschreibungen in Milliardenhöhe für die Branche führen.

Zwangsversteigerungen tragen sicherlich nicht zum guten Image bei der bereits hoch verschuldeten amerikanischen Bevölkerung bei. Sie sind langwierig und teuer und gehören nicht zum Kerngeschäft der Hypothekenbanken (das ist die Kreditvergabe). Die Bankenaufsicht könnte möglicherweise auf die Idee kommen, dass die Kreditvergabe der entsprechenden Bank vielleicht von Anfang an etwas lax gehandhabt wurde.[26]

Und so sieht die Realität aus: Im zweiten Quartal 2005 bedienten 4,34 Prozent aller Kreditnehmer ihre Hypothekenkredite nicht, 1,83 Prozent befanden sich im »ernsten Rückstand«.[27] Im Laufe fallender Zinssätze sind zudem viele Amerikaner von Hypothekenkrediten mit Zinsbindung auf Kredite ohne Zinsbindung umgestiegen. Als im ersten Quartal 2004 die kurzfristigen Zinsen zu drehen begannen, stieg die Zahlungsunfähigkeit bei Kreditnehmern mit variablen Zinssätzen im zweiten Quartal 2005 auf 10,04 Prozent.

Die letzten Stufen der Immobilienblase in den USA, die wir in den Jahren 2005 bis 2007 erlebten, wurden dadurch möglich, dass die Banken willens waren (und zum Teil immer noch sind), Hypothekenschuldner sogar dann weiter zu finanzieren, wenn sie, technisch gesehen, insolvent sind. Anstelle der Zwangsversteigerung können die Schuldner zwischen neuen Krediten – Hypotheken ohne Tilgung, Sonderzinsen und sogar Hypotheken mit negativer Tilgung, bei denen noch nicht einmal die Zinslast bedient wird – wählen. Früher genossen nur große Unternehmen den Luxus, dass sie ihre Schulden nicht zurückzahlen mussten, weil eine Insolvenz gravierende gesamtwirtschaftliche Auswirkungen gehabt hätte. Für einen kurzen Zeitraum wurde der kleine Kreditnehmer wie ein Großunternehmen behandelt. Das ist nun vorbei.

Wie Napoleon vor Moskau

Der Moment der Wahrheit ist zumindest für die US-Wirtschaft gekommen. Michael Farrell, CEO von Annaly Capital Management, schreibt zur Krise: »Wie wir bereits im letzten Sommer, während der Diskussion der Ergebnisse des zweiten Quartals 2006, gesagt haben, glauben wir, dass die amerikanische Notenbank (FED) das Ausmaß der Probleme der gesamten konsumbasierten US-Wirtschaft mit ihren billigen Auto- und erschwindelten Hypotheken-krediten schlichtweg ignoriert. Jetzt muss die Notenbank langsam erkennen, wie Napoleon sich fühlte, als er siebzig Meilen vor Moskau stand.«

Farrell bezieht sich dabei auf die meisterhafte Zeichnung von Charles Joseph Minard (1781–1870) – vielleicht eine der besten Graphiken aller Zeiten: Die Karte zeigt das schreckliche Schicksal von Napoleons Grande Armée, die 1812 ihren Marsch auf Russland mit 422 000 Soldaten begann. Für jeden Abschnitt dieser Kampagne werden das Ausmaß der Arbeit sowie die meteorologischen und topographischen Bedingungen dargestellt. Der Winter war brutal. Napoleons Gegner Mikhail Kutusov verfolgte eine meisterhafte Strategie, indem er sich einfach zurückzog und Napoleons Armee mit kleinen Scharmützeln zwang, in dauerhafter Alarmbereitschaft zu bleiben.

Nach nur hundert Tagen erreichte die bereits massiv geschwächte Grande Armée Moskau. Allerdings brachte dies Napoleon nicht den erhofften strategischen Vorteil. Moskau war von den Russen zerstört worden, so dass es hier kaum Nahrung und Unterkünfte für die Truppen gab. Napoleon musste den Rückzug antreten und erreichte die polnische Grenze mit nur 10 000 Mann.

Nach Farrell befindet sich die US-Wirtschaft jetzt in derselben Situation wie Napoleon vor Moskau. Mit letzter Kraft und vielen Tricks, zum Beispiel

- »Teaser-Raten« (Lockkonditionen) bei Hypotheken, bei denen die anfängliche, sehr niedrige Zinsbelastung in den Folgejahren steigt
- Hypotheken, die ohne ausreichende Belege allein aufgrund gefälschter Einkommensangaben vergeben werden (»Liar Loans«)
- massiven Konsumentenkrediten (z. B. bei Autos)
- giftigem Finanzsondermüll in Form von verbrieften Forderungen, der sich sogar in einigen europäischen Geldmarktfonds (!) findet,

erreichte die US-Wirtschaft das Jahr 2007. Der Anschein des Wachstums wurde – wie bei Napoleon der Anschein der Offensive – aufrechterhalten. Nun befindet sie sich – im bildlichen Sinne – in Moskau und merkt, dass die Kräfte deutlich überspannt und keine Reserven mehr vorhanden sind.

Die Graphik von Minard kann also auch als Metapher für die »große Armee des überschüssigen Kapitals« dienen, die sich bei der Jagd nach mühelosen Renditen auf einen ausweglosen Marsch begeben hat. Seit im Februar 2007 die ersten Berichte über Kreditprobleme auftauchten, befindet sich die »Armee des überschüssigen Kapitals« keine hundert Tage später auf dem »Rückzug aus Moskau«. »Der Rückzug beschleunigt sich jetzt, erreicht auch andere Anlagenklassen und sogar als sicher angesehene Staatsanleihen.« In Deutschland gab es sogar bei einigen als völlig sicher angesehenen Geldmarktfonds Verluste. Farrells Schlussfolgerung: »Es kommt ein langer, kalter Kreditwinter über die Kapitalmärkte. Mein Rat: Ziehen Sie sich warm an!«

Die Konsumwirtschaft

Keine Gesellschaft ist so auf Konsum fixiert wie die amerikanische. Mehr als 70 Prozent des US-Bruttoinlandsprodukts fließen sofort wieder in den Verbrauch.[28] Materieller Wohlstand – und zwar öffentlich zur Schau gestellter – hatte hier schon immer einen besonderen Stellenwert. Bereits der französische Historiker Alexis de Tocqueville schrieb 1835 darüber in *Über die Demokratie in Amerika,* wie auch der amerikanische Ökonom und Soziologe Thorstein Veblen 1899 in seinem Klassiker *Die Theorie der feinen Leute*.[29] Amerika – das ist schon seit mehr als einer Generation das Land endloser Einkaufsstraßen, großer Einkaufszentren und aggressiver Werbung. McDonald's, Disney und Coca-Cola sind die alten Ikonen dieser Kultur, Subway, iPod und Starbucks kommen neu hinzu.

Mit der hohen Konsumquote geht eine sehr geringe Sparquote der amerikanischen Haushalte einher. Im Jahr 2004 sank sie auf 1 Prozent des verfügbaren Einkommens (also des Einkommens der Privathaushalte nach Steuern und Sozialabgaben), nachdem der Durchschnitt der letzten drei Jahrzehnte bei 7 Prozent gelegen hatte. Bereits das war im internationalen Vergleich recht mager. 2005 hatten die amerikanischen Privathaushalte sogar eine negative Sparquote.[30] Zum Vergleich: In Deutschland betrug die Sparquote im Jahr 2004 10,9 Prozent, in Japan 7,4 Prozent.

Besonders interessant wird es, wenn man sich Länder wie Indien und China anschaut. 2006 betrug das durchschnittliche Pro-Kopf-Einkommen im Reich der Mitte 1650 Dollar pro Jahr, in Indien 730 Dollar. Eigentlich sollten die Haushalte in China und Indien weniger sparen können, da sie zunächst einmal ihre Grundbedürfnisse abdecken müssen. Tatsächlich legen die Inder im Durchschnitt 24,3 Prozent ihres verfügbaren Einkommens beiseite, die Chinesen 25,5 Prozent! Und beide Länder weisen ein hohes Wirtschaftswachstum auf.

Es ist nicht einfach zu beantworten, wann exzessiver Konsum einer Volkswirtschaft schadet. Zudem stellen die meisten Ökonomen diese Frage nicht, weil sie sie erst gar nicht verstehen. Das kommt daher, dass die volkswirtschaftliche Gesamtrechnung keinen Unterschied zwischen Konsum- und Investitionsausgaben macht: Beide sind »Einkommen«. Jeder Dollar (oder Euro), der irgendwo ausgegeben wird, stellt für denjenigen, der ihn in Empfang nimmt, eine Einnahme und damit Einkommen dar. Zählt man also staatliche und private Ausgaben zusammen und berücksichtigt den außenwirtschaftlichen Sektor, kann man die Höhe des Sozialprodukts berechnen.[31]

Definition des Bruttoinlandsprodukts[32]

Bruttoinlandsprodukt =

Konsum + Investitionen + (Exporte – Importe)[33]

Vordergründig betrachtet ist es also egal, ob das Inlandsprodukt durch Konsum oder Investition geschaffen wird. Ein großer Teil der modernen Ökonomie beruht auf dieser Fiktion. Irgendwo tief im Unterbewusstsein scheint es uns aber noch nicht gleichgültig zu sein, ob wir 100 000 Euro in ein Haus, ein Auto oder eine Ferienreise »investieren« – die meisten von uns wären auf Dauer mit dem Eigenheim sicherlich am glücklichsten. Wenn also die moderne Ökonomie uns weismachen will, dass überhand nehmender Konsum dauerhaft gut für eine Volkswirtschaft ist, könnten Sie antworten wie der Konzertbesucher und Liebhaber klassischer Musik nach der Aufführung eines modernen Musikstücks in der Metropolitan Opera: »I don't know much about modern music, but I know what I like.« (»Ich weiß nicht viel über moderne Musik, aber ich weiß, was mir gefällt.«)

Die »modernen« westlichen Volkswirtschaften sind heutzutage Dienstleistungsgesellschaften, in denen der tertiäre Sektor bereits 70 Prozent und mehr zum Bruttoinlandsprodukt beiträgt.[34] Nun ist der Begriff »Dienstleistung« ein sehr umfassender, der sich auf Restaurants, Hotels, Software, Medien, Finanzen, Versicherungen, Bildung, Logistik, Unternehmensberatung, Polizei, Gesundheit, Pflege und Kinderbetreuung beziehen kann. Viele dieser Aufgaben werden in traditionellen Gesellschaften von der sozialen Basiseinheit (meistens die Familie oder Großfamilie) erbracht, während sie in der modernen Gesellschaft professionell geleistet und bezahlt werden. Inwieweit dadurch das Sozialprodukt einer Gesellschaft wirklich erhöht wird, soll dahingestellt bleiben, in der volkswirtschaftlichen Gesamtrechnung schlägt sich jede Verlagerung von der privaten in die wirtschaftliche Sphäre als Erhöhung des Volkseinkommens nieder.

Das vielleicht prominenteste Symbol der US-Konsumkultur ist Wal-Mart. Sam Walton, der Gründer des Unternehmens, platzierte die Wal-Mart-Filialen bewusst in Kleinstädten. Die kleinen Einzelhändler, die es vorher dort gegeben hatten, mussten der effizienten Billigkonkurrenz weichen. Das Unternehmen aus dem ländlichen Bentonville, Arkansas, beschäftigte 2004 über 1,5 Millionen Menschen und setzte Waren im Wert von über 250 Milliarden Dollar um. 2003 importierte Wal-Mart Produkte im Wert von 15 Milliarden Dollar aus China – das sind 11 Prozent aller amerikanischen Importe aus diesem Land. Wal-Mart will um mindestens 10 Prozent pro Jahr wachsen. Das heißt, dass dieser Moloch derzeit jeden Tag 90 Millionen Dollar *mehr* Umsatz machen muss.[35]

In den letzten Jahrzehnten wurden in den USA Millionen Hektar Wald-, Wiesen- und Ackerland in gigantische Einkaufszentren und noch gigantischere Parkplätze umgewandelt. Traurige Realität: Mittlerweile verbringen Teenager mangels geeigneter Orte in vielen Städten und Kleinstädten ihre Freizeit fast komplett in den großen überdachten Shopping Malls. Die »Walmartisierung« Amerikas hat aber auch ihre positiven Seiten: Wenn Wal-Mart nicht billiger und besser als seine Konkurrenz wäre, hätte das Unternehmen niemals seine jetzige Größe erreichen können. Nach einer Schätzung sparen die Verbraucher durch die Niedrigpreise dieser Verkaufskette bis zu 20 Milliarden Dollar pro Jahr. Das Motto von Wal-Mart: »Die Lebenshaltungskosten der Welt senken.«

Die amerikanische Konsumkultur hat Europa längst erreicht und ist bewusst oder unbewusst zum Leitbild für die gesamte westliche Welt geworden. In den späten siebziger Jahren begann beispielsweise McDonald's seine Eroberung des deutschen Marktes, indem gezielt Kinder und ihre Eltern angesprochen wurden. Heute zieren fast genauso viele McDonald's- und Burger-King-Filialen die deutschen Straßen wie im Heimatland – und niemand wundert sich mehr darüber.

Auch in Europa stirbt der Einzelhandel in den Städten und Dörfern vor sich hin. Die Wucht dieser Entwicklung hat uns erst so richtig in den neunziger Jahren erfasst – Jahrzehnte nach den USA. Nun holen wir dafür alles mit doppelter Geschwindigkeit auf. Dennoch, von den Weltmeistern im Geldausgeben, den Amerikanern, trennen uns immer noch Galaxien – obwohl wir uns alle Mühe geben, ihnen zu folgen. In Deutschland werden ungefähr 59 Prozent des Bruttoinlandsprodukts konsumiert. Die 14 Prozent Unterschied in den Verbraucherausgaben zwischen Amerika und Deutschland mögen zunächst nicht nach viel klingen, aber sie entsprechen dem Anteil am Sozialprodukt, den Amerika insgesamt in neue Fabriken, Straßen, Kliniken oder Bildung investiert.

Wenn man über den Hafen von Los Angeles fliegt, kann man endlose Reihen von Schiffen erkennen, die darauf warten, Amerika mit Waren zu füttern – zum Beispiel Textilien, Spielzeug und Haushaltsgeräte aus Asien oder Autos, Maschinen und Luxusgüter aus Europa. Viele der Frachtschiffe fahren leer zu ihren Ursprungshäfen zurück. Und wenn sie beladen sind, dann mit Altmetall, Schrott, Altpapier und landwirtschaftlichen Produkten. In den letzten Jahrzehnten haben Outsourcing und Offshoring ganze Industrien in den Staaten zerstört.

2005 wies die US-Leistungsbilanz ein Defizit von über 700 Milliarden Dollar aus. Bei Industrie- und Konsumgütern sowie bei

Energieimporten klafft ein gewaltiges Defizit, nur bei Agrarprodukten und den Dienstleistungen (Reisen, Logistik, Softwarelizenzen, Medien und Content, Beratung und Ausgaben im militärischen Bereich) ist Amerika Nettoexporteur. Wäre der Dienstleistungssektor nicht, sähe die US-Außenhandelsstruktur zunehmend aus wie die eines fortgeschrittenen Entwicklungslandes.[36] Deutschland hat dagegen eine stärkere industrielle Basis. Aber auch hierzulande schreitet die Aushöhlung der Wirtschaftsstrukturen schnell voran. Der Wirtschaftswissenschaftler Hans-Werner Sinn spricht in diesem Zusammenhang von einer »Basar-Ökonomie«.[37]

Mittlerweile ist der Konsum in Amerika in den Rang einer patriotischen Pflicht erhoben worden: Wenn alle nur fleißig weiter kaufen, so wird den US-Bürgern suggeriert, dann steigt auch das Bruttosozialprodukt. Noch vor den Anschlägen des 11. September 2001 brachte es Robert McTeer, der damalige Gouverneur des amerikanischen Notenbank Federal Reserve in Dallas, fertig, seinem Publikum zu sagen, dass alles in Ordnung sein würde, wenn sich nur alle bei der Hand nehmen und ein SUV (Sports Utility Vehicle, Geländewagen) kaufen würden.[38]

> *Lasst uns alle die Hand reichen und ein SUV kaufen!*
>
> Robert McTeer,
> Gouverneur des Federal Reserve System in Dallas vor der Handelskammer
> in Richardson, Texas, Februar 2001

Es blieb nicht aus, dass Amerika auch andere Länder überzeugen wollte, verstärkt zu konsumieren. Ende der achtziger und Anfang der neunziger Jahre übte die Regierung Bush Druck auf Japan aus – die Japaner sollten endlich mehr für den privaten Verbrauch ausgeben. Der Hintergrund: Die Außenhandelsbilanzdefizite der Vereinigten Staaten im Handel mit Japan stiegen von Jahr zu Jahr, die japanischen Aktien- und Immobilienmärkte kletterten auf immer neue Höchststande und die japanische Wirtschaft war anscheinend unaufhaltsam.[39] Von amerikanischer Seite wurde insbesondere die »geschlossene« Struktur des japanischen Einzelhandels

104

kritisiert, bei der noch sehr viele Tante-Emma-Läden existierten, die einer effizienten Versorgung des Landes mit kostengünstigen Gütern im Weg stünden.

In Deutschland ermahnt die Regierung ihre Bürger, doch optimistischer in die Zukunft zu sehen und mehr zu konsumieren. Meinhard Miegel merkt an, wie »chaotisch widersprüchlich« die Politik in diesem wichtigen Punkt ist. Auf der einen Seite werden die Bürger aufgefordert, Vermögen für die private Altersvorsorge zu bilden, auf der anderen Seite sollen sie sich beim Einkaufen nicht zurückhalten.[40]

Aber die Sparquote in Deutschland – und damit die Geldvermögen – nimmt zu. Die Deutschen legen fast 11 Prozent ihres verfügbaren Einkommens auf die hohe Kante, 2004 immerhin 155 Milliarden Euro. Deutschland leistet damit nach Japan den zweitgrößten Beitrag zur globalen Ersparnisbildung.[41] Dabei ist es völlig verständlich, wenn ein Bürger, der sich noch nicht komplett von den Medien fernsteuern lässt, angesichts der ökonomischen Entwicklungen der letzten Jahre eine gewisse Vorsicht beim Geldausgeben walten lässt und lieber für die Zukunft zurücklegt. Im Übrigen ist die Sparquote auch in Deutschland im langfristigen Trend deutlich gefallen. Heute »sparen« wir einen viel kleineren Teil unseres Einkommens als unsere wesentlich weniger wohlhabenden Vorfahren: Zwischen 1966 und 1990 legten die Deutschen zwischen 12 und 15 Prozent ihres Einkommens beiseite.[42] 1970 konsumierten wir nur 53 Prozent unseres Einkommens, heute sind es bereits 59 Prozent.

Zurück zu Amerika: Der scheinbar unaufhaltsame Marsch der Armee der US-Verbraucher wurde nur möglich durch die Erfindung immer neuer Kreditformen und die Bereitwilligkeit der Amerikaner, diese zu nutzen. Schon der Boom der Goldenen Zwanziger und die anschließende Krise von 1929 wurden durch die Erfindung des Ratenkredits verstärkt. Privatpersonen konnten nun Waren kaufen, die sie erst in mehreren Monaten oder Jahren abzuzahlen brauchten. Heute ist der Ratenkredit für viele Anschaffungen in den USA unerlässlich. Kaum ein Amerikaner bezahlt sein Auto noch bar oder mit seinem Bankguthaben, und auch in Deutschland nähern wir uns diesem Zustand immer mehr an.

Die Kreditkarte wurde 1949 bei einem Abendessen erfunden.

Frank X. McNamara, damals Geschäftsführer der Hamilton Credit Corporation, hatte sich zum Dinner im bekannten und teuren New Yorker Major's Cabin Grill verabredet, um mit Geschäftsfreunden ein Problem zu besprechen. Nach dem Essen wollte McNamara zahlen, hatte aber sein Geld vergessen. Seine Frau musste ihm Geld bringen. Der peinliche Vorfall brachte McNamara auf die Idee der Kreditkarte. Anders als bei der Bezahlkarte trat nun eine Finanzinstitution zwischen Kunde und Unternehmen. 1950 starteten McNamara, Alfred Bloomingdale und Ralph Sneider den Diners Club. Die teilnehmenden Geschäfte und Läden mussten 7 Prozent von jeder Transaktion, die über die Karte abgewickelt wurde, an Diners abführen.

Nach einigen Startschwierigkeiten wurde das Unternehmen zu einem vollen Erfolg. Die Zahl der Diners-Karteninhaber wuchs bereits im ersten Jahr von 200 auf 20 000. Im zweiten Jahr machte das Unternehmen schon 60 000 Dollar Gewinn. Trotzdem verkaufte McNamara 1952 seinen Anteil für 200 000 Dollar an seine beiden Partner. Diese Entscheidung wird er wohl für immer bereut haben.

Erst 1958 traten die Wettbewerber American Express und Bank Americard (später VISA) in Erscheinung. Von da an war der Siegeszug der Kreditkarte nicht mehr aufzuhalten. Mittlerweile hat jeder Amerikaner im statistischen Durchschnitt Konsumentenkredite und Kreditkartenschulden von mehr als 7000 Euro. Das mittlere Haushaltseinkommen belief sich 2004 auf 44 389 Dollar. Damit betrugen alleine die Schulden aus Konsumentenkrediten bei einem Vier-Personen-Haushalt rund 63 Prozent des mittleren Haushaltseinkommens.[43]

Warren Buffett und die Bürger von Squanderville

Im November 2003 sprach Investor Warren Buffett, auch »Orakel von Omaha« genannt, eine Warnung aus: Amerika sei in dem Prozess, seine Zukunft zu verpfänden und immer größere Teile seines Vermögens an Ausländer zu übertragen.[44] Der Wert des Dollars werde demzufolge in den nächsten Jahren deutlich fallen müssen.

Um seine Warnung zu illustrieren, benutzte Buffett das Bild von zwei Inseln, Squanderville (Stadt der Verschwender) und Thriftville (Stadt der Sparer). Die Bürger beider Inseln arbeiteten jeweils acht Stunden am Tag, um alles zu haben, was sie zum Leben brauchte. Irgendwann begannen die fleißigen Bürger von Thriftville, sechzehn Stunden am Tag zu schuften. Von der Hälfte ihres Inlandsprodukts lebten sie, die andere Hälfte exportierten sie nach Squanderville. Die Bürger von Squanderville frohlockten: Sie brauchten nun nicht mehr länger tätig zu sein und konnten dennoch ihren Lebensstandard halten. Alles, was sie hergeben mussten, waren Squanderanleihen, die noch dazu in ihrer eigenen Währung, den Squanderdollars, emittiert wurden.

Im Laufe der Zeit sparten die Bürger von Thriftville einen großen Betrag von Squanderanleihen an, die letztlich Forderungen auf das zukünftige Sozialprodukt dieser Insel waren. Einige Ökonomen stellten die unbequeme Frage, wie man denn die Anleihen samt hinzukommenden Zinszahlungen zurückzahlen werde. Aber die Bewohner von Squanderville mochten solchen Pessimismus nicht hören und genossen lieber ihr schönes Leben.

Irgendwann wurden die Bürger von Thriftville berechtigterweise nervös. Sie begannen ihre Squanderanleihen zu verkaufen und dafür Land, Häuser und Unternehmen auf der fremden Insel zu erwerben. Eines Tages entdeckten die Einwohner von Squanderville, dass sie nicht nur wieder acht Stunden jobben mussten, um ausreichend Nahrungsmittel zu haben, sondern noch viele weitere Stunden, um ihre Schulden zu bedienen und den Bürgern von Thriftville Mieten zu zahlen.

Mehrere Jahre sind vergangen, seitdem Buffett seine Warnung ausgesprochen hat. An der Aktualität seiner Analysen hat sich nichts geändert. Im Gegenteil: Die Auslandsverschuldung Amerikas hat sich merklich beschleunigt.

Zu dem laufenden Defizit aus dem Handel mit Waren und Dienstleistungen kommen nun auch noch steigende Zinslasten hinzu. Diese lassen Amerikas Schulden gegenüber dem Ausland immer weiter in die Höhe schnellen. Mittlerweile liegt das Defizit der US-Leistungsbilanz bei 7 Prozent des Inlandsprodukts. Anfang 2006 betrug die Auslandsverschuldung des Landes mehr als 3,1 Milliarden Dollar (siehe Grafik Seite 108).[45]

Amerika wird zum größten Schuldner der Welt

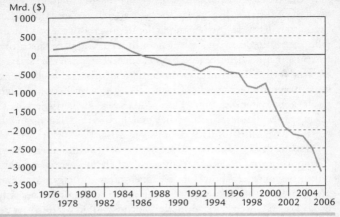

Quelle: www.bea.gov/bea/di1.htm

Wann also wird Amerika, wie Buffett es befürchtet, anfangen, für Ausländer zu arbeiten? Meiner Meinung nach gar nicht! Der Investor ist ein Mann alten Schlages. Mit Politik hat er sich wenig beschäftigt, da er genug damit zu tun hatte, sein Geld auf geniale, aber ehrliche Weise zu verdienen. Zudem ist er auf seine Weise bescheiden und hat es gar nicht nötig, sich mit Statussymbolen zu umgeben. Im Hauptquartier seines weit reichenden Imperiums Berkshire Hathaway, das mittlerweile über 300 000 Menschen beschäftigt, arbeiten gerade mal achtzehn Personen und er lebt weiter in dem Haus, das er in den fünfziger Jahren für 31 000 Dollar gekauft hat.[46]

Buffett ist ein ehrlicher Kaufmann. Folglich ist es für ihn logisch, dass man seine Schulden bezahlt. Er scheint gar nicht auf die Idee zu kommen, dass Amerika, so wie es sich derzeit darstellt, gar nicht willens sein könnte, für ausländische Investoren zu arbeiten. Nur: Was für einen ehrlichen Kaufmann logisch ist, ist in der Politik leider die Ausnahme. Selbst kleine Staaten haben sich immer wieder erfolgreich darum gedrückt, ihre Auslandsschulden zu bedienen. Wenn das mächtigste Land der Welt im Ausland überschuldet sein sollte, wird es nicht anders sein. Die USA haben zudem den enormen Vorteil, dass sie sich weitgehend in ihrer eigenen Währung verschuldet haben.

2007 werden die Vereinigten Staaten Auslandsschulden in Höhe von mehr als 30 Prozent ihres Bruttoinlandsprodukts haben. Das ist in etwa der Stand, den die Entwicklungsländer kurz vor dem Ausbruch der lateinamerikanischen Schuldenkrise im Jahr 1982 aufwiesen.

Länder, die stark im Ausland verschuldet sind, haben sich noch immer etwas einfallen lassen, um sich ihrer Verpflichtungen zu entledigen. Die deutsche Hyperinflation nach dem verlorenen Ersten Weltkrieg ließ Staatsschulden, Renten und Pensionen zusammenschrumpfen. Die folgende Währungsreform in Form der Rentenmark brachte zwar Sicherheit, viele Papiervermögen waren aber zuvor vernichtet worden. Die Reparationszahlungen Deutschlands an die Siegermächte wurden durch die Dawes- und Young-Pläne erheblich reduziert, seit 1933 nicht mehr bedient und im Londoner Schuldenabkommen nach dem Zweiten Weltkrieg gelöscht. Die lateinamerikanischen Staaten erwirkten Schuldenmoratorien, Umschuldungen und teilweise Schuldenerlasse. Es ist kaum davon auszugehen, dass sich kommende US-Regierungen durch die von ihren Vorgängerregierungen im Ausland gemachten Schulden ihre Handlungsfreiheit nehmen lassen.

In den letzten Jahren haben sich die USA überhaupt immer weniger in internationale Verpflichtungen einbinden lassen – sie widersprachen anscheinend den augenblicklichen Interessen. Warum sollte es also bei den Auslandsschulden anders sein? Wir können im Gegenteil davon ausgehen, dass Amerika sich seiner Schulden mehr oder weniger intelligent entledigen wird. Einen Präzedenzfall gibt es auch: die unilaterale Aufhebung der Bindung des amerikanischen Dollars an Gold durch Richard Nixon im Jahr 1971.[47]

Eine radikale Abwertung des Dollars oder eine Währungsreform würde das Land mit einem Schlag entschulden. Das Ausland hätte das Nachsehen. Allerdings wird diese Entschuldung – auf welche offene oder versteckte Weise auch immer sie durchgeführt werden wird – weltweit solche gravierenden Folgen haben, dass auch Amerika nicht ungeschoren davonkommen wird.

In einer mysteriösen Ecke der Wall Street wird das Optionsgeschäft betrieben ... Ob die Optionsbroker einen ökonomischen Nutzen produzieren, kann diskutiert werden, aber zumindest arbeiten und sorgen sie sich viel. Die übliche Berufskrankheit in dieser Branche sind graue Haare und Kehlkopfentzündungen. In keinem anderen Büro geht ein solch komplexes numerisches Gabble-Gabble vor sich. Rapide Hektik wohnt dem Optionsgeschäft inne ... Wenn der Optionshändler nicht mit dem ... Telefonhandel beschäftigt ist, ist er unterwegs, um Kunden zu werben. Das beinhaltet, potenziellen Käufern der Optionen zu erklären, dass sie eine hervorragende Kaufgelegenheit sind, und potenziellen Verkäufern, dass sie eine hervorragende Verkaufsgelegenheit darstellen.

Fred Schwed,
zeitweiliger Wall-Street-Broker und Lebemann[1]

Finanzderivate und der Verfall der Wirtschaftssitten

In einem lang anhaltenden Boom erleben die Menschen, wie viele ihrer Artgenossen – scheinbar mühelos oder unverdient – zu Geld kommen. Immer komplexere Finanzkonstruktionen werden gewagt, und oftmals erweisen sie sich als zunächst erfolgreich, weil die Grundstimmung optimistisch ist. »Es gibt kaum etwas, das das eigene Wohlbefinden und Selbstvertrauen stärker beeinträchtigt und nachhaltiger stört, als zusehen zu müssen, wie ein Freund reich wird«, beschreibt Charles Kindleberger treffend und ironisch die Kräfte in uns, die uns gelegentlich zu Idioten werden lassen.[2]

Auch Betrug und Schwindel nehmen gegen Ende eines Booms überhand – eine Folge der Tatsache, dass das unangestrengte Geldverdienen anscheinend als ein von der Natur gegebenes Recht angesehen wird. So kam es während der Technologieblase zu vielen

Fällen, die im Nachhinein wie Betrug aussahen. Die altehrwürdigen deutschen Banken und die Deutsche Börse, denen Millionen Privatanleger in der Technologieblase vertrauten, waren hiervor keinesfalls gefeit.[3]

Zudem steigt in einer solchen Situation das Ausmaß der Unterschlagung. Die Menschen sind im Großen und Ganzen entspannt und zuversichtlich, und Geld ist in immensen Mengen vorhanden. Trotzdem gibt es etliche Personen, die noch mehr benötigen oder haben wollen. Solange die Unterschlagung noch nicht entdeckt ist, fühlt sich sowohl der Betrüger als auch der Betrogene im Besitz von Geld. Das (subjektive) Wohlbefinden erhöht sich sogar. In einer Depression kehrt sich allerdings die gesamte Dynamik um. Nun wird jeder verdächtigt, und die Kontrollen nehmen eine ungewohnte Schärfe an.[4]

Verschuldungsfalle Verbriefung

Die globale Verschuldung hätte nie zu ihrer heutigen Dimension auflaufen können, wenn die Finanzbranche nicht etwas erfunden hätte, was es den Unternehmen ermöglichte, in den letzten fünfundzwanzig Jahren die Verschuldungsmaschinerie noch einmal stark zu beschleunigen: die »Securitization« (abgeleitet von dem englischen Wort *security* = Wertpapier) oder auch »Verbriefung«. Hierbei geht es im weitesten Sinn um die Schaffung von handelbaren Wertpapieren aus Forderungen.

Noch vor zwanzig Jahren waren viele amerikanische Geschäftsbanken regional aufgestellt und relativ klein. Spezielle Expertise und Sachwissen waren vor allem bei den großen New Yorker Investmentbanken vorhanden. Wenn eine regionale Bank früher Hypotheken gewährte, gab sie Geld gegen eine Forderung an den Kreditnehmer. Die Forderung war durch die Immobilie gesichert. Da Banken gezwungen sind, einen bestimmten Prozentsatz ihrer Einlagen als Kapitalreserve zu halten, können sie also nur einen bestimmten Prozentsatz ihrer Mittel als Hypotheken ausleihen.[5]

Securitization veränderte dieses System. In den achtziger Jahren entdeckte ein smarter Investmentbanker, dass man viele ähnliche

Hypothekenkredite bündeln und den Zahlungsstrom (Zinsen und Rückzahlung) in eine Anleihe umwandeln konnte. Der Zahlungsstrom von tausend Hypotheken war dadurch berechenbarer als der einer einzigen. Die Anleihen wurden bei Versicherungen, Pensionsfonds und Privatanlegern platziert, die sie gerne in ihre Bücher nahmen. Die Geschäftsbank konnte (und kann) das Geld aus dem Verkauf der Anleihe einfahren und das Kreditrad von neuem in Bewegung setzen.

Ein Kreditportfolio ist normalerweise schwer zu platzieren. Die einzelnen Kreditsummen sind relativ gering, und die Prüfung ist für einen potenziellen Investor so schwierig und aufwändig, dass er lieber die Finger davon lässt. Im Prozess der Verbriefung wird die Kreditwürdigkeit der einzelnen Anleihen »aufgebessert«, indem zum Beispiel die Investmentbank, die mit der Securitization beauftragt wurde, Kreditversicherungen abschließt. Eine andere Möglichkeit ist die Aufteilung in verschiedene Tranchen, wobei die erste Tranche die Kredite mit der höchsten Kreditwürdigkeit beinhaltet und durch die Sicherheiten der nächsten Tranchen zusätzlich gestützt wird. Im Falle von Schwierigkeiten würde Tranche A zuerst bedient, die untergeordneten Tranchen müssten mit den übrig gebliebenen Vermögensgegenständen auskommen.

Wenn das Anleihenpaket erst mal geschnürt ist, bekommt die Anleihe ein Rating durch eine anerkannte internationale Agentur wie Standard & Poor's oder Moody's. Oft gelingt es auf diese Weise, eine Ansammlung mittelmäßiger Kredite in eine Anleihe höchster Bonität, beispielsweise AAA, zu verwandeln. Diese kann die Investmentbank nun recht teuer platzieren. Da sie das Kreditportfolio zuvor billig eingekauft hat, verdient sie trotz Kreditversicherung sehr gut. Der Verkäufer der Kredite ist ebenfalls zufrieden, genauso wie die Investoren, die die Anleihe in ihre Bücher nehmen.

Investmentbanker, Fannie Mae und Freddie Mac hatten dadurch ein neues und noch dazu sehr profitables Betätigungsfeld gefunden: Sie halfen den Geschäftsbanken bei der Umwandlung ihrer Hypothekenportfolios in Mortgage Backed Securities.[6] Unter anderem garantierten sie die Bedienung der Hypotheken. Zwischen 1995 und 2001 stieg das Volumen der Hypothekenkredite in den USA um mehr als fünf Billionen Dollar. Nur ein Viertel dieser Kredite landete in den Bilanzen der Geschäftsbanken. Drei Viertel wurden in Anleihen umgewandelt und in den Portfolios von Investoren platziert.

Die Verbriefung von Kreditportfolios machte nicht bei Hypothekenkrediten Halt. Auch Autokredite oder Konsumentenschulden auf Kreditkarten wurden in Anleihen umgewandelt. Wo zuvor eine Autobank (etwa die Ford Motor Credit Corporation oder die General Motors Acceptance Corporation) ihre Kredite in den Büchern behalten musste, konnte sie nun mit Hilfe der Verbriefung den Kreditkreislauf immer schneller in Bewegung setzen.

Hedge-Fonds sind derzeit die Speerspitze der globalen Spekulation. Sie können Leerverkäufe tätigen und sich beliebig verschulden, ohne von einer Finanzaufsicht überwacht zu werden. Zudem sind Hedge-Fonds oft hochvolatil und riskant. Man sollte also denken, dass es so ziemlich der schlechteste Ort für Pensionsfonds oder konservative Investoren ist, ihr Geld zu investieren. Dennoch schaffte es die Investmentbank Credit Suisse First Boston im Mai 2002, ein Portfolio von Krediten an Hedge-Fonds in Höhe von 250 Millionen Dollar in eine hochwertige Anleihe umzuwandeln, die sie »Collateralized Fund Obligation« nannte. Die Anleihe wurde ohne Probleme in mehreren Tranchen platziert.

Der ganze Prozess geht so lange gut, wie das Finanzsystem insgesamt nicht in ernsthafte Probleme gerät. Wenn aber die Kreditversicherungen nicht mehr erfüllt werden können, bricht das Kartenhaus in sich zusammen. Investoren, die dachten, dass sie Anleihen höchster Bonität im Portfolio haben, merken dann plötzlich, dass sie Junk Bonds gekauft haben.

Finanzielle Massenvernichtungswaffen

Eine weitere und besonders brisante Variante stellen die so genannten Finanzderivate dar. Diese Klasse von Wertpieren ist in der Tat so gefährlich, dass Warren Buffett – für mich der beste Investor aller Zeiten – sie als »finanzielle Massenvernichtungswaffen« bezeichnet hat, die eine »Megakatastrophe« auslösen könnte.

Buffetts Investmentvehikel, Berkshire Hathaway, kaufte 1998

General Reinsurance, ein amerikanisches Rückversicherungsunternehmen. General Re hatte verschiedene Finanzderivate in der Bilanz – und was Buffett vorfand, bereitete ihm große Sorgen. In seinem berühmten Brief an die Berkshire-Aktionäre, der von Investoren auf der ganzen Welt gelesen wird, schrieb er 2003: »Es ist vergleichbar mit der Hölle: Man kann leicht ins Derivategeschäft hinein- und fast nicht wieder herauskommen.«[7] Berkshire, so Buffett weiter, würde viele Jahre benötigen, um sich aus den eingegangenen Derivateverpflichtungen zu lösen. Mittlerweile hat Berkshire schon 404 Millionen Dollar dabei verloren. Buffett übernimmt in seinem Jahresbericht 2005 die Verantwortung dafür, dass er nach dem Kauf von General Re nicht sofort aus dem Derivategeschäft ausgestiegen ist, sondern versucht hat, es möglichst schmerzlos zu beenden. Der Investor ist der Überzeugung, sollte er sich endlich von allen Derivaten getrennt haben, dass er Folgendes empfinden wird: »Meine Frau ist mit meinem besten Freund durchgebrannt und ich vermisse ihn sehr.«[8]

Finanzderivate sind Verträge, die ihren Wert von einem zugrunde liegenden Vermögensgegenstand (= Basiswert, Underlying) ableiten (Derivat = abgeleitet). Noch relativ einfach zu verstehende Derivate sind Optionen und Terminkontrakte. Bei einer Option erwerben Sie das Recht, zu einem bestimmten Zeitpunkt oder innerhalb eines gewissen Zeitraums einen Vermögensgegenstand zu kaufen (Kaufoption) oder zu verkaufen (Verkaufsoption).

Nehmen wir an, Sie erhalten eine Option, mit der Sie das Recht haben, eine DaimlerChrysler-Aktie zu 40 Euro zu erstehen. Steht der Kurs der Aktie zum Ausübungszeitpunkt über 40 Euro, ist die Option werthaltig, steht sie darunter, lassen Sie die Option verfallen. Da die Option wesentlich weniger kostet als die Aktie, können Sie mit Ihrem Kapitaleinsatz große Gewinne erzielen, ebenso aber auch schnell Ihren gesamten Einsatz verlieren. Sie bedienen sich dabei eines so genannten »Hebels«.

Richtig kritisch wird es bei den Terminkontrakten. Hier haben Sie nicht das Recht, sondern die Pflicht, einen entsprechenden Vermögensgegenstand zu einem bestimmten Zeitpunkt und Preis zu erwerben oder zu veräußern. Nehmen Sie an, Sie sind ein deutscher Exporteur, der nach Amerika verkauft, und Sie wissen, dass Sie in einem halben Jahr 50 Millionen Dollar aus einer Lieferung erlösen werden. Diese Zahlung können Sie zu einem bereits jetzt festgelegten Wechselkurs gegen Euro auf Termin weiterveräußern. Steigt der Dollar, entgehen Ihnen Gewinne, fällt der Dollar, sind Sie gegen diesen Kursverfall abgesichert. Sie können mit einem festen Eurobetrag rechnen und sind gegen Kursschwankungen gefeit.

Allerdings können Sie das Termingeschäft auch betreiben, ohne dass Sie wirklich 50 Millionen Dollar aus einer Lieferung erwarten. Sie verpflichten sich also, 50 Millionen Dollar am Tag X gegen einen festgesetzten Betrag von Euros zu verkaufen. Rutscht Ihre Position zwischenzeitlich ins Minus, wird die Terminbörse finanzielle Nachschüsse, so genannte Margin Calls, verlangen. (Das wäre zum Beispiel der Fall, wenn der Dollar steigt. Sie sind dann verpflichtet, zu einem ungünstigeren Kurs weniger Euro zu kaufen, als Sie eigentlich bekämen.) Da Sie bereits mit kleinen Startinvestments sehr große Kontrakte bewegen können, können Sie durch die Nachschusspflicht sehr schnell zahlungsunfähig werden, wenn Sie sich verspekulieren.

Optionen in der modernen Form werden erst ab 1973 am Chicago Board of Options Exchange (CBOE) gehandelt. Heute sind in Chicago Derivate auf über 1700 Aktien und Einzelwerte sowie mehr als fünfzig Indizes und über sechzig Exchange Traded Funds gelistet. 2005 stieg das Volumen der gehandelten Kontrakte um 29 Prozent, also auf 427 Billionen Dollar. Allein die Kontrakte für Zinsderivate hatten 2003 einen Wert von 123,9 Billionen Dollar. 2005 war diese Zahl bereits auf 201,4 Billionen Dollar gestiegen. Das Weltsozialprodukt betrug im selben Jahr nur 45,9 Billionen Dollar.[9]

Es ist keinesfalls so, dass der Handel mit Optionen und Terminkontrakten eine neue Erfindung ist. Terminkontrakte gab es schon bei den alten Griechen. Und – wen wundert es – das Options- und Terminkontraktwesen blühte auch im Börsenboom der zwanziger Jahre. Terminkontrakte werden vor allem in Chicago und an der europäischen Eurex gehandelt. Mittlerweile gibt es eine Vielzahl von Instrumenten: Zinsswaps, Währungsswaps, Total Return Swaps, Kreditausfallswaps, Portfolioversicherungen und vieles andere mehr. Sie können Derivate auf Strompreise handeln (European

115

Energy Exchange in Leipzig), auf das Wetter und auf indische Ernteerträge (Mumbai Stock Exchange). Risiken werden auf beliebige Weise in Teilrisiken gestückelt und dann als Wertpapiere gehandelt.

In seinem Buch *Und wo sind die Yachten der Kunden?* entlarvt der zeitweilige Wall-Street-Broker und Lebemann Fred Schwed die Argumente, dass Optionen eine hervorragende Absicherung (»Hedge«) gegen Kursschwankungen seien.[10] Wenn man zum Beispiel hundert Aktien kauft und gleichzeitig eine Verkaufsoption als Versicherung gegen Kursschwankungen, kann man sicherlich seine Verluste begrenzen. Wie alle anderen Versicherungen kostet die Option aber Geld. In vielen Fällen werden Investoren mit Sicherheit zu viel bezahlen – und dennoch nur eine Scheinsicherheit erhalten.

Heute werden den Privatanlegern wieder vermehrt Produkte mit angeblichem »Sicherheitspuffer« angeboten, zum Beispiel Discount-Zertifikate, Bonus-Zertifikate und Sprint-Zertifikate. Diese Produkte sind für die Banken seit Jahren sprudelnde Ertragsquellen – aus dem einfachen Grund, weil Privatanleger oft nicht genau nachrechnen können. Letztlich sind das alles Wetten auf die Zukunft, bei denen Sie meistens Ihren gesamten Einsatz verlieren können, die Bank aber immer prächtig verdient. Mit seriösen Investments hat dies nichts zu tun.[11]

Nach der amerikanischen Rechnungslegung, die mittlerweile auch viele »fortschrittliche« deutsche Unternehmen übernommen haben, werden Finanzderivate nicht zu ihren Anschaffungskosten, sondern zu ihrem »fairen Wert« bilanziert. Allerdings hängt der Wert von Finanzderivaten von der zukünftigen Entwicklung verschiedenster, oftmals komplexer Variablen ab, die geschätzt werden müssen. Es ist daher nicht weiter verwunderlich, dass sowohl die Käufer als auch die Verkäufer angesichts eines solchen Instruments Schätzungen anstellen werden, die eher günstiger für die entsprechende Partei ausfallen. Warren Buffett sagte einmal dazu, dass es schon eine sonderbare Welt sei, in der zwei Parteien eine Papiertransaktion abschließen können, die sich für beide schon kurze Zeit später als »profitabel« erweist.[12] Leider hängt mittlerweile die Gewinnsituation ganzer Branchen an derartiger Bilanzkosmetik.

Finanzderivate können (manchmal) legitime Funktionen erfüllen. Das Problem ist nicht ihre Existenz, sondern ihre leichtsinnige und massive Nutzung am Höhepunkt einer Börsenhausse. Was als Absicherung gedacht war, kann auch zur Spekulation verwendet werden. Und dann kann es schnell gefährlich werden. Derivate sind immer »Kurs-Wetten mit Verfallsdatum«.[13] Mit einer sehr kleinen Kapitalbasis können ungeheure Spekulationsvolumina bewegt werden. Wenn alles halbwegs so läuft wie gedacht, dann ist es bestens. Wenn aber völlig neue Umstände eintreten – und die Erfahrung sollte uns gezeigt haben, dass es sehr oft anders kommt, als man erwartet hat –, ist das Eigenkapital schnell aufgebraucht. Insolvenzen von Derivate-Playern ziehen dann weitere, zunächst durchaus gesunde Institutionen mit in den Abgrund.[14]

In einem Boom wollen Personen und Institutionen schnell zu Geld kommen, die normalerweise nie an riskante Transaktionen gedacht und ihr Geld konservativ angelegt hätten. Aber in solchen Zeiten entwickeln sie ein Selbstvertrauen, das eigentlich nicht gerechtfertigt ist, und beginnen, waghalsige und komplexe Strukturen aufzubauen. Bereits 1994 verlor Orange County, ein Landkreis in Südkalifornien, mehr als 1,7 Milliarden Dollar in Spekulationen mit Finanzderivaten und wurde dadurch insolvent.

Heute sind es die großen und professionellen Player, die den Derivatehandel pushen. Die fünfundzwanzig größten amerikanischen Derivatehandelsbanken sind Spekulationsrisiken eingegangen, welche das Eigenkapital dieser Banken um das Zehnfache überschreiten. Bereits im Jahr 2000 betrug das Verhältnis von Kreditausfallrisiko zu Eigenkapital bei Morgan Guaranty 873,7 Prozent, bei der Chase Manhattan Bank 442,5 Prozent, bei der Citybank 190,6 Prozent und bei der Bank of America 114,5 Prozent.[15]

Was passiert, wenn es einmal nicht so läuft, wie die Wall Street sich das vorgestellt hat, zeigt der Zusammenbruch des Hedge-Fonds Long Term Capital Management (LTCM) im Jahr 1998, der kurzzeitig die globalen Finanzmärkte erbeben ließ. Hedge-Fonds unterliegen keiner Bankenaufsicht. Allen Derivate-Spielarten ist gemein, dass die Käufer Erträge dauerhaft über Marktrenditen erwirtschaften wollen und sich dazu oftmals komplexer Strategien bedienen.[16] Dafür gehen sie zum Teil hohe Risiken ein.

LTCM wurde von John Meriwether, einem berühmten Anleihenhändler von Salomon Brothers (heute: Salomon Smith Barney), gegründet. Zudem waren damals zwei Nobelpreisträger, Myron Scholes und Robert Merton, im Team. Im Frühjahr 1998 kontrollierte LTCM bei einem Eigenkapital von vier Milliarden Dollar ungefähr 100 Milliarden Dollar. Der Gesamtwert der mit Hilfe von Derivaten eingegangenen Terminkontrakte betrug atemberaubende 1,25 Billionen Dollar, immerhin 5 Prozent des Weltmarkts.

Die »Genies« bei LTCM spekulierten darauf, dass sich die Zinsunterschiede zwischen hochwertigen und riskanteren Anleihen (zum Beispiel denen von Entwicklungsländern) verringern würden. In einer Welt, die zusammenwächst und scheinbar zunehmend stabiler wird, ist dies eine durchaus legitime, aber eben keine sichere Annahme. Am 17. August 1998 wertete Russland den Rubel ab und erklärte ein Moratorium auf die Schulden des Landes. Die Risikoprämien auf minderwertige Anleihen stiegen dadurch sprunghaft. Bereits am 1. September 1998 war das Eigenkapital von LTCM auf 2,3 Milliarden Dollar geschrumpft, am 22. September auf 600 Millionen. Am 23. September schoss ein Konsortium unter Führung der Federal Reserve Bank of New York 3,5 Milliarden Dollar ein und übernahm 90 Prozent der Anteile am Fonds. Die Krise war abgewendet, aber sie hatte Auswirkungen: UBS musste eine Sonderabschreibung von 700 Millionen Dollar vornehmen, die Dresdner Bank von 134 Millionen und die Credit Suisse von 55 Millionen.

LTCM war ein so genannter Hedgefonds. Diese neue Form der unregulierten Fonds trug seit Mitte der neunziger Jahre und zunehmend seit der Jahrtausendwende zur explosiven Ausbreitung der Finanzderivate bei. Eigentlich bedeutet »to hedge« »sich gegen etwas absichern«. Viele Hedgefonds versuchen tatsächlich, marktneutrale Strategien zu fahren und sich durch gegenläufige Positionen abzusichern. Sie wollen an kleinen Unregelmäßigkeiten auf den Finanzmärkten ihr Geld verdienen.

Ein Beispiel ist die »Long-Short«-Hedge-Strategie, bei der teure Aktien einer Branche »geshortet« werden. Der Fonds leiht sich die Aktien und verkauft diese in der Hoffnung, sie später billiger zurückkaufen zu können (»shorten«). Dann könnte der Fonds hohe Erlöse aus dem Kauf einstecken und müsste eine geringere Summe aufwenden, um sich wieder mit denselben Aktien einzudecken. Auf der anderen Seite nehmen die Hedgefonds dann eine entsprechende Menge Long-Positionen auf. Sie kaufen Aktien von ähnlichen Unternehmen, die im Vergleich zu den Short-Positionen billig sind. Eine solche Strategie nennt man dann »marktneutral«, da sich die Long- und Short-Positionen in der Theorie gegenseitig aufheben.

Seit 2004 sind die als finanzielle Wunderwaffe geltenden Hedge-Fonds in Deutschland auch für ein breiteres Publikum zugelassen, allerdings nur in der Variante des Dachfonds. Damit ist aber der eigentliche Reiz weg. Ein Privatanleger kann nun nicht mehr auf konträre Strategien oder einen einzelnen Manager setzen, sondern bekommt einen Mix serviert. Kein Wunder, dass die Performance enttäuscht. 2005 nutzen diese Wunderanlagen nur den Banken, die sie vertrieben: Die in Deutschland zugelassenen Fonds – etwa ein Dutzend – kamen durchschnittlich auf eine Performance von 0 Prozent, der DAX legte im selben Jahr hingegen um 27 Prozent zu.

Im Sommer 2007 kam das vorläufige und vielleicht sogar das endgültige Aus für das explosive Wachstum der Hedgefondsbranche. In den Wochen vom 15. Juli bis zum 15. August 2007 brachen die komplexen Finanzmarktmodelle der Investmentbanken reihenweise zusammen, weil ungeahnte Vorfälle auftraten.[17] Keines der Finanzgenies hatte diese verrückten Wochen vorhergesehen, weil ihre Methoden in der Vergangenheit funktioniert hatten. Kein Wunder, denn ihre Berechnungsmodelle waren anhand von Daten der Vergangenheit getestet worden. Was aber einst todsichere Renditen brachte, muss in der Zukunft noch lange nicht funktionieren, wenn eine grundlegend neue Situation eintritt. Billionen von Dollar sind auf die angeblich sicheren Strategien der Finanzgenies verwettet worden. In den ersten Wochen des August 2007 hat sich dann gezeigt, dass es nicht immer funktionieren muss. Die Ökonomen sagen in so einem Fall, dass sich das »Modell schlecht benimmt« (Model Misbehaviour). Na toll!

Bei Buchhandelsunternehmen hatten zum Beispiel etliche Hedgefonds Long-Positionen in Barnes & Noble *(WKN: 887840)* und Short-Positionen in Borders *(WKN: 895356)*. In den Tagen nach dem 12. August passierte nun das Undenkbare: Die Borders-Aktie stieg rapide, während Barnes & Noble (die eigentlich billigere Aktie) weiter fiel. Das kam natürlich in keinem Modell vor. Was war passiert?

Viele Hedgefonds hatten sich große Mengen Kapitals geliehen, um diese angeblich marktneutralen Strategien zu multiplizieren (das 3-, 4- oder mehrfache des Eigenkapitals war nicht unüblich). In den vorhergehenden Wochen waren aber die Zinsen für riskante Kredite gestiegen (was richtig ist!). Die Hedgefonds bekamen immer weniger Geld, und das zu immer ungünstigeren Konditionen (was auch richtig ist!). Also mussten sie Positionen glattstellen. Und das heißt: Long-Positionen verkaufen und Short-Positionen kaufen. Dies wiederum führte zu Riesenverlusten.

»We are very sorry!« So stand es in dem Brief, den Jeff Larson von Sowood Capital am 30. Juli 2007 den Investoren in seinem Sowood Alpha Fund schrieb. Man habe das gesamte Portfolio an die Citadel Investment Group verkaufen müssen, weil es ernsthafte Einbrüche im Wert des Kreditportfolios und der dazugehörigen Hedge-Positionen gegeben habe. Durch den Gesamtverkauf habe Sowood sich dem Druck entzogen, weitere Positionen liquidieren zu müssen. Der Wertverlust im Monat Juli habe zwischen 51 und 57 Prozent betragen. Investoren müssen wahrscheinlich mit höheren Verlusten rechnen, da die Liquidation des Fonds ebenfalls weitere Kosten verursacht.

Sowood will nach eigenen Angaben eine »offene Kommunikation« pflegen und versuchen, wichtige Mitglieder des Sowood-Managementteams während der Liquidation zu halten. Der Grund für die Verluste war ein ähnlicher wie beim Kollaps des LTCM-Fonds im Jahr 1998: Die Kredit-Spreads (Zinsdifferenzen zwischen wenig riskanten und risikobehafteten Krediten), die zuvor auf historisch niedrigem Niveau waren, wuchsen stark. Nun verlangten Kreditgeber für riskantere Kredite deutlich höhere Zinsen (was auch normal ist). Durch die Liquiditätsschwemme der letzten Jahre wurden aber diese Rendite-Spreads (Renditedifferenzen zwischen sicheren und riskanteren Aktien, zum Beispiel zwischen Krediten guter und schlechter Qualität, zwischen Small- und Large-Caps, d. h. Aktien mit kleiner und hoher Marktkapitalisierung, zwischen Emerging Markets und etablierten Börsen) niedrig gehalten. Dies ist nun vorbei.

In der letzten Juliwoche 2007 reduzierten die Geschäftspartner die Einstufung für die vom Fonds aufgebrachten Sicherheiten substanziell. Zudem verknappte sich die Liquidität. Und so sagte auch der Chef von Sowood »Sorry!«, nachdem vor einigen Wochen bereits Fonds von Bear Sterns dran waren. Jeff Larson schreibt in seinem Brief weiter: »Wir haben immer versucht, das Beste für unsere Investoren zu erreichen.« Das Erstaunliche an der Sache: Das Sowood-Managementteam kam aus Harvard. Und die gleichnamige Universität, die auch für ihre Anlagepolitik einen sehr guten Ruf genießt, hatte bis zu 800 Millionen Dollar in den Fonds investiert. Auch ein Diplom und eine Finanzspitze aus Harvard schützen vor Pleiten nicht.

Der Global Alpha-Fonds von Goldmann Sachs, einer der größten Hedegefonds überhaupt, der zudem von einem der angesehensten Wall-Street-Unternehmen gemanagt wird, verlor im August 2007 über 30 Prozent seines Wertes. So viel zur Krisensicherheit moderner Finanztechnologien.

In seinem sehr lesenswerten, wenn auch durchaus nicht einfachen Buch »A Demon of Our Own Design« argumentiert der Hedgefondsmanager und frühere Professor Richard Bookstaber, dass mittlerweile bei der Entwicklung von Finanzstrategien viel zu komplex vorgegangen und dabei das Wesentliche aus den Augen verloren wird. Bookstaber war seit Anfang der achtziger Jahre selbst an der Entwicklung fast aller neuen Finanztechnologien an der Wall Street beteiligt und kommt zu dem Schluss, dass die Technologien mittlerweile so komplex sind und die Märkte so eng zusammenhängen, dass die Finanzmärkte immer unbeherrschbarer werden und in immer kürzeren Abständen neue Krisen generieren.[18]

Derivate sind nicht nur eng mit Dummheit, Leichtsinn, Selbstüberschätzung und Unfähigkeit verbunden. Wie der Fall Enron zeigt, fordern sie auch zum Betrug in großem Stil auf.[19] Das Unternehmen schien Ende der neunziger Jahre der Beweis dafür zu sein, dass sich selbst alte, »langweilige« Firmen, in diesem Fall aus dem Energiesektor, mit Hilfe neuer Technologien und der Finanzmärkte zu dynamischen Playern wandeln können. Enron war bestens vernetzt. Chef Kenneth Lay war einer der wichtigsten Energieberater von Präsident George W. Bush. Er unterstützte zudem wohlgesinnte Politiker mit großzügigen Spenden.

Im Prinzip wies Enron mit Hilfe von Finanzderivaten bereits Umsätze aus dem Verkauf von Strom und Gas aus, die es erst in der Zukunft machen würde. Die entsprechenden Kosten wurden allerdings noch nicht ausgewiesen. Umsätze ohne Kosten führen wiederum zu riesigen Gewinnen, die sich fast beliebig aufblähen lassen. Dennoch reichte auch das irgendwann nicht mehr, wodurch in der Folge umfangreiche Scheingeschäfte hinzukamen. Enron verkaufte immer mehr Strom oder Gas auf Termin an eigene Scheinfirmen, die die Lieferungen überhaupt nicht verwenden konnten. Der Umsatz wurde trotzdem verbucht. Gleichzeitig legte sich Enron fest, die Ware später zurückzukaufen. Diese Verpflichtung wurde aber nicht bilanziert. Da die Scheinfirmen von Enron kontrolliert wurden, hätte man sie eigentlich bilanziell konsolidieren, also als wirtschaftliche Einheit ansehen müssen. (Wenn ein Unternehmen etwas an sich selber verkauft, kann dies kein echter Umsatz sein.) Das geschah aber nicht.

Erstaunlich ist nicht, dass ein größenwahnsinniges, ja kriminelles Management versuchte, Aktionäre, Staat, Kunden und Mitarbeiter in großem Umfang zu täuschen – das kommt immer wieder vor –, sondern dass dies so lange durchgehen konnte: Immerhin waren um die fünfzig Angestellte der angesehen Wirtschaftsprüfungsgesellschaft Arthur Andersen permanent im Enron-Hauptquartier beschäftigt. Eine renommierte Anwaltskanzlei, Vinson & Elkin, beriet den Konzern. Top-Banken wie JP Morgan Chase, Citibank und Merrill Lynch standen Schlange, um Geld zu leihen. Auf ihrem Höhepunkt war Enron die siebtgrößte amerikanische Aktiengesellschaft mit einem Börsenwert von 75 Milliarden Dollar.

Als sich der Betrug dem Ende näherte, verließen die Ratten das sinkende Schiff: Ken Lay verkaufte 1,8 Millionen Aktien im Wert von über 100 Millionen Dollar, das Enron-Management insgesamt im Wert von 1,1 Milliarden. Gleichzeitig drängte es die Mitarbeiter, ihre Belegschaftsaktien zu halten. Der Pensionsfonds von Enron hielt zum Zeitpunkt des Zusammenbruchs mehr als 65 Prozent seines Vermögens in Enron-Aktien. 11 000 Mitarbeiter verloren viel Geld, viele ihre gesamte Alterssicherung. Heute stehen Enron-Chef Ken Lay und sein Erfüllungsgehilfe Jeff Skilling zu Recht vor Gericht.[20]

Aber was nutzen diese Schauprozesse, wenn die leichtsinnige Spekulation mit Finanzderivaten, die ja an sich keine verbrecherische Handlung darstellt, ungebremst weitergeht? Mittlerweile ist das Gesamtvolumen allein der Zinsderivate auf das Vier- bis Fünffache des Weltsozialprodukts gestiegen. Banken nutzen Finanzderivate. Unternehmen nutzen sie. Privatpersonen nutzen sie. Mit Vorliebe werden die Derivate auch als »alternative« Investments vertrieben und als »Versicherung« für den Fall hingestellt, dass andere Klassen von Vermögensgegenständen an Wert verlieren. Für mich sieht es eher aus wie eine Spekulationswelle ohne Grenzen. Letztlich gibt es für Unternehmen, Staaten und auch für Privatpersonen nur eine einzige Versicherung: eine ausreichende Kapitalbasis, um auch Krisen zu überstehen. Finanzderivate hingegen scheinen einen kräftigen Anteil daran zu haben, dass derzeit allenthalben die Kapitalbasis ausgedünnt wird.

Wahnsinn Private Equity

Zusätzlich zur Immobilienblase, der Schwemme von Finanzderivaten und den Hedgefonds blühte in den letzten Jahren noch ein weiteres Phänomen: Private Equity. Der Begriff sagt zunächst einmal, dass Unternehmen und Vermögensgegenstände von einem »privaten« Konzern gehalten werden. Private-Equity-Unternehmen sind im Gegenteil zu Public Companies nicht börsennotiert. Sie sammeln privates Geld in Form von Beteiligungskapital ein, um Vermögensgegenstände, darunter auch börsennotierte Unternehmen, zu kaufen. Im Prinzip ist eine Private-Equity-Gesellschaft so etwas Ähnliches wie ein geschlossener Anlegerfonds und eine Gesellschaft, die verschiedene Anlegerfonds initiiert.

Private Equity gibt es mindestens seit den siebziger Jahren, als Firmen wie Kohlberg, Kravis und Roberts (KKR) das Geschäftsmodell erfanden. Bis zum Jahr 2007 war die 1988 erfolgte Übernahme des Tabakherstellers RJR Nabisco, Inc. durch KKR für 25 Milliarden Dollar die größte Private-Equity-Transaktion.[21] Im Jahr 2007 schlug KKR dann den selbst erstellten Rekord durch die Übernahme des Energieunternehmens TXU für 45 Milliarden

Dollar. (Allerdings: wenn man die Inflation berücksichtigen würde, wäre die Transaktion aus dem Jahr 1988 nur noch 42,8 Milliarden Dollar wert. So sehr hat der Dollar in knapp 20 Jahren abgewertet.)

Private Equity hat – wie die meisten Finanzinstrumente – durchaus seine Berechtigung. Allerdings hat sich auch diese Branche nach dem Jahr 2000 zunehmend in spekulative Exzesse begeben. Grund war wieder einmal das billige Geld. Private-Equity-Gesellschaften konnten sich billig verschulden und so das eingesammelte Kapital noch einmal hebeln. Oder sie luden den Unternehmen, die sie kauften, hohe Schulden auf, die sie sich dann als Eigentümer eben dieser Gesellschaften wieder als Sonderdividenden ausschütten ließen.

Auch dies kann sinnvoll sein: Wenn eine Gesellschaft überfinanziert ist und große Reservepolster hat, kann es sein, dass das Management dieser Gesellschaft es »ruhig angehen lässt« und nicht so hart am Wind segelt, wie es möglich wäre. Insbesondere bei »reifen« Unternehmen mit berechenbaren Märkten ist eine Schuldenfinanzierung gelegentlich durchaus positiv zu bewerten, denn Fremdkapital ist für die Unternehmen billiger als Eigenkapital und zudem noch steuerlich absetzbar.

Die Politik des leichten Geldes der Notenbanken hat aber auch in der Private-Equity-Branche zu massiven Exzessen geführt: Die traumhaften Renditen der ersten Private-Equity-Deals zogen immer mehr – und zunehmend »dummes« – Kapital in die Branche. Bereits seit circa 2003 wurden Private-Equity-Beteiligungen zunehmend in kleiner Stückelung auch an Privatanleger verkauft. Dies war ein sicheres Zeichen dafür, dass es sich hier um eine Blase handelte. Wenn ein Unternehmen sein Geschäft wirklich beherrscht, hat es kein Problem damit, massiv Kapital von Großinvestoren einzusammeln, denn an Kapital mangelt es auf der Welt wirklich nicht.

Mit den Jahren wurden die Deals immer gewagter. Im Jahr 2006 wurden auf der Welt mehr als 650 Milliarden Dollar in kreditfinanzierte Firmenübernahmen investiert. Das von den Private-Equity-Gesellschaften gestellte Eigenkapital machte dabei oft nur 20 Prozent der Transaktionssumme aus. Oft werden die übernommenen Unternehmen auch regelrecht ausgeplündert wie zum Beispiel die

Grohe Water Technologies AG aus Iserlohn.[22] Franz Münteferings »Heuschrecken«-Kritik ist in diesem und etlichen anderen Fällen nicht von der Hand zu weisen.

Letztlich ist eine Private-Equity-Gesellschaft nichts anderes als die Rückkehr des zusammengewürfelten Industriekonglomerats. Wo früher argumentiert wurde, dass sich die Börsennotierung effizienzsteigernd auf ein Unternehmen auswirke (wegen größerer Transparenz und Leistungsorientierung), werden nun die Vorzüge privat gehaltener Unternehmen beworben (weniger Publizitätspflichten, langfristigere Zeiträume). Im Einzelfall mag das eine oder andere Argument dafür zutreffen. Das massive Aufkommen von Private-Equity-Deals ist jedoch vor allem eine Folge des billigen Geldes sowie der kleineren Zeithorizonte und größeren Risikoneigung der Private-Equity-Gesellschaften. Solange die Zinsen niedrig waren, konnten in der Branche gute Geschäfte gemacht werden. Was in einer Niedrigzinsphase funktioniert, kann sehr schnell ins Auge gehen, wenn die Zinsen zu steigen beginnen.

Ganz oben in der Private-Equity-Hierarchie standen die bereits erwähnte KKR von Henry Kravis sowie die von Carl Schwarzman geführte Blackstone Group. Blackstone wurde vom Investmentbanker Carl Schwarzmann und dem ehemaligen Wirtschaftspolitiker Pete Peterson vor mehr als zwanzig Jahren gegründet und hat sich auf »Leveraged Buyouts«, also Käufe von Unternehmen unter Zuhilfenahme hoher Schulden, spezialisiert. Die Gruppe wuchs von zwei Partnern im Jahr 1985 auf 52 Partner und 750 Angestellte im Jahr 2007 an. Sie kontrolliert 47 Unternehmen mit Einnahmen von mehr als 85 Milliarden Dollar jährlich.

Kravis und Schwarzman führen einen intensiven Wettbewerb um den ersten Platz in der Private-Equity-Branche und sie haben eine gesunde Abneigung gegeneinander. Diese Rivalität verstärkte sich, nachdem Schwarzman am 5. März 2007 auf dem Titelblatt des angesehenen Wirtschafsjournals *Fortune* mit der Überschrift »Der neue König der Wall Street« gewesen war.[23] Schwarzmans Habitus ist sicherlich präsidial, wenn nicht royal. Er residiert in einem der größten und luxuriösesten Apartments von New York, das er für 30 Millionen Dollar erworben hat. Zur Geburtstagsparty, die er sich selbst zu Ehren am 13. Februar 2007 gab und sich 5 Millionen Dollar kosten ließ, kamen mehrere hundert geladene Gäste. Rod Stewart und Patti LaBelle sorgten für die Unterhaltung.

Bezeichnenderweise war Henry Kravis nicht eingeladen worden. Darauf angesprochen, erwiderte Schwarzman kühl, Kravis habe ihn auch noch nie zum Dinner eingeladen. In der Folge eskalierte der Schlagabtausch zwischen beiden so sehr, dass der amerikanische Fondsmanager und Börsenpublizist Whitney Tilson von einem »pissing contest« sprach. Da ist es hilfreich, sich zu erinnern, dass der Abstieg des einstmals legendären Anleihenhauses Salomon Brothers begann, nachdem der Vorstandsvorsitzende John Gutfreund als »König der Wall Street« ausgerufen worden war.

Am 22. Juni 2007 brachte Schwarzman die Blackstone Group *(WKN: A0MSM5)* an die Börse. Der Börsengang war der wichtigste und größte Börsengang, seit Google *(WKN: A0B7FY)* im Jahr 2004 am Kapitalmarkt debütiert hatte. Eine Woche später schrieb ich in meinem Anlegerbrief DER PRIVATINVESTOR, dass der Börsengang der Blackstone Group das Ende des Private-Equity-Booms einläuten könnte, genauso wie die massenhaften Börsengänge von Technologiegesellschaften in den Jahren 1998–2000 das Ende des Technologiebooms einläuteten. Ein so kluger Finanzier wie Carl Schwarzman wird dann an die Börse gehen, wenn er das Maximum für seine Aktien herausholen kann, das heißt, wenn sich der (nicht nachhaltige) Hype um Private Equity auf dem Höhepunkt befindet.

Eine Private-Equity-Gesellschaft, die sich ihr Geld öffentlich an der Börse holt – das ist die Quadratur des Kreises. Die Ironie ist nicht zu übersehen: Schwarzman & Co. stellen regelmäßig heraus, wie viel effizienter sie arbeiten können, weil ihre Gesellschaft nicht börsennotiert, sondern privat gehalten sei. Jetzt argumentieren sie, weiter wie eine private Partnerschaft operieren zu wollen. Mit anderen Worten: Die Aktionäre sollen nichts zu sagen haben.

Und tatsächlich: Schwarzman bewies mit seinem Börsengang wieder einmal seinen hervorragenden Instinkt für das richtige Timing. Mit einem KGV von 35 war die Blackstone-Aktie im Vergleich zu anderen Finanztiteln sehr teuer. Dennoch war der Börsengang erfolgreich. Der Emissionspreis lag mit 31 Dollar am oberen Rand der Spanne. Am ersten Handelstag stieg die Aktie zeitweilig bis auf 37 Dollar. Sogar die Investmentagentur der chinesischen Regierung kaufte Anteile im Wert von 3 Milliarden Dollar. Am Ende des Tages besaß Schwarzman rechnerisch Anteile im Wert von 9 Milliarden Dollar.

Nur wenige Wochen später war der Private-Equity-Boom vorbei. Die Blackstone-Aktie fiel 30 Prozent unter ihren Ausgabekurs. Der Markt für Risikokredite ist seit Ende Juli 2007 praktisch geschlossen, was auch das Geschäft für Private-Equity-Gesellschaften fast zum Stillstand kommen lässt. »Der Markt für Großkreditgeschäfte ist geschlossen«, so auch Urs Wietlisbach von der Schweizer Partners Group.[24] Im August stürzte das Volumen der abgeschlossenen Deals auf den tiefsten Stand seit vier Jahren ab. Selbst erstklassige Häuser wie Cerberus haben Schwierigkeiten, die Chrysler-Übernahme zu finanzieren, und KKR muss um seinen ebenfalls geplanten Börsengang bangen.

Einziger Pluspunkt der Kapitalvernichtung, die jetzt begonnen hat, ist die Tatsache, dass die Anlegergelder in den meisten Private-Equity-Gesellschaften langfristig gebunden sind, wie dies auch bei geschlossenen Fonds der Fall ist. So können sich Anleger auf dem Papier noch länger als Besitzer eines Vermögensgegenstands fühlen. Sie schränken ihren Konsum vielleicht weniger ein, Panikreaktionen werden – anders als auf dem Aktien- oder Immobilienmarkt – vermieden. Die Luft entweicht langsam und kaum merklich aus der Private-Equity-Blase.

Europa und die Welt halten einen Teil der schlechten US-Schulden

Wie wir bei dem Beinahe-Zusammenbruch der Industriekreditbank und der SachsenLB sahen, ist das Problem keinesfalls auf die USA beschränkt, wenngleich die Ursachen dafür jenseits des Atlantiks liegen. Ich schrieb in der Erstausgabe dieses Buches: »Auch dieses Mal wird die Wirtschaftskrise von den USA ausgehen. Wenn die amerikanische Wirtschaft ernsthaft leidet, haben Europa, Japan und China in ihrer jetzigen Form dem nichts entgegenzusetzen.«

J. Kyle Bass von Hayman Capital schrieb in einem Brief vom 30. Juli 2007 an seine Investoren, dass er aus der Branche gelernt habe, dass die »echten« Investoren in den USA (Versicherungsgesellschaften, Pensionsfonds etc.) seit Ende des Jahres 2003 kaum noch Subprime-Kredite in die Bücher nehmen und dass diese Schulden an Ahnungslose in Europa, Mitteleuropa und Asien exportiert wurden! Seine »Quelle« habe ihm mit harmloser Miene gesagt, dass dies der einzige Weg gewesen wäre, die besonders riskanten Teile der verbrieften Produkte loszuwerden. Die Käufer (hauptsächlich chinesische, taiwanesische, koreanische, deutsche, französische und englische Banken) waren aus denjenigen Ländern, in denen die Kapitalüberschüsse besonders groß waren.

So hatte zum Beispiel die deutsche Industriekreditbank IKB über ihre Tochter Rhineland Funding (die nur 500 (!) Euro Eigenkapital hatte) insgesamt 7,8 Milliarden Euro in US-Immobilienkredite minderer Qualität für amerikanische Schuldner gesteckt. Noch im Vorwort zum Geschäftsbericht 2005/2006 spricht der unmittelbar nach Bekanntwerden der Krise zurückgetretene Vorstandsvorsitzende Stefan Ortseifen davon, dass sich das Segment Verbriefungen zu einem starken Standbein entwickelt habe, das man weiter forcieren wolle.[25]

Ein eilends unter Führung der Bundesanstalt für Finanzdienstleistungsaufsicht (BaFin) zusammengerufener Kreis von Banken stellte insgesamt 3,5 Milliarden Euro zur Verfügung, um die IKB vor der Insolvenz zu bewahren. Es bleibt zu fragen, was ein Finanzinstitut zur Förderung mittelständischer Unternehmen, an dem zudem noch der Staat in Form der Kreditanstalt für Wiederaufbau (KfW) zu 38 Prozent beteiligt ist, ausgerechnet am Markt für Verbriefungen und strukturierte Kredite zu suchen hat. Wahrscheinlich lockte, wie so oft, die Aussicht auf leichte Gewinne.

Aber nicht nur die IKB hat sich verzockt, sondern ebenso die SachsenLB, die WestLB, einige Fonds der Banque Paribas und auch die Deutsche Bank. Letztere hat immerhin im September 2007 die Hosen heruntergelassen und das Ausmaß ihrer Engagements offenbart. Durch die Verbriefung von ABS (Asset-Backed Securities) waren die Vereinigten Staaten in der Lage, ihren giftigen Finanzsondermüll in die ganze Welt zu exportieren. Was die heutige Krise so tückisch macht ist die Tatsache, dass keiner mehr weiß, wo welche Risiken schlummern. Die Summe des Risikos ist dieselbe. Durch die verbesserten Finanztechnologien wurde jedoch die Möglichkeit geschaffen, diese Risiken besser zu verstecken.

Der Verfall der Wirtschaftssitten

Es klingt ein bisschen altbacken, wenn man von einem Verfall der Wirtschaftssitten spricht. Dennoch kann man sich des Eindrucks nicht erwehren, dass die Grundhaltung einer Nation – und nichts anderes sind »Sitten« – zu ihrem wirtschaftlichen Erfolg oder Misserfolg entscheidend beiträgt. Und es scheint so zu sein, dass sich die Wirtschaftssitten in der westlichen Welt deutlich gelockert haben. Fleiß, Sparsamkeit, Ehrlichkeit und Loyalität haben nicht mehr denselben Stellenwert wie früher. Wollten junge Leute noch vor drei Jahrzehnten Ingenieure oder Ärzte werden, haben sie heute vor allem ein Ziel vor Augen: reich zu werden, egal wie und möglichst ohne Arbeit. Es ist schwer vorstellbar, dass Deutschland mit der gegenwärtig vorherrschenden Arbeitsauffassung das Wirtschaftswunder der fünfziger und sechziger Jahre geschafft hätte.

Der in Indien geborene US-Ökonom Ravi Batra stellte Ende der achtziger Jahre eine einfache Zyklentheorie vor. Nach dieser gibt es vier Klassen: die Krieger, die Priester, die Kaufleute und die Arbeiter. Jede Klasse prägt das Zeitalter, in dem sie vorherrscht. In der Ära der Krieger herrschen Disziplin und Ordnung, Heldentum ist wichtiger als Wohlstand. Irgendwann »erschlafft« diese Klasse aber und kann sich nur noch mit Hilfe der Priester (oder der Intellektuellen) an der Macht halten. Wenn diese dann in die Hände der Intellektuellen übergegangen ist, werden geistige Errungenschaften besonders wichtig. Junge Menschen wollen nun Priester, Wissenschaftler oder Professoren werden. Aber auch diese Ära geht vorbei. Im darauf folgenden Zeitalter der Kaufleute ist materieller Wohlstand das Ziel, an dem sich die Gesellschaft orientiert. Gegen Ende geht die Ära der Kaufleute in ein anarchisches Zeitalter, das Zeitalter der Arbeiter, über. Das Überleben wird zum höchsten Ziel erklärt, alles ist käuflich. Recht und Gesetz verfallen, bis wieder eine Kaste von Kriegern die Macht übernimmt.[26]

Es fällt schwer, Batras Bilder als »Theorie« zu akzeptieren; nützlich sind sie dennoch. Seine Metaphern zeigen zum Beispiel, dass nicht nur Zeitalter existieren, die alles dem Diktat des Ökonomischen unterordnen. Deutschlands Aufstieg zur Weltmacht erfolgte im »preußischen« Zeitalter. Neben den vorhandenen »kriegerischen« Elementen war die deutsche Wissenschaft, das »priesterliche« Element, weltweit führend. Der Aufstieg Japans erfolgte unter ähnlichen Umständen, allerdings nahmen die Wissenschaften keine derart prominente Rolle ein. Und man kommt nicht umhin, im chinesischen Wirtschafssystem neben dem unzweifelhaft vorhandenen Manchester-Kapitalismus auch »preußische« Züge zu entdecken.

In dem Film *Wall Street* machte der skrupellose Spekulant und Gambler im Großmaßstab, Gordon Gekko, gespielt von Michael Douglas, einen Ausspruch, der von vielen Amerikanern der Yuppie-Generation als Wahlspruch adoptiert wurde: »Greed is good.« (»Gier ist gut.«) Noch heute wundert sich Michael Douglas, dass diese Aussage Kultstatus erreichte: »Investmentbanker erzählen mir oft – normalerweise spät in der Nacht, wenn sie einige Drinks zu sich genommen haben –, dass Gordon Gekko der Grund ist, warum sie diesen Beruf gewählt haben. Das ist ein bisschen besorgniserregend. Ich sage ihnen dann: ›Habt ihr mal drüber nachgedacht, dass Gordon Gekko eigentlich der Bösewicht des Films ist?‹«[27]

Die Vereinigten Staaten zeichneten sich schon immer durch ein besonderes Verhältnis zum Geld aus. Alexis de Tocqueville schrieb in seinem Werk *Über die Demokratie in Amerika:* »Kein Stigma belastet in Amerika die Liebe zum Geld ... Der Amerikaner wird eine Haltung als ehrenhaft und wertvoll ansehen, die von unseren Vorfahren ... noch einfach als (Geld)Gier bezeichnet worden wäre.«[28] Stets war es ein akzeptables Ziel in den USA, zu viel Geld zu kommen. Geld ist in diesem Land überhaupt ein permanentes Gesprächsthema, auch zwischen Personen, die sich überhaupt nicht kennen. Seit der Amtszeit Ronald Reagans jedoch scheinen sämtliche Kontrollmechanismen weggefallen zu sein, die der unbegrenzten Aufhäufung von Reichtümern im Wege standen.

Bereits in den achtziger Jahren hatten die Exzesse an der Wall Street Ausmaße angenommen, die einige Beobachter glauben machten, dass der Kollaps nun bald bevorstünde. In seinen Büchern *Wall Street Poker* und *Geldrausch* beschreibt Michael Lewis, der einige Jahre bei Salomon Brothers arbeitete und zuvor ein Kommilitone von mir war, die Atmosphäre dieser Jahre.[29] Corporate Raider (Firmenplünderer) wie Ivan Boesky, Kirk Kerkorian, Henry Kravis und Jerome Kohlberg kauften ganze Unternehmen auf, zerstückelten sie und veräußerten die Einzelteile mit Gewinn weiter. Junk-Bond-König Michael Milken regierte so lange, bis er wegen seiner wirtschaftskriminellen Machenschaften verurteilt wurde, 500 Millionen Dollar Strafe zahlte und ins Gefängnis musste. 1985 stieg das Durchschnittseinkommen der zehn bestbezahlten Manager an der Wall Street von 29 Millionen auf 51 Millionen Dollar.[30] (Heute würden sie sich bei diesen Summen wahrscheinlich unfair behandelt fühlen.)

Die Gier erfasste auch das Management von Unternehmen, die weitab von der Wall Street lagen. 50 Millionen Dollar Jahresgehalt wären heute für den Vorstandsvorsitzenden eines großen Industrieunternehmens zwar immer noch eine sehr hohe Summe, aber keinesfalls außergewöhnlich. Mit Shareholder Value – also einer leistungsbezogenen Entlohnung des Managements – hat das wenig zu tun. Während der amerikanische Börsenindex S&P 500 (Standard and Poor's 500) im Jahr 2002 um 22,1 Prozent fiel, stieg das Gehalt des durchschnittlichen CEOs um 14 Prozent auf 13,2 Millionen Dollar.[31] 2002 erhielt David Cote von Honeywell 68,5 Millionen Dollar, John Chambers von Cisco 54,8 Millionen Dollar und Pat Russo, Vorstandsvorsitzende des schwer angeschlagenen Netzwerkunternehmens Lucent Technologies, 38,2 Millionen Dollar.

Das amerikanische Beispiel macht seit einigen Jahren auch in Europa Schule. Im Jahr 2004 verdiente Daniel Vasella (Novartis) 12,4 Millionen Dollar. Ex-Vodafone-Boss Chris Gent steckte 12,3 Millionen Dollar ein, John Browne vom Ölkonzern BP 10,5 Millionen Dollar. Auf Platz fünf liegt der Chef der Deutschen Bank, Josef Ackermann, mit 9,6 Millionen Dollar. Unterhalb des Topniveaus sind die Jahresgehälter von Vorstandsvorsitzenden in Europa immer noch deutlich geringer als in den USA. In Frankreich lagen sie bei rund 3,1 Millionen Dollar, in Großbritannien bei 2,3 Millionen und in der Schweiz bei 2,6 Millionen. Deutsche Vorstandsvorsitzende verdienten im Durchschnitt »nur« eine Million Dollar.[32] Und das ist oftmals noch gar nichts im Vergleich zu den hunderten vom Millionen oder Milliarden, die die Großaktionäre dieser Unternehmen verdienen.[33]

Fast amüsant nehmen sich derzeit die Bemühungen der deutschen Aktionärsvereinigungen aus, die individuelle Veröffentlichung von Vorstandsgehältern, die im Corporate Governance Kodex vorgesehen ist, durchzusetzen. Es erscheint schon etwas naiv, wenn sich die Anlegerschützer dadurch Zurückhaltung auf den Managementetagen erhoffen. Dabei hätten sie nur einen Blick über den Atlantik werfen müssen: Der amerikanische Kongress hatte bereits 1992 ein Gesetz verabschiedet, das die CEOs zwang, ihre Gehälter publik zu machen. Das Resultat: Jeder konnte sehen, was die anderen erhielten, und jeder versuchte daraufhin, mit seinen Konkurrenten gleichzuziehen oder diese zu überholen.

Von 1976 bis 1998 fielen die Reallöhne in Amerika um 14 Prozent, während die Managergehälter um 200 Prozent stiegen. Verdiente in den späten Siebzigern ein Vorstandsvorsitzender ungefähr vierzigmal so viel wie der am schlechtesten bezahlte Arbeiter in seinem Unternehmen, war dieses Verhältnis Ende der neunziger Jahre auf 200 : 1 angestiegen.[34]

Die ungleiche Verteilung von Einkommen und Vermögen hatte bereits Ende der neunziger Jahre neue Höchststände erreicht: Die reichsten Amerikaner, also 1 Prozent der Bevölkerung, besaßen 40 Prozent des gesamten Vermögens, und die nächsten 4 Prozent noch einmal 20 Prozent. Der Großteil der US-Bürger, 60 Prozent, musste sich 6,6 Prozent des Gesamtvermögens teilen, 20 Prozent hatten gar kein Vermögen oder waren verschuldet. Die Ungleichheit der Verteilung ist in den Vereinigten Staaten übrigens (noch) dreimal höher als in Deutschland.[35]

In seinem Buch *Der große Krach* sah John Kenneth Galbraith die starke Konzentration von Einkommen und Vermögen als einen Grund an, warum es zu dem Crash kommen konnte: »1929 waren die Reichen über alle Maßen reich.«[36] Diese Konzentration von Einkommen und Vermögen bedingt, dass ein immer größerer Teil des erwirtschafteten Geldes für Luxusgüter ausgegeben oder angelegt wird. Sowohl Investmenttätigkeit als auch Luxuskonsum unterliegen jedoch erheblich stärkeren Schwankungen als der Verbrauch einer Durchschnittsfamilie. Menschen mit Einkommen von 50, 100 oder 500 Millionen Dollar im Jahr haben gar keine Chance, ihr Einkommen zu konsumieren. Sie müssen ihr Geld wieder anlegen.

Verschärft wird die Instabilität, wenn die Investitionen vor allem in spekulative Finanzanlagen fließen, weil es an realen und produktiven Investitionsmöglichkeiten mangelt. Das war vor 1929 nach Galbraith der Fall, als viele Anleger Aktien auf Kredit kauften. Heute fließt das Geld in Immobilien und »alternative Investments«. Ein immer größerer Teil des laufenden Einkommens ist damit ausschließlich von der Psychologie der Finanzmärkte abhängig.[37]

Der »Normalverdiener«, den es in dieser Form sowieso immer weniger gibt, hat dagegen ganz andere Sorgen. Er bangt um seinen Arbeitsplatz. Aber ob Großanleger oder Normalverdiener: alle schauen sie gebannt auf die Wirtschaftsentwicklung, anstatt einfach einer produktiven Tätigkeit nachzugehen. Fazit: Die allgemeine Unsicherheit ist im Zeitalter des Turbokapitalismus stark angestiegen. Bei diesem Tanz auf dem Vulkan wird das Sparen auch nicht mehr so ernst genommen: Wie die Reichen möchte man mühelos zu Geld kommen. Das Glücksspiel boomt in Amerika schon seit vielen Jahren.

Im Februar 2006 wurde in Nebraska der größte Lotteriegewinn aller Zeiten in Höhe von 365 Millionen Dollar an eine Tippgemeinschaft von acht Spielern verteilt. Im Vorfeld hatten sich lange Schlangen vor den Lotto-Annahmestellen gebildet. In West Virginia wurden am Freitag, kurz vor der Bekanntgabe der Zahlen, neunundzwanzig Lottoscheine pro Sekunde abgegeben, in South Carolina Scheine im Wert von 11 000 Dollar pro Minute. Insgesamt nahmen dreißig Staaten an der Powerball-Lotterie teil. Der hohe Jackpot war eine Folge veränderter Regeln, um dem Wusch nach einem größeren und schneller wachsenden Jackpot nachzukommen.

Jerry Bono, ein Möbelpacker aus Omaha, kauft jede Woche Lotteriescheine im Wert von 10 Dollar: »Wenn ich verliere, verliere ich, aber wenn ich jemals gewinne, dann verschwinde ich hier und ziehe nach Las Vegas.« Robert Sayton Morris, ein Bankangestellter aus Minneapolis, würde bei einem Jackpot erst einmal nach Paris fliegen. Würde er auch seinen Job aufgeben? »Natürlich!«[38]

Fast zeitgleich zum 365-Millionen-Jackpot in Nebraska kam heraus, dass das Management des deutschen Geldtransportunternehmens Heros über viele Jahre mehr als 300 Millionen Euro systematisch unterschlagen hatte. Heros hatte eingesammeltes Geld auf eigene Konten eingezahlt und erst später an die Auftraggeber überwiesen. Zum Teil wurden auch Abrechnungsdifferenzen mit den Auftraggebern vorgeschoben. Während der »Klärung« der Differenzen konnte Heros die Zinseinnahmen kassieren. Ähnlich gelagert war der Fall bei der Union Industrial Bank aus Flint, Michigan, im Jahr 1929. Zunächst hatte ein einzelner Angestellter Geld unterschlagen, später waren ungefähr ein Dutzend Personen, darunter fast das gesamte Management der Bank, involviert. Das Geld wurde nach New York überwiesen und in den Aktienmarkt investiert. In Frühjahr 1929 konnte ein Gewinn von 100 000 Dollar verzeichnet werden. Nach dem Crash flog der Schwindel auf, da das unterschlagene Geld nicht mehr zurückgezahlt werden konnte. Die Bank war um 3 592 000 Dollar geschädigt worden.[39]

Im September 1929 kollabierte das Imperium von Clarence Hatry in London. Hatry hatte versucht, eine Ansammlung kleinerer Investmenttrusts, Spielhallen, Kreditbüros und Fotogeschäfte in ein Stahlimperium umzuwandeln. Dann wollte er sich mit gefälschten Sicherheiten acht Millionen Pfund leihen, um United Steel zu übernehmen. Manche Dinge ändern sich nicht wirklich, auch wenn Jahrzehnte dazwischen liegen: Als Baulöwe Jürgen Schneider 1994 aufflog, hatte er jahrelang mit gefälschten Sicherheiten die Deutsche Bank hinters Licht geführt. Während bei Kleinkrediten penibel geprüft wurde, nahm man es anscheinend bei Großkrediten nicht so genau.

Mit den Namen Enron, WorldCom, Global Crossing oder Flow-Tex ist eine neue Dimension des systematischen Betrugs auf den Chefetagen erreicht worden. WorldCom konnte jahrelang seine Gewinne schönen, indem das Unternehmen mit den eigenen, hoch bewerteten Aktien die von niedriger bewerteten Firmen kaufte. Als das nach dem Ende der Technologieblase nicht mehr funktionierte, sah WorldCom-Chef Bernie Ebbers, ein ehemaliger Basketball-Coach, nur noch einen Ausweg: Betrug. Im Juni 2002 musste WorldCom den Gewinn für das vorangegangene Jahr um 3,8 Milliarden Dollar nach unten revidieren. Der Konzern hatte das Kunststück fertig gebracht, einen tatsächlichen Verlust in einen satten Gewinn umzuwandeln.[40] Bernie Ebbers wurde zu einer hohen Haftstrafe verurteilt; seine Wirtschafsprüfer kamen ungeschoren davon.

Der FlowTex-Skandal in Deutschland nahm sich dagegen noch relativ bescheiden aus. Jahrelang wurden mit Hilfe von Scheingeschäften im Schneeballsystem Umsätze vorgetäuscht, die gar nicht vorhanden waren. Insgesamt entstand für die Anleger ein Schaden von 1,1 Milliarden Euro. Immerhin: Die Verantwortlichen wurden zu hohen Haftstrafen verurteilt.[41]

Bei WorldCom, Enron und FlowTex lagen eindeutig kriminelle Machenschaften vor. Aber was ist von den Sonderabschreibungen in Höhe von rund 100 Milliarden Dollar und 36 Millionen Euro zu halten, die AOL Time Warner und die Deutsche Telekom AG 2002 in ihre Bilanzen nehmen mussten? Das waren die größten Buchverluste in der amerikanischen beziehungsweise der deutschen Wirtschaftsgeschichte. Beide Unternehmen waren im Fieber des Technologiebooms Beteiligungen eingegangen, die sich im Nachhinein als wesentlich weniger werthaltig als angenommen herausgestellt hatten. Bei einem kompetenten Management sollte so etwas nicht vorkommen.

Seit den achtziger Jahren werden wir zunehmend mit derart grotesken Auswüchsen des Wirtschaftslebens konfrontiert, dass wir sie oft schon gar nicht mehr zur Kenntnis nehmen. Die Erklärungsansätze von Charles Kindleberger, Ravi Batra oder John Kenneth Galbraith spenden schwachen Trost: Solche Exzesse kündigen das Ende einer spekulativen Ära an. Wenn immer mehr Menschen der Auffassung sind, dass sie ihr Geld nicht durch Arbeit – welcher Art auch immer – verdienen müssen, sondern dies relativ mühelos durch Spekulation und Finanztransaktionen (und notfalls durch Betrug) genauso gut können, ist das Ende einer Blase nah.

Der jetzige Aufschwung wird für immer andauern. Wir wollen keine
Rezession, wir brauchen keine, und weil wir die Instrumente haben, diesen
Aufschwung fortzusetzen, werden wir auch keine bekommen.

Rüdiger »Rudi« Dornbusch,
bekannter MIT-Professor[1]

Die Dollarschwemme und das Versagen der Notenbanken

In der achtzehnjährigen Ära Alan Greenspans entwickelte sich ein
fast blinder Glaube an die Steuerbarkeit der Wirtschaftsentwicklung durch die Notenbanken. In die Amtszeit des »Maestro« fielen
mindestens zehn Krisen, die anscheinend alle rasch überwunden
wurden. Dies schien zu bestätigen, dass längere und tiefere Störun-
gen der Wirtschaft endgültig der Vergangenheit angehörten. Die
Industrienationen hatten ihr Krisenmanagement perfektioniert.
Das amerikanische Federal Reserve System unter seinem Vorsitzenden Greenspan würde es schon richten!

Sowohl Bewunderer als auch Kritiker schreiben der US-Zentral-
notenbank eine nahezu unbegrenzte Macht zu. Bereits in den späten achtziger Jahren schrieb der amerikanische Journalist William
Greider ein Buch mit dem Titel *Secrets of the Temple. How the Federal
Reserve Runs the Country*.[2] Und im Jahr 2000 verfasste der US-Repor-
ter Bob Woodward die Wirtschaftsbiographie *Greenspan. Dirigent
der Wirtschaft*.[3] Der »Magier der Märkte«, wie Greenspan auch genannt wird, war selbst nicht ganz unschuldig an seinem eigenen
Mythos, ja, er schien sich regelrecht darin zu sonnen.

Diese Bewunderung wäre gerechtfertigt, wenn die Notenbank
die Wirtschaftsentwicklung in weiten Bereichen steuern könnte.
Daran ist jedoch zu zweifeln. Das moderne Geld- und Kreditsys-

tem ist ein hochgezüchteter und sehr anfälliger Apparat, der seinen eigenen Rhythmus verfolgt und sich nur sehr begrenzt manipulieren lässt. Mit *Das Greenspan-Dossier* haben Roland Leuschel und Claus Vogt eine sehr kritische Analyse der Ära Greenspan vorgelegt, die die angeblichen Leistungen des Magiers der Märkte hinterfragt und die wahren Hintergründe aufzeigt.[4] Ende der achtziger Jahre hat Ravi Batra für die US-Wirtschaft Zyklen berechnet, die völlig unabhängig von der jeweiligen Politik der Zentralnotenbank ablaufen. Jedes dritte Jahrzehnt scheint sich Batra zufolge das Geldmengenwachstum zu beschleunigen, um dann wieder abzufallen – und das seit mehr als zwei Jahrhunderten. Die einzige Ausnahme stellt das Jahrzehnt nach dem Amerikanischen Bürgerkrieg dar. Die Gründung des Federal Reserve Systems im Jahr 1913 – zuvor besaßen die USA keine Notenbank – hat also nichts an der zyklischen Natur der Geldversorgung geändert.

Das Geldwachstum (M2) folgt in den USA seit 1770 langfristigen, regelmäßigen Zyklen

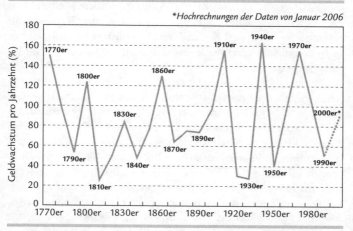

Quelle: Batra 1990, www.federalreserve.gov/releases/h6/; eigene Berechnungen

Wie der Grafik auf Seite 137 zu entnehmen ist, waren die zwanziger Jahre in den Vereinigten Staaten keinesfalls eine Zeit rapiden Geldmengenwachstums – genauso wenig wie die Neunziger. Tatsächlich wurde das Wirtschaftswachstum in den zwanziger Jahren genauso wie in der jüngeren Vergangenheit durch eine rapide Aufblähung der Kreditvolumina aufrechterhalten.

Hätte also das Geld einen eigenen Rhythmus, wäre ein Notenbankpräsident eine recht machtlose Figur im Spiel größerer Kräfte. Dieser Gedanke behagt weder Keynesianern noch Monetaristen, die beide davon ausgehen, dass Zentralbanken durch Geldschöpfung oder Geldvernichtung die Wirtschaft erheblich beeinflussen können. Monetaristen sehen das Eingreifen von Politikern als destabilisierend in einem sonst stabilen System der freien Kräfte des Marktes an und wollen aus diesem Grund eine möglichst konstante Geldmengenpolitik – Keynesianer glauben das Gegenteil.

Die Notenbank kann letztlich nur die *Geldmenge* steuern.[5] Die *Umlaufgeschwindigkeit* des Geldes wird hingegen durch die Entscheidungen der Teilnehmer am Wirtschaftsleben bestimmt. Beschließt die Mehrzahl der Haushalte und Unternehmen, das Geld langsamer auszugeben, fällt Nachfrage aus. Kommt diese Mehrzahl zu der Übereinstimmung, Geld auszugeben, steigt die Nachfrage. So einfach (und so schwer) ist das. Wenn die Politiker uns auffordern, mehr zu konsumieren, wollen sie damit die Umlaufgeschwindigkeit des Geldes erhöhen.

Es macht aber doch einen Unterschied, ob die Zukunftsaussichten insgesamt gut oder schlecht sind. Sehen sie tendenziell eher ungünstig aus, dann erscheint es für den Einzelnen wenig sinnvoll, das Geld mit vollen Händen aus dem Fenster zu werfen. Zudem kann bezweifelt werden, dass hemmungsloser Konsum die Zukunftsaussichten einer Volkswirtschaft wirklich verbessert. Viel wahrscheinlicher ist es, dass die Probleme einfach verschoben und durch die zunehmende Verschuldung nur noch schlimmer werden.[6]

Seit Jahren versuchen die Notenbanken der Industrienationen, angeführt durch das amerikanische Federal Reserve System, das Wirtschaftswachstum durch eine maßlose Politik des »leichten« Geldes zu beschleunigen.[7] Aber die Politik der extrem niedrigen Zinsen und der Geldschwemme hat nicht den Effekt, den sich die

138

Notenbanker wünschen. Der private Konsum läuft bestenfalls mittelmäßig, und Unternehmen investieren nur sehr zurückhaltend in neue Maschinen. Stattdessen fließt das viele Geld in immer spekulativere Investments wie Technologieaktien, amerikanische Immobilien, Hedge-Fonds oder in ganze Staaten und führt dort zu spekulativen Blasen.

Geldschöpfung und die Zentralbanken

Geld ist genau wie das Rad eine Erfindung, ohne die die moderne Zivilisation nicht denkbar wäre. Von den uns bekannten Hochkulturen scheinen nur die Inka ohne Geld ausgekommen zu sein – und die sind ausgestorben. Stellen Sie sich eine Welt ohne Geld vor: Nehmen wir an, Sie sind Metzger und wollen Ihre Waren an Ihre Kunden verkaufen. Welche Tauschmittel akzeptieren Sie für Ihre Steaks oder Ihre Wurst? Was haben Ihre Kunden zu bieten? Käse? Ein Bekleidungsstück? Geigenunterricht? Zunächst einmal stellt sich die Frage, ob Sie einen geeigneten Gegenstand finden, den Sie beide willens sind, zu tauschen. Als Nächstes stellt sich das Problem der Aushandlung einer angemessenen Tauschrelation für Ihre Güter. Wenn es kein einheitlich akzeptiertes Geld gibt, müssen Sie jedes Mal aufs Neue einen Preis vereinbaren. Nun haben Sie einen Tauschgegenstand mit Ihrem Kunden gefunden. Werden Ihre Lieferanten – Ihr Fuhrunternehmer und Ihr Landwirt – sich damit aber auch bezahlen lassen? Die Probleme sind unerschöpflich.

Wenn es kein Geld gäbe, müsste es erfunden werden. Und die Menschen haben sich immer neue Varianten dieser Bezahlungsform ausgedacht: Muscheln, Pferde, Perlen, Zigaretten und natürlich Silber und Gold. Letztlich kann alles zu Geld werden, was drei ökonomische Funktionen erfüllt: Tauschmittel, Bewertungsmaßstab und Wertaufbewahrungsmittel. Fehlt eine dieser Funktionen, kann das entsprechende Medium nur ein unzureichender Geldersatz sein.

Im Mittelalter war die Geldwirtschaft im Vergleich zum Römischen Reich sehr rudimentär. Die Geldleihe gegen Zinsen war vielerorts verboten. Die Willkürherrschaft des Adels ließ Handel und

Handwerk nicht den Raum, sich frei zu entfalten. Die Eigentums-rechte des Einzelnen waren nur sehr schwach ausgeprägt. Immer-hin: Auch in dieser eher finsteren Epoche fungierten zum Beispiel die Templerritter als eine Art Sparkasse. Reisende Adlige konnten nach Vorlage bestimmter Beglaubigungsschreiben von Templer-Niederlassungen in ganz Europa Geld erhalten.

Wo es Geld gibt, ist meistens auch die Institution des Kredits nicht fern. Nehmen Sie an, Sie haben viel Geld, das Sie im Moment nicht benötigen. Das ökonomische Gefüge ist stabil, Recht und Ge-setz haben Bestand. An vielen Stellen in der Wirtschaft besteht In-vestitionsbedarf. Da wäre es unsinnig, das Geld zu Hause zu hor-ten. Besser ist es, Ihr Geld zu verleihen und für einen Preis, den Zins, für sich arbeiten zu lassen. Sie übergeben Ihre Münzen also jeman-dem, der Ihnen verspricht, diese zu einem bestimmten Zeitpunkt mit Zinsen zurückzuzahlen. So kann das Geld wieder in den Wirt-schaftskreislauf kommen. Solange die Gläubiger konservativ kal-kulieren und ihre Schulden mit großer Wahrscheinlichkeit zurück-zahlen können, ist allen geholfen.

Heute sind die Möglichkeiten natürlich ungleich vielfältiger. Das moderne Finanzsystem ermöglicht die Disintermediation der Kre-ditvergabe. Das heißt: Der Eigentümer des Geldes muss nicht ein-mal den Schuldner kennen. Er bringt sein Geld zu einer Bank, die es verleiht. Hierfür erhält der Geldbesitzer ein Zahlungsverspre-chen. Die Bank ist also sowohl Schuldner (nämlich gegenüber demjenigen, der ihr das Geld anvertraut) wie auch Gläubiger (ge-genüber demjenigen, dem sie Kredite vergibt). Damit kann das Banksystem selbst Geld erschaffen. Kredite kommen in vielerlei Form: Sichteinlagen bei der Bank, Hypothekenkredite, Schuldver-schreibungen, Kreditkarten, Ratenkredite, Finanzderivate, Wech-sel und Anleihen. Durch die Verbriefung konnte das Kreditvolu-men in der westlichen Welt seit den achtziger Jahren explodieren.[8]

Lange existierte Geld vor allem in Form von Münzen. Die Grie-chen bevorzugten Silber-, die Römer Goldmünzen. Die Fürsten, Könige und Kaiser hatten das Prägerecht. Man konnte Edelmetalle recht problemlos über weite Entfernungen transportieren (wenn man nicht beraubt wurde). Der Wert des Geldes war garantiert, da er sich aus dem Gewicht der Metalle bemaß. Geld war nur in dem

140

Maße vermehrbar, wie dem Land Edelmetalle durch Handel zuflossen oder wie in ihm selber Edelmetalle gefördert wurden. Kredit war nichts weiter als das Recht, sich im Bedarfsfall Edelmetalle zu besorgen. Entweder war man der Besitzer dieser Metalle und hatte sie bei einer Bank hinterlegt oder man hatte sich Münzen auf seinen guten Namen geliehen.

Edelmetallgeld, zumeist in der Form von Gold, hatte einen großen Vorteil: Man konnte es schlecht manipulieren. Es stellte also einen relativ beständigen Wertspeicher dar. Gleichzeitig gab es aber auch einen großen Nachteil: Wenn die Wirtschaft wuchs, war nicht automatisch sichergestellt, dass auch genug Gold vorhanden war, um den gestiegenen Zahlungsmittelbedarf zu decken. Wenn sich nun der Wohlstand einer Wirtschaft vermehrt hatte, der Zahlungsmittelbestand aber nicht, war – relativ gesehen – weniger Geld im Umlauf. Die Folge: Deflation. Zwischen 1870 und 1900 fielen zum Beispiel die Produzentenpreise in Amerika durchschnittlich um 1,5 Prozent pro Jahr.

Das Weltwährungssystem der globalen Ära von 1870 bis 1914 beruhte auf dem Goldstandard. Die Banknoten jedes Landes konnten bei der entsprechenden Zentralbank jederzeit zu einem staatlich festgesetzten (und nicht veränderlichen!) Verhältnis gegen Gold eingelöst werden. Wenn also ein hanseatischer Kaufmann nach London reiste, war es seine Entscheidung, ob er Reichsmark, britische Pfund oder Gold mitnehmen wollte. Alle Geldformen hatten ihre festgesetzten Wechselkurse.

Preisunterschiede zwischen den Ländern (oder wie es in der Sprache der Ökonomen heißt: Inflationsdifferenzen) konnten nur in einem sehr geringen Maße auftreten. Wenn zum Beispiel die Preise für Waren und Güter in Deutschland stark anstiegen, in England jedoch nicht, machte es Sinn, Gold nach Großbritannien zu verschiffen und dort einzukaufen. Das wiederum bremste die Nachfrage in Deutschland und damit den Preisanstieg, während der Absatz auf der britischen Insel belebt wurde. Die ganze zivilisierte Welt wurde damit zu einem transparenten Handelsraum ohne größere Preisunterschiede. Nur die Transportkosten waren ein Bremsfaktor, ansonsten herrschte in der Weltwirtschaft Sicherheit.

Von einem solchen Zustand sind wir heute mehr denn je entfernt: Preise und Wechselkurse können sich jederzeit ändern. Als 1961 die D-Mark um 5 Prozent aufgewertet wurde, kam das in den Augen vieler Kommentatoren einer wirtschaftlichen Katastrophe gleich. Viele sahen das Ende des deutschen Exportwunders gekommen. Heute müssen wir mit Währungsschwankungen von 20, 30 oder 40 Prozent leben. Nur die großen Player kommen noch mit dem System zurecht, indem sie sich gegen die verschiedenen Risiken absichern. Der einzelne Bürger steht dem Chaos hilflos gegenüber. Er kann nicht wie in der ersten großen Globalisierungsphase auf internationale ökonomische Sicherheit und Berechenbarkeit hoffen.

Noch zu Beginn der Amtszeit von Ronald Reagan wurde eine Kommission eingesetzt, die die Wiedereinführung des Goldstandards prüfen sollte. Obwohl der »Gipper« – so wurde Reagan noch lange nach seiner Präsidentschaft von seinen Anhängern genannt – die Idee aufgrund seiner konservativen Grundhaltung sehr sympathisch fand, wurde sie doch sehr schnell wieder fallen gelassen. Zu viele Probleme hätten sich einer Umsetzung in den Weg gestellt. Die westlichen Regierungen hatten sich schon zu weit vom Pfad der Tugend – immerhin stellte der Goldstandard eine zivilisatorische Errungenschaft dar, die auf der Erfahrung von Jahrhunderten beruhte – entfernt.

Die Wipper- und Kipperzeit – oder wie auch Goldwährungen manipuliert werden können

Vor dem Dreißigjährigen Krieg erlebte das Deutsche Reich eine katastrophale Inflation. Die Reichsmünzordnung von 1559 war lückenhaft und unzureichend, die Kontrollen und ihre Durchsetzung so mangelhaft, dass der Manipulation Tür und Tor geöffnet waren.

In dieser Zeit floss viel Gold und Silber aus Spaniens Kolonien in Südamerika nach Europa. Zudem sanken durch eine Klimaveränderung die landwirtschaftlichen Erträge in Europa. In Göttingen und Meißen blieben zum Beispiel die Löhne im gesamten 16. Jahrhundert etwa gleich, während sich die Getreidepreise im selben Zeitraum verdoppelten. Die Geldmenge stieg also, während das Sozialprodukt schrumpfte. So entstanden und entstehen noch immer Inflationen.

Die Landesherren hatten – wie heute die modernen Staaten – einen enormen Finanzierungsbedarf. Sie durften zwar keine Reichsmünzen (Taler, Gulden, Kreuzer etc.) prägen, jedoch beliebige Landesmünzen, auch mit einem niedrigen Silbergehalt. Um ihren Geldbedarf zu decken, verpachteten oder verkauften sie ihre Münzrechte an Spekulanten. Dem Profitstreben durch Manipulation der Münze nach Schrot und Korn, also nach Gewicht und (Silber-)Feingehalt, waren damit keine Grenzen gesetzt.

Die Vorgehensweise der Fälscher war ebenso einfach wie effektiv: Sie sortierten vollwertige Münzen, also die mit hohem (vorgeschriebenem) Silbergehalt, beim Münzwechseln aus, beschnitten sie oder schmolzen sie ein, um daraus neue Münzen mit niedrigerem Feingehalt an Silber zu prägen. Daraus entstanden dann auch die Begriffe »Kipper« und »Wipper«: Die Bezeichnung »Kipper« wurde aus dem niederdeutschen Wort »kippen« abgeleitet, das das Beschneiden der Münzen beschreibt. »Wipper« wiederum waren die Männer, die durch »Umwippen« der Geldwaage die vollwertigen Münzen aussortierten.

Das Silber der Münzen wurde anteilig durch billiges Kupfer ersetzt. Die Legierungen wiesen oft einen so hohen Kupferanteil auf, dass die neuen Münzen ein rötliches Erscheinungsbild hatten. Deshalb kochten die Fälscher sie in Weinsteinsäure oder Silberamalgam, bis sie ein silbernes Aussehen annahmen. Das Verfahren nannte man »Weißsieden«. Nach acht Tagen verschwand zwar der Silberglanz, aber bis dahin waren die Münzen schon in den Beuteln der ahnungslosen Opfer.

Die Fälscher boten der Bevölkerung an, Großmünzen gegen minderwertige Kleinmünzen plus Aufgeld einzutauschen. So wurden zum Beispiel für einen Reichstaler in einigen Ländern 120 Kreuzer geboten, obwohl der offizielle Kurs bei 100 Kreuzern lag. Die Besitzer der Kreuzer machten einen Gewinn, da sie das manipulierte Geld in einem kurzen Zeitraum problemlos und ohne Verlust ausgeben konnten. Aus einem erworbenen Taler prägten die Fälscher wiederum 140 »verdünnte« Kreuzer. So entstand ein Abwertungswettlauf. Zwischen 1600 und 1624 (dem Jahr der Finanzreform) sank der Wert eines Kreuzers dramatisch: Man musste statt 76 Kreuzer am Ende 390 Kreuzer für den Taler zahlen.

Auch die Preise für Kupfer, Silber und Nahrungsmittel gingen drastisch nach oben, obwohl die Löhne der Tagelöhner stagnierten und die der Handwerker nur unwesentlich anstiegen. So kletterte in München der Preis für ein Scheffel Korn von vier Gulden (1617) auf 52 Gulden im April 1623 – das ist eine Inflation von 1200 Prozent in sechs Jahren.

Die Kaufleute und Großbankiers hielten das »gute« Geld zurück und verweigerten die Annahme von minderwertigen Zahlungsmitteln. Da sie ihre Geschäfte sowieso nur auf der Basis von Talern und Golddukaten oder gar auf der von Gutschriften tätigten, konnten sie vor Kurseinbrüchen sicher sein. Außerdem hatten diese Münzen schon Einkerbungen, schnelle chemische Proben bewahrten sie vor Fälschungen.

Die Münzverschlechterung zerrüttete immer mehr das Wirtschaftsgefüge und schlug schließlich auf die Verursacher zurück. Die Landesherren versuchten später vergeblich, der Entwicklung durch Verbote und Verordnungen Einhalt zu gebieten. Selbst Maßnahmen wie die Festsetzung von Preistaxen, Exportverbote für Silber und »gute« Münzen, Handelsverbote für Getreide, Bierbrauzensuren (um den Getreideverbrauch einzudämmen) oder Hausdurchsuchungen nach Getreide konnten den wirtschaftlichen Verfall nicht mehr aufhalten.

Die gescheiterten Anordnungen führten zum Autoritätsverlust und zu politischen Unruhen. Zahlreiche Spottlieder der Zeit zeugen davon. Erst die Finanzreform im April 1624 brachte Stabilität, allerdings auf Kosten breiter Bevölkerungsschichten.[9]

Wenn schon Goldwährungen manipuliert werden können, dann gelingt dies erst recht bei Papierwährungen. Papierwährungen werden auch Fiat-Währungen genannt (abgeleitet vom lateinischen Wort *fiat:* »es werde!«). Auf dem Ein-Dollarschein steht: »In God We Trust!« Das Motto der Papierwährung sollte aber eigentlich heißen: »Es werde Geld!« Papierwährungen sind (fast) immer staatliche Währungen, die durch nichts anderes als staatliche Wertversprechen gedeckt sind. Hinter früheren Währungen standen Gold oder Silber (oder zumindest das Versprechen), hinter modernen Währungen stehen buchstäblich nur Staatsschulden.

Solange die Wirtschaft das Papiergeld akzeptiert, ist alles in Ordnung. Niemand kommt auf die Idee, das Geld bei der Zentralbank gegen Gold einzutauschen. Banknoten und Bankguthaben werden im Wirtschaftskreislauf weitergereicht und erfüllen mithin die drei schon genannten Funktionen des Geldes: Tauschmittel, Wertmaßstab und Wertaufbewahrungsmittel zu sein. Basis hierfür ist, dass das Geld als Zahlungsmittel vom nächsten Teilnehmer im Wirtschaftskreislauf angenommen wird. Der Staat ist fein raus – er kann durch das Anwerfen der Druckerpresse fast ohne Kosten Geld produzieren.

Unabdingbare Voraussetzung ist dabei das Vertrauen der Wirtschaftsteilnehmer. Um es zu erhalten, muss Geld halbwegs wertstabil sein. Ist diese Stabilität nicht gegeben, verliert das Geld seine Funktionen. Es hört auf, Geld zu sein, und wird wieder zu Papier. Eines der bis heute drastischsten Beispiele für den rapiden Wertverfall einer Währung ist die deutsche Hyperinflation von 1923/24. Gegen Ende dieser Zeit wurde das Geld gleichsam in Schubkarren durch die Straßen transportiert und sofort wieder ausgegeben. Es blieb nur noch der Ausweg der Währungsreform. Die Reichsmark wurde durch die Rentenmark ersetzt. Ausländische Gläubiger und inländische Inhaber von Anleihen hatten ihr Vermögen verloren – und der Staat hatte sich auf Kosten bestimmter Bevölkerungsgruppen saniert.[10]

Wird das Vertrauen ernsthaft erschüttert, so wird Papiergeld nicht mehr akzeptiert. Ersatzgegenstände werden zu Geld gemacht, auch Verbote und drakonische Strafen können daran nichts ändern. Die Währungen der Länder des Warschauer Paktes waren im Westen nichts wert, weil sie reine Fiktion waren. Diese erstreckte sich auch auf das eigene Land: Viele Waren gab es gar nicht zu kaufen oder nur auf Zuteilung – wenn man Glück hatte. Die DDR-Mark beispielsweise war also kein vollwertiges Geld.

Auch das Geld im Westen erfüllt immer weniger seine Funktionen. Was die Wertaufbewahrungsfunktion des Dollars angeht, sind zum Beispiel starke Einschränkungen angebracht: Wenn Sie 1000 Dollar im Jahr 1970 gehabt hätten, müssten Sie 2006 stattliche 5110,82 Dollar besitzen, um eine vergleichbare Kaufkraft zu haben. Wenn Sie 1000 Dollar im Jahr 1980 besessen hätten, müssten es 2006 immerhin 2406,55 Dollar sein.[11] Die D-Mark und das Folgegeld, der Euro, waren dagegen etwas stabiler, aber auch die Deutsche Mark hat zwischen 1950 und 2004 über 77 Prozent an Wert verloren.

Wie also wird nun Geld »geschaffen«? Bei einer modernen Notenbank ist das ganz einfach: Der Großteil des Kapitals stammt aus dem Papier (den Banknoten), das die Bank in Umlauf bringt, sowie aus Einlagen der Geschäftsbanken bei der Notenbank. Eine Quelle, um Geld umlaufen zu lassen, sind zum Beispiel Staatsanleihen. Der Staat gibt eine Anleihe heraus, die Notenbank nimmt Teile davon in ihre Bücher und überweist dem Staat das Geld. Der kann es seinem Haushalt zuführen. Im Zweifelsfall ist das Geld nur durch das Versprechen des Staates gedeckt, in Zukunft seine Anleihen zu bedienen. So wird aus Schulden Geld gemacht!

Der oben beschriebene Prozess wird auch Monetisierung der Staatsschulden genannt. 2004 hielt die amerikanische Fed auf diese Weise immerhin rund 800 Milliarden Dollar an amerikanischen Staatsschulden[12] – und ausländische Notenbanken wiederum amerikanische Staatsschulden im Wert von 1980 Milliarden Dollar.[13] Zusammen ist das fast ein Drittel des US-Sozialprodukts. Die Goldreserven betrugen demgegenüber nur magere zwölf Milliarden Dollar oder 1,8 Prozent der Bilanzsumme.

Die Golddeckung des Dollars beträgt 1,8 Prozent[14]

Aktiva (Vermögen), in Milliarden Dollar		Passiva (Kapital, Mittelherkunft), in Milliarden Dollar	
15	Gold, Edelmetalle Währungsreserven	Währung im Umlauf	750
760	Staatsanleihen (Forderungen gegenüber der US-Bundesregierung)	Einlagen der Geschäftsbanken	40
40	Staatsanleihen fremder Staaten (Forderungen gegenüber fremden Staaten)	Eigenkapital	25

Die Reservesituation in Europa ist ebenfalls nicht berauschend. Ende 2004 betrug die Bilanzsumme[15] der Europäischen Zentralbank 90 Milliarden Euro. Davon sind rund acht Milliarden – also weniger als 10 Prozent – Gold und Goldforderungen und damit »echte« Währungsreserven. Weitere 30 Milliarden Euro sind Forderungen in Fremdwährung, haben also einen gewissen Reservecharakter. Allerdings befindet sich darunter auch ein hoher Anteil amerikanischer Staatsanleihen. An deren Einbringlichkeit und dem Reservecharakter darf durchaus gezweifelt werden. Weit über die Hälfte der Aktiva der Europäischen Zentralbank sind Forderungen gegenüber den Nationalbanken und damit gegenüber den Mitgliederstaaten.[16]

Wenn Sie versuchen, eine verständliche Bilanz der Deutschen Bundesbank zu finden, muss ich Sie enttäuschen. Obwohl sich in der Bundesbank viele hoch qualifizierte Ökonomen mit Dingen wie Preiskonvergenzen im Euro-Währungsgebiet oder konsolidierten Bilanzen des deutschen privatwirtschaftlichen Sektors beschäftigen, ist seit Einführung der europäischen Währungsunion nicht mehr herauszubekommen, wie es um die deutschen Finanzen wirklich steht.[17] Die Bundesbank veröffentlicht nur noch einen Bericht mit dem Titel: »Deutscher Beitrag zur Konsolidierten Bilanz der MFIs im Euro-Währungsgebiet.« Und in einer konsolidierten Bilanz lässt sich viel verstecken.[18]

So lügt man mit Statistik

Mit Statistiken wurde schon immer und überall gelogen. Besonders dreist werden zurzeit die Zahlen der amerikanischen Statistik geschönt. Man kann davon ausgehen, dass die »offiziellen« US-Zahlen weder bei der Inflationsrate noch beim Sozialprodukt oder bei der Produktivität den wirklichen Stand wiedergeben.

Inflation: Grundsätzlich ist Inflation eine lästige Angelegenheit. Wenn sie auftritt, müsste die Notenbank unter Umständen die Geldmenge reduzieren, was eine Rezession zur Folge haben könnte. Regierungen sind von solchen Zuständen nicht gerade begeistert, und es könnte auch für den Notenbankchef ein Problem werden.[19] Folglich erfand in den frühen siebziger Jahren der damalige amerikanische Notenbankchef Arthur F. Burns das Konzept der »Kerninflation« (Core Inflation). Aus dem Index der Konsumentenpreise wurden nach dem ersten Ölschock die besonders stark schwankenden Komponenten, speziell Lebensmittel und Energie, einfach herausgerechnet. Und siehe da, die »Kerninflation« ist deutlich niedriger. Theoretisch soll sie langfristige Trends messen. Tatsächlich ist es so, dass das wahre Ausmaß der Inflation verschwiegen wird.

Produktivitätswachstum: Im dritten und vierten Quartal des Jahres 1999 wurde ein sprunghafter Anstieg der Arbeitsproduktivität in den USA um jeweils 5 Prozent und 6,4 Prozent verzeichnet. Befürworter der New Economy sahen dies als Beweis, dass die alten Gesetze der Wirtschaft tatsächlich außer Kraft gesetzt seien. Eine Beschleunigung des Produktivitätswachstums würde die hohen Bewertungen vieler Aktien rechtfertigen, hohe Lohnabschlüsse ermöglichen und auch sonst das Leben wesentlich vereinfachen.

Das US-Bureau of Labor Statistics hatte aber bei seinem Vorgehen einfach seine Berechnungsmethode geändert. Nun wurde nicht einfach der Preis von Gütern als Grundlage genommen, sondern ein »hedonischer« Preisindex, der auch qualitative Veränderungen zu messen vorgibt. Wenn sich zum Beispiel der Preis eines Computers verdoppelte, gleichzeitig aber auch die Rechnerleistung, schlug sich dies von nun an als Preissteigerung von 0 Prozent nieder. Letztlich ist das Schwindel: Als Verbraucher kaufe ich keinen halben Computer, weil mir die halbe Rechnerleistung genügt. Zudem ist eine Verdoppelung der Rechnerleistung noch lange keine Verdoppelung des Wirtschaftswachstums.

Geldmenge M3: Am 10. November 2005 verkündete die Fed, dass man ab dem 23. März 2006 keine Maßzahl für die Geldmenge M3 mehr publizieren werde. Ein anerkanntes ökonomisches Maß wurde einfach ausgemustert. Gleich mit aussortiert wurden die Statistiken für größere Termingeldeinlagen, Repurchase Agreements und Eurodollars. Großzügigerweise werden institutionelle Geldmarktfonds weiterhin als Fußnote geführt. Das legt die Vermutung nahe, dass es externen Beobachtern zumindest etwas schwerer gemacht werden soll, zu verfolgen, wie gefährlich sich der Geldumlauf mittlerweile aufgebläht hat und wie groß die inflationären Gefahren sind.

Bruttoinlandsprodukt:[20] Auch beim BIP wird kräftig geschummelt. Neben den tatsächlich verdienten Einkommen werden auch »angenommene Einkommen« *(imputed income)* hinzugezählt. Zu den größten Komponenten zählen hierbei angenommene Mieten bei Hausbesitzern (und das ist mehr als die Hälfte der amerikanischen Bevölkerung). Dabei wird einfach geschätzt, wie viel Personen, die eigene Häuser bewohnen, als Miete zahlen müssten, wenn sie zur Miete wohnen würden. Weiter wird angenommen, dass sie diese Summe an sich selber auszahlen würden.

Im Falle einer Krise dürften sowohl US-Anleihen als auch die europäischer Länder stark abgewertet werden oder uneinbringlich sein. Der Großteil des »Vermögens« der Notenbanken besteht aus Staatsschulden. Und wenn sie nicht mehr anders können, entledigen sich Länder ihrer Schulden, wie schon gesagt, einfach durch eine Währungsreform. In der Geschichte der Menschheit endete noch jede eingeführte Währung auf diese Weise, manche eher, andere später. Nach dem Wirtschaftswissenschaftler Bernd-Thomas Ramb steigt die Wahrscheinlichkeit einer Währungsreform in Deutschland ab 2016 auf über 50 Prozent und ab 2020 auf über 66 Prozent.[21]

Der zweifelhafte Ursprung des Papiergelds

In seiner modernen Form ist das Papiergeld untrennbar verknüpft mit dem Namen eines Mannes, der als einer der größten Abenteurer, Spieler und Frauenhelden seiner Zeit gelten kann: John Law. Kein viel versprechender Start für ein System, das sich heute auf der ganzen Welt durchgesetzt hat.[22] Schon vor Law hatte es Papiergeld gegeben. Die Chinesen nutzen es seit der Song-Dynastie (960–1279).[23] Johan Palmstruch, ein in Riga geborener Kaufmann, führte es 1661 in Schweden ein. Weil schnell zu viele Noten ausgegeben wurden, hielt die neue Währung allerdings keine sechs Jahre. Erst mit dem britischen Lebemann setzte sich das Papiergeld in Europa durch.

John Law wurde 1671 als Sohn eines Goldschmieds in Edinburgh geboren.[24] In dieser Zeit nahmen die Goldschmiede auch einfache Bankfunktionen wahr: Sie verwahrten Gold gegen Hinterlegungsscheine, die wiederum wie Geld zirkulieren konnten, und sie gewährten Kredit. Law war also von Kindesbeinen an mit Geld vertraut. 1694 verwundete er in London einen Mann namens Edward Beau Wilson in einem Duell tödlich und musste aus England fliehen, da ihm die Todesstrafe drohte. Nach einem Aufenthalt in Amsterdam kehrte er 1697 nach Edinburgh zurück, da die in England verhängte Todesstrafe in Schottland nicht rechtskräftig war.

Gerade war die Gründung der Scottish East India Company zu einem Desaster geraten: Die Schotten, schon lange von den Engländern ausgebeutet und unterdrückt, hatten mit viel patriotischem Engagement Kapital gesammelt, um eine eigene Überseegesellschaft zu gründen. Sie sollte das englische Handelsmonopol in Gestalt der British East India Company brechen und Schottland mit billigen Waren aus Übersee versorgen. Drei Schiffe und eine schottische Kolonie in Panama sollten der Anfang sein. Es kam, wie es kommen musste: Die reichen und gut organisierten englischen Lobbyisten in London überzeugten König William III. und beide Kammern des Parlaments, den Besitz von Anteilsscheinen der Scottish East India Company zu verbieten und den Siedlern in Panama jegliche Unterstützung zu verweigern. Schottland verfügte aber nicht über genügend Finanzkraft, die Gesellschaft ohne Englands Unterstützung zu erhalten. Nach knapp einem Jahr war fast die Hälfte aller Siedler in Panama gestorben. Das Unternehmen musste abgebrochen werden, Schottland war ärmer als je zuvor.

Nach diesem Reinfall entwickelte John Law die Vision einer schottischen Landbank. Durch den Untergang der Scottish East India Company hatte viel Geld – nach manchen Schätzungen bis zu 50 Prozent der verfügbaren Münzen – Schottland verlassen. Warum, so argumentierte er 1704 in einem Aufsatz, sollte Schottland nicht eine »Land Bank« gründen, die Noten ausgeben würde, welche durch den staatlichen Landbesitz gedeckt wären?[25] Laws Vorschlag beschäftigte das schottische Parlament einige Zeit, wurde aber schließlich abgelehnt.

Ein Jahr später hatte er seine Idee präzisiert. Der Staat könne doch seine Währung durch ein zukünftiges Zahlungsversprechen garantieren, ohne dass Sicherheiten wie Gold oder Land vorhanden sein müssten. Letztlich könne er ja Steuern erheben und so seinen Verpflichtungen nachkommen. Geld erfüllte nach Law nur dann eine Funktion, wenn es genutzt, also ausgegeben würde. Solange es im Umlauf sei, müsste man keine Reserven haben. Auch mit diesem Vorschlag konnte sich das schottische Parlament nicht anfreunden.[26]

Als Law von London nicht begnadigt wurde, kehrte er nach Kontinentaleuropa zurück und widmete sich dem Glücksspiel, bei dem er immer die Position der Bank einnahm. Durch seinen scharfen

Verstand war er in der Lage, Wahrscheinlichkeiten blitzschnell zu berechnen und das Spiel als Geschäft mit kalkulierbarem Gewinn zu betreiben. In mehr als einem Jahrzehnt konnte er ein stattliches Vermögen anhäufen, seinen Ruf als Spieler und Charmeur begründen sowie zwei Kinder zeugen (mindestens).

Laws große Chance kam 1715, als der Herzog von Orléans Regent von Frankreich wurde, weil der legitime Thronfolger, Louis XV., erst sieben Jahre alt war. Law und Philippe II. kannten sich vom Glücksspiel. Nach den Extravaganzen des Sonnenkönigs betrugen die Schulden Frankreichs 3000 Millionen Livres. Jahr für Jahr musste der Staat 142 Millionen Livres an Zinsen bei Gesamteinnahmen von 145 Millionen zahlen. Die traditionellen Methoden des neuen Regenten – Konfiskation von Vermögen, Steuern und Verschlechterung des Geldes durch Streckung des Edelmetallgehalts – waren bald am Ende. Die Staatsanleihen im Nennwert von 100 Livres wurden auf dem Markt als Junk Bonds zu 21,50 Livres gehandelt. Nun war ein echtes Genie gefragt![27]

Law entwickelte einen überzeugenden und raffinierten mehrstufigen Plan, der jedem heutigen Hedge-Fonds- oder Private-Equity-Manager zur Ehre gereicht hätte (vorausgesetzt, das Ziel dieses Managers wäre es, ohne Rücksicht auf die Konsequenzen schnell reich zu werden, wovon man wiederum leider in vielen Fällen ausgehen kann). 1716 durfte Law die erste Staatsbank, die Banque Générale, gründen. Er gab Aktien der Staatsbank gegen Staatsanleihen aus – allerdings nahm er die Anleihen zum Marktpreis und nicht zum Nennwert zurück. Per Dekret des Regenten wurden ab jetzt nur noch die Noten der Banque Générale als Zahlungsmittel für Steuern akzeptiert. Zudem versprach Law, dass die Banknoten jederzeit durch Münzen zum »echten« Wert gedeckt wären und dass jeder, der mehr Noten ausgab, als er Münzen hatte, den Tod verdiene. So schaffte er es, dass die neuen Noten höheres Vertrauen genossen als die Münzen, deren Goldgehalt ja unter Umständen reduziert war. Bereits 1717 zahlten die Geldwechsler Münzen im Wert von 115 Livres für eine Hundert-Livre-Note der Banque Générale.

Der letzte und genialste Akt in diesem Drama half Frankreich, sich seiner Schulden durch einen Börsengang zu entledigen. Law gründete ein Staatsunternehmen, die Compagnie des Indes, die das Handelsmonopol aller früheren Staatsunternehmen für den Mississippi, für Louisiana, China, Indien und Südamerika zugesprochen bekam. Zudem erhielt sie für neun Jahre das exklusive Münzprivileg, das Tabakmonopol und fungierte als Steuerbehörde für Frankreich. Damit repräsentierte die Compagnie des Indes den größten Teil der wirtschaftlichen Aktivitäten des französischen Staates.[28]

Durch eine Kapitalerhöhung sollten 25 Millionen Livres unter das Volk gebracht und das Kapital der Gesellschaft von 100 auf 125 Millionen Livres erhöht werden. Law versprach eine Dividende von 50 Millionen Livres. Bezogen auf das Gesamtkapital waren das stattliche 40 Prozent. Zudem konnten die Anteile der Gesellschaft nur durch die Rückgabe alter Staatsanleihen beglichen werden. Da diese Staatsanleihen aber zu einem Bruchteil ihres Nennwerts umliefen, lag die tatsächlich zu erzielende Rendite beim Umtausch der Staatsanleihen bei 200 Prozent!

Das weitere Geschehen war vorprogrammiert: Die Kapitalerhöhung war sechsfach überzeichnet. Es dauerte Wochen, bis bestimmt werden konnte, wer eine Zuteilung erhalten hatte. Die Anteilsscheine der Compangie des Indes stiegen rapide im Wert. An der französischen Börse wurden Läden der unmittelbaren Umgebung in Brokerhäuser umgewandelt, Händler und Bürger gaben ihre Beschäftigungen auf, um sich ganz der Spekulation zu widmen.

Da das Papiergeld positiv aufgenommen wurde, druckte Philippe II. 1719 sofort eine weitere Milliarde Scheine, was eine Erhöhung des Geldumlaufs um das Sechzehnfache bedeutete. In der Folge gaben Law und der Regent immer neue Kapitalerhöhungen aus. Das Papiergeld wurde gleich mitgeliefert, um diese zu bezahlen. Der neue »Reichtum« griff auf das Bürgertum über, Löhne und Preise stiegen, Luxusgüter wurden zum neuen Standard. Die »New Economy« war angekommen und bewirkte, dass scheinbar ganz Frankreich wohlhabend wurde. Erfolgsgeschichten von einfachen Leuten, die viel Geld gemacht hatten, verbreiteten sich wie Lauffeuer: Ein Bettler hatte 70 Millionen Livres durch Spekulation verdient, ein Kellner 30 Millionen.

Jeder Wahnsinn hat sein Ende: Im Frühjahr 1720 platzte die Blase.

Es begann damit, dass Prinz de Conti keine Zuteilung für eine Neu-
emission der Compagnie des Indes erhielt. Der weit bekannte Mann
revanchierte sich auf seine Weise: Er sammelte alle Banknoten ein,
derer er habhaft werden konnte, und präsentierte sie in drei Kut-
schen der Banque Royale (so hieß die vormalige Banque Générale seit
1718) – zum Umtausch in Gold. Zwar zwang Philippe II. den Prinzen
unter Androhung einer hohen Strafe, zwei Drittel des Goldes wieder
der Bank zu übertragen, aber der Schaden war passiert. Von nun an
wuchs das Misstrauen. Einige wenige Reiche konnten ihr Vermögen
in werthaltige Gegenstände umwandeln und ins Ausland bringen.
Die große Masse rannte der Banque Royale die Türen ein, um die vorhandenen Banknoten in werthaltige Vermögensgegenstände umzu-
tauschen. Sie war aber erfolglos.[29] Weitere Zwangsmaßnahmen des
Regenten – wie zum Beispiel das Verbot, mehr als 500 Livres in Gold
zu besitzen – machten die Situation nur noch brenzliger. John Law,
vor kurzem noch der reichste und am meisten bewunderte Mann der
Welt, musste unter den Schutz des Regenten gestellt werden und
kurze Zeit später hoch verschuldet das Land verlassen.

Das Frankreich-Desaster wirkte lange nach: In den nächsten 200
Jahren gab es auf der ganzen Welt keinen ähnlichen Irrsinn (mit
Ausnahme der unmittelbar folgenden Börsenblase in London, bei
der Sir Isaac Newton 20 000 Pfund verlor), und noch heute sind
Franzosen Aktieninvestments gegenüber recht misstrauisch. Letztlich waren die internationalen Konsequenzen jedoch beschränkt.
Heute wäre das anders. Das Weltwährungssystem ist im Vergleich
zu 1720 derart eng verflochten, dass eine Implosion im Zentrum
unmittelbare und katastrophale Folgen für die gesamte Weltwirtschaft haben würde.

Der Geldschöpfungsmultiplikator

Die in der Wirtschaft umlaufende Geldmenge wird nicht durch die
Geldbasis der Notenbank bemessen, sondern durch die Größen M1,
M2 und M3. M1 misst dabei in etwa die Summe der im Umlauf befindlichen Banknoten, Schecks und Sichteinlagen (Kontoguthaben
bei Banken), bei M2 werden noch Spareinlagen und gewisse Termin-

gelder hinzugezählt, bei M3 weitere Termingelder und Einlagen in Geldmarktfonds. M1 ist damit eine »enge« und sehr bargeldnahe Definition der Geldmenge, M3 eine »weite« Definition.

Geldbasis und Geldmengen in den USA Ende 2004, in Millionen Dollar

Geldbasis	M1	M2	M3
800	1350	6 340	9 400

Quelle: www.federalreserve.gov

Es ist wesentlich mehr Geld im Umlauf, als von der Fed ursprünglich geschaffen wurde. Das Maß M3 umfasst schon fast 80 Prozent des amerikanischen Sozialprodukts. Die Erklärung hierfür: Wie die Notenbank können auch die Geschäftsbanken Geld »schaffen«. Wenn ein Kunde Geld auf die Bank bringt, leiht dieses Institut das Geld wieder aus. Nun besitzen zwei Personen Geld: Der Kunde verfügt über ein Kontoguthaben bei der Bank, der Kreditnehmer über das Geld. Die Bank lebt nämlich davon, dass nicht alle Kunden auf einmal ihr Geld abheben wollen.

Die Geschäftsbanken werden durch die Notenbank gezwungen, einen gewissen Teil der Einlagen nicht auszuleihen. Durch diese Mindestreservepolitik soll die Solidität des Bankensystems gesichert werden. Immerhin: Bei einem Mindestreservesatz von 10 Prozent kann durch das Bankensystem die Summe des umlaufenden Geldes verzehnfacht werden.[30]

Ansatzweise lässt sich die Aufblähung der Kreditvolumina erkennen, wenn man die umlaufende Geldmenge M3 durch das reale Bruttosozialprodukt teilt. Als »weiteste« Definition der Geldmenge ist M3 nämlich auch ein Indikator für die Kreditvolumina. Während M1 seit 1980 in Relation zum preisbereinigten Bruttosozialprodukt fast konstant geblieben ist, ist dieser Wert für M2 um 100 Prozent und für M3 um 145 Prozent gestiegen. Gerade M3 ist besonders anfällig für Krisen und dadurch letztlich von den schwankenden Emotionen der Marktteilnehmer abhängig. Aus diesem Grund ist M3 von den Zentralbanken am wenigsten steuerbar.

Die umlaufende Geldmenge M3 hat sich in Relation zum preisbereinigten Bruttosozialprodukt seit 1980 mehr als verdoppelt

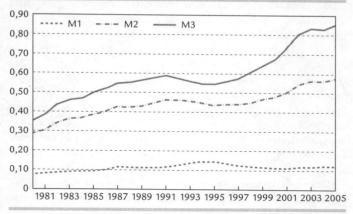

Quelle: www.federalreserve.gov, eigene Berechnungen

Die amerikanische Notenbank tat nichts, um den Anstieg von M3 zu begrenzen. Im Gegenteil: Bereits 1990 hatte die Fed die Mindestreserveerfordernisse bis zur Unkenntlichkeit aufgeweicht. Zunächst wurden diese für alle Konten – bis auf die Girokonten – auf null gesenkt. Weiterhin dürfen die Geschäftsbanken zum Tagesende die verschiedenen Guthaben der Girokonten größtenteils auf andere Konten buchen. Am nächsten Tag werden diese Guthaben dann wieder »hervorgeholt«.

Wenn man nachts die Bilanzen der Banken prüfen würde, wäre der Wert der Girokonten um Hunderte von Milliarden Dollar zu gering angegeben. Das für die Geldinstitute angenehme Resultat dieser Änderung der Richtlinien: Sie können bequem ihre Mindestreserveerfordernisse erfüllen, ohne in irgendeiner Weise eingeschränkt zu sein. Das heißt aber auch, dass die Liquiditätsreserven des US-Bankensystems bedenklich niedrig sind.

Im November 2005 kündigte die amerikanische Fed an, ab März 2006 keine Zahlen für M3 mehr veröffentlichen zu wollen. Begründet wurde dieser radikale Schritt mit der lapidaren Aussage, dass die

Kosten der Datensammlung den Nutzen übersteigen würden. Man
darf an der Begründung zweifeln. Wenn eine Institution mit Hunderten von Ökonomen den Bericht über eine der wichtigsten wirtschaftlichen Größen einstellt, kann man auch vermuten, dass die
prekäre Situation des US-Finanzsystems verschleiert werden soll.

Federal Reserve Statistical Release: November 10, 2005
Discontinuance of M3
*On March 23, 2006, the Board of Governors of the Federal Reserve System will
cease publication of the M3 monetary aggregate. The Board will also cease publi-
shing the following components: large-denomination time deposits, repurchase
agreements (RPs), and Eurodollars. The Board will continue to publish institutio-
nal money market mutual funds as a memorandum item in this release.*

*Measures of large-denomination time deposits will continue to be published by
the Board in the Flow of Funds Accounts (Z.1 release) on a quarterly basis and in
the H.8 release on a weekly basis (for commercial banks).*

Statistische Erklärung des Federal Reserve vom 10. November 2005
Der Zentralbankrat des Federal Reserve System wird am 23. März 2006
die Veröffentlichung des Geldaggregats M3 einstellen. Der Rat wird ebenfalls folgende Größen nicht mehr publizieren: Termineinlagen in großer
Stückelung, Repurchase Agreements (RPs) und Eurodollars. Der Rat wird
institutionelle Geldmarktfonds weiter als Fußnote veröffentlichen.

Termineinlagen in großer Stückelung werden vom Rat in der Geldfluss-
rechnung (Z.1 Veröffentlichung) weiter quartalsweise und in der H.8 Veröffentlichung (Geschäftsbanken) wöchentlich bekannt gemacht.

Die zweifelhafte Magie des Alan Greenspan

Man kann behaupten, dass die Leitung des Federal Reserve die
wichtigste politische Aufgabe auf der Welt ist, die von einem unge-
wählten Amtsinhaber ausgeübt wird. Die Fed »kontrolliert« die
Geldversorgung Amerikas und damit auch die Geldpolitik der
Welt. Wenn eine Person Chairman des Federal Reserve Systems

wird, werden ihr nahezu göttliche Züge zugesprochen. Ähnliche Bedeutung haben in unserer Gesellschaft nur noch der Papst, Rock- und Filmstars oder bestimmte Sportler. Der Hohepriester des westlichen Kapitalismus wird durch diese Erwartungshaltungen eins mit seinem Amt, der eigentliche Charakter des Menschen verschwimmt immer mehr. Dabei sind Paul Volcker, Alan Greenspan und Ben Bernanke – die US-Notenbankchefs der jüngsten Vergangenheit – drei Persönlichkeiten, wie sie unterschiedlicher nicht sein könnten.

Paul Adolf Volcker, Vorsitzender der Fed von 1979 bis 1987, wurde 1927 in Cape May, New York, geboren. Die Sorge um das öffentliche Wohl wurde ihm in die Wiege gelegt: Sein Vater war Stadtdirektor von Teaneck und rettete die Stadt im Staat New York vor der Insolvenz. Nachdem Volcker das College in Princeton 1949 summa cum laude abgeschlossen hatte, machte er auf der Harvard Graduate School 1951 noch einen Master-Abschluss in Politischer Ökonomie und Öffentlicher Verwaltung. Seine Kommilitonen gingen größtenteils an die Wall Street, um das große Geld zu verdienen; Volcker nahm einen schlecht bezahlten Job bei der Federal Reserve Bank of New York an und lebte in einem kleinen Zimmer.

Durch seinen Kampf gegen die Inflation wurde Volcker – er war da schon Chairman der Fed – zu einer Legende der internationalen Finanzwelt. Er begrenzte das Geldmengenwachstum strikt und nahm sehr hohe Zinsen in Kauf, um die Inflationserwartungen zu brechen. 1981/82 mussten durch diese Hochzinspolitik viele Unternehmen Insolvenz anmelden, aber danach war die Inflation besiegt. Was Volcker von 1979 bis 1982 machte, erforderte großen Mut und eigenständiges Denken. Das sind Eigenschaften, die bei vielen Politikern und hohen Beamten leider nicht mehr sehr ausgeprägt sind.

Ich sah Paul Volcker zum ersten Mal in einem Film über die amerikanische Wirtschaft als Schüler der zwölften Klasse. Schon damals, 1982, war ich fasziniert. Der über zwei Meter große Mann gab mit seiner Zigarre das Bild eines typischen Bankers ab. Natürlich wusste ich zu dieser Zeit noch nicht, dass ich wenige Jahre später in seinem Hauptseminar an der Princeton University sitzen und mit ihm über Fragen der Weltwirtschaft diskutieren würde.

Noch im Sommer 2004 traf ich ihn am United Nations Square, als er gerade aus dem Gebäude der Vereinten Nationen kam und zur Bushaltestelle ging. Der 2,04-Meter-Mann fuhr mit öffentlichen Verkehrsmitteln, obwohl er sich einen Chauffeur locker leisten konnte.

Volcker hat sich nach seiner Zeit als Notenbank-Chef immer darum bemüht, seinen eigenen Mythos zu relativieren, wenn nicht sogar zu zerstören. Trotz seiner eindrucksvollen Erscheinung ist er der Typ des unprätentiösen Staatsdieners mit »preußischer« Gesinnung, der immer fragte, was er für sein Land tun könne, und nicht, was sein Land für ihn tun könne. Nach seinem Ausscheiden als Chairman des Federal Reserve war er als Investmentbanker bei James Wolfensohn, dem Unternehmen des späteren Weltbankpräsidenten, tätig. Daneben half er, jüdisches Vermögen, das im Holocaust verschollen war, von Schweizer Banken zurückzufordern, und untersuchte im Auftrag von Kofi Annan die Korruption beim Food-for-Oil-Programm im Irak (auch einige deutsche Unternehmen waren unter den entdeckten Übeltätern). Bis heute setzt er sich für eine Reform der Rechnungslegung und Kontrolle von Konzernen ein.

Ganz anders Alan Greenspan. Beim Studium seines Werdegangs drängt sich vor allem eine Erkenntnis auf: Der Mann hat hauptsächlich an sich selbst gedacht. Durch die vielen faszinierenden Facetten seines Lebens wird eine ausgesprochene Wandlungsfähigkeit sichtbar.[31] Greenspan ist ein Jahr älter als Paul Volcker und wurde 1926 als Sohn des Aktienbrokers Herbert Greenspan und seiner Frau Rose in New York City geboren. Durch die Große Depression wurde Vater Greenspan ruiniert, in der Folge trennten sich die Eltern. 1935 schrieb Herbert Greenspan ein Wirtschaftsbuch mit dem Titel *Recovery Ahead*. Seinem Sohn gab er eine Kopie mit der Widmung:

Soll diese erste Bemühung mit einem ständigen Gedanken an Dich in einer endlosen Kette ähnlicher Anstrengungen münden, sodass Du, wenn Du erwachsen bist, zurückschauen kannst und die Argumente hinter diesen logischen Prognosen interpretieren und ein eigenes Leben beginnen kannst.[32]

Alle guten Worte des Vaters halfen nichts: 1937 stürzte der Markt wieder ab. Aber sie nehmen das so genannte Greenspeak des Sohnes vorweg: pompöse, nichts sagende Schachtelsätze, die in jede beliebige Richtung interpretiert werden können.

Der hoch begabte Alan Greenspan ging zunächst auf die Juilliard School für Musik und tourte dann als Saxophonist und Klarinettist mit Henry Jerome und seinem Orchester. 1944 ging Greenspan auf die New York University, um Wirtschaftswissenschaften zu studieren. 1948 erwarb er einen Bachelor, 1950 einen Master-Abschluss. Sein Doktorandenstudium an der Columbia University brach er allerdings ab. 1952 heiratete er Joan Mitchell, von der er sich 1953 wieder trennte, 1997 die Nachrichtensprecherin Andrea Mitchell (nicht verwandt mit Joan).

In den fünfziger Jahren traf Greenspan auf Ayn Rand. Rand, eine jüdisch-russische Einwanderin, war so etwas wie eine weibliche Ausgabe von Jean-Paul Sartre.[33] In ihren aus heutiger Sicht langatmigen Büchern wie *Wer ist John Galt?* und *Der Ursprung* verkündete sie als Philosophie einen rationalen und radikalen Individualismus. Das Eigeninteresse sollte nach ihrer Vorstellung in einer völlig von traditionellen Bindungen befreiten Welt oberste Leitlinie des Handelns sein.

In dieser Zeit – in Amerika wie in Deutschland eine Phase der Restauration – wirkten Ayn Rands Botschaften wie ein Magnet auf viele junge Menschen. In ihrem New Yorker Apartment versammelte sie ihre Gefolgschaft – das Kollektiv. Manchmal nahm ihr »Objektivismus« allerdings sektenähnliche Züge an: Wer nicht mit ihr übereinstimmte, wurde aus dem Kreis der Anhänger ausgeschlossen. Alan Greenspan wurde einer der Lieblinge von Ayn Rand. Er schrieb häufig für den *Objectivist,* eine von ihr herausgegebene Publikation. In dieser Zeitschrift wurde eine radikalliberale (»libertäre«) Position propagiert, die beinhaltete, dass der Einfluss des Staates so weit wie möglich zurückgedrängt werden sollte. Eine Passage aus einem Artikel von Greenspan ist besonders bemerkenswert. Sie zeigt, dass er die Natur des Geldes und die moderner Sozialstaaten mit erstaunlicher Klarheit durchschaut hatte, wenn er auch später gerne davon ablenkte:

Ohne Goldstandard haben Privatpersonen keine Möglichkeit, Ersparnisse vor der Konfiszierung durch Inflation zu schützen. Es gibt dann kein sicheres Wertaufbewahrungsmittel. Wenn es eines gäbe, müsste die Regierung den Privatbesitz – wie bei Gold – verbieten. Wenn zum Beispiel jedermann seine Bankeinlagen in Silber ... umtauschen und dann Bankschecks nicht mehr akzeptieren würde, wären Bankeinlagen wertlos. Die Politik des Sozialstaats macht es erforderlich, dass es keinen Weg für die Besitzer von Vermögen gibt, ihr Vermögen zu schützen.[34]

In den sechziger Jahren machte Greenspan sich mit einem Finanzunternehmen selbstständig. 1968 zog es ihn in die Politik: Er übernahm eine Position in Nixons Wahlkampfteam. 1974 berief Präsident Gerald Ford Greenspan zum Vorsitzenden des Sachverständigenrats für die Wirtschaftsentwicklung. Seine Mutter Rose und Ayn Rand waren bei der Ernennung anwesend. Rand kommentierte: »Alan ist mein Schüler. Er ist mein Mann in Washington.«[35]

Nach seiner Zeit als Wirtschaftsberater für Ford ging er in sein Unternehmen zurück, um 1987 von Reagan zum Vorsitzenden des Federal Reserve Systems berufen zu werden. Nur wenige Monate nachdem er als Chairman der Fed eingeschworen worden war, kollabierte der Aktienmarkt. Am 19. Oktober 1987 fiel der Dow Jones um 508 Punkte oder 22 Prozent. Nervosität machte sich auf den Finanzmärkten der Welt breit. War der Reagan-Aufschwung vorbei? Das durfte nicht sein. Ein Präsident will einen guten Abgang haben.

Greenspan handelte schnell. In einer Pressemitteilung verkündete er: »Die Federal Reserve Bank, in Übereinstimmung mit ihrer Verantwortung als Zentralbank der Nation, bestätigte heute ihre Bereitschaft, als eine Quelle der Liquidität für das Finanzsystem zu dienen und das Wirtschafts- und Finanzsystem zu unterstützen.«[36]

Und so war es bei allen Krisen in der Ära Greenspan: Rasant wurde der Geldhahn aufgedreht und die Krise in Liquidität ertränkt. Greenspan, der frühere Befürworter einer Goldwährung, war im Sozialstaat angekommen. Und für den Sozialstaat ist es, wie Greenspan selber zwei Jahrzehnte zuvor geschrieben hatte, wichtig, dass sich die Inhaber von Vermögen nicht schützen können. Was damals als Kritik gemeint war, hatte der Chairman nun als Politikrichtlinie verinnerlicht.

Nur ganz wenige Male verließ Greenspan seine Rolle als der »führende PR-Mann für den amerikanischen Konsumkapitalismus, den Dollar und die Kapitalmärkte«[37] und besann sich darauf, dass die Sicherung der Währung und der langfristigen finanziellen Stabilität seine eigentlichen Aufgaben sind. Seine bekannteste Warnung ist sicherlich die vor einem »irrationalen Überschwang«, die er im Dezember 1996 bei einem Dinner des American Enterprise Institute (AEI) in Washington aussprach: »Wie können wir wissen, wann irrationaler Überschwang die Preise von Anlageobjekten unangemessen nach oben getrieben hat, sodass sie dann unerwarteten und lang anhaltenden Rückgängen unterliegen wie in Japan im letzten Jahrzehnt?« Zu diesem Zeitpunkt stand der Dow Jones Industrial Average bei 6,437 Punkten, die Aktien waren bereits teuer.

Die Politik wollte Greenspans Warnung nicht hören. Bei einem der Hearings im Kongress ließ Senator Jim Bunning aus Kentucky einen Warnschuss los: »Wenn wir zweistellige Zinssätze bekommen, stoppen wir diesen Wirtschaftsaufschwung. Ich will das nicht während Ihrer Wache erleben, und ich will es ganz bestimmt nicht während meiner Wache erleben.« Greenspan zeigte sich flexibel: »Ich habe dieselbe Ansicht.« Diese Anpassungsfähigkeit behielt er bei. 1998, als die Technologieblase in vollem Gang war, sagte Greenspan zu Clinton: »Dies ist die beste Wirtschaft, die ich gesehen habe, wobei ich sie seit fünfzig Jahren jeden Tag studiere.«[38] Schließlich stand ja wieder eine Präsidentenwahl an, und Greenspan hatte nach gut zehn Jahren noch nicht die Absicht abzutreten.

Während der gesamten Zeit des Technologiebooms behielt Greenspan die Politik des »leichten« Geldes bei und sorgte so dafür, dass sehr viel Geld in den Aktienmarkt floss. *Das* war der eigentliche Ursprung der New Economy. Wo Kredit und Geld einfach zu haben sind, werden auch miserable oder unsinnige Geschäftsideen finanziert. Da die Anleger nicht wissen, wohin mit dem Geld, kaufen sie Vermögensgegenstände und treiben die Preise immer weiter in die Höhe. Eigentlich hätte Greenspan das wissen müssen.

In diesen Jahren wurden Unternehmen zum Teil sogar nach ihrer »Burn Rate« bewertet – einem Maßstab, wie viel Geld sie wie schnell verbrennen können. Die Idee dahinter war, dass Firmen mit höherer Burn Rate sich schneller Marktanteile sichern und nach-her mehr Geld verdienen können. Fünfunddreißigjährige Venture-Kapitalisten nötigten fünfundzwanzigjährige »Unternehmer«, mehr Geld auszugeben, damit die eigenen Beteiligungen am Kapitalmarkt zu höheren Preisen gehandelt wurden.

Im März der Jahres 2000 war es dann so weit. Die New Economy neigte sich dem Ende zu. Bis zum Oktober 2002 fiel die amerikanische Technologiebörse NASDAQ auf 1,108.49 Punkte, das war ein Verlust von 78,4 Prozent gegenüber ihrem Höchststand von 5,132.52 Punkten im März 2000. Der Neue Markt, einst Hoffnungsträger für den Aufschwung der deutschen Wirtschaft, fiel von 9631 Punkten (10. März 2000) um 96 Prozent auf 318 Punkte (9. Oktober 2002). Später wurde er von der Deutschen Börse einfach eingestellt. Selbst der DAX verlor fast 80 Prozent seines Wertes. Ein solches Verhalten würde man eher von der Börse eines Entwicklungslandes erwarten als vom Handelsplatz der drittgrößten Technologienation der Erde. Insgesamt wurden an den Weltbörsen durch den Kollaps der Technologieblase bis zu zwölf Billionen Dollar vernichtet.

Die Handelsplätze in den USA, an denen die älteren und größeren Unternehmen gelistet waren, hielten sich zunächst noch recht gut. Nach den Anschlägen vom 11. September 2001 fiel aber auch der S&P 500 auf die Hälfte seiner alten Höchststände und der Dow Jones rutschte bis auf 7500 Punkte ab. Die wacklige Konjunktur und die Unsicherheiten, die mit dem folgenden Irak-Krieg verbunden waren, verschärften die Situation.

Während das Platzen der New Economy sich vor allem auf Technologieaktien bezogen hatte, war nun die gesamte Wirtschaft gefährdet. In dieser Situation musste der Chairman der US-Notenbank handeln. Greenspan tat das, was er schon immer getan hatte: Er versorgte die Wirtschaft mit viel Liquidität. Von diesem Zeitpunkt an ging die Explosion der Geldmenge in ihre vorerst letzte und größte Phase. Zwischen Juli 2000 und Dezember 2003 senkte die Federal Reserve Bank die Zinssätze (Federal Funds Rate), zu denen sich die Geschäftsbanken bei ihr refinanzieren können, von 6,54 Prozent auf 0,98 Prozent: Das sind 5.56 Prozent oder 556 Basispunkte!

Die so geschaffene Liquidität floss aber nun nicht mehr in Neu-emissionen von Technologieaktien, sondern in Immobilien und Konsum. Fazit: Von 1995 bis 2000 hatten die Privatanleger ihr Geld in Aktien von riskanten Unternehmen gesteckt, die es dann ver-brannten. Ab 2002 verschuldeten sich die amerikanischen Konsu-menten lieber selber und verbrauchten ihr Geld im Vertrauen auf die Fiktion dauerhaft gestiegener Häuserpreise.

Man kann sich nur schwer vorstellen, dass Greenspan das Spiel nicht durchschaute. Seine Vergangenheit als rationaler Objektivist, seine erstaunliche Wandlungsfähigkeit und seine glänzenden po-litischen Verbindungen verweisen auf einen Mann, der genau wusste, was er machte. Vielleicht hatte er aber auch in den vielen Jahren an der Spitze der Fed Allmachtsphantasien entwickelt und glaubte an die Bedeutung, die die Medien der amerikanischen No-tenbank zuschrieben. Letztlich ist dies aber unerheblich.

Greenspan liebte vorsichtige, inhaltslose und zum Teil verwir-rende Sätze. Zu Clintons Wirtschaftsberater Gene Sperling soll er einmal gesagt haben: »Ich sage die Dinge ein bisschen auf diese Weise und ein bisschen auf jene Weise, und ich verwirre sie total.«[39] Es schien fast, dass hier jemand Jazzimprovisationen mit Worten konstruierte und anschließend schaute, wie weit er Phrasen benut-zen konnte, ohne sie zu überdehnen. Im Prinzip stellt sich die Ära Greenspan als diejenige eines hochintelligenten Wortakrobaten dar, der vor allem bemüht war, sein eigenes Überleben zu sichern, und der dafür eine exorbitante Aufblähung der Geldmenge in Kauf nahm.

Seit dem 1. Februar 2006 ist Ben Bernanke Notenbankchef. Den Familienmenschen, der 1953 in Augusta, Georgia, geboren wurde, sieht man selten auf Partys. Lieber spielt er gelegentlich Basketball mit einem Sparringspartner. Ins High-School-Jahrbuch schrieb man ihm und seiner Freundin Anna, die er später heiratete, die Worte »Most likely to succeed« hinein (»Werden mit der größten Wahrscheinlichkeit Erfolg haben«). Der brillante Professor, ausge-zeichnete Lehrer und faire Teamplayer hat sich schon früh mit Fra-gen von praktischer und politischer Relevanz befasst. Besonders beschäftigte ihn die Große Depression und damit verbunden die Überlegung, wie man einen solchen GAU verhindern kann.[40] Anders als Greenspan war Bernanke nie Vollblutpolitiker. Er hat sich aber dennoch sehr schnell in Washington eingelebt. Seine guten Verbindungen zur republikanischen Partei waren für viele in Princeton – an dieser eher linksliberalen Universität lehrte er – eine Überraschung. Nun bleibt abzuwarten, ob er im Ernstfall dieselbe Prinzipientreue und charakterliche Standfestigkeit wie Paul Volcker oder eher den Opportunismus eines Alan Greenspan zeigen wird.

Aufschluss über seine – zu denken gebende – Ansichten könnte eine Rede sein, die Bernanke vor dem Club der Ökonomen, dem National Economists Club, in Washington im November 2002 gehalten hat. In dieser setzte er sich mit dem Problem der Deflation auseinander und stellte die Fed als ein Bollwerk gegen Inflation und Deflation dar: »Sie wird unternehmen, was immer nötig ist, um in Kooperation mit anderen Regierungseinrichtungen genügend Mittel zu haben, um sicherzustellen, dass eine Deflation kurz und mild sein wird.« Zudem könne die Regierung im Falle einer Deflation beliebig viel Geld drucken und in den Umlauf bringen. Das würde den Wert des Dollars automatisch verringern und damit eine Deflation verhindern. »Wir ziehen daraus die Schlussfolgerung, dass eine entschlossene Regierung mit einer Papierwährung höhere Ausgaben und damit Inflation produzieren kann, wann immer sie es will.«[41]

Genau das kann sie nicht! Bernanke ist Amerikaner und hat den amerikanischen Optimismus hinsichtlich der Lösbarkeit aller Probleme im Blut. Ich gehe davon aus, dass sein Machbarkeitsglaube im Ernstfall enttäuscht wird. Er kann sich einfach nicht vorstellen, dass die Menschen die Annahme neuen Geldes verweigern könnten. Aber die Menschen werden dies tun, wenn sie ihr Vertrauen verlieren. Im Falle Japans hat eine scheinbare Musternation trotz einer expansiven Geldpolitik, kombiniert mit massiven staatlichen Investitionsprogrammen und Staatsdefiziten, ihre Wirtschaftskrise nicht in den Griff bekommen.

Sobald der amerikanische Schuldenberg kollabiert, wird auch das Vertrauen in den Dollar kollabieren. Viele Leute werden in Gold oder andere Wertgegenstände flüchten, die dann zunehmend die Funktion des Geldes übernehmen. Natürlich kann die Regierung das untersagen, wie schon die Regierung Roosevelt den privaten Besitz von Gold verboten hat. Es ist aber zweifelhaft, ob das heute genauso wie 1933 funktionieren würde. Damals waren die USA eine Gläubigernation, heute sind sie der größte Schuldner der Welt.

Wie sollen bei einem Vertrauensverlust dann aber die Dollars unter das Volk gebracht werden? Natürlich kann die Federal Reserve Bank Staatsanleihen in ihre Bücher nehmen. Die Regierung kann mit dem Geld Straßen bauen, das Militär aufrüsten oder andere Projekte betreiben. Wenn Unternehmen und Privatpersonen der Währung jedoch nicht trauen, werden sie nur sehr zögerlich oder zu überhöhten Preisen Aufträge annehmen. Das Geld wird auch in diesem Fall schnell wieder aus dem Wirtschaftskreislauf verschwinden. Die amerikanische Regierung müsste in der Folge immer mehr Staatsaufträge vergeben. Dadurch würden sich die Vereinigten Staaten aber in Richtung sozialistische Planwirtschaft bewegen und sich auf dem »Weg zur Knechtschaft« befinden, wie Nobelpreisträger Friedrich August von Hayek schon 1944 schrieb.[42] Die Konsequenz wäre dann innere Emigration und wirtschaftliche Stagnation – und zwar in einem Ausmaß, das man sich in Amerika gar nicht vorstellen kann, weil es so etwas in diesem freiheitlichen Land noch nie gegeben hat. Es sei in diesem Zusammenhang daran erinnert: Auch die DDR-Mark war ein »stabiles« Zahlungsmittel. Da es den Menschen in der Deutschen Demokratischen Republik nicht erlaubt war, andere Geldformen zu nutzen, machten sie etwas, das völlig normal ist, wenn sich die Arbeit nicht lohnt. Sie verweigerten im größeren oder kleineren Maßstab die Teilnahme am Wirtschaftsleben.

The Hon. Ben Bernanke, Ph. D.
Chairman, Board of Governors
The Federal Reserve System
Washington, D. C. 20551

Köln, den 2. Februar 2006

Lieber Ben Bernanke,[43]

am Dienstag dieser Woche traten Sie die Nachfolge von Alan Greenspan an. Damit haben Sie einen der prestigereichsten Jobs auf der ganzen Welt bekommen. Auf den Bildern, die ich von Ihnen in den Medien entdeckte, sahen Sie wie einer aus, der am Ziel seiner Wünsche angekommen ist. Ich gönne Ihnen diesen Erfolg aufrichtig und gratuliere Ihnen von ganzem Herzen.

Als Sie uns in den Jahren 1989–1991 in Makroökonomik und Geldpolitik unterrichteten, waren Sie ein bescheidener, sehr kompetenter und durchaus fordernder Lehrmeister. Als Direktor unseres Doktorandenprogramms an der Princeton University waren Sie immer für die knapp zwei Dutzend Teilnehmer zu sprechen. Die Grillnachmittage bei Ihnen zu Hause fanden in einer lockeren Atmosphäre statt, in der alle Gäste gerne ihre Gedanken austauschten.

Ihr zehn Quadratmeter großes Büro an der Universität konnten Sie jetzt gegen ein viel größeres Büro eintauschen. Für den neuen Job sind Sie hervorragend qualifiziert. Schon als Professor haben Sie sich eingehend damit befasst, wie das Bankwesen am besten zu regulieren ist und wie Krisen, etwa die große Weltwirtschaftskrise, vermieden werden können. Ich erinnere mich noch daran, wie Sie trotz Ihrer mittleren Körpergröße auch als Teamplayer auf dem Basketballfeld brillierten.

Die Eigenschaft zum Teamplay – die nicht allen Professoren zu Eigen ist – können Sie in Washington sicher gut gebrauchen. Dennoch beneide ich Sie nicht um Ihre Aufgabe. Paul Krugman schrieb, dass Sie derzeit der einzige Erwachsene im Kontrollraum der amerikanischen Wirtschaft seien. Ihr Vorgänger, Alan Greenspan, hat es Amerika in seinen achtzehn Jahren im Amt ermöglicht, eine gigantische Schuldenlast aufzuhäufen, indem er 1987, in den neunziger Jahren und besonders nach dem September 2001 den Geldhahn weit aufdrehte.

Die Folge dieser Politik: Die Weltwirtschaft hängt immer noch davon ab, dass die Amerikaner weiter konsumieren. Bald sind aber die Möglichkeiten zur weiteren Verschuldung in Ihrem Land erschöpft. In den letzten Monaten begann Ihr Vorgänger mit einer Politik der Zinserhöhungsschritte – gerade rechtzeitig, bevor er sich abseilte. Insgesamt hat Alan Greenspan, der sich sicherlich nicht ungern im Ruf eines »Magiers der Märkte« sonnte, Ihnen und der Welt durch seine opportunistische Politik eine schwere Hypothek aufgebürdet.

Ganz anders Ihr Vorvorgänger Paul Volcker. Volcker war der Prototyp des unbestechlichen Staatsdieners, der das tut, was für sein Land am besten ist. Am Ende seiner zweiten Amtsperiode hat Reagan die Ernennung dieses prinzipientreuen Mannes nicht erneuert, vielleicht, weil er doch insgesamt zu unbeugsam und zu unbequem war.

Was wollen Sie machen, wenn das Wirtschaftswachstum in den USA wirklich einmal radikal zurückgeht? Wenn Sie mehr Geld drucken, Staat und Haushalte aber überschuldet sind, wird die Nachfrage dennoch nicht anspringen. Sie produzieren dann nur Inflation und haben dennoch eine Rezession im eigenen Lande. Und das wirkt sich sofort negativ auf die Weltwirtschaft aus.

Lieber Ben, Ihre beiden Vorgänger konnten charakterlich nicht unterschiedlicher sein: hier der unbestechliche und prinzipientreue Paul Volcker, dort der opportunistische Wortakrobat Alan Greenspan. Greenspan konnte mit seiner Politik des leichten Geldes nur so glänzen, weil der mutige und charakterfeste Volcker zuvor die Inflation besiegt hatte. Sie müssen nun wiederum die Hypothek Ihres Vorgängers abbezahlen.

Ich wünsche Ihnen dabei viel Kraft und Geradlinigkeit, denn Sie stehen vor einer der schwersten Aufgaben der Welt!

Mit Respekt,
Ihr
Prof. Dr. Max Otte

Japan ist zum Midas der heutigen Zeit geworden, mit einer Vermögen schaffenden Maschinerie, die ihm die Macht des Kapitals verleiht ... Japans Inthronisierung als Bankier der Welt stellt eine Zeitenwende dar ... Japan kontrolliert nun die Kapitalquellen, und andere müssen zu ihm kommen, wie sie in der Vergangenheit zu den Vereinigten Staaten gekommen waren.

Clyde Prestowitz,
amerikanischer Politikberater und Publizist[1]

Japan und das Gespenst der Deflation

Was passiert, wenn die Politik mit aller Macht versucht, einen Aufschwung aufrechtzuerhalten, dessen Zeit zu Ende gegangen ist, zeigt uns Japan. Am Beispiel des Landes der aufgehenden Sonne können wir vieles studieren, das uns früher oder später in ähnlicher Form in den anderen Industrienationen treffen wird. Seit 1990 befindet sich Japan in einer »schleichenden Depression«, die aus dem Zusammensinken einer Kreditblase entstanden ist. Etwas Ähnliches wird uns in den USA und Europa auch bevorstehen.

Eigentlich könnte Japans Krise ein Lehrstück dafür sein, wie sich die Wirtschaft letztlich doch ihr Recht verschafft, wenn allzu fortschrittsgläubige Politiker und Ökonomen der Auffassung sind, dass man den Konjunkturzyklus abschaffen und einen immer währenden Aufschwung produzieren könne. Aber der Niedergang Japans wird – im Gegensatz zu dem vorangegangenen Aufstieg – kaum diskutiert. Wahrscheinlich haben die meisten, die es könnten, Angst davor, dass das, was sie herausfinden würden, ihren Forschritts- und Machbarkeitsglauben erheblich erschüttern könnte.

Japan erlebte von 1953 bis 1989 einen wirtschaftlichen Aufschwung sondergleichen. Erst 1964 wurde das Land als Mitglied in den Club der Industrienationen, die OECD (Organisation for Economic Co-operation and Development; dt.: Organisation für Wirtschaft, Zusammenhalt und Entwicklung) aufgenommen. Ende der achtziger Jahre schien es dann nur noch eine Frage der Zeit, wann es zur bedeutendsten Wirtschaftsnation der Welt aufsteigen würde. Nach einem Boom, der bereits länger als eine Generation andauerte, hatte sich das Bild von der unaufhaltsamen Wirtschaftsmacht fest in das Kollektivbewusstsein der westlichen Industrienationen, aber auch der Japaner selber, eingebrannt.

Japanische Produkte – Autos, Unterhaltungselektronik und Speicherchips – schienen den Weltmarkt zu überschwemmen. Das amerikanische Handelsdefizit mit Japan wuchs von Jahr zu Jahr. Der japanische Aktienmarkt stieg von einem Hoch zum anderen; das Land erlebte einen Boom bei den Immobilienpreisen, der verblüffende Parallelen zum Boom in den USA nach 2001 aufweist. Ende der achtziger Jahre sprach man davon, dass das Gelände, auf dem der Kaiserliche Palast in Tokio steht, mehr wert sei als ganz Südkalifornien. Acht der zehn größten Banken der Welt hatten ihren Sitz in Japan. Japaner kauften das Rockefeller Center, die Columbia Studios in Hollywood und ersteigerten auf den Kunstauktionen von Christie's und Sotheby's mit Rekordsummen Gemälde von Renoir, van Gogh, Chagall und Monet. Japanische Produktionsmethoden – insbesondere TQM (Total Quality Management) und Kaizen (jap.: Veränderung zum Besseren; von Taiichi Ohno erfundenes Managementkonzept) – waren ein Muss für westliche Managementberater.

Im Amerika der späten achtziger Jahre wurde der Aufstieg Japans manchmal sogar fast hysterisch diskutiert. Bücher wie Michael Crichtons *Die Wiege der Sonne* (Org.: *The Rising Sun*), das später mit Sean Connery und Wesley Snipes verfilmt wurde, sowie *Trading Places* von Clyde Prestowitz waren symptomatisch für diese Atmosphäre. Japan wurden unfaire Handelspraktiken vorgeworfen. Das mächtige japanische Industrieministerium MITI (Ministry of International Trade and Industry) würde den eigenen Unternehmen dabei helfen, systematisch eine Branche nach der anderen zu erobern und damit das freie Spiel der Kräfte in der Marktwirtschaft unterwandern.[2] Amerikanische Kongressabgeordnete zertrümmerten auf den Stufen des Kapitols mit Vorschlagshämmern japanische Elektronikprodukte.[3]

Fünfzehn Jahre später ist die Debatte verstummt. Seit Anfang 1990 leidet Japan an einer Lähmung seiner Wirtschaft, die auf keinerlei Maßnahmen seitens der Politik reagiert. Mehrere Male rutschte das Land in eine Rezession. Trotz massiver Neuverschuldung des Staates kam nach 1994 das Problem der Deflation hinzu. Erst nach vierzehn Jahren der Stagnation gab es ab 2004 erste Anzeichen für eine Besserung.

Seit der Krise scheint es, als ob Japan vom Erdboden verschwunden ist. Dabei ist das Land immer noch die zweitgrößte Industrienation der Welt (wenn auch nicht mehr der zweitgrößte Verbraucher von Erdöl – diesen Platz hat China eingenommen). Japan hat immer noch die größten Devisenreserven und die höchsten Außenhandelsbilanzüberschüsse der Welt. Es ist nach wie vor in vielen Branchen ein führender Player auf dem Weltmarkt. Der Lebensstandard ist in vielen Bereichen höher als in den USA. All dies half aber nichts: Japan konnte die Lähmung seiner Wirtschaft bis heute nicht überwinden.

Japans langer Leidensweg

Nachdem der japanische Aktienmarkt im Dezember 1989 bei 38 915 Punkten seinen Höhepunkt erreichte, fiel er unter mehr oder weniger starken Schwankungen bis auf 7831 Punkte im April 2003. Das ist ein Wertverlust von 80 Prozent oder vier Fünfteln. Zudem erfolgte dieser Wertverlust quälend langsam und schleichend. In Deutschland reichten drei Jahre fallender Aktienkurse, um Anleger in Scharen von der Börse zu vertreiben. In Japan waren nach dreizehn langen Jahren des Zitterns und Hoffens wirklich nur noch die hartnäckigsten oder gleichgültigsten Investoren engagiert.

Die realwirtschaftlichen Folgen des Börsencrashs folgten mit einigen Jahren Zeitverzögerung. Ab 1993 befand sich Japan, nur unterbrochen von einigen Ausnahmejahren, in der Depression. Von 1994 an litt es zudem periodisch an der Deflation.[4] Dabei wurde die offizielle Inflationsrate etwa 1 Prozent zu hoch angegeben, sodass die Deflation noch höher war, als sie in den Statistiken ausgewiesen wurde. Insgesamt schrumpfte das japanische Volksvermögen zwischen 1990 und 2002 um 23 Prozent.[5] Die Arbeitslosigkeit stieg um mehr als das Doppelte, und das in einem Land, das lebenslange Beschäftigung immer als höchstes Gut behandelt hatte, in dem es neben der betrieblichen kaum eine staatliche Altersversorgung gibt und in dem Nachwuchs- und Geburtenmangel herrschen.[6]

Japan 1991–2006: fünfzehn Jahre Deflation, stagnierende Wirtschaft und steigende Arbeitslosigkeit

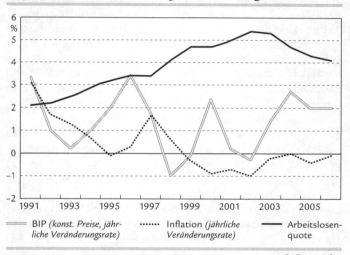

Quelle: www.imf.org

Wenn jemand diese Entwicklung 1989 prognostiziert hätte, wäre er im besten Fall nicht ernst genommen worden. Schon eher hätte man am Verstand dieser Person gezweifelt, und zwar sowohl in Japan als auch im Ausland.

Ende der achtziger Jahre war nämlich noch alles ganz anders gewesen. Die Japaner erklärten ihren Erfolg mit den Besonderheiten ihres Charakters oder dem Nihonjinron – ihrer spezifischen Identität. Anders als Deutschland hatte Japan nach 1945 viel mehr von seinen langjährigen Traditionen in die neue Welt retten können.

Der Kaiser, der Tenno, repräsentiert bis heute die Kontinuität Japans. Viele Säulen der alten japanischen Gesellschaft, mit Ausnahme des Militärs, waren intakt geblieben. Fleiß, Einordnung in die Gruppe, das Gemeinwohl und Loyalität waren – und sind – hoch angesehene Tugenden, die für die Erklärung des japanischen Wirtschaftswunders herhalten mussten.

Wenn Deutschland von 1870 bis 1985 einen »koordinierten« Kapitalismus hatte, der vom amerikanischen Modell abwich, so traf und trifft das auf Japan noch heute in weitaus größerem Umfang zu.[7] Japanische Unternehmen waren oft Teile größerer Familien, der Keiretsu (bedeutet wörtlich: »Reihe«, »Linie«), die sich gegenseitig unterstützten. Das Finanzministerium und das Industrieministerium koordinierten die Wirtschaft in einem Maße, wie wir es in Deutschland zum letzten Mal ansatzweise unter Ludwig Erhard erlebt hatten. Chalmers Johnson, ehemaliger CIA-Berater und Asienkenner, sprach 1982 von einem durch das mächtige MITI koordinierten »Wunder«.[8] Hinzu kam: Der Yen war lange Zeit deutlich unterbewertet, was die Exporte stark erleichterte.

Auf den Inlandsmärkten hatten die japanischen Unternehmen einen Waffenstillstand geschlossen, damit sie sich mit ganzer Energie dem Weltmarkt widmen konnten. Oftmals lagen die Preise für die im eigenen Land verkauften Waren und Güter über den Exportpreisen, was insbesondere Amerika dazu veranlasste, von »unfairen Handelspraktiken« zu sprechen. Tatsächlich war das japanische Distributionssystem durch kleine Geschäfte mit hohen Handelsspannen und viele Handelsstufen geprägt – und ist es in vielen Bereichen bis heute noch.

Japanische Firmen mussten – wie früher deutsche – kaum auf die Kapitalmärkte Rücksicht nehmen. Die sparsamen Japaner trugen ihr Geld zu den Geldinstituten, und diese wiederum verliehen es zu niedrigen Zinsen an Unternehmen. Angst, dass die Banken für ihr Kreditrisiko nicht angemessen entlohnt wurden, musste niemand haben, denn im Zweifel, davon gingen alle aus, würde es der japanische Staat nicht erlauben, ein Geldinstitut in die Insolvenz gehen zu lassen. Das Risiko trug der Steuerzahler. Angemessene Renditen forderten die japanischen Sparer – wie auch die deutschen – deshalb lange nicht. Japanische Unternehmen waren somit vom Druck der Kapitalmärkte befreit und konnten sich ganz der langfristigen Unternehmensstrategie widmen.

Im Prinzip klingen die Erklärungen für den japanischen Aufstieg logisch, nur waren die genannten Tugenden und Strukturen nach 1989 genauso vorhanden wie in den Jahrzehnten zuvor. Warum also konnte das Land, das kurz zuvor noch als dynamischste Wirtschaftsnation der Welt gehandelt wurde, derart tief in die Krise geraten?

Krisenmanagement à la Japonaise

Japans langes wirtschaftliches Siechtum ist umso erstaunlicher, wenn man sich vor Augen führt, dass das Land bei der Bekämpfung der Rezession und späteren Depression – wenn man dem Rezeptbuch der keynesianischen Ökonomie folgt – nach einigen kleineren Anfangsfehlern eigentlich alles richtig machte. Die japanische Notenbank senkte die Zinsen radikal. Von 1995 bis 2005 lag das effektive Zinsniveau in der Nähe von 0 Prozent. Der Staat investierte massiv in Infrastrukturprogramme, um die Nachfrage anzukurbeln. Aber diese Maßnahmen hatten keine Auswirkungen.

Japans Zeit war, so seltsam es klingt, schon in den achtziger Jahren abgelaufen, gerade als die Hysterie über die Wirtschaft im Land der aufgehenden Sonne ihren Höhepunkt erreichte. Dabei lag die Phase des Hyperwachstums weit zurück, die umfasste nämlich die zwei Jahrzehnte von 1953 bis 1973. Mit der ersten Ölkrise flachte dann das Wachstum in allen Industriestaaten ab, in Japan sogar am stärksten. Da es vorher allerdings extrem hoch gewesen war, wuchs Japan auch von 1973 bis 1989 immer noch schneller als andere Industrienationen.

Mehr als vierzig Jahre Aufschwung ließen die Japaner glauben, dass es für immer so weitergehen müsse. Immerhin waren das Land und seine Bewohner ja etwas Besonderes – der Fortschritt bezeugte dies. In der zweiten Hälfte der achtziger Jahre befand sich das Land bereits in einer typischen Spekulationsblase. Die jahrzehntelange Expansion hatte den Optimismus und das Selbstvertrauen der japanischen Unternehmen und Kapitalmärkte ins Grenzenlose steigen lassen. Der ohnehin schon teure Aktienmarkt stieg Ende der achtziger Jahre weiter, als ob er von allen Gesetzen der Schwerkraft befreit worden sei. Nippon Telegraph und Telephone (NTT) war 376 Milliarden US-Dollar wert – mehr als alle börsennotierten Konzerne Deutschlands zusammengenommen.

Die japanische Börse war höher bewertet als die amerikanische, die immerhin eine wesentlich größere Bevölkerungszahl und das doppelte Inlandsprodukt im Rücken hatte. Japan Air Lines wurde mit einem KGV – das Kurs-Gewinn-Verhältnis gibt an, wie oft der Gewinn des Unternehmens in den aktuellen Börsenwert »passt«, wie »teuer« also eine Firma ist – von 400 gehandelt, viele japanische Blue Chips mit KGVs von 60 oder mehr.[9] Die Transport- und Logistikbranche hatte ein KGV von 176. Das ist extrem teuer. Zum Vergleich: Das KGV des DAX im Jahr 2000 betrug 35, Anfang 2006 12.[10]

Im Jahr 1985 hatten sich die Finanzminister der G7-Staaten im so genannten Plaza-Abkommen darauf verständigt, den Dollar abzuwerten.[11] Für die exportorientierte und sehr einseitig auf die USA ausgerichtete japanische Wirtschaft konnte dies nicht gut sein. Bereits 1986 gingen die Unternehmensgewinne zurück; das Wirtschaftswachstum halbierte sich. Dies wäre der Zeitpunkt gewesen, dem Entstehen der Blase vorzubeugen.

Was macht nun eine Regierung, die an das keynesianische Dogma von der Steuerbarkeit der Wirtschaftsentwicklung glaubt? Sie senkt die Zinsen. In vier Schritten reduzierte die japanische Notenbank den Zinssatz bis auf vier Prozent. Die Absicht war: Zum einen sollte es den Firmen leichter gemacht werden, mehr Geld aufzunehmen und zu investieren. Zum anderen würde dadurch – theoretisch – das Sparen für Privatpersonen unattraktiver werden. Sie würden also – wieder theoretisch – mehr ausgeben. In der »logischen« Folge käme es dann zu einer Wiederbelebung der Wirtschaft.

Die Unternehmen verschuldeten sich tatsächlich exorbitant, um neue Investments in großem Umfang zu tätigen. Aber die Sparquote der Privatpersonen nahm sogar noch zu – von 1985 bis 1991 von 32,2 Prozent auf 34,5 Prozent! Damit stand den Banken und Konzernen noch mehr Kapital zur Verfügung. Im Jahr 1987 erfolgte zudem mit der Privatisierung von NTT eine Initialzündung für die japanischen Finanzmärkte – wie acht Jahre später bei der Privatisierung der Deutschen Telekom AG in Deutschland.

1986 war der Yen bereits merklich teurer geworden, und die Konkurrenz aus den Schwellenländern machte sich bemerkbar. Ende 1987 senkte die japanische Notenbank die Zinsen noch einmal auf nun 2,5 Prozent. Ein gesundes Wachstum förderte dies nicht. Die japanischen Unternehmen steckten ihre zusätzlichen Finanzmittel zunehmend in spekulativere Investitionen, zum Beispiel in Immobilienprojekte im In- und Ausland. Das Risiko war anscheinend gering – die wirtschaftliche Basis war gegeben und Kapital war billig und im Überfluss vorhanden.

Während die große Masse der Japaner weiterhin fleißig sparte, verleitete das billige Geld gerade die leichtsinnigeren Mitglieder der Gesellschaft dazu, Schulden aufzunehmen. Die Konsumentenschulden stiegen auf 130 Prozent des Bruttosozialprodukts. Die Zahl der Kreditkarten stieg um 200 Prozent, die Bankschulden um 724 Milliarden Dollar und die Konsumentenkredite um 700 Prozent.[12] Und die Verschuldung der japanischen Unternehmen – die eigentliche Kreditblase – lag zur Spitze der Blase bei 225 Prozent des Bruttoinlandsprodukts.

Neben den Aktienkursen explodierten auch die Immobilienpreise. 1987 stieg der Wert aller Grundstücke in Japan um einen Betrag, der das Sozialprodukt Japans im selben Jahr übertraf. Wenn man eine Gleichverteilung des Immobilienbesitzes annehmen würde, hätte die berühmte Normalfamilie in diesem Jahr mehr durch den Wertanstieg der Immobilien verdient als durch Arbeit.

1989 wurde die Blase sogar der japanischen Notenbank unheimlich. Die Leitzinsen wurden in zwei Schritten von 2,5 Prozent auf 3,75 Prozent erhöht. Lassen Sie sich nicht durch die Optik täuschen – der scheinbar geringe Anstieg von 1,25 Prozentpunkten bedeutete eine Erhöhung der Zinskosten um satte 50 Prozent, da das Ausgangsniveau so niedrig war.

Bill Bonner und Addison Wiggin: Parallelen zwischen den USA (1981–2006) und Japan (1971–1996)[13]

Der japanische Bullenmarkt begann 1971. Bis 1985 stieg der japanische Aktienmarkt um rund 500 Prozent. Der amerikanische Bullenmarkt begann 1981. Bis 1995 stiegen die US-Aktienkurse ebenfalls um etwa 500 Prozent. In den fünf Jahren nach 1985 verdreifachte sich das Kursniveau in Japan noch einmal, genauso wie in den fünf Jahren nach 1995 in den USA.

In den achtzehn Monaten nach dem Januar 1990 fiel der japanische Aktienmarkt um 30 Prozent, in den achtzehn Monaten nach dem März 2000 fiel der amerikanische um 30 Prozent. Erst seit 2003 läuft die Entwicklung auseinander (siehe Seite 163). In den dreiunddreißig Monaten nach dem Platzen der japanischen Aktienblase stiegen die Immobilienpreise weiter – im Durchschnitt um 15 Prozent, genau wie die US-Immobilienpreise in den dreiunddreißig Monaten nach 2000.

Hier enden allerdings die Parallelen. Während in Japan anschließend die Immobilienpreise implodierten und der Nikkei einen dreizehnjährigen Rückwärtsgang einlegte, stabilisierte sich der Dow Jones in den sechs Jahren nach dem Platzen der Blase und die Immobilienpreise stiegen fünf Jahre weiter. Erst Anfang 2006 machte sich eine Abkühlung bemerkbar.

Im Jahr 1990 wollte zunächst niemand wahrhaben, dass die Blase geplatzt war. Es handelte sich doch um die ökonomische Supermacht Japan. Sie konnte unmöglich in eine lang anhaltende Krise geraten sein. Die Medien überschlugen sich noch 1992 mit Begründungen, warum Japan bald zu seiner alten Stärke zurückkehren werde. Die Immobilienkurse stiegen ja weiter. Die ohnehin geringe Arbeitslosigkeit ging zunächst sogar noch weiter zurück. Allerdings fielen die Unternehmensgewinne 1991 und 1992 beträchtlich.

Erst 1992 rutschte das Land in die Rezession. Zu diesem Zeitpunkt hatte die japanische Notenbank schon lange mit ihrer Politik der Zinssenkungsschritte begonnen, die sie nun verstärkt fortsetzte. Von Juli 1991 bis April 1995 senkte die Bank of Japan den Diskontsatz von 6 Prozent auf 0,75 Prozent. Die Inflation eingerechnet, betrug der Zinssatz, zu dem sich japanische Banken ab 1995 refinanzieren können, also effektiv 0 Prozent. Und da ist er bis heute geblieben.

Der Dow Jones weist um 10 Jahre verschoben bis 2003 die gleiche Entwicklung auf wie der Nikkei

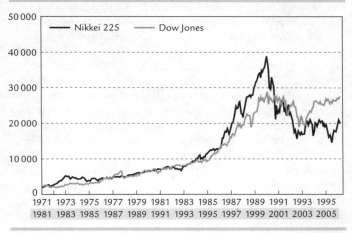

Quelle: Bloomberg

Die Zahl der Unternehmensinsolvenzen begann dennoch zu steigen. Diejenigen Unternehmen, die besonders spekulative Investments getätigt und auf eine Fortsetzung des Booms vertraut hatten, erwischte es als Erstes. Im Jahr 1993 schrieben die Geschäftsbanken faule Kredite im Wert von 4,3 Billionen Yen ab, 1994 Kredite im Wert von 5,7 Billionen. Plötzlich sah das japanische Bankensystem alles andere als solide aus. Auf einmal mussten die Geldinstitute, die zuvor so bereitwillig Kredite vergeben hatten, um ihre Existenz kämpfen. Sie reduzierten ihre Kreditvergabe drastisch. Das brachte weitere Firmen, die normalerweise leicht Kredite bekommen hätten, in Schwierigkeiten. Auch Privatpersonen schränkten nun ihre Ausgaben enorm ein.

Die ganze Wahrheit kam erst nach und nach ans Licht. Von 1993 bis 1999 stieg die Anzahl fauler Kredite aus den Boomjahren, die abgeschrieben werden mussten, von jährlich 2,5 Prozent des Bruttoinlandsprodukts auf deprimierende 8,2 Prozent. Die japanische Wirtschaft musste also mit einer jährlichen Vermögensvernichtung in dieser Höhe fertig werden. Bis heute stützt das Land seinen Bankensektor und hält viele Geldinstitute, die technisch eigentlich insolvent waren, am Leben. Auch manche Unternehmen sind nur noch »Zombies« – Untote mit Schulden, die ihre Verdienstfähigkeit übersteigen, die aber mit weiteren billigen Krediten in einem Scheinzustand zwischen Insolvenz und Überleben gehalten werden.

Japan beließ es keinesfalls bei superniedrigen Zinsen und der Stützung ungesunder Banken, um die Depression der neunziger Jahre zu besiegen. Die Regierung wendete die gesamte Trickkiste der keynesianischen Konjunkturtheorie an. Ein schuldenfinanziertes Konjunkturprogramm löste das andere ab. Wie die Regierung Schmidt in den siebziger Jahren waren die diversen japanischen Regierungen mit aller Kraft darum bemüht, das »Modell Japan« zu retten.

Die Ausgaben für die öffentliche Infrastruktur wuchsen rapide. Japan wurde praktisch einzementiert. Von 113 größeren Flüssen wurden 110 umgeleitet oder gestaut. Berge wurden abgetragen, um Material für Landgewinnung zu erhalten, sinnlose Straßen wurden gebaut. Aus einem Überschuss von 2,1 Prozent 1990 wurde so ein gigantisches Staatsdefizit von 7,9 Prozent im Jahr 2002. Das ist das 2,6-fache der durch die Maastricht-Kriterien für die europäischen Länder vorgegebenen Obergrenzen. Von 70 Prozent des Bruttoinlandsprodukts im Jahr 1991 stiegen die Schulden der öffentlichen Haushalte auf 150 Prozent im Jahr 2006.

Aber auch das funktionierte nicht: Das Land verharrte in einer »Wachstumsrezession«, die sich Mitte der neunziger Jahre zur ersten bekannten »Wachstumsdepression« ausgestaltete. Zwar wuchs Japans Wirtschaft immer mal wieder, das reichte aber nicht aus, um die durch den natürlichen Produktivitätsfortschritt geschaffenen Kapazitäten auszulasten. Das Resultat: mehr Arbeitslosigkeit, weniger Konsum, mehr Probleme.

Ökonomen wie Paul Krugman (mein ehemaliger Professor Ben Bernanke gehört zur selben Schule) sind der Auffassung, dass man all dies hätte verhindern können, wenn man nur die Inflation etwas angeheizt hätte. Dann hätten die Privathaushalte angeblich gewusst, dass es sich nicht lohnt, Geld zu niedrigen Zinsen zu halten (weil es eine natürliche Wertvernichtung gegeben hätte), und sie hätten begonnen, Geld auszugeben.[14]

Ich halte das für Selbstbetrug. Nach 1991 leistete sich Japan eine beispiellose Niedrigzins- und Defizitpolitik. Das langsame Zusammensinken der gigantischen Spekulationsblase hat dies nicht verhindern können. Und welchen Sinn macht es für Privathaushalte, in einem Land mit ungewisser wirtschaftlicher Zukunft das Geld mit vollen Händen aus dem Fenster zu werfen? Keinen! Man sollte den Privathaushalten so viel Intelligenz zutrauen, dass sie angesichts einer solchen Situation andere Wege finden, ihr Vermögen zu schützen. Bargeld, Aktien und Immobilien funktionieren nicht in einer schwachen Wirtschaft mit Inflation. Aber die Privathaushalte könnten zum Beispiel Gold und Edelmetalle horten, wie sie es im Westen bereits Ende der siebziger Jahre getan hatten. Die erwünschte Belebung der Nachfrage durch Inflation bleibt bei einem solchen Verhalten dann natürlich aus.

Mein Fazit aus dem Fall Japan: Ist eine Wirtschaft erst einmal strukturell sehr erkrankt, lässt sie sich nicht mehr künstlich aufpäppeln. Die Erkrankung muss in einer langwierigen Therapie ausgeheilt werden oder von selber ausheilen.

Zur kommenden Krise in den USA gibt es viele Parallelen. Nach dem Einbruch der Krise senkten beide Notenbanken die Zinssätze dramatisch: die amerikanische Federal Reserve um insgesamt 5,5 Prozent nach 2001, die Bank of Japan um 5,25 Prozent. Greenspan drehte in den USA die Geldhähne innerhalb von zwei Jahren auf, während es in Japan vier Jahre dauerte. Die hyperexpansive Geldpolitik des amerikanischen Notenbankchefs führte zudem dazu, dass der Immobilienboom länger anhielt.

Sowohl Japan nach 1991 als auch die USA nach 2001 erhöhten die Staatsverschuldung massiv, um die Inlandsnachfrage zu beleben. Erhebliche Überschüsse in Japan verwandelten sich nach 1993 in hohe und stetig wachsende Defizite. Die amerikanischen Haushaltsüberschüsse der Jahrtausendwende wurden schnell zu Defiziten, als die Regierung von Bush Junior in den Krieg gegen den Terrorismus und den Irak zog. Beide Länder haben heute höhere Budgetdefizite als Deutschland, wenngleich die USA noch etwas geringere Staatsschulden vorweisen können (siehe Grafik Seite 177).

Jährliche Budgetdefizite in Japan nach 1991 und den USA nach 2001: erstaunliche Parallelen

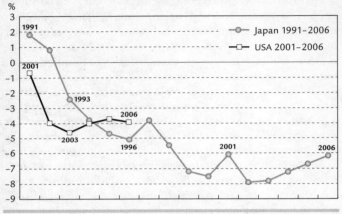

Quelle: www.imf.org

Letztlich waren sowohl die Blase in Japan (1985–1990) als auch die in den USA (1995–2000) Phänomene, bei denen der Glaube an einen ewigen Aufschwung zu einer drastischen Ausdehnung der Kredite führte. In Japan häuften vor allem Unternehmen Schulden auf, in den USA die Privathaushalte. Aber schlechte Schulden bleiben schlechte Schulden, egal, von wem sie gemacht werden. Wenn sie abgeschrieben werden müssen, leidet der Bankensektor, und in der Folge wird die gesamte Wirtschaft in Mitleidenschaft gezogen.

Die gegenwärtige Blase in Amerika ist ungleich gefährlicher für die globale Wirtschaft als das, was in Japan vor 1990 passierte. Die japanische Depression konnte von der Welt verkraftet werden, bei einer möglichen amerikanischen Depression sähe dies anders aus. Die japanische Wirtschaft machte 1990 8,6 Prozent der Weltwirtschaft aus, demgegenüber umfasste die amerikanische 2005 immer noch 20,6 Prozent. Zudem haben sich die USA zur größten Schuldnernation der Erde verwandelt, während Japan immer noch die größte Gläubigernation ist und als solche über die höchsten

Devisenreserven der Welt verfügt. Sollte die amerikanische Wirtschaft den Rückwärtsgang einlegen, wäre eine Flucht aus dem Dollar vorprogrammiert. Das würde derartig gravierende Probleme auslösen, dass eine globale Wirtschaftskrise sehr wahrscheinlich, wenn nicht sogar unaufhaltbar erscheint.

Die Greisenwirtschaft

Japans Probleme werden weiter verständlich, wenn man sie mit grundlegenden demographischen Trends in Verbindung bringt. In allen Industrienationen altert die Bevölkerung, aber im Land der aufgehenden Sonne ist dieser Prozess am weitesten fortgeschritten. Ungefähr 1951 hatte es den Höhepunkt seiner geburtenstarken Jahrgänge, lange vor anderen westlichen Industrienationen. In den USA geschah dies erst zehn Jahre später, in Deutschland dreizehn Jahre, nämlich 1964.[15] Japan ist daher besonders geeignet, um die Schwierigkeiten zu studieren, die auf die anderen Industrienationen zukommen werden.

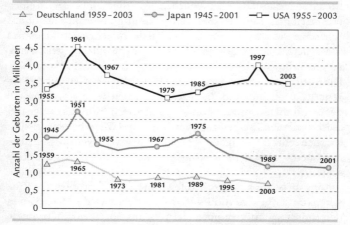

Quelle: www.destatis.de; www.census.gov; http://www.stat.go.jp/english/

Mittlerweile hat das Land die älteste Bevölkerung unter den Industrieländern. Die Anzahl der über Hundertjährigen hat sich seit 1963 auf über 20 000 Menschen verhundertfacht. Die durchschnittliche Lebenserwartung für Männer beträgt achtundsiebzig, die für Frauen fünfundachtzig Jahre. Das heißt, dass ein Japaner oder eine Japanerin sehr gute Chancen hat, über neunzig zu werden. Gleichzeitig hat Japan eine der niedrigsten Geburtenraten der Welt – sie liegt bei unter 1,3 Geburten pro Frau (im deutschen Negativrekordjahr 2006 lag sie immer noch bei hochgerechnet 1,38 Geburten pro Frau).

Eine alternde Gesellschaft bedeutet zunächst weiteres Bevölkerungswachstum, auch wenn die Geburtenzahl abnimmt. Aber die Bevölkerungszunahme durch das Altern ist ein Einmaleffekt. Im Jahr 2006 waren in Japan 127 740 000 Personen registriert. Wenn die gegenwärtigen Trends anhalten – und das Land hat keine nennenswerte Einwanderung –, werden es 2050 rund 100 590 000 und 2100 etwa 64 140 000 Menschen sein. Im Jahr 2010 wird ein Rentner auf drei Erwerbstätige kommen, 2025 werden es zwei Erwerbstätige sein. Anders gesagt: 2015 werden bereits 25 Prozent der japanischen Bevölkerung älter als fünfundsechzig sein.

Neben den offensichtlichen Folgen einer überalterten Gesellschaft für die Sozial- und Krankenversicherungssysteme gibt es noch einen unmittelbaren Einfluss dieser Bevölkerungsentwicklung auf das Wirtschaftswachstum. Für die USA hat der Analyst Harry Dent und für Deutschland der Börsenexperte Thomas Müller diesen Zusammenhang beschrieben.[16] Die Überlegungen der beiden Ökonomen: Die Konsumausgaben der privaten Haushalte machen mit 56 Prozent (Deutschland) und 70 Prozent (USA) den weitaus größten Teil des Bruttoinlandsprodukts in den modernen postindustriellen Gesellschaften aus. Das heißt aber auch, dass das Wirtschaftswachstum letztlich sehr stark von diesen bestimmt wird. Steigen die Konsumausgaben, geht es der Wirtschaft generell gut, fallen sie, geht es ihr schlecht.

Konsum ist zu einem großen Teil vom Lebensalter abhängig. Zwischen fünfzig und vierundfünfzig Jahren erzielen die Menschen in den Industrienationen normalerweise ihr höchstes Einkommen. Den Höhepunkt der privaten Verbraucherausgaben erreichen sie im

Alter von fünfundvierzig bis neunundvierzig Jahren, dann wird das letzte und größte Haus bezogen, die Ausbildung der Kinder verschlingt viel Geld oder Luxusgüter werden angeschafft. Anschließend fangen die Menschen vielfach an, ernsthafter zu sparen. Wenn sie ihr sechzigstes Lebensjahr überschreiten, beginnen sie, Risiken zu vermeiden. Sie klammern sich zunehmend an ihre Besitzstände. Dieses Verhalten ist in Deutschland, Japan und den USA ähnlich.[17]

Bei einer stabilen Bevölkerung gleicht sich das Ausgabeverhalten von jüngeren und älteren Menschen aus, da die Bevölkerungsgruppen in etwa gleich stark sind (nur die ganz alten Jahrgänge sind naturgemäß kleiner). Wenn aber geburtenintensive Jahrgänge wie die Baby-Boomer in den USA und Deutschland existieren, entstehen »Bevölkerungs-Wellen«. Die geburtenstarken Jahrgänge schieben sich mithin wie eine Woge durch die Zeit und lösen verschiedene Phasen und Moden aus. Seit Mitte der achtziger Jahre haben die geburtenstarken Jahrgänge in den USA zum Beispiel über ein Drittel der Bevölkerung gestellt. In den fünfziger Jahren sorgten sie für einen Boom bei der Babynahrung, in den achtziger und neunziger Jahren für einen oftmals kreditfinanzierten Konsum-Boom.

Die Konsumausgaben einer derartig strukturierten Gesellschaft werden am höchsten sein, wenn die Baby-Boomer zwischen fünfzig und fünfundfünfzig Jahre alt sind. In Japan war das um das Jahr 2000 der Fall, in den USA wird diese Gruppe um 2010 am stärksten sein, in Deutschland etwas später.

Basierend auf diesen Zusammenhängen sind verschiedene Versuche unternommen worden, die Börsen- und Wirtschaftsentwicklung zu prognostizieren. Dent und Müller sagen zum Beispiel für die Jahre bis 2010 für die USA beziehungsweise Deutschland einen weiteren Börsenboom voraus.[18] Allerdings sind die Zusammenhänge nicht so klar und einfach, wie es die Börsenprognostiker gerne hätten. Japan rutschte nach 1990 in die Rezession. Da war die Gruppe der Vierzig- bis Vierundvierzigjährigen besonders groß, die eigentlich in den nächsten Jahren ihre Konsumausgaben enorm erhöhen sollten. Obwohl der grundlegende Zusammenhang sicherlich Bestand hat, können jedoch auch kulturelle Unterschiede eine Rolle spielen.

Zudem muss man dabei beachten, dass die japanischen und europäischen Bevölkerungen insgesamt sehr schnell altern und dass in Japan die größte Altersgruppe der um 1950 Geborenen nun bald das Ruhestandsalter erreichen wird.[19]

Ganz anders in den USA: Hier liegt der Höhepunkt der Geburtenrate, wie schon gesagt, exakt zehn Jahre später, also 1961. Die ersten Boomer gehen jetzt in den Ruhestand; in Massen werden sie es in zehn Jahren tun. Die meisten Boomer sind heute zwischen vierzig und neunundvierzig Jahre alt, stehen also gerade in ihrem Konsumzenit. Allerdings: Anders als die Generationen vor ihnen oder die Japaner haben die Boomer in den USA nur sehr wenig gespart. Sie gaben stattdessen ihr Geld aus, als wenn es kein Morgen geben würde. Viele verlassen sich auch darauf, dass die Aktien- und Immobilienmärkte immer weiter steigen. Das könnte dem Konsumboom ein abruptes Ende bereiten.

Nach dem einfachen Bevölkerungsmodell, wie es zum Beispiel von Dauer-Optimist Harry Dent vertreten wird, gäbe es eine Rezession oder einen Crash erst 2010.[20] Ob der von dem amerikanischen Analysten erwartete massive Aktienboom für die USA eintreten wird, darf bezweifelt werden. Ich wäre da wesentlich vorsichtiger. Es kann durchaus sein, dass wir bis 2010 aufgrund der demographischen Entwicklung und der Verbreitung der neuen Informationstechnologien noch einige Jahre einen Boom erleben. Die Argumente, die ich in den früheren Kapiteln ausführlich dargelegt habe, sprechen aber dagegen. Die meisten Baby-Boomer sind bis über beide Ohren verschuldet. Wo sollen die weiteren Kredite herkommen, damit sie ihren exzessiven Konsum fortsetzen können? Nein, es sieht so aus, als ob die amerikanische Gesellschaft ihren Konsumhöhepunkt schon vorweggenommen hat.

Das Ende des fünften Kondratieff-Zyklus

Im Jahr 1926 veröffentlichte der russische Ökonom Nikolai D. Kondratieff einen Aufsatz mit dem Titel: »Die langen Wellen der Konjunktur«[21] in der deutschen Zeitschrift *Archiv für Sozialwissenschaft und Sozialpolitik*. Damals war Deutschland noch Wissenschaftsnation Nummer eins – lang, lang ist's her! Kondratieffs Endeckung: Basisinnovationen treten zu bestimmten Zeitpunkten in Häufungen (»Clustern«) auf. Die Einführung neuer Basistechnologien im Wirtschaftsleben sorgt wiederum für lange Konjunkturaufschwünge.[22] Ist die Sättigung erreicht, folgt ein langer Konjunkturabschwung.

Nikolai Kondratieff wurde 1892 geboren, studierte in St. Petersburg und nahm an der russischen Februarrevolution im Jahr 1917 teil. Später wurde er Vize-Ernährungsminister und arbeitete Fünfjahrespläne für die Landwirtschaft aus. Seit 1928 geriet er politisch zunehmend unter Druck, weil er sich für die eher marktwirtschaftlich orientierte »Neue ökonomische Politik« (NEP) einsetzte. Kondratieff teilte nicht die Auffassung, dass der Aufschwung nach dem Ersten Weltkrieg die Endphase des Kapitalismus einleiten würde, er würde lediglich das Ende einer langen Welle markieren. Dafür kam er 1930 in einen Gulag. Nach langen, quälenden Jahren wurde er am 17. September 1938 zum Tode verurteilt und erschossen.

Es ist dem österreichischen Ökonomen Joseph Schumpeter zu verdanken, dass der Entdecker der langen Wellen bis heute bekannt ist.[23] Die Ökonomie sowohl keynesianischen als auch monetaristischen Zuschnitts interessierte sich in den vier Jahrzehnten nach dem Zweiten Weltkrieg jedoch vor allem für kürzere Konjunkturzyklen und monetäre Phänomene. Das ist verständlich. Gäbe es lange Wellen, die weitgehend unbeeinflusst von der Wirtschaftspolitik ablaufen, könnten viele wirtschaftspolitische Maßnahmen als sinnlos angesehen werden – und nicht wenige Ökonomen würden damit ihre Daseinsberechtigung verlieren. Dennoch erfuhr die Beschäftigung mit langen Wellen in den letzten beiden Jahrzehnten eine Renaissance (siehe Grafik Seite 186).

Die Ausbreitung einer neuen Technologie, wie sie Kondratieff vorschwebte, lässt sich mit der so genannten S-Kurve darstellen: Produkte und Märkte durchlaufen einen bestimmten Lebenszyklus. In der Entwicklungsphase besetzt das Produkt nur eine Nische, sein Erfolg und seine Durchsetzung sind noch keinesfalls gesichert. Die Verbreitung erfolgt langsam, da es noch unausgereift und teuer ist. Nur besonders innovationsfreudige Menschen und Unternehmen probieren es aus – wie um 1900 das Auto oder um 1977 den Computer.[24]

Die Informations- und Telekommunikationstechnologien des 5. Kondratieff-Zyklus nähern sich dem Sättigungsstadium

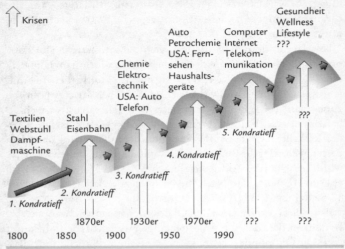

Quelle: Eigene Darstellung

Die Wachstumsphase beginnt bei 10 Prozent Marktdurchdringung, wenn sich das Produkt prinzipiell bewährt und einen gewissen Bekanntheitsgrad erreicht hat. (Beim Internet war das um 1995 der Fall.) Nun steigen die Umsätze rasant und neue Wettbewerber treten in den Markt ein, um sich einen Anteil zu sichern. Es ist die Zeit der »Goldgräberstimmung«. Gegen Mitte der Wachstumsphase beginnt ein Ausleseprozess, da sich trotz eines weiter schnell wachsenden Marktes viel zu viele Unternehmen auf die neuen Chancen gestürzt haben. Kleine Anbieter fliegen aus dem Markt, nur starke Anbieter überleben und bedienen einen weiterhin wachsenden Kundenstamm. Gegen Ende dieser Phase findet noch einmal ein Ausleseprozess statt. Jetzt setzen sich die wenigen Großunternehmen durch, die die Struktur und Geschicke einer Branche für viele Jahrzehnte prägen werden. Beim Automobil war das in den USA ab 1928 der Fall. Ein Jahr später folgte prompt der große Crash. Ab 90 Prozent Marktdurchdringung flacht dann das

Wachstum stark ab. Das Nischenprodukt ist endgültig zu einem Massenprodukt des täglichen Lebens geworden.

Derzeit gehen wir auf die Endphase des fünften Kondratieff-Zyklus zu, der durch die so genannten TIME-Technologien getragen wird (Telekommunikation, Informationstechnik, Medien). Ende der siebziger Jahre, als IBM ein seit Jahrzehnten etablierter Gigant war, verfolgten zwei Ausnahmeunternehmer, Steve Jobs (Apple-Gründer) und Bill Gates (Initiator von Microsoft) eine Vision: ein Computer auf jedem Schreibtisch. Mit dieser Vorstellung konnte erst die wirkliche Verbreitung der Basistechnologie Computer stattfinden. Zwar war dieser schon seit Jahrzehnten nicht mehr aus den Unternehmen wegzudenken, aber erst mit dem Internet wurde der Computer zu einem Massenprodukt. Was oft dabei vergessen wird: Ein Großteil dieser Entwicklung fand erst *nach* dem Platzen der Technologieblase statt.

Beim Internet wird der Sättigungspunkt in vielen Industrienationen bald erreicht sein. Im Jahr 2006 waren rund 61 Prozent aller Deutschen online.[25] Allerdings kommen entscheidende Wachstumsimpulse noch von einer weiteren Technologie: Die Umstellung auf Breitbandanschlüsse (DSL) birgt noch einmal das Potenzial für erhebliche Innovationen. Bildtelefone, das Herunterladen von Filmen aus dem Internet und zielgenaue Werbung über Internetportale können zum Beispiel erst mit Breitbandanschlüssen realisiert werden. Anfang 2006 hatten in Deutschland rund 27 Prozent der Privathaushalte einen Breitbandanschluss, eine Sättigung ist erst nach 2010 zu erwarten.[26]

Wann der fünfte Kondratieff sein Ende finden wird, lässt sich nicht genau vorherbestimmen. Zu viele Entwicklungen haben beim Übergang zur Informations- und Kommunikationsgesellschaft stattgefunden: Handy, Internet, E-Commerce, Breitbandinternet, »maßgeschneiderte Medien« und eine Virtualisierung vieler Produktions- und Dienstleistungsprozesse bis hin zum Outsourcing nach China oder Indien.[27] Wie bereits vor 120 Jahren erweitert die Einführung neuer Technologien das Spielfeld auf eine globale Dimension. Das schafft Wachstumsimpulse, aber es entsteht in den alten Industrienationen auch ein hoher deflationärer Druck.

Wenn der fünfte Kondratieff endet, wird dieser Druck auf das

Wirtschaftssystem ungeahnte Ausmaße annehmen. Schon heute haben wir durch die globale Vernetzung massive deflationäre Tendenzen. Fällt nun auch noch die Nachfrage aus, die durch die Umstellung auf eine neue Technologie geschaffen wurde, haben wir ein weiteres großes Problem. Hinzu kommen die in den vorangegangenen Kapiteln beschriebenen hohen Schuldenlasten. Es kann durchaus noch fünf Jahre dauern, bis es so weit ist. Spätestens dann dürfte sich DSL weitgehend durchgesetzt haben. Dieser Zeitraum stellt aber aufgrund der anderen Risikofaktoren für die Weltwirtschaft eher eine Obergrenze dar.

> Wenn wir mit einer Tatsachenanalyse ... beginnen, sehen wir ein
> wirtschaftliches System im Stadium des Zusammenbruchs. Es ist unser
> eigenes System. Wir sind Zeugen des Vorspiels zu unserem eigenen
> historischen Bankrott. In Zeiten wie diesen denken wir natürlich daran,
> die Barrieren für Eindringlinge zu erhöhen. Aber rein defensive
> Maßnahmen werden uns nur noch weiter schwächen.

Jean-Jacques Servan-Schreiber[1]

Europa in der Weltwirtschaftskrise

Angesichts der massiven Schieflagen in einigen Ländern der Welt
mag Europa fast wie ein Hort der Stabilität erscheinen. Noch ist der
Außenhandel per Saldo ausgeglichen, noch hat die Verschuldung
der Bevölkerung nicht die Ausmaße wie in Amerika angenommen,
die Staatsverschuldung nicht die Dimension wie in Japan. Zudem
hat der gemeinsame Binnenmarkt bei allen Hemmnissen immer
mehr Gestalt angenommen. Hinzu kommt: Es existieren in Europa
auch nicht die sozialen Ungleichgewichte wie in anderen Ländern –
den meisten Europäern geht es gut.

Aber der Schein trügt. Für die kommende Weltwirtschaftskrise
ist Europa schlecht gerüstet. Es sind hier die Staaten, die sich und
ihren Bürgern eine zunehmend unhaltbare Schuldenlast aufbür-
den. Zwar ist die Verschuldung in den Euro-Ländern im Schnitt
nicht höher als in den USA, aber die Wirtschaft wächst langsamer
und die Bevölkerung altert viel schneller als die der USA. Somit
können die europäischen Länder letztlich auch nur geringere
Schuldenlasten tragen. Ein Szenario ähnlich wie in Japan ist vorprogrammiert.

Immer noch versuchen viele EU-Länder, die Wirtschaft mit kon-
junkturellen Strohfeuern anzuheizen. Das deutsche Konjunkturprogramm zu Beginn der Kanzlerschaft Merkel zeigt dies deutlich:

Für kleine Signale reicht es, zu wirklichen Strukturreformen fehlt die Kraft. Seit dreißig Jahren dreht sich in Deutschland eine Spirale von höherer Verschuldung und höheren Steuern. Die Regierung Kohl erhöhte die Schulden massiv, bei der Regierung Merkel sind wieder die Steuern dran. In vielen anderen Ländern Europas steht es ähnlich. »Reformwunderländer« wie Großbritannien oder Holland sehen bei näherem Hinschauen auch nicht mehr so attraktiv aus wie aus der Ferne.[2] Wenn die Krise kommt, ist längst kein finanzpolitischer Spielraum mehr da.

Die Schaffung eines einheitlichen Binnenmarkts hat keinesfalls Europas Stellung in der Welt gesichert, sondern bestenfalls den relativen Abstieg verlangsamt. Im vergangenen Vierteljahrhundert ist der Anteil Europas am Weltsozialprodukt um 30 Prozent gesunken.[3] Die USA konnten ihren Anteil immerhin stabil halten. Europa war schon immer ein politischer Zwerg, dafür aber ein wirtschaftlicher Riese. Jetzt werden wir auch noch zu einem wirtschaftlichen Leichtgewicht. Europa hat keine Computerindustrie, keine nennenswerte Unterhaltungselektronik, kaum noch Textil- und Spielzeugproduzenten, und in vielen anderen Branchen fällt es immer weiter zurück. Ihren Bedarf an Autos, Stahl und diversen weiteren Produkten decken Länder wie China und Indien zunehmend selber ab.

Europas Strukturen sind undurchsichtig-technokratisch. Es fehlen sowohl Visionen für ein Europa von morgen als auch die demokratisch legitimierten Entscheidungsprozesse, die zu einem solchen hinführen könnten. Europa weiß nicht, was es will – eine konsequent offene Wirtschaftspolitik oder starke eigene Akzente in der Wirtschafts- und Sozialpolitik? In vielerlei Hinsicht gleicht das Europa von heute dem Deutschland von 1840 – eine Kulturregion von ungeheurem Potenzial, die durch Kleinstaaterei, Eifersüchteleien und Überregulierung an der Entfaltung gehindert wurde.

Europa ist bereits zur Provinz geworden. Derzeit leben noch knapp 11 Prozent der Weltbevölkerung in Europa, 2050 werden es nur noch 7 Prozent sein – ein Rückgang um mehr als ein Drittel. Zudem gibt es eine weitreichende Europamüdigkeit.[4] Wir sind mitten in jenem Prozess der Marginalisierung, vor dem Jean-Jacques

Servan-Schreiber vor fast vierzig Jahren zu Recht warnte. Weltpolitik spielt sich in den USA und zunehmend in Asien und vielleicht auch noch in Russland ab. Das ist zunächst einmal eine Feststellung, keine Handlungsaufforderung. In der Provinz lebt es sich ganz gut. Gerade in Deutschland hegen wir immer noch ein gesundes Misstrauen gegenüber allzu viel Weltpolitik. Zudem konnten Kleinstaaten wie Holland, die Schweiz, Singapur oder das frühere Hongkong für ihre Bürger durch eine konsequent offene Politik viel erreichen.

Aber es heißt auch, dass sich die wirtschaftspolitischen Optionen Europas verringern und dass Europa zunehmend zum Objekt von ökonomischen Entwicklungen wird, die nicht nur in den USA, sondern mittlerweile auch in China und Russland gestaltet werden. Amerika dominiert die Finanzmärkte, und die europäische Wirtschaft passt sich an. China macht sich auf den Energie- und Rohstoffmärkten bemerkbar, Indien auf den Dienstleistungsmärkten. Und im Gegensatz zu Hongkong, Singapur oder der Schweiz ist Europa insgesamt zu groß, um sich auf die Rolle eines Nischenplayers zurückziehen zu können.

Bereits Mitte der achtziger Jahre entstand der Begriff »Eurosklerose«. Damit sollte die Erstarrung der europäischen Wirtschaftsstrukturen beschrieben werden: langsames Wirtschaftswachstum, drückende Soziallasten, ein staatliches Regelungsdickicht, das fast jede unternehmerische Initiative erstickt, und eine hohe und steigende Arbeitslosigkeit.

Das Wirtschaftswachstum pendelt seit über zwei Jahrzehnten um einen Wert von 1 bis 2 Prozent, von gelegentlichen Ausschlägen einmal abgesehen. Das ist nicht genug, um unseren Kontinent – einst die Wiege der modernen Industriegesellschaft – als wettbewerbsfähige Wirtschaftsregion zu erhalten. Es ist schon gar nicht genug, um die Lasten zu schultern, die durch die schnelle Alterung der Bevölkerung auf uns zukommen. Die Inflationsrate liegt ungefähr bei 2 Prozent, wobei diese Größe hauptsächlich durch den Anstieg der Preise für Energie und Rohstoffe angetrieben wird. In Wahrheit befindet sich Europa schon lange am Rand einer deflationären Situation.

Das größte Problem in Europa ist die drückende Arbeitslosigkeit, die um 70 Prozent über dem japanischen und um 100 Prozent über dem amerikanischen Wert liegt. In einer weltwirtschaftlichen Situation, bei der es auf jedes Jahr ankommt, leisten wir uns Arbeitslosenquoten von 10 Prozent und mehr. In der offiziellen Statistik tauchen dabei viele Arbeitslose nicht auf, da wir sie mit Umschulungsmaßnahmen oder anderen Tricks verstecken. Wir vergeuden damit die wichtigste Ressource, die wir haben, nämlich unser Potenzial an qualifizierten Arbeitskräften. Harald Wozniewski prägte hierfür den Begriff der »Nilwirtschaft«: »Es verstärkt sich von Jahrzehnt zu Jahrzehnt ein tiefer und mächtiger Geldfluss, an dem aber immer weniger Menschen partizipieren. Die meisten Menschen sitzen regelrecht auf dem Trockenen in der Wüste, die Konjunktur liegt am Boden.«[5] Für den Wirtschaftsanwalt ist es ein Skandal, dass es alleine in Deutschland fünf Millionen Menschen gibt, die Tag für Tag nichts leisten und produzieren können.[6]

Wenn die Krise kommt, werden die schon jetzt nicht mehr finanzierbaren sozialen Sicherungssysteme kurzerhand in sich zusammenfallen. Einen weiteren Rückgang der Wirtschaftsleistung können die europäischen Schulden- und Steuerstaaten nicht verkraften.

Stabilitätsfalle Euro

Eigentlich hätte die europäische Wirtschafts- und Währungsunion einen Wachstumsschub sondergleichen auslösen sollen. Um 1990 ließen die Befürworter des Projekts, allen voran die deutsche und die französische Regierung, keine Gelegenheit aus, die Wachstumsimpulse durch den Binnenmarkt und die stabile Einheitswährung hervorzuheben. Stattdessen hat sich die Wirtschafts- und Währungsunion zu einer gigantischen Deflationsfalle entwickelt. Das Wirtschaftswachstum in Euroland bleibt quälend niedrig, die Arbeitslosigkeit ist weiterhin hoch. In den meisten Köpfen spukt noch die Angst vor einer Inflation herum, dabei muss uns eher die Möglichkeit einer anhaltenden Deflation Sorgen machen.

Dies bedarf einer gewissen Erklärung. Die Privathaushalte haben in den letzten Jahren eine deutliche Verringerung der Kaufkraft durch den Preisanstieg bei verschiedenen Gütern und Dienstleistungen hinnehmen können. Das hing fast ausschließlich mit dem Anstieg der Energiepreise zusammen, die außerhalb Europas gemacht werden, sowie mit den Verteuerungen in der Gastronomie, bei bestimmten Dienstleistungen und bei Lebensmitteln. In den siebziger Jahren wäre Inflation die Folge gewesen: Die Gewerkschaften hätten höhere Löhne durchgesetzt.

Heute jedoch ist die Wirkung deflationär: Ihre gestiegenen Ausgaben können die Privathaushalte nicht auf die Arbeitgeber abwälzen, da die Einkommen stagnieren und Lohnerhöhungen kaum durchsetzbar sind. So wird letztlich nur Einkommen umverteilt. Durch die gestiegenen Preise fällt Nachfrage aus, weil die Verbraucher die höheren Ausgaben für bestimmte Güter und Dienstleistungen an anderer Stelle einsparen.

Euro-Zone 1990 – 2006:
Niedrige Inflationsraten am Rande der Deflation, geringes Wirtschaftswachstum und kein Ende der hohen Arbeitslosigkeit in Sicht

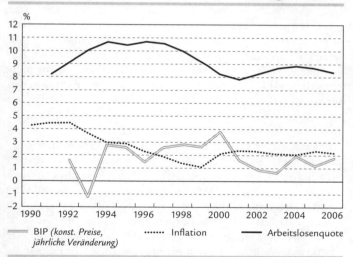

Quelle: www.imf.org

Im April 1998 hielt ich an der Boston University einen Vortrag mit dem Titel »Der Euro und die Zukunft der Europäischen Union«.[7] Zu diesem Zeitpunkt lobten fast alle Stimmen in Europa die »unwiderrufliche« Wirtschafts- und Währungsunion als Großtat und als Vollendung der europäischen Einigung. Massive PR-Kampagnen wurden aufgelegt, finanziert durch Steuergelder, um die Wirtschafts- und Währungsunion den Bevölkerungen schmackhaft zu machen.

Ich hingegen war schon damals sehr kritisch. Die Europäische Union war und ist für mich eine bürokratische Superstruktur, die früher oder später in sich zusammenbrechen muss, weil sie letztlich eine undemokratische Privilegienwirtschaft begründet. Brüssel verteilt um: zunächst an die Eurokratie, dann an bestimmte Länder, die zu den Nettoempfängern gehören, und schließlich auch an bestimmte Branchen wie zum Beispiel die Agrarwirtschaft. Manchmal fördert dies den Strukturwandel, oft wirkt es hemmend. Auch der Euro selber wirkt wie eine Umverteilungsmaschine, die die früheren Hochzinsländer und die jetzigen Schuldensünder begünstigt.

Daher prognostizierte ich unter anderem, dass der Euro und mit ihm der europäische Stabilitätspakt innerhalb von höchstens fünf Jahren in ernsthafte Schwierigkeiten geraten und schließlich aufgegeben würden. Ich nannte die »unwiderrufliche« Währungsunion einen »Mythos« und argumentierte damit, dass die meisten Währungsunionen früher oder später auseinander gebrochen seien. Europa mit seinen enormen wirtschaftlichen Herausforderungen werde es mit dem Euro ähnlich ergehen.[8]

Es kam, wie ich es in meinem Vortrag im Jahr 1998 vorausgesehen hatte: Europa brauchte noch nicht einmal fünf Jahre, um den Stabilitätspakt und damit die Währungsunion ad absurdum zu führen. Bereits im Jahr 2002 überschritt ausgerechnet Stabilitätswächter Deutschland das Defizitkriterium und das Schuldenkriterium. Bis heute verletzt die Bundesrepublik jedes Jahr beide Kriterien, das Schuldenkriterium sogar in zunehmendem Maße. Mit Frankreich gesellte sich gleich die zweite europäische Führungsnation hinzu, die den Stabilitätspakt dauerhaft verletzt.

Mein Vortrag fand das Wohlwollen des Berufungsausschusses, sodass man mich kurz darauf als Professor an die Boston University berief. In Deutschland stieß ich hingegen auf taube Ohren. Wo auch immer ich meinen Vortrag zur Veröffentlichung anbot, wurde er abgelehnt. Die Chefredakteurin einer angesehenen politischen Zeitschrift war privat am Telefon ganz offen: »Das passt nicht ins politische Bild.« Schließlich wurde der Vortrag vom American Council on Germany in New York veröffentlicht.

Das europäische Projekt hatte eigentlich viel versprechend angefangen. Der Vertrag zur Gründung der Europäischen Gemeinschaft (EG) zwischen den sechs Staaten Belgien, Deutschland, Frankreich, Holland, Italien und Luxemburg schuf 1957 die Basis für die Europäische Wirtschaftsgemeinschaft (EWG) und einen immer engeren Zusammenschluss der europäischen Völker. Durch die Einheitliche Europäische Akte (EEA) von 1986, die vom Präsidenten der EG-Kommission, Jacques Delors, vorangetrieben wurde, beschleunigte sich der Prozess. Der völkerrechtliche Vertrag machte ernst mit der Schaffung eines wirklich integrierten Wirtschaftsraums. Freier Warenverkehr, freier Kapitalverkehr sowie Niederlassungsfreiheit für Menschen und für Unternehmen sollten dazu beitragen. Allerdings wurden und werden in diesem Prozess zukunftsweisende Entscheidungen zunehmend durch technokratische und bürokratische Regelungen ersetzt.[9] Mit dem Vertrag über die Europäische Union – dem Maastricht-Vertrag – wurden im Februar 1992 die Vollendung des Binnenmarkts, die Währungsunion, eine gemeinsame Außen- und Sicherheitspolitik sowie eine Zusammenarbeit der mittlerweile zwölf Mitgliedsstaaten in Justiz- und Polizeiangelegenheiten festgeschrieben. Aber diese »letzte« Stufe der europäischen Integration litt unter erheblichen Geburtsfehlern. Der Euro wurde keinesfalls primär aus ökonomischem Kalkül geboren, sondern aus politischen Überlegungen angesichts der bevorstehenden deutschen Wiedervereinigung. Hauptantriebskräfte für die Entstehung des Vertrags waren letztlich die Angst der Franzosen, eine Minderung der eigenen Rolle innerhalb Europas hinnehmen zu müssen, und die deutsche Bereitschaft, sich die Wiedervereinigung mit dem Euro zu erkaufen.[10]

2002 wurde der Euro zum alleinigen gesetzlichen Zahlungsmittel in vielen Ländern der EU. Wir haben jetzt eine europäische Zentralbank, und damit wäre die Währungsunion wirklich unwiderruflich, wenn man der Argumentation ihrer Befürworter folgte. Aber die Konstruktion ist einem hohen »moralischen Risiko« ausgesetzt, wie es in der Sprache der Ökonomen heißt: Einzelne können ihre Kosten teilweise auf die Allgemeinheit abwälzen, genießen aber den vollen Nutzen. Wären zum Beispiel in einer Stadt sämtliche Gebäude feuerversichert, so ist es wahrscheinlich, dass manche Eigentümer nachlässiger werden. Langfristig würden auf diese Weise die Versicherungsprämien für alle steigen.[11]

Der vor allem von Deutschland geforderte Stabilitätspakt sollte eigentlich die Währungsunion absichern.[12] Die Inflation und die langfristigen Zinssätze sollten in den Einzelstaaten ein bestimmtes Maß nicht überschreiten. Zudem verpflichteten sich die Länder des Stabilitätspakts, Haushaltsdefizite von mehr als 3 Prozent des Bruttoinlandsprodukts zu vermeiden sowie die öffentlichen Schulden auf unter 60 Prozent des Bruttosozialprodukts zu reduzieren und dauerhaft dort zu halten.[13] Bei einer solchen einheitlichen Geld- und Finanzpolitik könnte die Währungsunion langfristig Bestand haben.

Das moralische Risiko der Wirtschafts- und Währungsunion liegt nun darin, dass die einheitliche Währung die Schuldenstaaten begünstigt. Länder mit einer lockeren Geld- und Finanzpolitik mussten in der Vergangenheit damit rechnen, am Kapitalmarkt höhere Zinsen zu zahlen. Wurde die Situation prekär, flossen Kapitalströme ab, was das Land weiter abstrafte. Das musste zum Beispiel die erste Regierung von François Mitterrand 1981 erfahren. Heute sind die Sanktionen des Kapitalmarkts für die Schuldenstaaten weniger hart, da sie von den solideren Staaten der Währungsunion gestützt werden. Darunter leidet Europa dann zwar langfristig, kurzfristig hat der Schuldenstaat aber einen Vorteil. Die Krisenanfälligkeit des Systems steigt jedoch letztlich.

Durch immer neue Initiativen haben die Länder der EU versucht, den Schwung der Gründerjahre wiederzugewinnen, zuletzt mit dem Vertrag über eine europäische Verfassung.[14] Das 485-seitige Dokument hat aber weniger mit Grundprinzipien eines demokratisch verfassten Gemeinwesens zu tun als mit einem mühsam ausgehandelten Kompromiss zwischen den Mitgliedsstaaten. Es passierte, was nicht hätte passieren dürfen, wenn es nach dem offiziellen Europa gegangen wäre: Ausgerechnet im Kernland Frankreich sowie in der Gründernation Holland lehnten die Bürger die Ratifizierung ab. Der bislang beschrittene technokratisch-bürokratische europäische Weg, der schon bei der Ratifizierung des Vertrags über die die Europäische Union in den neunziger Jahren in ernsthafte Schwierigkeiten geraten war, ist damit am Ende. Das offizielle Europa zerfällt.

Europas Schulden

Im Prinzip können sich Volkswirtschaften auf viererlei Weise verschulden: Erstens kann sich der Staat bei den Bürgern verschulden, zweitens der Staat im Ausland, drittens der Unternehmenssektor auf den Kapitalmärkten und viertens die Privathaushalte insgesamt. Dabei hilft natürlich die Politik der Geldmengenexpansion, denn billiges Geld verleitet immer und überall zum Schuldenmachen. In Japan führte es vor zwanzig Jahren zu einer Verschuldung der Unternehmen, in den USA zu einer Verschuldung der Privathaushalte – und in Europa sind die Staaten die Schuldentreiber. Die größeren Staaten liegen alle deutlich über der Maastricht-Grenze von 60 Prozent. Es gibt kein wirkungsvolles Mittel, die Schuldensünder zur notwendigen Solidarität zu bewegen. Innerhalb der europäischen Währungsunion gewinnen aufgrund des moralischen Risikos diejenigen Länder am meisten, die sich am höchsten verschuldet haben. Was ist das für ein Europa, in dem – mit Ausnahme von Luxemburg – fünf der sechs Gründungsnationen von 1957 zu den großen Schuldnern gehören?

Die Schulden der öffentlichen Haushalte im Euroraum waren 2004 mit durchschnittlich 71,1 Prozent des Bruttoinlandsprodukts zwar nur etwas höher als in Japan vor dem Ausbruch seiner Krise 1989 (68,6 Prozent) oder in Amerika im Jahr 2006 (61,7 Prozent). Man muss aber bedenken, dass unser Kontinent seit zwei Jahrzehnten ein äußerst mageres Wachstum aufweist, obwohl das weltwirtschaftliche Umfeld vergleichsweise günstig war. Ein Großteil der Schulden in Europa wurde mit dem Ziel aufgenommen, die Wirtschaft zu beleben. Genau dies ist nicht gelungen.

Noch schleppen wir uns mit unseren Schulden dahin, aber in einer Krise würden sie zu einem ernsthaften Problem. Schon ein deutlicher Anstieg des Zinsniveaus könnte reichen, einige Staaten zahlungsunfähig werden zu lassen. Zudem fehlte uns dann der Spielraum für weitere schuldenfinanzierte Konjunkturmaßnahmen.

Diese Realität ist immer noch nicht bei den Verantwortlichen angekommen. Statt mutig und entschlossen Reformen anzugehen, teilt die Regierung Merkel schulden- und steuerfinanzierte Wahlgeschenke in Form von Konjunkturprogrammen aus. Die lächerlich geringen Summen sollen in Technologieförderung, Gebäudesanierungen, Verbesserung von Abschreibungsbedingungen, höhere Verkehrsinvestitionen, Elterngeld und steuerliche Absetzbarkeit von Handwerkerdienstleistungen fließen. Sie werden verpuffen. Der Betriebswirt Peter Hoberg hat zum Beispiel gezeigt, dass die Neuregelung der Abschreibungsbedingungen für Unternehmen weitgehend Augenwischerei ist.[15] Mit einer solchen keynesianischen Staatsausgabenpolitik ist bereits Japan nach 1990 gescheitert.

Deutschlands »Weg in den Steuer- und Schuldenstaat«[16] ist exemplarisch für viele, wenn auch nicht für alle Länder der europäischen Union. Zum Jahresende 2004 betrugen die Gesamtschulden der öffentlichen Haushalte in der Bundesrepublik 35 897 Euro je Erwerbstätigem, das sind 153 Prozent des jährlichen Bruttoarbeitsentgelts oder 97 Prozent des verfügbaren jährlichen privaten Jahreseinkommens je Haushalt.[17] Mehr als 10 Prozent der öffentlichen Haushalte werden derzeit durch Schuldenmachen finanziert, immer in der Hoffnung, dass irgendwann eine wundersam gesundende Wirtschaft diese Situation wenden könnte. Der Bund verwendet mittlerweile mehr als 20 Prozent seiner Steuereinnahmen für Zinszahlungen, die Länder 12 Prozent.[18]

In der Regierungszeit Konrad Adenauers lag die Staatsquote noch bei durchschnittlich 35 Prozent. Bis zum Ende der Amtszeit von Kurt Georg Kiesinger im Jahr 1969 stieg sie auf 40 Prozent. In der Regierungszeit Willy Brandts kam es dann zu einem extremen Anstieg auf 50 Prozent. Nachfolger Helmut Schmidt konnte die Staatsquote zwar bei 50 Prozent stabilisieren, aber nun explodierte der Schuldenstand, weil die Wirtschaft die hohen Ausgabenlasten nicht mehr tragen konnte. Nach einer leichten Konsolidierung in der ersten Hälfte von Helmut Kohls Amtszeit zog die Staatsquote nach der Wiedervereinigung wieder an. Die Schuldenquote, die auch unter Helmut Kohl nicht zurückgegangen war, stieg mit kurzer Verzögerung ebenfalls massiv – eine Folge der völlig verkehrten Wirtschaftspolitik bei der Wiedervereinigung. Mittlerweile liegt Deutschland bei der Schuldenquote schon im oberen Drittel der EU-Länder. Eine Trendwende ist nicht in Sicht.

Alle Parteien tragen die gleiche Verantwortung am Schuldenmachen, ja es scheint eine wichtige Voraussetzung dafür zu sein, dass die völlig überdimensionierte Politikerkaste sich in Deutschland an der Macht halten kann. Dazu der Wirtschaftsexperte Bernd-Thomas Ramb: »Gibt die Regierung mehr Geld aus, als sie einnimmt, erfreut das den Wähler doppelt. Er muss – relativ gesehen – weniger Steuern zahlen und erhält mehr, als er bei seinen Steuerlasten erwarten dürfte.«[19] Die staatsrechtlichen Mittel, Haushaltsdefizite zu verbieten, sind sowohl auf EU-Ebene als auch auf der von Nationalstaaten, zumindest in Deutschland, vorhanden. Sie werden aber mehr oder weniger stillschweigend ignoriert.

Über den großen Schuldenkonsens der Politiker kann auch gelegentliches Schattenboxen nicht hinwegtäuschen. Eine der ersten Koalitionsstreitigkeiten der Regierung Merkel entzündete sich daran, ob man den Haushalt als »verfassungswidrig« bezeichnen dürfe (verfassungswidrig ist ein Bundeshaushalt dann, wenn die Neuverschuldung über den öffentlichen Investitionen liegt; das Grundgesetz erlaubt nach Art. 115 jedoch eine Ausnahme »zur Abwehr eines gesamtwirtschaftlichen Ungleichgewichts«).[20] Allerdings gaben die Unionspolitiker, die diese verfassungsrechtlichen Bedenken hatten, klein bei. Sie standen damit in bester Tradition: Zwischen 1990 und 2004 wurden sieben verfassungswidrige Haushalte vorgelegt, ohne dass es zu Konsequenzen geführt hätte.

Genauso, wie sich Länder ihrer internationalen Schulden gern durch Inflation und Währungsabwertung entledigen, machen sie dies auch bei ihren nationalen Schulden. Ramb kommt zu der Schlussfolgerung, dass eine Währungsreform in Deutschland unvermeidlich sein wird und prognostiziert diese Wahrscheinlichkeit für das Jahr 2010 mit 25 Prozent. Diese steigt bis 2020 auf 66,5 Prozent und bis 2030 auf über 90 Prozent.[21]

Die deutschen Staatsschulden – und in vielen anderen Ländern Europas sieht es nicht anders aus – sind zudem Teil der internationalen Kredit- und Schuldenblase. Noch gelten die deutschen Staatsschulden sowie die der meisten anderen Industrienationen als erstklassig. Die führende amerikanische Kredit-Ratingagentur Moody's vergibt weiterhin ein AAA, also das höchste Rating.[22] Nach allem, was ich in diesem Buch vorgebracht habe, sind die großen Industrienationen tatsächlich schon längst nicht mehr Schuldner höchster Bonität. Dennoch: Große globale Investoren, seien es Versicherungen oder Pensionsfonds, decken sich vorzugsweise mit diesen Schuldtiteln ein.

Seit 1993 stieg der Anteil deutscher Staatsschulden, den internationale Gläubiger halten, kontinuierlich. Gleichzeitig sank der Anteil, der in den Büchern inländischer Kreditinstitute stand.[23] Wenn man dies richtig interpretiert, bedeutet das, dass die deutschen Staatsschulden nicht mehr so sicher sind, wie sie einmal waren: Die deutschen Banken, die die Situation am besten kennen, verlegen nicht von ungefähr Teile ihrer Kapitalanlagen ins Ausland. Vielfach vergessen sie dabei aber, dass die Geldinstitute in anderen Ländern es genauso machen. So »streut« jeder sein Risiko, denkt aber nicht daran, dass die Gefährdung des gesamten Systems gerade dadurch weiter steigt.

Mittlerweile halten ausländische Gläubiger fast die Hälfte der deutschen Staatsschulden. Sollte eine Währungsreform kommen, wären sie an den Verlusten im gleichen Umfang beteiligt. Wie im Falle der USA und anderer Industrienationen ist dies ein großer Anreiz für Deutschland, irgendwann den Staatsbankrott zu erklären.

Anders als in den USA ist in der Bundesrepublik wenigstens die private Ersparnisbildung relativ hoch: Die Sparquote hat in den letzten Jahren wieder zugenommen und liegt nun bei 10,5 Prozent. Psychologen haben das damit erklärt, dass in Deutschland nach zwei verlorenen Weltkriegen die Tendenz zum »Angstsparen« besonders ausgeprägt sei. In einer Situation, in der sich ein Amerikaner im ungebremsten Zukunftsvertrauen weiter verschulden würde, setzt bei

einem Deutschen vielleicht schon längst der Wunsch nach Risiko-
absicherung ein. Das hat dazu geführt, dass Deutschland nach Japan global die zweitgrößte Quelle von Kapital ist.

Ende 2004 besaßen die deutschen Haushalte zusammen das
große Vermögen von nahezu

10 000 000 000 000 (zehn Billionen) Euro.[24]

Allein bis 2010 wird eine Billion Euro vererbt. Das steht im scheinbaren Widerspruch zur allgemeinen wirtschaftlichen Misere in
Deutschland, aber wirklich nur im scheinbaren. Letztlich stützt es
meine These der Aufblähung von Kreditsummen durch die Scheinblüte der vergangenen Jahre.

Der angebliche »Reichtum« stabilisiert die Ökonomie keinesfalls.
Da das Kapital in Deutschland nicht investiert wird, floss und fließt
es ins Ausland. Mit den Geldern wurden aufgrund der Steuergesetz-
gebung viele Filmproduktionen in Hollywood oder Container-
schiffe in Asien finanziert, hierzulande bleibt nur Geldvermögen.
Bargeld, Spareinlagen, Aktien, Aktienfonds, Investment-Zertifikate
und Lebensversicherungen machten 40,66 Prozent des Gesamtvermögens der Deutschen aus, im Durchschnitt bedeutet dies ein
Geldvermögen von 75 156 Euro je Haushalt. In einer Krise würde
sich ein großer Teil davon in Luft auflösen, da diese nur aus Forderungen bestehen, die nicht mehr bedient werden würden.

Dabei ist schon längst deutlich geworden, wie ungleichmäßig die
Vermögensverteilung mittlerweile geworden ist. Im Jahr 2003 betrug das durchschnittliche Bruttovermögen (Geldvermögen und
Immobilien) je Haushalt 161 300 Euro. Der Median – also der Ver-
mögenswert, bei dem genau jeweils die Hälfte der Haushalte mehr
oder weniger Vermögen haben – liegt aufgrund der sehr ungleichen
Einkommensverteilung deutlich darunter, nämlich bei 67 000
Euro.[25] Es ist damit völlig klar, dass der Großteil der Bevölkerung
bei einer Krise der staatlichen Rentenversicherung überhaupt
keine Chance hat, in einem angemessenen Umfang private Altersvorsorge zu betreiben.

Viele Privathaushalte in Deutschland haben genau wie in den
USA massive und steigende Schuldenprobleme. Ihre Anzahl in den

letzten zehn Jahren ist um 50 Prozent gestiegen. Nach dem Schuldenreport 2006, der vom Caritasverband, dem Deutschen Roten Kreuz, dem Diakonischen Werk und dem Bundesverband der Verbraucherzentralen erstellt wurde, sind 3,13 Millionen Haushalte in Deutschland – das sind mehr als 8 Prozent! – überschuldet.[26]

Wie ist es möglich, dass die Bundesbürger immer mehr sparen und dennoch eine zunehmende Zahl von Haushalten überschuldet ist? Der *Zeit*-Wirtschaftsredakteur Wolfgang Uchatius hat eine einfache Erklärung parat.[27] Er weist darauf hin, dass immer mehr Deutsche nicht mehr in »normalen« Arbeitsverhältnissen angestellt sind, sondern Zeitarbeitsverträge oder sonstige Arrangements haben. Gerade diese Haushalte versuchen wie bisher weiterzuleben – und greifen auf die verlockenden Angebote der Finanzbranche mit ihren niedrigen Zinsen zurück.

Damit haben die niedrigen Zinsen der letzten Jahre zu einer ähnlichen Situation geführt wie in Japan während der zweiten Hälfte der achtziger Jahre. Auf der einen Seite nimmt die Sparquote zu, auf der anderen Seite rutscht ein immer größerer Teil der deutschen Haushalte in die Schuldenfalle. Zudem steigt die Ungleichheit der Einkommensverteilung.[28] Damit haben die Großverdiener mehr Geld für spekulative Investments, während mehr und mehr Haushalte mit dem Existenzminimum auskommen müssen.

Zur Stabilität des Wirtschaftssystems trägt das nicht bei. In der Krise würden die hoch verschuldeten Haushalte zahlungsunfähig, was die Kreditausfälle der Banken nach oben treiben wird. Das wiederum würde die Abwärtsspirale beschleunigen. Da nutzt es – genau wie Japan – wenig, wenn die Bevölkerung Europas insgesamt noch spart.

Erste Spekulationsblasen

Japan konnte 1985 auf mehr als fünfunddreißig Boomjahre zurückblicken, die nur von den Ölkrisen kurz unterbrochen waren. Daraus entstanden die mehr oder weniger parallelen Spekulationsblasen bei Aktien und Immobilien Ende der achtziger Jahre. In den USA dauerte der Aufschwung von 1981 bis zum Jahr 2001. Auch gegen Ende dieses Booms entwickelte sich eine Spekulationsblase bei Aktien, mit etwas Zeitverzögerung auch eine viel größere und gefährlichere bei Immobilien.

In der jüngeren Vergangenheit hat Europa keine vergleichbaren Boomphasen erlebt. Man könnte also hoffen, dass dieser Kontinent gegen Spekulationsblasen weitgehend gefeit ist. Das ist aber nicht der Fall. Die deflationären Effekte von Globalisierung und Europäischer Währungsunion sowie die zunehmende Konzentration der Einkommen haben bereits in London, dem Süden Englands sowie bestimmten Gegenden Frankreichs und Spaniens zu spekulativen Überhitzungen der Immobilienmärkte geführt.[29] Auch die osteuropäischen Börsen wurden in den letzten Jahren durch die Beitrittsfantasien derartig beflügelt, dass die durchaus berechtigte Erwartung eines wirtschaftlichen Aufschwungs mittlerweile spekulative Züge annimmt. Selbst der ehrwürdige und früher nicht allzu aufregende österreichische ATX-Börsenindex stieg von 2003 bis 2006 auf das Vierfache – eine direkte Folge der Osteuropa-Fantasie.

Seit Jahren verzeichnet Spanien zweistellige Zuwachsraten bei den Immobilienpreisen. Eine Abkühlung ist immer noch nicht in Sicht. 2005 wurde ein neuer Rekord beim Bauen erreicht. Nach Schätzungen der Caixa de Catalunya sollen in diesem Jahr 780 000 Wohnungen und Häuser neu entstanden sein. Die spanische Vereinigung der Architektenkammern geht davon aus, dass diese Zahl 2006 noch übertroffen wird. Die hohe Nachfrage, die aus dem Ausland und Spanien selber kommt, scheint ungebrochen, obwohl mittlerweile auf Mallorca auch viele Objekte leer stehen, weil die Eigentümer nicht die geforderten Preise erhalten.

Dabei ist auf dem spanischen Immobilienmarkt ein ähnlicher Effekt wie in den USA zu beobachten. Nach dem Deutschen Institut für Wirtschaftsforschung (DIW) wirkt die Geldpolitik der Europäischen Zentralbank stark expansiv auf die spanische Wirtschaft: Endlich können sich Spanier zu denselben niedrigen Zinssätzen verschulden wie die Nordeuropäer. Hinzu kommen hohe Nettozahlungen aus Brüssel.[30] Steigende Löhne und ein anziehendes Wirtschaftswachstum haben dazu geführt, dass auch in Spanien immer mehr Schulden gemacht werden. Und 70 Prozent des privaten Vermögens der Spanier stecken in Immobilien. Da kann schon ein Anstieg der Zinsen um wenige Prozentpunkte eine Kettenreaktion auslösen. Das DIW resümiert: »Der beeindruckende Wachstumsprozess in Spanien stehen auf wackeligen Füßen.«[31]

Vorreiter der spekulativen Entwicklungen in Europa ist Großbritannien, das mit der US-Wirtschaft natürlich mehr Gemeinsamkeiten teilt als Kontinentaleuropa. Wie Japan, Deutschland und die USA nach 2001 hat auch England unter Blair die öffentlichen Ausgaben stark angehoben. Dies geschah nicht mit dem primären Ziel, die Konjunktur anzukurbeln, sondern eher mit dem Versprechen, die Versäumnisse der Tory-Regierungen zu korrigieren. So wurden beispielsweise große Summen in das Gesundheits- und Verkehrssystem investiert. Die atemberaubende Investitionspolitik der Regierung führte zwar bislang nicht zu höheren Staatsschulden, da die Öleinnahmen aus der Nordsee sprudelten, sie führte allerdings in Kombination mit dem billigen Geld zu einer Immobilienblase.

Zwischen 1995 und 2003 stiegen die Immobilienpreise in Großbritannien insgesamt um mehr als 125 Prozent. Diese Durchschnittswerte verdecken aber die spekulativen Exzesse im Großraum London. Dort werden Zehn-Quadratmeter-Wohnungen für bis zu 300 000 Euro verkauft. Erst seit Ende 2005 machen sich gewisse Abkühlungen in der Immobilienwirtschaft bemerkbar.

Mit einer Arbeitslosenquote von unter 5 Prozent stand Großbritannien lange als das Reformwunder in Europa da. Es zeigen sich hier aber die ersten Risse. So wurden zum Beispiel zwischen 1979 und 1997 die Kriterien für die Aufnahme in die Arbeitslosenstatistik insgesamt dreißigmal geändert – jedes Mal sank die Arbeitslosenzahl weiter. (Ähnlich verfuhr auch die Regierung Schröder, als man vor der letzten Wahl ein paar hunderttausend Arbeitslose schnell in Umschulungsmaßnahmen versteckte.)

Die Strukturprobleme sind jedoch geblieben. Das Gesundheits- und Schulwesen hat sich trotz enormer Mehraufwendungen kaum verbessert. Die Verkehrsinfrastruktur ist immer noch marode. Und die Arbeitsproduktivität hinkt heute noch genauso weit hinter der deutschen und französischen her wie 1997. »Was ist schief gelaufen für uns Briten?«, fragte Andrew Gowers, der frühere Chefredakteur der *Financial Times,* im Februar 2006 im *manager magazin* und gab auch gleich die Antwort: »Blair & Co. zahlen in ihrer dritten Legislaturperiode den Preis dafür, dass sie ihre Erfolge in den ersten beiden Amtsperioden übertrieben dargestellt haben.«[32]

Wenn ein europäisches Wachstumsland (Spanien) und Europas »Reformwunder« (Großbritannien) schon jetzt erhebliche strukturelle Probleme erkennen lassen, wird es in der Krise erheblich schlimmer kommen. Im Frühjahr 2006 mehrten sich die Anzeichen für eine Zinswende – und eine solche wäre Gift für fast alle westlichen Industrienationen. Mit ihrer keynesianischen Ausgabenpolitik haben sie die Staatsschulden zugunsten kurzfristiger Strohfeuer weiter erhöht und sich gegenüber steigenden Zinsen verwundbar gemacht. Jetzt, da die Hitze nachlässt und fast alles Stroh verbrannt ist, merken sie auf einmal, wie kalt es wirklich ist.

Die Krise als Chance

Ich begreife die kommende globale Krise bei allen Risiken auch als Chance für Deutschland und Europa. In einer größeren Depression ist der Kontinent in seiner jetzigen Form nicht mehr finanzierbar. Es ist dann undenkbar, dass die europäischen Institutionen die kommende Krise ohne Schaden überstehen. Die europäische Währungsunion wird wahrscheinlich als Erstes sang- und klanglos untergehen. Wenn Länder wie Deutschland, Frankreich und Italien faktisch zahlungsunfähig werden, können sie in der Wirtschafts- und Währungsunion ihre Schulden nicht mehr durch Inflation loswerden. Dazu müssten sie aus dem allgemeinen Währungsverbund ausscheren. Und damit wäre der Währungsverbund klinisch tot. Als Nächstes würde der europäische Haushalt platzen, denn es ist schwer vorstellbar, dass die Länder, die die eigenen Haushalte nicht mehr finanzieren können, Europa bedienen – und sei der europäische Haushalt relativ zu den nationalen Haushalten gesehen auch noch so klein.

Europa benötigt tief greifende politische Umwälzungen, wenn es zu einer demokratisch legitimierten gemeinsamen Politik finden will. Insofern kann die Krise auch eine Möglichkeit sein, zu einem Europa der Bürger zu gelangen. Ich kenne kaum jemanden, der eine vollständige Renationalisierung Europas wünscht. Wir alle sehen uns als Europäer. Bei vielen steht die Nation zwar noch an erster Stelle, aber bei allen spielt Europa eine wichtige Rolle. Zu eng verflochten sind die Schicksale der europäischen Nationen, so eng, dass sogar Großbritannien den engeren wirtschaftlichen Anschluss an das Festland gesucht hat.

Ich halte ein engeres Zusammenrücken der Länder Europas in einer Wirtschaftskrise auch noch aus einem anderen Grund für sehr wahrscheinlich: Selbst wenn die Brüsseler Bürokratie zerfallen sollte, die einzelnen Länder können beim besten Willen nicht im Alleingang überleben, auch nicht auf Kosten ihrer direkten Nachbarn. Sie sind viel zu klein geworden, um singulär noch ernsthaft auf der Weltbühne mitzuspielen.[33] Sogar dort, wo diese Tatsache standhaft geleugnet wird – in Frankreich und Großbritannien –, ist sie im Unterbewusstsein schon angelangt. 1998 schrieb ich:

Der Euro wird kommen und gehen ... (Wir) Europäer sollten diesbezüglich entspannt sein. Die europäische Identität ist in der jüngeren Generation viel stärker ausgeprägt, als es viele der alten »Europäer«, sogar Helmut Kohl, glauben. Diese Identität wird sogar von größeren Krisen nicht ernsthaft beschädigt werden können. Wir sollten aufhören, uns um das Europa von Brüssel Sorgen zu machen und die Ängste von gestern zu durchleben. Stattdessen müssen die wirklich wichtigen Fragen – die Vorbereitung der europäischen Wirtschaften für die Zukunft und die Schaffung demokratischer Legitimität für die europäischen Institutionen – gelöst werden. Nur wenn diese Fragen angegangen werden, kann Europa wirklichen Fortschritt erzielen.[34]

Es ist leider so, dass Gemeinschaften erst im Falle der Krise (oder einer Bedrohung) zur Höchstleistung auflaufen. Wenn die Globalisierungsblase endet – sei es, dass sie mit einem lauten Knall platzt oder dass sie langsam in sich zusammensinkt –, könnte Europa diese Chance ergreifen.

Das ist aber politische Spekulation. Zunächst einmal werden viele staatliche Leistungen nicht mehr finanzierbar. Die Sozialsysteme müssen radikal umgebaut werden, Geldvermögen werden implodieren. Lassen Sie uns deswegen schauen, durch welche Risiken Ihr Vermögen bedroht wird.

So könnte Ihr Vermögen bedroht werden

Keiner kann seriös voraussagen, wie die Krise genau ablaufen wird. Das schafft Unbehagen, lässt sich aber nicht ändern. Wenn das Fass voll ist, kann es durch einen beliebigen Tropfen zum Überlaufen gebracht werden. Eine Nichtigkeit kann dann zum Auslöser werden, der Zufall regiert. Auch der weitere Verlauf ist nicht vorhersehbar, sondern nur das Ergebnis: Es muss Vermögen in gigantischem Ausmaß vernichtet und umverteilt werden. Dennoch kann Ihnen eine Analyse der Gefahren, die potentiell Ihr Vermögen bedrohen, helfen, die entsprechende Vorsorge zu treffen.[35]

Die kommende Krise ist prinzipiell deflationärer Natur. Die Zentralbanken sind – mit Ausnahme der USA – immer noch primär auf die Bekämpfung der Inflation programmiert. Zudem haben in den USA, Europa und Japan die älteren Bevölkerungsschichten einen starken politischen Einfluss. Bezieher von Renten und Kapitaleinkünften sowie Besitzer von Geldvermögen haben ein Interesse daran, den Geldwert stabil zu halten. Sie nutzen diesen Einfluss, um ihren Lebensstandard abzusichern. Keine Regierung wagt es, allzu offen gegen die Interessen der älteren Generation vorgehen. Kurt Biedenkopf hat ein ganzes Buch danach benannt: *Die Ausbeutung der Enkel*. Die Jüngeren müssen hingegen immer härter arbeiten und haben immer schlechtere Zukunftsperspektiven.

Es kann aber zwischenzeitlich und regional begrenzt auch immer wieder zu kurzen Inflationsschüben kommen. Das macht den Verlauf so unvorhersehbar.

Krisenszenarien und ihre Folgen

Krisenszenario	Risiken für Ihr Vermögen
1.) Immobilien- oder Aktiencrash mit folgender deflationärer Wirtschafskrise: Dieses Szenario ist schon mehrfach angesprochen worden. Durch Crashs schrumpft das Vermögen der Haushalte. In der Folge wiederum fällt Nachfrage aus, was zu weiteren Kettenreaktionen führt. Die Zahl der Insolvenzen und das Ausmaß der Arbeitslosigkeit steigen, Kredite und Anleihen fallen aus. Staaten können versucht sein, sich durch Protektionismus und ähnliche Maßnahmen zu sanieren. Der Welthandel geht zurück.	*Wertverlust bei Aktien, Anleihen, Lebensversicherungen; Verlust des Arbeitsplatzes; fallende Mieten und Häuserpreise; Anstieg der Preise für Importwaren; Einschränkung des Umtauschrechts für Devisen.*
2.) Schleichende Deflation: Dies ist das Japan-Szenario. Hier versucht der Staat, durch massive Eingriffe die Folgen des Crashs zu korrigieren und erhält Unternehmen am Leben, die eigentlich nicht überleben würden. Eine »Zombie-Wirtschaft« entsteht. (Manchmal hat man auch in Deutschland schon diesen Eindruck).	*Wertverlust bei Aktien, Anleihen, Lebensversicherungen; fallende Mieten und Häuserpreise; höhere Steuern, Verlust des Arbeitsplatzes; Lähmung der Wirtschaft.*
3.) Schleichende Enteignung: Am 15. September 2006 titelte Deutschlands bekannteste Boulevardzeitung: »Deutschland sozialistischer als China«. Das trifft: Seit Jahren findet eine schleichende Enteignung breiter Bevölkerungsschichten – durch den Staat – statt. Insbesondere der arbeitende Mittelstand wird zu Gunsten der Kapitaleinkünfte, der Rentenbezieher, der staatlichen Bediensteten	*Vor der Krise können »normal arbeitende Menschen« nicht mehr genug zurücklegen, um später ein Sicherheitspolster zu haben.*

und der Empfänger von Sozialleistungen systematisch enteignet.
Die Regierung Merkel/Müntefering
macht mit der größten Steuer-
erhöhung aller Zeiten vor, wie so
etwas umgesetzt wird.

4.) Vermögensumverteilung von unten nach oben: Vor jeder größeren Krise wurde massiv Vermögen von unten nach oben umverteilt. Das war vor 1929 so, und es ist auch seit 1980 wieder so. Es sind letztlich die großen Mengen freien Kapitals, die zu immer volatileren Kapitalströmen führen und eine wesentliche Ursache für die Krisen sind. Insofern hatte Marx durchaus Recht. Allerdings: Wenn die Phase der unbegrenzten Spekulation durch eine Krise ein Ende findet, bekommen wir nicht die sozialistische Weltgesellschaft, sondern der ganze Kreislauf fängt von vorne an. Insofern hat die Krise bereits VORHER erhebliche Auswirkungen auf die Vermögenslage vieler Menschen. Die geringer und normal Verdienenden müssen einen immer größeren Teil ihres Einkommens für Konsumausgaben verwenden und die Mittelschicht schrumpft. Insofern befinden wir uns schon mitten in der Krise.	*Vor der Krise können »normal arbeitende Menschen« nicht mehr genug zurücklegen, um später ein Sicherheitspolster zu haben.*
5.) Massive Dollarabwertung: Irgendwann muss der Dollar drastisch fallen. Die Frage, an der sich schon viele die Finger verbrannt haben, ist nur: wann? Alleine dadurch würde massiv Papiervermögen vernichtet	*Wertverlust bei US-Anleihen, danach auch bei anderen Wertpapieren. Ansonsten wie 1.)*

werden. Zudem würde die US-Nachfrage auf den Weltmärkten ausfallen. Weltweite Rezession und Unternehmensinsolvenzen wären das Ergebnis, die Staatsfinanzen würden belastet. Auch im exportorientierten China könnten eine Depression und eine Krise des Bankensystems die Folge sein. Der Welthandel würde drastisch zurückgehen.	
6.) Andere Währungskrisen: Bei den unter 1.), 3.) und 5.) genannten Szenarien würde wahrscheinlich auch das europäische Währungssystem zusammenbrechen.	*Keine zusätzlichen Risiken, eher mehr wirtschaftspolitische Handlungsfreiheit für die europäischen Länder.*
Inflation: Eine inflationäre Krise ist eher unwahrscheinlich, mit Ausnahme in den USA, die versuchen könnten, sich auf diese Weise ihrer Auslandsschulden zu entledigen. Dies würde die wirtschaftliche Aktivität in den anderen Ländern aufgrund geringerer Exporte lähmen.	*Szenario 1.), aber abgeschwächt, da weniger US-Nachfrage ausfällt; Wertverlust bei US-Anleihen, ggf. auch bei anderen Wertpapieren; Gläubiger der USA werden schleichend enteignet.*
Staatsbankrott und Währungsreform: Staaten haben sich in der Vergangenheit Ihrer Schulden immer auf unehrliche Weise entledigt, wenn diese nicht mehr finanzierbar waren. Auch diesmal wird es nicht anders sein. Allerdings sind zum Beispiel die amerikanischen Staatsfinanzen solider als die europäischen. Die Schuldenlast ist in etwa gleich, aber die Bevölkerungsstruktur ist in den USA solider. Daher ist hier das Risiko in Europa höher.	*Szenario 2.) Zusätzlich verlieren Besitzer von Staatsanleihen, Anleihen allgemein und Bargeld.*

Enteignung und Einfrieren von Guthaben: Massive Währungskrisen oder Staatsbankrotte können auch kaschiert werden, indem Guthaben einfach eingefroren werden. Mohamad Mahatir hat das in der Malaysien-Krise vorgemacht, und es hat sich kaum Protest geregt. Mit der modernen Informationstechnologie sind das Einfrieren und eine Kontingentierung von Guthaben viel leichter möglich als früher.	*Szenario 2.) Besitzer von Papiervermögen verlieren Geld.*

Im Prinzip gibt es drei Risikoszenarien für Ihr Vermögen: 1) die große Krise, 2) die versteckte Krise und 3) die Inflation, wobei Inflation außer in den USA eher unwahrscheinlich ist. Wir haben vor allem noch zwei Krisenszenarien im Kopf: die Große Depression nach 1929 und die Inflation in den siebziger Jahren. Gerade deswegen ist es nicht unwahrscheinlich, dass sich die Krise weder in der einen noch in den anderen Form wiederholt.

Absolute Sicherheit gibt es bei der Geldanlage nie. Das hören insbesondere die Deutschen nicht gerne, die mehr als die meisten anderen Völker Angst vor dem Unbekannten und vor dem Risiko haben. Wenn Sie Ihr Geld anlegen, sind Sie immer Kaufmann. Durch eine geschickte Anlage Ihres Vermögens und die entsprechende private Krisenvorsorge können Sie die negativen Konsequenzen der Krise stark eingrenzen und vielleicht sogar von der einen oder anderen Entwicklung profitieren.

Fangen Sie JETZT an!

In Kapitel eins habe ich Ihnen die beiden wahrscheinlichsten Auslöser der kommenden Weltwirtschaftskrise vorgestellt: eine Flucht aus dem Dollar mit damit verbundener starker Abwertung der US-Währung oder ein Platzen der Immobilienblase in den Vereinigten Staaten. Die Abwertung des Dollars oder das Ende der Immobilienblase kann auch schleichend verlaufen. In Japan dauerte es mehrere Jahre, bis man erkannte, dass überhaupt eine Krise vorlag. So viel Zeit haben Sie nicht.

Es gibt schon jetzt Anzeichen dafür, dass Amerika die Konvertierbarkeit des Dollars einschränkt. Der Kongress sorgt zunehmend dafür, dass Ausländer keine US-Unternehmen mehr kaufen können. Als ein professionelles Unternehmen aus Dubai beispielsweise im Jahr 2005 die Betreibergesellschaften verschiedener amerikanischer Häfen kaufen wollte, wurde dies von der Politik gestoppt. Mittlerweile gibt es sogar Versuche im Kongress, den Kauf von Staatsanleihen durch Ausländer einzuschränken.

Auch bei den amerikanischen Immobilienpreisen scheint der Wendepunkt erreicht zu sein. Vom dritten auf das vierte Quartal 2005 sank der Durchschnittspreis neuer Häuser erstmalig seit Jahren. Der Rückgang von 294 000 Dollar auf 284 000 Dollar ist durchaus signifikant.[36] Im dritten Quartal 2005 fielen die Preise in Manhattan um 13 Prozent – auch das kann als Vorzeichen gesehen werden, dass die Immobilienblase sich ihrem Ende nähern könnte. In den Regionen von Washington, Boston und San Francisco sieht es ähnlich aus. Insider in der Immobilienbranche haben 2005 Aktien von Immobilienunternehmen im Wert von einer Milliarde Dollar verkauft.

Die Insolvenz von General Motors[37]

Noch ist General Motors (GM, deutsche Tochtergesellschaft: Opel) nach produzierten Stückzahlen der größte Autokonzern der Welt, dicht gefolgt von Toyota. Aber es ist viele Jahrzehnte her, dass ein Vorstandsvorsitzender von GM ruhigen Gewissens sagen konnte: »What is good for General Motors is good for the United States.« (»Was gut für General Motors ist, ist auch gut für die Vereinigten Staaten.«) Heute blutet GM Bargeld in Strömen. Der Jahresverlust 2005 betrug über zehn Milliarden Dollar. Noch hat das Unternehmen liquide Mittel von 20,5 Milliarden Dollar in der Bilanz, sodass es noch eine Weile durchhalten kann. Aber der Blutverlust lässt sich anscheinend nicht stoppen.

Mitte des letzten Jahrhunderts war GM bei weitem der größte und mächtigste Konzern der Welt. Da die USA kaum eine staatliche Gesundheitsversorgung hatten, stattete GM seine Mitarbeiter mit großzügigen Alters- und Krankenversicherungen aus. Heute muss ein aktiver GM-Arbeiter über 1,5 GM-Rentner ernähren. Das hebt die Kosten pro Fahrzeug um 1300 Dollar an. Mittlerweile haben sogar die Gewerkschaften einer rückwirkenden Veränderung der Krankenversicherungen zugestimmt. Wenn bei GM die Krankenversicherungen nicht mehr sicher sind, sind sie es bei keinem Unternehmen in den USA. General Motors ist somit auch ein Beispiel dafür, was in unseren europäischen Gesellschaften insgesamt passierten könnte.

Strategische Probleme, Qualitätsmängel und eine verfehlte Produktpolitik kommen hinzu. Seit Jahrzehnten verliert GM Marktanteile an ausländische Konkurrenten und scheint diesen Trend nicht stoppen zu können. Mittlerweile liegt dieser bei blamablen 26 Prozent. Das Unternehmen ist aber für größere Produktionsmengen dimensioniert.

Der Spin-Off des Autozulieferers Delphi im Jahr 1999, mit dem sich General Motors einiger Altlasten entledigen wollte, half auch nichts. 2005 musste Delphi Insolvenz erklären und von GM mit einer großen Summe gerettet werden. Es ist nicht unwahrscheinlich, dass den Mutterkonzern dasselbe Schicksal ereilt.

Die Auswirkungen wären massiv. General Motors beschäftigt weltweit 325 000 Menschen, in den USA allein 140 000. Insgesamt hängen von dem Unternehmen 1,1 Millionen Mitarbeiter, Rentner und Familienangehörige direkt ab. Hinzu kommt mindestens dieselbe Anzahl bei Händlern und Zulieferern. Sollten diese Menschen plötzlich keine Arbeit, keine Krankenversicherung und keine Renten mehr haben, könnte eine Kettenreaktion im schon jetzt sehr angeschlagenen Weltwirtschaftssystem ausgelöst werden.

Die Kreditkrise ist bereits Realität, seitdem sich in den letzten Juliwochen des Jahres 2007 die Stimmung an den Märkten schlagartig verändert hat. Es ist wahrscheinlich, dass Kapitalgeber in den nächsten Jahren wesentlich vorsichtiger sein werden. Die Kreditorgie der letzten Jahre und die Sonderkonjunktur bei Private Equity und bei Hedgefonds ist damit aller Voraussicht nach zu Ende. Bis das schlechte Kreditklima die gesamte Wirtschaft erreicht, kann noch einige Zeit ins Land gehen. Aber es ist unwahrscheinlich, dass sich die Trendwende auf den Kreditmärkten nicht auf die Wirtschaft auswirken wird.

Sollte der Wert des Dollars drastisch einbrechen oder zurückgehen – und ich denke, dass das früher oder später passieren wird –, wären ausländische Kapitalanleger sehr viel vorsichtiger mit Investments in den USA. Ich sehe es als möglich, wenn nicht sogar wahrscheinlich an, dass amerikanische Politiker dann wesentlich drastischere protektionistische Maßnahmen ergreifen und vielleicht sogar Auslandsvermögen einfrieren. In diesem Fall sinken automatisch auch die Werte der Devisenreserven in Europa und Japan massiv, was in diesen Ländern zu einem Verlust an Nettoauslandsvermögen führt. Die USA hätten so ihre Gläubiger (teil-)enteignet.

Hinzu kommt: Noch ist die chinesische Währung an den Dollar gekoppelt. Aber egal, ob sie gegenüber dem Dollar aufgewertet wird oder ob Amerika sich mit protektionistischen Maßnahmen abschottet, China kann sein exportgetriebenes Wachstum nicht fortsetzen und wird selber eine zunehmend aggressivere Handelspolitik betreiben. Zudem hätte das Land durch den Ausfall der amerikanischen Nachfrage ebenfalls ein großes Problem. Wenn auch die Devisenreserven gigantisch sind – die Bankenstruktur im Inneren ist keinesfalls gesund. Protektionistische Maßnahmen in den USA und China würden also unweigerlich enorme Rückgänge im Welthandel zur Folge haben, die den Einsturz des monetären Kartenhauses nur verschlimmern würden. Ich sehe keine Möglichkeit, wie die Notenbanken dagegensteuern können, denn ihr Geld will dann niemand mehr haben. Aber auch, wenn es zu den weniger drastischen Szenarien der schleichenden Depression oder der schleichenden Enteignung kommt, müssen Sie etwas unternehmen. Die Zeit, dies zu tun ist JETZT – selbst wenn sich nicht genau sagen lässt, wann sich die Entwicklung krisenhaft zuspitzen wird. Lassen Sie uns deswegen im letzten Teil des Buches gemeinsam darüber nachdenken, wie Sie Ihre private Krisenvorsorge gestalten können.

ZWISCHENBILANZ

> Als Spezies haben Lemminge einen schlechten Ruf.
> Aber kein bestimmter Lemming ist jemals individuell
> kritisiert und zur Rechenschaft gezogen worden.
> *Warren Buffett*

Die Welt in der Finanzkrise[1]

Es begann relativ harmlos. Im Februar 2007 gab die HSBC, Europas größte Bank, Abschreibungen von bis zu 10 Milliarden Dollar auf ihre Subprime-Papiere bekannt. Am 2. April dann musste der US-Hypothekenfinanzierer New Century Financial Insolvenz anmelden. New Century war groß im Geschäft mit schlechten Krediten. Daher hoffte die Finanzwelt noch, dass diese Insolvenz ein Einzelfall sein würde. Aber der Damm war bereits an einigen Stellen durchlöchert und stand kurz vor dem Bruch. Die (be)trügerische Struktur der amerikanischen Immobilienfinanzierungen wurde immer deutlicher, die von mir bereits 2006 festgestellte Trendwende bei den US-Immobilienpreisen war nun nicht mehr zu übersehen. Der Case-Shiller-Index (der Index für die amerikanischen Häuserpreise) begann durchzusacken – bis heute ist kein Ende in Sicht.[2]

Noch im März 2007 versuchte US-Finanzminister Henry Paulson zu beschwichtigen: Der Rückgang der Hauspreise habe sich nur auf bestimmte und besonders schlechte Hypotheken ausgewirkt, sagte er. »Es gibt Kreditprobleme, aber sie sind begrenzt.«

Doch im Sommer 2007 rückten die Einschläge immer näher. Die Düsseldorfer IKB (Industriekreditbank) teilte mit, dass sie von der US-Immobilienkrise »mit einem einstelligen Millionenbetrag [sic!] betroffen« sei. Nur eine Woche später waren es dann bereits eine Milliarde Euro. Ein eilig zusammengetrommeltes Konsortium unter der Leitung der Hauptanteilseignerin, der staatlichen KfW-

Bank (Kreditanstalt für Wiederaufbau), rettete die IKB durch Finanzspritzen. Der Chef der Finanzaufsicht BaFin, Jochen Sanio, übte sich in dramatischer Rhetorik: Er warnte »vor der schwersten Bankenkrise seit 1931, sollte die IKB zusammenbrechen«.

Noch während die IKB von der Insolvenz gerettet wurde, ging in einer Nacht- und Nebelaktion die ebenfalls in Schieflage geratene SachsenLB an die Landesbank Baden-Württemberg (LBBW). Die Sparkassen unterstützten die SachsenLB am 17. August 2007 mit einer Kreditlinie von 17,3 Milliarden Euro. Am 26. August dann erfolgte der Notverkauf der Bank durch die sächsische Landesregierung.

Mittlerweile waren in den USA zwei HedgeFonds von Bear Stearns sowie der Hedgefonds Sowood Capital in schwere Schieflagen geraten und mussten gestützt werden.[3] Der große Hedgefonds Global Alpha von Goldman Sachs, der zu jenem Zeitpunkt mit insgesamt 200 Milliarden Dollar im Markt engagiert war, fuhr sein Leverage zurück, baute also Schulden ab, indem er Wertpapierpositionen verkaufte und mit dem Erlös offene Leerverkaufspositionen schloss. Es passierte das, was in den Computermodellen der Hedgefonds eigentlich nicht passieren kann und was als »Quant-Quake« (Quant-Beben) bekannt wurde: Gute Aktien und Anlageklassen begannen zu fallen, schlechte zu steigen.

Die Erklärung dafür ist einfach: Die Hedgefondsbranche hatte den Bogen überspannt. Viele Fonds mussten nun ihre guten Positionen verkaufen, um schleche (leer verkaufte) Positionen zurückzukaufen. Das drückte bei den guten Positionen die Preise und hob gleichzeitig die Preise der schlechten Positionen.[4] Zudem korrigierte sich das illusorische Zinsgefälle des letzten Jahrzehnts schlagartig: Wo früher aufgrund des billigen Geldes schlechte Kredite für den Kreditnehmer nur unwesentlich teurer waren als Kredite für Schuldner mit hoher Bonität – also mit einem vergleichsweise geringen Zinsaufschlag versehen waren –, weiteten sich nun die Zinsdifferenzen schlagartig und ganz erheblich aus. Auch die Zinsen für Tagesgelder, mit denen sich die Geschäftsbanken üblicherweise untereinander Geld leihen, stiegen zeitweilig um mehr als 4,6 Prozent. Viele Banken misstrauten sich gegenseitig und waren nicht mehr bereit, Geld zu leihen – mit gutem Grund, wie sich später herausstellte.

Plötzlich brach die Angst vor einer massiven Finanzkrise aus. Weltweit griffen die Notenbanken ein. Alleine die Europäische Zentralbank flutete die Märkte mit 95 Milliarden Euro Liquidität – so viel wie nie zuvor in einer Krise. Auch die Hypo Real Estate kam nun erstmalig ins Gerede. Das Institut erklärte rasch, keine negativen Auswirkungen aus der Subprime-Krise zu erwarten.

Im Herbst 2007 dann ging es Schlag auf Schlag. Zuerst erwischte es den britischen Baufinanzierer Northern Rock. Vor den Filialen des Instituts bildeten sich lange Menschenschlangen – es war einer der wenigen »Bank Runs« (Ansturm auf Banken) der Finanzkrise. Die Bank of England sprang mit einem Notfallkredit ein. Eine nach der anderen kündigen die amerikanischen Investmentbanken nun größere, zum Teil existenzgefährdende Abschreibungen und Wertberichtigungen an. Der Gewinn von Bear Sterns brach um 61 Prozent ein. Morgan Stanley schrieb im dritten und vierten Quartal über vier Milliarden Dollar ab. Auch die UBS (Union Bank of Switzerland), die vom sicheren Ruf der Schweizer Banken gezehrt, aber dick im Derivategeschäft mitgemischt hatte, kündigte den ersten Quartalsverlust seit neun Jahren an. Kurze Zeit später sagte sie nach Milliardenabschreibungen im dritten Vierteljahr weitere Belastungen für das vierte Quartal voraus.

Bei der Citigroup, der größten amerikanischen Bank, brachen die Gewinne um 60 Prozent ein. Zwei Wochen nach Bekanntgabe der Gewinnwarnung lag der Abschreibungsbedarf bei 6,5 Milliarden Dollar, weitere drei Wochen später mussten zusätzliche elf Milliarden Dollar abgeschrieben werden. Merrill Lynch musste mehr als acht Milliarden Dollar abschreiben. Chuck Price (CEO der Citibank) und Stan O'Neal (CEO von Merrill Lynch) wurden gefeuert.

Überraschenderweise legte Goldman Sachs eines der besten Quartale in seiner Geschichte vor. Nachdem Goldman Sachs selbt möglicherweise durch die Reduzierung des Leverage im Global Alpha Hedgefonds das Beben im Juli ausgelöst hatte, war die Bank wieder eingestiegen und hatte große Handelsgewinne gemacht. (Hierzu ist zu sagen: Hätte Goldman Sachs das Beben nicht ausgelöst, wäre die Blase eben auf andere Weise geplatzt.) Allerdings konnte dieses Husarenstück die weltweit führende Investmentbank auch nicht retten: Im Herbst 2008 begab man sich unter den

Schutzschirm des amerikanischen Staates und wurde zu einer »normalen« Bank, um an die Kapitalquellen des Staates zu kommen.

Auch in Deutschland wurden massive Verluste gemeldet. Die Deutsche Bank hatte einen Gewinnrückgang von über zwei Milliarden Euro alleine im dritten Quartal zu verzeichnen, die Commerzbank musste 291 Millionen Euro auf ihre Subprime-Engagements abschreiben – mehr als sechs Mal so viel wie im Sommer angekündigt. Postbank, Dresdner Bank, BayernLB und LBBW traf es ebenfalls. Wieder gaben die Notenbanken den kriselnden Geldinstituten Milliardenkredite.

Obwohl die Notenbanken in den USA und Europa die Finanzmärkte und die Banken mit immensen Beiträgen stützten, hat die Finanzkrise auch die Börse mit voller Wucht erfasst. Im Dezember 2008 gingen auch die offiziellen Beobachter davon aus, dass die Krise bis weit in das Jahr 2009 dauern und eine scharfe US-Rezession die Weltwirtschaft empfindlich beeinflussen würde.

Am 21. Januar 2008 verzeichnete der DAX den größten Kurseinbruch seit dem 11. September 2001. Immer noch beschwichtigte die Politik – Bundeskanzlerin Merkel sah keine ernsthaften Gefahren für die deutsche Wirtschaft.

Dennoch sahen sich die Notenbanken gezwungen, weitere Milliardensummen bereitzustellen. US-Notenbank-Chef Ben Bernanke reagierte mit erneuten massiven Zinssenkungen, während dieses Instrument in Europa zunächst im Schrank blieb.

Im Januar 2008 wurde die US-Bank Countrywide von der Bank of America übernommen und damit gerettet. Die Anleihenversicherer MBIA und Ambac standen währenddessen vor dem Abgrund. Die Folgen einer Insolvenz wären katastrophal gewesen, denn dann hätten alle von ihnen versicherten Anleihen im Wert von mehreren Billionen Dollar abgewertet und in den Bilanzen abgeschrieben werden müssen. Whitney Tilson, Fondsmanager von TilsonMutual Funds, hatte schon im Sommer 2007 in Omaha eine brillante Präsentation geliefert, die zeigte, warum beide Unternehmen quasi insolvent seien. Er merkte auch an, dass sich in den vorangegangenen beiden Jahren das gesamte Management quasi selbst ausgetauscht hätte. Konsequent hatte er bereits 2006 die Aktien von MBIA leerverkauft, nur um zunächst einem weiteren Anstieg des Kurses zuzusehen. So etwas erfordert Nerven, ist aber eine »gute« Spekulation – es dämpfte die Euphorie für zwei Titel, die völlig unberechtigterweise gestiegen waren.

West-LB, Hypo Real Estate und BayernLB vermeldeten indes weitere Abschreibungen. BayernLB-Chef Schmidt trat zurück. Für die Mittelstandsbank IKB musste der Bund eine weitere Milliarde Euro nachschießen.

Erstaunlicherweise waren es nun gerade die Befürworter der Marktwirtschaft, die die Rückkehr des Staates einläuteten. Im Februar 2008 erfolgte im marktgläubigen Großbritannien die vorübergehende Verstaatlichung der angeschlagenen Northern Rock mangels angemessener Kaufgebote. In Deutschland forderte Josef Ackermann, Chef der Deutschen Bank, ein Eingreifen der Politik.

Im März kollabierte Bear Stearns und musste die Rekordsumme von 200 Milliarden Dollar abschreiben. JP Morgan Chase übernahm Bear Stearns für 236 Millionen Dollar (2 Dollar je Aktie) – ein Abschlag von 92 Prozent, nicht ohne sich zuvor eine umfassende Garantie der amerikanischen Federal Reserve Bank geben zu lassen. Scharfe Kritik aus den Reihen der Politik und der Wirtschaftsexperten veranlasste JP Morgan Chase später, doch immerhin das Fünffache des ursprünglichen Kaufpreises zu bieten.

Im April 2008 mussten IKB und BayernLB jeweils einen weiteren hohen Finanzbedarf melden. KfW-Chefin Ingrid Matthäus-Maier übernahm nach langem Widerstreben die Verantwortung für das Desaster ihrer Bank und trat zurück. In Bayern gerieten Finanzminister Huber und Ministerpräsident Beckstein durch die schlechte Lage der BayernLB zunehmend unter Druck.

Merrill Lynch musste für das erste Quartal 2008 weitere sechs Milliarden Dollar abschreiben. Damit summieren sich die Verluste des Instituts durch die Finanzmarktkrise auf über 24 Milliarden US-Dollar. Auch die Citibank gestand einen Quartalsverlust von 5,1 Milliarden Dollar ein. Es folgte die Royal Bank of Scotland (RBS) mit 5,9 Milliarden Pfund (etwa 7,4 Milliarden Euro), und zum ersten Mal seit fünf Jahren rutschte auch die Deutsche Bank in die roten Zahlen – mit fünf Milliarden Euro waren die Belastungen durch die Finanzkrise freilich sogar noch relativ moderat. Auch die UBS kündigte einen Milliardenverlust an.

Im Mai blühte – passend zur Jahreszeit – kurzzeitig Hoffnung auf. Josef Ackermann sah Anzeichen für ein Ende der Turbulenzen. In den USA wurden gute Quartalszahlen für den Einzelhandel veröffentlicht. Ben Bernanke warnte jedoch vor übereilter Euphorie. Die UBS beendete erfolgreich ihre zweite Kapitalerhöhung seit Ausbruch der Finanzkrise – Investoren bezogen 99,4 Prozent der rund 760 Millionen neuen Aktien. Der UBS flossen dadurch 16 Milliarden Franken an neuem Eigenkapital zu.

Doch das Aufatmen war nur von kurzer Dauer. Im Juli musste die Hypotheken- und Bausparbank IndyMac geschlossen werden. Der US-Senat beschloss ein Gesetz, das schätzungsweise 400 000 verschuldeten Hausbesitzern Entlastung versprach. US-Regierung und Notenbank versuchten, mit einem umfangreichen Hilfspaket die angeschlagenen Hypothekenfinanzierer Fannie Mae und Freddie Mac zu stützen. Hätte eine der beiden Insolvenz angemeldet, wären die Folgen katastrophal gewesen. Denn beide staatsnahe Banken hatten zusammen 5,4 Billionen Dollar an Krediten in den Büchern stehen, fast die Hälfte des US-Bruttoinlandsprodukts. Würden diese Banken in Schwierigkeiten geraten, zögen sie aufgrund ihrer schieren Größe die gesamte US-Wirtschaft in einen Abwärtsstrudel.[5]

Und bei den US-Investmentbanken waren's plötzlich nur noch zwei: Innerhalb eines Jahres hatte Merrill Lynch einen Verlust von 19 Milliarden Dollar angehäuft und flüchtete sich nun in die Übernahme durch die Bank of America. Um die Geschwindigkeit der Übernahme zu erklären, hilft es vielleicht, einen Blick auf die Gehaltsstrukturen zu werfen: Bei einer Übernahme wurden bei Merrill Lynch nämlich sämtliche Bonuszahlungen an die Führungskräfte sofort fällig. Am 15. September musste mit Lehman Brothers eine weitere Investmentbank die Waffen strecken – und Insolvenz anmelden. Die prekäre Finanzlage des Konzerns war Insidern nicht verborgen geblieben. Bill Ackman von Persing Square hatte bereits Monate zuvor gewarnt, dass Lehman vor der Insolvenz stünde, und deren Aktien leerverkauft. Er musste sich heftige Angriffe des Managements anhören, von dem er als »skrupelloser Spekulant« hingestellt wurde. Letztlich stellte sich heraus, dass bei Lehman Substanz ausgehöhlt war und die Bank ihre prekäre Lage besser früher bekanntgegeben hätte, um eine geordnete Liquidation zu ermöglichen.

Wenige Wochen später flüchteten sich die verbliebenen Investmentbanken in die Arme des Staates: Goldman Sachs und Morgan Stanley stimmten zu, sich ab sofort wie normale Banken regulieren zu lassen und sich unter die Aufsicht des Federal Reserve System zu stellen. Bis dahin war das Investmentbanking unreguliert gewesen; nur die Börsengeschäfte selber unterlagen der amerikanischen Börsenaufsicht SEC (Securities and Exchange Commission).

Danach traf es auch die bislang relativ stabile Versicherungsbranche. AMB Generali und die Allianz meldeten entäuschende Quartalszahlen und gaben in Folge keine Gewinnprognosen mehr ab; die Münchener Rück reduzierte ihre Gewinnerwartung um eine Milliarde Euro. Der weltweit größte Versicherer AIG meldete den dritten hohen Verlust in Folge.

Die Rückkehr der Politik

Im Herbst 2008 kehrte die Politik mit bemerkenswertem Nachdruck und atemberaubender Geschwindigkeit in die Finanzwelt zurück. Banken wurden ganz oder zum Teil verstaatlicht und mit Auflagen versehen. Am 15. November 2008 fand in Washington ein Weltfinanzgipfel statt, um die internationalen Finanzmärkte besser zu ordnen. Auf der Tagesordnung standen insbesondere folgende Punkte:

- Stärkung von Transparenz und Berechenbarkeit
- Verbesserung der Finanzmarktregeln im Sinne einer wirkungsvollen Regulierung
- Förderung von Vertrauen in die und an den Finanzmärkten
- Verstärkung der internationalen Kooperation
- Reform von IWF, Weltbank und anderen Finanzinstitutionen

Die G-20-Länder verpflichteten sich, zu prüfen, ob ihre nationalen Regelsysteme noch den Anforderungen genügen. Von den 47 gemachten Vorschlägen sollten 28 kurzfristig bis zum 31. März konkretisiert und umgesetzt werden, die restlichen 19 mittelfristig. Für eine Zwischenbilanz wurde ein weiterer Welt-Finanzgipfel anberaumt, der bis zum 30. April 2009 stattfinden sollte. Noch ein halbes Jahr zuvor wäre all dies sicherlich als »abwegig« oder als »Traumgespinst von Globalisierungskritikern« abgetan worden.

Fannie Mae und Freddie Mac, deren Situation ich schon in der Erstausgabe dieses Buches als eines der größten Probleme der US-Wirtschaft sah, wurden im September quasi verstaatlicht. Beide Banken hatten in der Nachkriegszeit helfen sollen, den amerikanischen Traum nach einem eigenen Haus zu verwirklichen, und konnten mit Hilfe von Staatsgarantien niedrig verzinste Darlehen gewähren, welche von den Geschäfts- und Hypothekenbanken mit den Kunden abgeschlossen und einfach an Fannie und Freddie durchgereicht wurden.

Im Laufe des Septembers fluteten die Notenbanken die Märkte dann wieder einmal massiv mit Liquidität, aber das Misstrauen unter den Banken wuchs weiter. Die erhoffte Stabilisierung durch die staatliche Übernahme von Fannie Mae und Freddie Mac trat nicht ein.

Mitte September weitere Hiobsmeldungen: Die American International Group (AIG), der weltgrößte Versicherer, stand jetzt ebenfalls vor dem Aus. Eine Tochtergesellschaft hatte sich mit hochriskanten Papiere verzockt. Die amerikanische Federal Reserve Bank schoss im Wege einer Kapitalerhöhung mehr als 85 Milliarden Dollar Kapital nach und übernahm im Gegenzug 80 Prozent des Kapitals der AIG. Eine solche direkte Beteiligung einer Notenbank an einem notleidenden Finanzdienstleister war ein absolutes Novum. Ökonomisch kann so etwas durchaus Sinn machen. Der Staat kann sich aufgrund des Vertrauens, das er (noch) genießt, billiger verschulden. Durch die Kapitalspritze kann sich das Unternehmen – in diesem Fall die AIG – in Ruhe reorganisieren und Konzernteile verkaufen. Sollte am Ende Substanz übrig bleiben, kann der Staat seine Beteiligung vielleicht sogar mit Gewinn reprivatisieren.

In Deutschland kam unterdessen die Staatsbank KfW wieder ins Gerede: Sie hatte rund 300 Millionen Euro an die Bank Lehman Brothers überwiesen – und zwar zu einem Zeitpunkt, als deren Insolvenz bereits feststand. Später stellt sich heraus, dass intern sogar noch über die Überweisung beraten worden war und dass der Schaden insgesamt eine halbe Milliarde Dollar betrug. Die Öffentlichkeit war empört. Eine Boulevardzeitung titelt:»Deutschlands dümmste Bank.« Zwei Vorstände wurden suspendiert.

Mitte September pumpten die Notenbanken insgesamt weitere 180 Milliarden Dollar in die Finanzmärkte. Kurzfristig erholten sich diese zum Ende des Monats – jedoch ging das Bankensterben weiter: Die US-Aufsichtsbehörde schloss die größte amerikanische Sparkasse, Washington Mutual. Auch dies war eigentlich keine große Überraschung: Unabhängige Finanzanalysten wie Donn Vickrey oder Whitney Tilson hatten schon seit über einem Jahr darauf hingewiesen, dass die Lage des Instituts äußerst prekär und die Buchhaltung unsolide war. In Deutschland stand die Hypo Real Estate kurz vor dem Kollaps. Ihre irische Tochtergesellschaft Depfa-Bank, die erst seit ungefähr einem Jahr zum Konzern gehört, hatte eine alte Bankregel missachtet und von ihr vergebene langfristige Kredite kurzfristig refinanziert. Als die kurzfristigen Zinsen zu steigen begannen, wurde ihr das zum Verhängnis. In einer gemeinschaftlichen Aktion stellten Banken und Staat Bürgschaften bereit. Immer neue Milliardenlöcher taten sich auf, so dass die Politik im Winter 2008 von einem Gesamtbedarf von über 50 Milliarden Euro ausging.

In den USA wurde bald schon über ein 700-Milliarden-Dollar-Rettungspaket diskutiert, mit dem notleidende Banken gestützt werden sollten und das Finanzminister Henry Paulson (der zuvor bei Goldman Sachs gearbeitet hatte) quasi unbeschränkte Vollmachten geben sollte. Nachdem es bereits so aussah, als sei alles in trockenen Tüchern, lehnte der US-Kongress diese Maßnahme Ende September mit 205 zu 228 Stimmen zunächst jedoch ab. Viele Repräsentanten, die bald zur Wiederwahl standen, hatten Angst vor der Empörung des Volkes über die Wall Street, deren Rettung man plante, während die »kleinen Leute« die Auswirkungen der Krise direkt zu spüren bekamen. Am 3. Oktober schließlich stimmten beide Häuser des Kongresses dann doch einem Paket zu, das auch Nachbesserungen für die Steuerzahler und Bürger enthielt.

Das US-Rettungspaket vom Oktober 2008

Das 700-Mrd.-Dollar-Paket ist die bislang größte einzelne Staatsintervention seit der Großen Depression. Primär sollen mit den Geldern faule Kredite aufgekauft werden, so dass die betroffenen Banken weiter funktionsfähig bleiben. Die Rettungsaktionen werden von einer Kommission überwacht, an die das Finanzministerium monatlich berichten muss. Bis zum 30. April 2009 muss ein detaillierter Bericht vorliegen.

Der Aufkauf von faulen Hypothekenkrediten und schlechten Wertpapieren soll die Banken entlasten. Die Mittel sollen in mehreren Tranchen freigegeben werden, die letzten 350 Mrd. Dollar sind von der Zustimmung des Kongresses abhängig. Wenn der Präsident bei Nichtzustimmung sein Veto einlegt, bedarf es einer Zweidrittelmehrheit im Kongress, um diese Mittel zu blockieren.

Beim erwähnten Aufkauf gibt es allerdings ein Problem: Zahlt der Staat zu wenig, sind die Banken weiterhin gefährdet. Zahl der Staat zu viel, büßt dafür der Steuerzahler. Als Lösung sollen die Banken in einer Art »umgekehrter Auktion« so lange die Preise ihrer Papiere senken, bis der Staat einwilligt, diese zu kaufen. Erfahrene Wall-Street-Profis sollen die Auktionen leiten. Damit ist die Wall Street zwar gleich wieder mit von der Partie, aber das Verfahren ist dennoch besser als die in Deutschland später erzielte Lösung, bei der den Banken das Geld quasi hinterhergeworfen wird, ohne in irgendeiner Form auf faire Konditionen zu achten.

Außerdem müssen Banken und Finanzdienstleister, die Papiere an den Staat verkaufen, Aktienoptionsscheine an den Staat vergeben, die eingelöst werden können, wenn sich der Kurs der Bankaktien erholt. Damit profitieren dann auch Steuerzahler davon, wenn die Bankbranche wieder in ruhigeres Fahrwasser gerät. Sollte eine der Finanzinstitutionen dennoch scheitern, muss zuerst das Kapital der Investoren (Aktienbesitzer und Anteilseigner) haften, bevor der Staat einspringt. Vielleicht hatte bei diesem Konstrukt die ebenfalls mit Optionen aufgebesserte Beteiligung von Warren Buffett an Goldman Sachs Pate gestanden, der sich Ende September 2008 mit fünf Milliarden Dollar stimmrechtslosen Vorzugskapitals bei zehn Prozent Verzinsung an der Bank beteiligte. Die Bank kann diese Aktien jederzeit zu einem Aufschlag von zehn Prozent zurückkaufen. Buffett ließ sich zusätzlich – zu einer sehr stattlichen Verzinsung – die Option geben, Stammaktien von Goldman Sachs im Wert von weiteren fünf Milliarden Dollar zu 115 Dollar je Aktie zu erwerben. Allein diese Option ist 1,2 Milliarden Dollar wert.

Begleitende Regelungen

Verbriefte Produkte: Die hypothekenbesicherten Anleihen (Mortgage Backed Securities, MBS) werden in Zukunft vom Staat gegen Ausfälle zwangsversichert; diese Versicherung wird durch eine Sonderabgabe der Banken finanziert. Da die Banken für diese Papiere kein Eigenkapital benötigten und sie schnell an Investoren durchreichen konnten, hatten sie bislang keinen Anreiz, auf die Bonität dieser Papiere zu achten.

Entlastung von Hausbesitzern: Der Staat kann die Konditionen für Hypotheken ändern, die er aufgekauft hat, und gegebenenfalls sogar deren Vollstreckung aussetzen. Wahrscheinlich wird der Staat – insbesondere unter dem neuen Präsidenten Barack Obama – in vielen Fällen dafür sorgen, dass die Schulden langsamer bedient werden. Gut für die amerikanischen Hausbesitzer, die sich übernommen haben – schlecht für die Käufer dieser Anleihen, die oft nicht in den USA, sondern in Europa oder Asien sitzen. So saniert sich Amerika wieder einmal auf Kosten des Rests der Welt.

Steuererleichterungen: Um das Paket gegenüber den Steuerzahlern zu rechtfertigen und es nicht als einseitige Rettungsaktion zugunsten der Wall Street aussehen zu lassen, enthält es Steuererleichterungen in Höhe von rund 150 Mrd. Dollar. Steuergutschriften sollen für den Kauf von Elektroautos oder die Isolierung von Häusern gewährt werden. Zudem werden die Installation von Solaranlagen, energieeffiziente Spülmaschinen und die Produktion von Biosprit gefördert.

Erhöhung der Einlagensicherung: Die Einlagen von Bankkunden werden künftig bis zu einer Höhe von 250 000 Dollar (anstatt bislang 100 000 Dollar) garantiert.

Lockerung der Abschreibungsregeln: Unguterweise werden auch die Bilanzregeln für Abschreibungen gelockert. Riskante Kredite und Wertpapiere können künftig nur noch in geringerem Umfang abgeschrieben werden als bisher. Als Folge werden die Verluste vermutlich auf mehrere Jahre verteilt und der Verlust einzelner Jahre kann geringer ausgewiesen werden. Während dies zwar kurzfristig Linderung in der Krise verschafft, führt es langfristig jedoch zu einer weiteren unerwünschten Aufweichung der Bilanzierungsregeln.

Vergütung: Die Führungskräfte von Finanzdienstleistern, die das Rettungspaket in Anspruch nehmen, müssen auf hohe Abfindungen verzichten, falls ihre Verträge vorzeitig beendet werden. Entsprechende Vertragsklauseln werden außer Kraft gesetzt. Bei Banken, die Papiere im Wert von mehr als

300 Mio. Dollar an den Staat verkaufen, dürfen solche Abfindungen in neu abgeschlossenen Verträgen nicht mehr enthalten sein. Außerdem können Abfindungen in Höhe von mehr als 500 000 Dollar nicht mehr von der Steuer abgesetzt werden.

In Deutschland ging das Gezerre um die Rettung der Hypo Real Estate weiter. Nachdem die privaten Banken zunächst ebenfalls Kapital zuschießen wollten, schien dies in letzter Minute noch in Frage zu stehen. Am 5. Oktober einigten sich Bund und Finanzwirtschaft schließlich auf ein Rettungspaket von fünf Milliarden Euro.

Gleichzeitig garantierten Bundeskanzlerin Angela Merkel und Finanzminister Peer Steinbrück in einer Pressekonferenz alle privaten Giro- und Spareinlagen der Deutschen. Die deutsche Regierung wollte damit bewusst einen anderen Weg wählen als die USA und zunächst einmal Privatpersonen schützen, bevor die Finanzbranche gestützt wurde. Die Garantie wurde in Form einer verbindlichen Erklärung abgegeben, ein Gesetz oder Verordnungen wurden jedoch nicht vorbereitet. Insgesamt hätte die Bundesregierung damit im Ernstfall 1,4 Billionen Euro zu garantieren – das wäre in etwa so viel wie die gesamten derzeitigen Schulden von Bund, Ländern und Gemeinden. Zum Vergleich: Im Jahr 2007 betrug das Bruttoinlandsprodukt der Bundesrepublik Deutschland ca. 2,4 Billionen Euro. Obwohl gelegentlich an der Tragfähigkeit der Garantie der Bundesregierung gezweifelt wurde, besteht kein Zweifel daran, dass die Bundesregierung diese – zumindest kurz- und mittelfristig – erfüllen kann. Erstens würde in einer Krise nur ein Teil der Sparer Finanzmittel abziehen. Zweitens könnte sich der Staat durch eine weitere Neuverschuldung refinanzieren. Auch eine Verdoppelung der Staatsschulden wäre theoretisch denkbar – hier gibt es noch Spielräume. Japan hat zum Beispiel gemessen am Bruttoinlandsprodukt eine mehr als zweimal so hohe Verschuldung wie Deutschland.[6]

In Island kollabierte unterdessen der Kapitalismus. Der Inselstaat hatte seit Anfang der neunziger Jahre die Liberalisierung kräftig vorangetrieben und immer riskantere Finanzgeschäfte getätigt.

Das kleine Land hat gerade einmal etwas mehr als 300 000 Einwohner und leistet sich eine unabhängige Währung. Die größte Industrie ist der Fischfang. Die Banken des Inselstaates waren rasch expandiert und verdienten viel Geld mit – wie sich nunmehr herausstellte – riskanten Bank- und Finanzgeschäften. Noch vor zehn Jahren betrug die aggregierte Bilanzsumme der größten isländischen Banken (Glitnir, Landsbanki und Kaupthing) 96 Prozent des Bruttoinlandsproduktes; bei Ausbruch der Finanzkrise betrug sie das Zehnfache. Um ihr Wachstum in Übersee zu finanzieren, zapften die Banken vor allem den Kapitalmarkt an, da die Summe ihrer Einlagen verständlicherweise begrenzt war. Zudem investierten isländische Unternehmen in Nachbarländern – oftmals, indem sie Fremdwährungskredite aufnahmen. Paul Rawkins, Island-Experte der Ratingagentur Fitch, bezeichnete deswegen das Land selbst als »Hedge-Fonds im Gewand eines Staates«.

In der heißen Phase der Finanzkrise musste das Land für die Exzesse der Vergangenheit bezahlen. Die isländische Krone fiel dramatisch im Wert. Die isländischen Banken wurden samt und sonders illiquide und konnten nur durch staatliche Maßnahmen vor der Insolvenz gerettet werden. Am 9. Oktober 2008 wurde die letzte private isländische Bank verstaatlicht. Island selber musste einen Kredit des Internationalen Währungsfonds aufnehmen, um zahlungsfähig zu bleiben.

Auch Deutschland bekam Auswirkungen des isländischen Bankendesasters zu spüren. Die größte Bank Islands hatte noch am Tag der Verstaatlichung aggressiv mit hohen Lockzinsen bei privaten Sparern um Einlagen geworben. Dass die Kaupthing-Bank nicht dem deutschen Einlagensicherungsfonds angehörte, wurde nicht erwähnt. Ungefähr 30 000 Deutsche ließen sich ködern und platzierten insgesamt ca. 300 Millionen Euro bei dem Institut. Erst nach einer längeren Zitterpartie stellte die isländische Regierung fest, dass der isländische Einlagensicherungsfonds zahlen würde. Auch die KfW war übrigens mit mindestens 288 Millionen Euro in Island engagiert.

Mitte Oktober griff dann die Politik in vielen weiteren Ländern massiv ein. Der britische Finanzminister Alistair Darling kündigte die Teilverstaatlichung von acht der größten britischen Banken an, die im Gegenzug mit mehr Kapital ausgestattet wurden. Bis zu 50 Milliarden Pfund (64,5 Milliarden Euro) sollten im Tausch für Vorzugsaktien an Abbey, Barclays, HBOS, HSBC, Lloyds TSB, Nationwide Building Society, Royal Bank of Scotland und Standard Chartered vergeben werden. Außerdem stellte die Zentralbank weitere 200 Milliarden Pfund (258 Milliarden Euro) in Form von kurzfristigen Krediten zur Verfügung. Zusätzlich wurden Anleihen der Kreditinstitute im Volumen von etwa 250 Milliarden Pfund garantiert.

In Belgien wurde die Fortis-Bank verstaatlicht, Holland, Österreich und viele andere Länder sprachen staatliche Garantien aus. In der Schweiz musste die UBS – einst die größte Bank des Landes – von der eidgenössischen Regierung gerettet werden. Erstaunlicherweise stehen indes die spanischen Banken recht solide da. Trotz der Exzesse im Immobiliensektor scheint die Bankenaufsicht hier funktioniert zu haben.

In Washington tagten die sieben führenden Industrieländer (G 7). US-Finanzminister Henry Paulson betonte, dass »alle verfügbaren Werkzeuge« eingesetzt werden müssten, um den Zusammenbruch wichtiger Finanzinstitutionen zu vermeiden. Die G 7 einigten sich auf einen gemeinsamen Aktionsplan: Sowohl privates wie auch staatliches Kapital in ausreichender Menge sollten zur Verfügung gestellt und die Maßnahmen so gestaltet werden, dass die Steuerzahler geschützt und mögliche schädliche Auswirkungen auf andere Länder vermieden würden. Sie verpflichteten sich außerdem, dafür zu sorgen, dass die Systeme zur Sicherung von Bankeinlagen »robust« sein würden. Die Funktion des Interbankenmarktes sowie die zusammengebrochenen Märkte für verbriefte Produkte sollten wiederhergestellt werden, das heißt, Banken sollten wieder dazu gebracht werden, sich gegenseitig Geld zu leihen. Insgesamt sollte mehr Transparenz geschaffen werden.

Der Aktionsplan sei ein »einheitlicher Rahmen, der unsere individuellen und gemeinsamen Schritte leiten wird, um die Märkte mit Liquidität zu versorgen, Finanzinstitutionen zu stärken sowie Sparer und Investoren zu schützen«, erklärte Paulson. Außerdem kündigte er an, dass auch die US-Regierung Anteile von Banken kaufen werde. US-Präsident Bush machte zugleich deutlich: »Diese Maßnahmen sollen nicht dazu dienen, die freie Marktwirtschaft zu übernehmen, sondern sie zu bewahren.« Citigroup und JPMorgan Chase sollten jeweils 25 Milliarden Dollar erhalten, Bank of America und Wells Fargo jeweils 20 Milliarden Dollar, Goldman Sachs und Morgan Stanley jeweils zehn Milliarden Dollar. Die Vorstandsvorsitzenden etlicher Banken wurden wie Schuljungen ins Finanzministerium einbestellt, wo sie dem Vorschlag zustimmten.

In Deutschland lief in diesen stürmischen Herbstwochen Bundesfinanzminister Peer Steinbrück gegenüber einer oft blass wirkenden Angela Merkel zur Hochform auf. Er bezeichnete die aktuelle Finanzmarktkrise als eine der gefährlichsten seit 80 Jahren und gab als Ziel an, »Schaden von diesem Land abwenden«. Denn: »Wenn es auf den Weltfinanzmärkten brennt, dann muss gelöscht werden. Auch wenn es sich um Brandstiftung handelt.« Gleichzeitig müssten aber die Brandstifter daran gehindert werden, neue Feuer zu entfachen, die Brandbeschleuniger müssten verboten werden und es müsse für einen besseren Brandschutz geworben werden. Steinbrück wünschte sich zudem eine »viel stärkere Funktion« des Internationalen Währungsfonds. Gleichzeitig kündigte er für 2009 eine »sehr schwierige Zeit« an. Den Konsolidierungskurs wolle man aber beibehalten, zudem werde es weder Investitionskürzungen noch Abstriche bei den Sozialleistungen geben.

Die deutsche Politik einigte sich nun ebenfalls schnell unter weitgehendem Ausschluss des parlamentarischen Verfahrens auf ein Rettungspaket, das von Bundespräsident Horst Köhler am 17. 10. 2008 unterzeichnet wurde.

Wie das deutsche Banken-Rettungspaket funktioniert

Das Gesetz zur Umsetzung eines Maßnahmenpakets zur Stabilisierung des Finanzmarktes (kurz: Finanzmarktstabilisierungsgesetz, FMStG) umfasst insgesamt ein Volumen von 500 Milliarden Euro.[7] 400 Milliarden davon sind Garantien, mit denen der Stabilisierungsfonds für neue Geschäfte zwischen Finanzinstituten bürgen kann. Damit soll der Interbankenmarkt wieder in Gang gebracht werden. Für die Garantien des Staates soll »ein Entgelt in angemessener Höhe« fällig werden, minimal wohl zwei Prozent im Jahr. Hinterlegt wird der Fonds mit 20 Milliarden Euro Kapital, welches der Staat durch neue Schulden finanziert.

70 Milliarden Euro stehen zur Verfügung, um die Kapitalausstattung der Banken zu verbessern, sprich, um Vorzugs- oder Grundkapital einzuschießen. Dafür kann der Fonds stille Beteiligungen von bis zu 33 Prozent des Grundkapitals einfordern. Wie im US-Modell können oder sollen die Aktien später wieder verkauft werden, vielleicht sogar mit Gewinn. In Ausnahmefällen kann der Fonds auch problematische Wertpapiere kaufen.

Obwohl das Gesetz von teilweise sehr scharfer Rhetorik der Politik begleitet wurde, kommt es einer weitgehenden Amnestie für die entsprechenden Institute gleich. Zwar kann der Bund auf deren geschäftspolitische Ausrichtung und die Dividendenpolitik Einfluss nehmen, und auch die Vorstandsvergütung soll beschränkt werden. Hierzu finden sich aber im Gesetz keinerlei Details. Eine Rechtsverordnung soll dies regeln – und damit ist der Bankenlobby in den Ministerien wieder einmal Tür und Tor geöffnet.

Ein neunköpfiges Gremium aus Mitgliedern des Haushaltsausschusses des Bundestages muss vom Finanzministerium über alle den Fonds betreffenden Fragen unterrichtet werden – unter Ausschluss der Öffentlichkeit. Gewinne oder Verluste des Fonds werden zwischen Bund und Ländern im Verhältnis 65 zu 35 aufgeteilt. Die maximale Verlustbeteiligung der Länder ist auf 7,7 Milliarden Euro begrenzt. Länder und Bund haften für die Institute, an denen sie beteiligt sind, jeweils alleine.

Eine Finanzmarktstabilisierungsanstalt (FMSA) soll den Sonderfonds Finanzmarktstabilisierung (Sofin) verwalten. Die »Banken-Treuhand« wird bei der Bundesbank angesiedelt, bleibt aber organisatorisch von ihr getrennt. Die Behörde untersteht der Rechts- und Fachaufsicht des Bundesfinanzministeriums. Ein dreiköpfiger Leitungsausschuss leitet die Anstalt, ein Lenkungsausschuss mit je einem Vertreter des Kanzleramtes und der Ministerien für Finanzen, Wirtschaft und Justiz sowie ein Ländervertreter entscheiden Grundsätzliches. Die Bundesbank entsendet ein beratendes Mitglied in das Gremium.

Der Fonds soll bis Ende 2009 befristet sein und danach aufgelöst werden.

Obwohl der Stabilisierungsfonds weitgehend den Vorstellungen der Bankenlobby entsprach, zierten sich viele Banken zunächst, nach der angebotenen Rettungsleine zu greifen. In jenen Tagen wurde ich in den Medien häufig zu diesem Thema befragt und äußerte die Meinung, dass dieses Gebaren lediglich ein politisches Schaulaufen sei und dass die Banken recht bald zugreifen würden.

Das geschah dann auch. Am 29. Oktober nahm die gerade erst mit einer Garantie von 50 Milliarden Euro gerettete Hypo Real Estate den staatlichen Rettungsschirm an und beantragte eine Liquiditätsgarantie von 15 Milliarden Euro. Es folgten die BayernLB, die HSH Nordbank und andere Geldinstitute. Am 3. November bediente sich auch die Commerzbank in großem Stil am Rettungspaket der Bundesregierung.

Globale Geldspritze (Stand Oktober 2008): über 3,1 Billionen Euro

Was die Staaten in Mrd. Euro den Banken an Garantien, Eigenkapital und durch den Aufkauf fauler Kredite zur Verfügung stellen (nicht enthalten ist die Liquidität in Billionenhöhe, welche die Zentralbanken direkt in die Märkte gepumpt haben):

Großbritannien	571
USA	519
Deutschland	500
Irland	400
Frankreich	360
Niederlande	220
Russland	139
Österreich	100
Spanien	100
Schweiz	48
Norwegen	41
Italien	40
Saudi-Arabien	30
Portugal	20

Quelle: Der Spiegel 43/2008

Allerdings gab es hier eine gewisse Ironie: Der aus einer Bankerdynastie entstammende ehrgeizige Commerzbank-Chef Martin Blessing, der sich vielleicht mit dem Kauf der Dresdner Bank übernommen hätte, konnte sich auf diese Weise nun billiges Kapital beim Staat beschaffen. Für die erste Eigenkapitaltranche wurden 5,5, für die zweite 8,5 Prozent angesetzt. Das lag weit unter den marktüblichen 10 Prozent plus Zusatzvergütung (insgesamt ca. 13 Prozent), die Warren Buffett in seinem Goldman-Deal bekommen hatte. So werden durch das staatliche Rettungsprogramm die relativ unsoliden Banken belohnt. Die Commerzbank verfügt damit nun über eine Kernkapitalquote von über 11 Prozent und steht besser da als ihre Wettbewerber. Weil sich Blessing verantwortungsbewusst gibt und zudem sein Gehalt zeitweilig auf 500 000 Euro pro Jahr beschränken lässt, genießt er auch noch öffentlichen Beifall. Mit leistungsorientierter Vergütung hat das nichts zu tun.

Hingegen löste die – falsch zitierte – Äußerung von Deutsche-Bank-Chef Josef Ackermann, »er würde sich schämen, wenn die Deutsche Bank gezwungen wäre, den Fonds in Anspruch zu nehmen«, weithin Empörung aus. Dabei traf diese Äußerung – bei aller sonstigen berechtigten Kritik an Ackermann – durchaus richtig. Eine Bank, die richtig und solide gewirtschaftet hätte, hätte das Rettungspaket nicht in Anspruch nehmen müssen. Der Griff nach dem Rettungsreifen bedeutet auch ein Eingeständnis des eigenen Versagens.

Unterdessen hatte eine Anfrage der FDP im Bundestag ans Licht gebracht, dass die Deutsche Rentenversicherung (früher BfA) 44,5 Millionen Euro der eisernen Reserve der Nation als Termineinlagen mit drei bis vier Monaten Laufzeit bei der amerikanischen Pleite-Bank Lehman Brothers deponiert hatte. Die Bundesanstalt für Finanzdienstleistungsaufsicht (BaFin) stellte Ende Oktober für die Lehman Brothers Bankhaus AG (Frankfurt) den Entschädigungsfall fest. Damit wurden die Voraussetzungen für die Entschädigung betroffener Anleger geschaffen. Profitieren werden davon zunächst vor allem Banken und Anlagegesellschaften, mit denen Lehman Geschäfte gemacht hatte.

Bei vielen Managern herrscht auch jetzt noch »business as usual« beziehungsweise »catch as catch can«. Das US-Rettungspaket wird unter anderem dazu verwendet, dass für 2008 an der Wall Street schätzungsweise 20 Milliarden Dollar in Boni ausgeschüttet werden können – kein Wunder, dass die sonst so marktgläubigen US-Banker auf einmal nichts gegen ein bisschen Staat hatten. In Deutschland wehren sich indes sechs der acht IKB-Vorstände, von ihrem Gehalt etwas zur Abfederung des Desasters abzuzwacken. Nach meinen Informationen haben nur zwei Vorstände freiwillig auf Gehaltszahlungen verzichtet.

Wenn ich dürfte: 12 Punkte zur Regulierung der Finanzmärkte[8]

Die folgenden zwölf Punkte würde ich umsetzen, wenn es nach mir ginge. Das Problem ist, dass ich dafür allerdings nicht nur deutscher Finanzminister sein müsste, sondern gleichzeitig auch amerikanischer, britischer, chinesischer – und so weiter, dazu am besten noch von den jeweiligen Parlamenten mit weitreichenden Vollmachten ausgestattet, damit die Einflussnahme der Finanzlobby zurückgedrängt werden könnte. Das ist natürlich Illusion, trotzdem will ich Ihnen das Otte-Programm zur Regulierung der Finanzmärkte nicht vorenthalten:

1. *Tobin-Steuer einführen:* Eine Steuer von einem Prozent auf alle internationalen Kapitaltransaktionen ist keinesfalls das sozialistische Übel, als das sie gerne gebrandmarkt wird, sondern ein völlig marktkonformer Eingriff. Diese Steuer würde auf einem Schlag viele spekulative Kapitalbewegungen unterbinden. Aber kaum eine internationale Produktionsstätte würde nur deswegen nicht gebaut, weil sie nun ein Prozent teurer wäre. Zudem könnte allein aus diesen Einnahmen zum Beispiel das Budget der UNO mindestens verzehnfacht werden.

2. *Eigenkapital stärken:* Zwar wurden mit dem Basel-II-Abkommen von 1992[9] schärfere Eigenkapitalrichtlinien geschaffen (Banken müssen acht Prozent Eigenkapital hinterlegen), aber offensichtlich hat die Finanzbranche Wege und Mittel gefunden, diese Vorschriften komplett zu unterlaufen. Eine Eigenkapitalquote von zehn Prozent – und zwar grundsätzlich und nicht risikogewichtet wie bei Basel II – erscheint sinnvoll. Das Rating und die Risikogewichtungen sind in der Theorie gut; in der Praxis führen Sie zu mehr Bürokratie und zu Hemmnissen für kleine Unternehmen, außerdem wird das Risiko oftmals hinter mathemati-

schen Modellen versteckt und damit weniger oder gar nicht mehr transparent.

3. *Bilanzierungsvorschriften verschärfen:* Regulierungsbehörden und Banken reagieren auf die Krise mit einer Lockerung der Bilanzierungsvorschriften. Kern des Anstoßes ist die Bilanzierung zum »Fairen Wert«, also zum derzeitigen tatsächlichen Wert. In der Theorie ist dies eine gute Sache, aber die Praxis sieht anders aus. Für viele Produkte gibt es keinen Markt, daher muss der »faire« Wert durch mathematische Modelle ermittelt werden. Und diese Modelle werden oft gerade dann erhebliche Wertminderungen aufzeigen, wenn die Märkte in einer starken Abwärtsbewegung sind. Die konservative und einfache Regelung des Niederstwertprinzips im deutschen Handelsgesetzbuch (HGB), die wir mit den International Accounting Standards (IAS) peu à peu über Bord werfen, ist einen Blick wert: Hier werden Bilanzpositionen zum Anschaffungs- oder zum Marktwert bilanziert, je nachdem, welcher Wert der niedrigere ist. Somit war bei deutschen Unternehmen, die nach HGB bilanzieren, sichergestellt, dass Werte konservativ und vorsichtig erfasst wurden.

4. *Hedgefonds und Private Equity regulieren:* Hedgefonds unterliegen keinerlei Regulierung. Sie müssen aber genauso reguliert werden wie alle anderen Anlagevehikel.

5. *Derivate für Privatanleger verbieten:* Nicht alle »Finanzinnovationen« sind sinnvoll. Warren Buffett bezeichnet Derivate als »finanzielle Massenvernichtungswaffen«. Für den Besitz von Schusswaffen gibt es zumindest in Europa starke Einschränkungen für Privatpersonen. Dies sollte auch für Derivate gelten. Nicht umsonst waren solche Produkte bis Anfang der 70er Jahre für Privatanleger weitgehend verboten.

6. *Verbriefung von Hypotheken und Konsumentenschulden stark einschränken:* Die amerikanische Regierung gibt die Richtung vor, indem sie verbriefte Produkte in Zukunft auf Kosten des Emittenten versichern will. Wichtig ist, dass die Versicherung auch wirklich das Risiko abdeckt. Dann wird sich die Verbriefung schnell auf ein wirtschaftlich gesundes Normalmaß einpendeln.

7. *Regulierungsbehörden auf Augenhöhe mit den Banken:* Es kann nicht sein, dass Länder sich einen Wettlauf um weniger an Regulierung liefern und dass zum Beispiel die Depfa-Bank, die als irische Tochtergeselllschaft der irischen Regulierung unterliegt, die Muttergesellschaft

Hypo Real Estate in Deutschland zu Fall bringen kann. Europäische Banken agieren im gesamten Europa; ihnen stehen lediglich nationale Regulierungsbehörden gegenüber. Anstatt sich den kleinsten gemeinsamen Nenner aussuchen zu können, sollten die Banken internationalen Regulierungsbehörden unterworfen sein.

8. *Rechtsfreie Räume beseitigen:* Steueroasen wie die Kanalinseln, die Cayman Islands oder auch Liechtenstein müssen sich den Regeln der Transparenz unterwerfen. Die Realisierung wäre faktisch einfach: Jedes Bankinstitut, welches dort Tochtergesellschaften unterhält, muss voll transparent sein oder bekommt andernfalls im Heimatland die Lizenz entzogen.

9. *Haftung für Vorstände konsequent anwenden:* Die Gesetze der meisten Länder sehen Haftungsregelungen vor, die vollkommen ausreichen würden, wenn man sie denn bloß anwenden würde. Das ist auch im deutschen BGB der Fall. Vorstände können sich freilich derzeit sogar gegen den Tatbestand der »groben Fahrlässigkeit« versichern. Es würde langen, derartige Versicherungen zu verbieten und auch schon im Fall der einfachen Fahrlässigkeit eine erhebliche Haftung von Vorständen einzufordern. Vorstände sind schließlich Kaufleute und haben besonders sorgsam zu handeln.

10. *Vergütungssystem ändern:* Es würde völlig ausreichen, das System der Jahresboni in ein System von Belegschaftsaktien zu verwandeln, die frühestens fünf Jahre nach Ausscheiden veräußert werden können. Mit einem Schlag würden die Vorstände dadurch langfristig denken und handeln.

11. *Weniger und stärkere Beamte:* Als ich vor zehn Jahren eine Studie zur Reorganisation des Bundeswirtschaftsministeriums leitete, sagte mir ein höherer Beamter in Ludwig Erhards Dienstzimmer: »Früher standen die Konzernchefs hier Schlange, um einen Termin beim Wirtschaftsminister zu bekommen. Heute stehen die Politiker Schlange, um nach ihrem Ausscheiden einen Job in der Wirtschaft zu bekommen.« Der Beamte auf Lebenszeit preußischer Prägung, der unbestechliche Staatsdiener, hatte etwas für sich. Er ist heute leider sehr selten geworden. Das liegt auch daran, dass wir *viel zu viele* Beamte haben. Aus meiner Praxis bei den Ministerien weiß ich, dass man deren Personal und das vieler Behörden ohne weiteres um 50 bis 70 Prozent reduzieren könnte. Die verbliebenen Regierungsbeamten sollten allerdings sehr

gut bezahlte Spitzenkräfte sein, denen Nebenverdienste in der Wirtschaft verboten sein müssten (wenn sie zum Beispiel – was durchaus richtig ist – Aufsichtsratsmandate bekleiden) und die sich auf die hoheitlichen staatlichen Aufgaben konzentrieren sollten. Wichtig wäre es, sie weniger beeinflussbar zu machen, denn schon heute werden viele Gesetze von Lobbyisten geschrieben.[10]

12. *Staatsfonds für deutsches bzw. europäisches Auslandsvermögen gründen:* Als Sparernation verfügt Deutschland über nahezu 1,5 Billionen Euro Auslandsvermögen (Stand Nov. 2008) – und damit über ca. ein Viertel der Devisenreserven der Europäischen Union. Das Auslandsvermögen wächst weiter. Für ein Überschussland mit alternder Bevölkerung ist dies prinzipiell richtig.[11] Für die Staaten der Europäischen Union gilt ähnliches, wenn auch nicht so deutlich. Derzeit wird das deutsche Auslandsvermögen vor allem in Währungsreserven gehalten, vor allem in US-Dollar. Damit ist klar, dass über kurz oder lang viel Auslandsvermögen vernichtet werden wird. Der deutsche Staat sollte sorgfältiger mit seinem Auslandsvermögen umgehen und wie China, Kuweit oder Singapur einen Staatsfonds gründen, der neben Devisenreserven auch Gold oder werthaltige Unternehmensbeteiligungen enthalten kann. Wenn das auf europäischer Ebene erfolgt, umso besser.

Nach der Finanz- die Wirtschaftskrise: Was uns jetzt noch bevorsteht

In den Interviews, die ich in der heißen Phase der Krise gab, wies ich immer wieder darauf hin, dass wir uns bereits in einer Rezession befänden und dass diese Rezession – im besten Fall! – schärfer ausfallen würde als zum Beispiel diejenige von 2003 und vielleicht mit der Rezession von 1981/82 vergleichbar wäre. Damals waren zum letzten Mal weltweit Zweifel an der Funktionsweise der kapitalistischen Wirtschaftsordnung laut geworden. Ich wies im Vorwort der Erstausgabe dieses Buches darauf hin, dass eigentlich alle Wirtschaftsforschungsinstitute von staatlichen Geldern abhängig seien und daher niemals (!) Rezessionen oder große Krisen prognostizieren würden. So war es auch in diesem Fall: Zunächst wurden die Konsensschätzungen für das Wachstum der deutschen Wirtschaft von 1,0 % auf 0,2 % reduziert. Anfang November rechnete dann der Internationale Währungsfonds mit einer Weltrezession – zum ersten Mal seit Bestehen dieser Institution. (Aber es ist keineswegs die erste Weltrezession seit 1945!) Die Daten waren wohl so lange dermaßen negativ, dass man sich völlig blamiert hätte, wenn man diese Diagnose noch länger hinausgeschoben hätte. Das Sozialprodukt der Industriestaaten soll laut dieser Prognose um 0,3 Prozent zurückgehen, dass der Welt nur noch um 2,2 Prozent wachsen. Bei unter drei Prozent Wachstum spricht der Währungsfonds von einer Rezession.

Eigentlich sollte »Wachstum« im Wortsinne nicht »Rezession« bedeuten. Aber die Wachstumszahlen sind so stark verzerrt, zum Beispiel von der Inflation und von Buchhaltungstricks, dass der IWF sich veranlasst sieht, bei 2,2 Prozent Wachstum von »Rezession« zu sprechen. Laut IWF sind vor allem der Nachfrageeinbruch in den Industriestaaten und verschärfte Kreditbedingungen in Schwellenländern dafür verantwortlich. Reiche Nationen erlebten einen »dramatischen Absturz des Vertrauens von Konsumenten und Unternehmen«, so IWF-Chefökonom Olivier Blanchard.

Die Notenbanken haben ihre Zinsen gesenkt und Liquidität in den Markt gepumpt. Aber die Krise hat sich im System festgesetzt. Durch diese Maßnahmen wird kein Vertrauen zurückgewonnen. Im Gegenteil: Die maßlose Expansion der Geldmengen nach 2001 war mitverantwortlich dafür, dass es zu einer ebenso maßlosen und letztlich schädlichen Kreditvergabe kam. Bis zu einem gewissen Grade muss die Krise jetzt ihren Lauf nehmen. Die Regierungen können ihre Folgen abmildern und sozial abfedern, aber den Wirtschaftsabschwung können sie nicht verhindern.

Für die USA erwartet der Weltwährungsfonds einen Rückgang um 0,7 Prozent im Jahr 2009. In tatsächliche Zahlen übersetzt könnte das heißen, die US-Wirtschaft schrumpft um fünf bis zehn Prozent. Erst Ende 2009 könnte eine Erholung beginnen.

Was machen Ökonomen – auch die des IWF – in einer solchen Situation? Sie raten zu weiteren Zinssenkungen und staatlichen Konjunkturprogrammen.

Die EU schätzte Anfang November 2008 noch ein Wirtschaftswachstum von 0,1 Prozent für die Eurozone – im Klartext heißt das also auch hier: deutlicher Rückgang. Die EZB, die noch im Sommer die Zinsen aufgrund der Inflationsgefahr erhöht hatte, senkte den Leitzins im Euro-Raum von 3,75 auf 3,25 Prozent. Auch die Bank of England (BoE), die Schweizerische Nationalbank (SNB) und die Tschechische Nationalbank (CNB) verringerten ihre Leitzinsen drastisch.

Indien wuchs 2008 nur noch um 7,9 Prozent (zuvor 10), China nur noch um 9,0 Prozent (zuvor 12). Auch China legte hierauf ein Konjunkturprogramm von 500 Milliarden auf, was die noch nie dagewesene Größenordnung von 20 Prozent des Bruttoinlandsproduktes ausmachte.

In Ungarn drohte nicht nur eine Konjunkturabschwächung, sondern sogar der Staatsbankrott. Mit einem Hilfspaket von 20 Milliarden Euro wollen der Internationale Währungsfonds, die Weltbank und die Europäische Union Ungarn davor bewahren.

In den USA weckt der neugewählte Präsident Barack Obama so viele Hoffnungen wie kein Präsident seit John F. Kennedy. Aber die US-Wirtschaft liegt am Boden. Wie in der Großen Depression nach 1929 nahm das Übel der Weltwirtschaft von hier aus seinen Lauf. Auch Obama wird an der Krise nicht viel ändern können.

Obama hat einige gute Ideen. Aber die hatten Bill und Hillary Clinton zu Beginn ihrer Amtszeit auch, nur um dann ansehen zu müssen, wie ihr Plan eines nationalen Gesundheitssystems für alle US-Bürger schnell von der Lobby zerschossen und bis zur Unkenntlichkeit demontiert wurde.

Es sind vor allem sieben Punkte, an denen die US-Wirtschaft seit dem Ausbruch der Krise akut leidet. Mit vier davon – der massiven Verschuldung des Landes, der Gefahr der fallenden Häuserpreise, dem desolaten Zustand der Autoindustrie und der prekären Situation des Dollars – hatte ich mich in der Erstausgabe dieses Buches intensiv auseinandergesetzt.[12] Hinzu kommen noch eine schlechte Infrastruktur, erhebliche Einbußen bei vielen US-Rentnern durch die gefallenen Aktienkurse sowie eine abnehmende und verarmende Mittelschicht.

Massive Verschuldung: Seit 2005 sind die amerikanischen Staatsschulden auf 10,5 Billionen Dollar gestiegen. Das sind ungefähr zwei Drittel des US-Bruttoinlandsprodukts. Mit dem Platzen der Häuserpreisblase fallen Hypotheken als Vehikel der privaten Verschuldung weg. Aber viele Haushalte in den Staaten stehen mit dem Rücken zur Wand und können sich keine weiteren Schulden leisten. Zusätzlich nimmt die Auslandsverschuldung der USA weiter zu. Es wird der Punkt kommen, an dem der amerikanische Staat deutlich höhere Zinsen zahlen muss, um sich noch weiter verschulden zu können.

Häuserpreise und Zwangsversteigerungen: Mittlerweile stehen 7,5 Millionen Immobilien »unter Wasser«. Weitere 2,1 Millionen sind akut bedroht, falls die Häuserpreise noch einmal um fünf Prozent fallen. Es kann gut sein, dass Obama das Häuserpreisproblem durch staatliche Subventionen sozialisiert, denn das Zerplatzen des Traums vom eigenen Heim für so viele US-Bürger kann sich eigentlich kein amerikanischer Präsident leisten. Aber damit ist das Problem nicht gelöst. Die Mittel müssten durch weitere Schulden aufgebracht werden und fehlen dann an anderer Stelle.

Der rasche Fall des Dollars hat begonnen: Trotz einer Zwischenerholung gegenüber dem Euro in den letzten Monaten steht der Dollar gegenüber dem Yen bei historischen Tiefständen und gegenüber dem Euro 40 Prozent tiefer als um die Jahrtausendwende – und er muss aufgrund der massiven Leistungsbilanzdefizite der USA weiter fallen. Dies bringt erhebliche Probleme mit sich: In den USA steigen die Importpreise, und Europa und Asien können weniger in die USA exportieren. Noch hält China seine Währung künstlich niedrig und häuft Devisenreserven an. Ewig können diese Ungleichgewichte aber nicht bestehen.

Die amerikanischen Autobauer stehen mit dem Rücken zur Wand: Die Zahlen zum dritten Quartal 2008 fielen weit schlechter aus als erwartet. Dies sei eine der schwersten Krisen der Autoindustrie in der Geschichte, äußerte sich GM-Chef Rick Wagoner. Alan Mulally von Ford stimmte ein: Diese Krise werde »breiter, tiefer und länger als bisher erwartet«. GM wies ein Minus vor Sondereffekten von 4,2 Milliarden Dollar aus; der Umsatz fiel um 13 Prozent. Ford produzierte ein operatives Minus von fast drei Milliarden Dollar; der Umsatz brach um 22 Prozent ein. Beim Cash Flow sieht es noch übler aus: Jedes der beiden Unternehmen verbrannte circa sieben Milliarden Dollar. Ohne neue Finanzmittel könnten die Reserven nur noch wenige Monate reichen – ziemlich genau der Zeitpunkt, den ich bei der Erstausgabe dieses Buches für die Zahlungsunfähigkeit prognostiziert hatte. Der Versicherungsschutz für Lieferanten von GM und Ford wurde vom Kreditversicherer Euler Hermes bereits aufgehoben – das Unternehmen sieht bei General Motors und Ford also ein begründetes Risiko für Insolvenzen und Zahlungsausfälle.

Eine Insolvenz der beiden Autobauer ist dennoch unwahrscheinlich. Kein amerikanischer Präsident, zumal kein demokratischer, kann es sich leisten, einen der Autogiganten in die Insolvenz rutschen zu lassen. GM, Ford und Chrysler wurden bereits in Washington vorstellig und verlangen 50 Milliarden Dollar an Hilfen vom amerikanischen Staat. Es ist wahrscheinlich, dass Sie diese erhalten werden.

In Deutschland erklärte BMW, dass man sich in der größten Krise der Unternehmensgeschichte befinde. Im dritten Quartal 2008 brach der Gewinn um 63 Prozent ein, im Autosegment schmolz er sogar um 98 Prozent. Es verwundert nicht, dass auch die deutsche Autoindustrie nach Staatshilfen rief, wie sie Frankreichs Präsident Sarkozy im November der französischen Autoindustrie gewährt hat.

Fakt ist, dass die Autobranche weltweit unter Überkapazitäten leidet. Sollte die notwendige Strukturanpassung durch übermäßige Subventionen zu Lasten der Allgemeinheit behindert werden, drückt dies das Wohlstandsniveau der Weltwirtschaft.

International sind die Börsen auf Talfahrt. Der DAX verlor zeitweise 50 Prozent seines Höchststandes und streift Ende Oktober die 4000er Marke. Der Shanghai B fiel um knapp 75 Prozent. Seit 2006 hatte ich unter www.privatinvestor.de vor chinesischen Aktien gewarnt – sie waren einfach zu teuer. Es macht einen gewaltigen Unterschied, ob sich eine Börse halbiert – dann müssen die Aktien sich nachher wieder verdoppeln, was manchmal recht schnell geht – oder ob sie sich viertelt, denn danach müssen die Aktien nicht um 100, sondern um 300 Prozent steigen. Der Shanghai Composite fiel von 6000 auf 2000 Punkte, der indische Sensex von 20 000 auf 9800. In den USA fiel der S&P-500, der die gesamte amerikanische Börse wesentlich besser beschreibt als der Dow Jones, um 40 Prozent.

Durch den Rückgang der Börsenkurse weltweit haben sich mittlerweile fast 30 Billionen Dollar in Luft aufgelöst. Das ist immerhin ungefähr die Hälfte des Welt-Bruttosozialprodukts. Im Gegensatz dazu nehmen sich die 12 bis 15 Billionen, die das Platzen der Technologieblase kostete, fast bescheiden aus. Zwar handelt es sich zunächst einmal um Vermögenswerte und nicht um Einkommen, aber Vermögen produziert Einkommen. Wenn wir von einer Verzinsung von fünf Prozent ausgehen, hat die Welt durch diese Kapitalvernichtung derzeit 1,5 Billionen Dollar weniger Einkommen – das sind immerhin 2,5 Prozent.

Auch in Deutschland, das bis ins zweite Quartal 2008 noch relativ robust dastand, ist der Abschwung angekommen. Im September 2008 sank der Auftragseingang im Vergleich zum Vormonat um acht Prozent. Andreas Scheuerle, Chefvolkswirt der Deka-Bank, konstatierte, dass »Deutschland in einer Rezession steckt und dass es keine milde ist«. Ein Volkswirt der Commerzbank sprach davon, dass die Rezession schärfer als die von 2001/2002 würde. Deutschland würde besonders getroffen, wenn der Welthandel kollabiert, da der Außenhandel fast 50 Prozent unserer Wirtschaftsleistung ausmacht. Die Auslandsorders für Investitionsgüter gingen bereits um 14 Prozent zurück.

Angesichts der nahenden Bundestagswahl zimmerte die Bundesregierung rasch ein Konjunkturprogramm zusammen, um zu zeigen, dass man etwas gegen die Krise unternehme. Es enthielt unter anderem ein Kreditprogramm der KfW über 15 Milliarden Euro, die Wiedereinführung der degressiven Abschreibung für zwei Jahre, eine Aufstockung des CO^2-Gebäudesanierungsprogramms, zusätzliche Infrastrukturinvestitionen, eine Verlängerung des Kurzarbeitergeldes von 12 auf 18 Monate, die Erhöhung der steuerlichen Absetzbarkeit von Handwerkerrechnungen sowie – ausgerechnet – die Befreiungen von Neuwagen von der Kfz-Steuer für ein, bei schadstoffarmen Autos auch für zwei Jahre. Ich habe immer über Robert McTeer, den Gouverneur der Federal Reserve Bank in Dallas, gespottet, der 2001 zur Überwindung der Krise meinte: »Lassen Sie uns alle gegenseitig an der Hand nehmen und jeder einen SUV (Geländewagen) kaufen.« Ich fand das grotesk. Und was macht unsere Regierung? Sie beschließt Steuererleichterungen für Autos – und je größer das Auto, desto spürbarer die Entlastung!

Wie geht es weiter?

Die siebziger Jahre und das Beispiel Japans nach 1990 haben uns gezeigt, dass Konjunkturprogramme weitgehend wirkungslos sind. Die Jahre nach 2001 haben dann bewiesen, welche gefährlichen Nebenwirkungen eine Politik des maßlos leichten Geldes mit sich bringt. Vielleicht bleibt den Regierungen der Industriestaaten derzeit nichts anderes übrig, als all die beispiellosen Liquiditätsinjektionen und Stützungsaktionen zu veranlassen, damit ein Zusammenbruch des Bankensystems verhindert wird. Aber mit jedem Dollar und jedem Euro, der gedruckt wird, um kurzfristig die schlimmsten Aspekte der Krise zu beheben, sinkt das Vertrauen in das Wirtschaftssystem insgesamt. Es ist sehr fraglich, ob es für die Industrienationen nach der Liquiditätsorgie des Herbstes 2008 noch einen Ausweg aus der Politik des leichten Geldes und der leichtfertigen Konjukturpolitik gibt.

Derzeit sind die deflationären Gefahren akut. Daher fallen die Aktienkurse, und daher schießen die Staaten so viel Liquidität ein. Aber ab einer gewissen Stelle greifen diese Maßnahmen nicht mehr. Auch in den Staaten des ehemaligen Ostblocks hatten die Menschen viel Geld. Sie konnten bloß nichts damit anfangen.

Ich denke, dass wir wahrscheinlich eine Krise im Ausmaß derjenigen von 1981/1982 bekommen werden. Und das war die Krise, mit denen die über ein Jahrzehnt während Fehlentwicklung der Inflation korrigiert wurde. Die Form der Krise dürfte allerdings eher einer »versteckten Depression« wie jener in Japan nach 1990 ähneln. Zu sehr werden die Staaten darauf bedacht sein, optisch alles gut aussehen zu lassen und nicht den Eindruck eines zweiten 1929 entstehen zu lassen.

Insgesamt werden wir es mit einem gefährlichen und undurchschaubaren Mix von Deflation und Inflation zu tun haben. Das macht die Krise so unberechenbar. Es ist unerlässlich, dass Sie sich gegen beide Gefahren schützen. Ein Teil Ihres Vermögens ist immer bedroht, das lässt sich nicht ändern. Aber wenn andere Teile im Wert erhalten bleiben oder steigen, werden Sie die Krise überstehen (siehe den zweiten Teil dieses Buches).

Im Herbst 2008 wurde häufig von einer »Rückkehr des Staates«

gesprochen. Angesichts der beispiellosen Rettungsaktionen sieht es vielleicht so aus, als ob die Staaten wieder die Kontrolle übernehmen. Ich bin jedoch sehr skeptisch. Die Rettungspakete für die Finanzbranche wurden überall von den Finanzlobbyisten mitgestaltet. Es war klar, dass danach weitere Wohltaten für bestimmte Branchen und den Steuerzahler nicht ausbleiben können. Nachdem die Finanzbranche sich selbst gerettet hat, stehen die nächsten Branchen Schlange. Regierungen versuchen, sich gegenseitig mit Wohltaten für Wirtschaft und Bürger zu überbieten. Der Prozess der Vermögensvernichtung, den ich im ersten Teil beschrieben habe, hat begonnen.

Auf dem Weltfinanzgipfel in Washington am 15. und 16. November 2008 setzten sich die G-20-Länder immerhin das Ziel, keinen Akteur auf den Finanzmärkten, kein Finanzprodukt und keine Weltregion mehr unreguliert oder ohne Aufsicht zu lassen. Die einzelnen Forderungen klingen gut: Um Transparenz zu schaffen, sollen vor allem Bilanzierungsregeln überarbeitet und harmonisiert werden. Bislang unregulierte Bereiche wie Verbriefungen und Derivate sollen Regeln unterworfen und mit Kapitalanforderungen belegt werden. Die Eigenkapitalausstattung der Finanzunternehmen soll je nach Risikoträchtigkeit ihrer Produkte erhöht werden. Rating-Agenturen müssen sich registrieren lassen und sollen offener agieren; auch sie werden der Finanzmarktaufsicht unterworfen. Die Aufsichtsbehörden sollen das Finanzsystem vor Risiken und unfairen Wettbewerbspraktiken durch Steueroasen schützen. Wenn diese die Zusammenarbeit verweigern, soll schärfer als bisher gegen sie vorgegangen werden.

Dies alles zu gewährleisten soll aber in erster Linie eine nationale Angelegenheit sein. Damit ist die Erreichung dieses Ziels schon wieder so gut wie ausgeschlossen, denn der Wettbewerb um Deregulierung bleibt im Prinzip erhalten. Das Gerede von enger Kooperation und gemeinsamen Standards kann nicht darüber hinwegtäuschen, dass man sich nicht auf effektive Maßnahmen auf internationaler Ebene geeinigt hat. Ein Indiz dafür ist, dass man im Kreis der Teilnehmer hinsichtlich zusätzlicher konkreter Kompetenzen für den Internationalen Währungsfonds (IWF) nicht übereinkam.

Im ursprünglichen Konzept der sozialen Marktwirtschaft war ein starker Staat vorgesehen, der die Rahmenbedingungen für einen fairen Wettbewerb vorgibt und den unparteiischen Schiedsrichter spielt. So etwas wäre auch international bitter notwendig. In der Zeit ziehen Philipp Genschel und Frank Nullmeier über die aktuellen Machtgebärden der Politik bereits vorab ein bitteres Resümee: »Wenn die Krise vorbei ist, regiert wieder das Kapital. ... Politische Unternehmer nutzen die Gunst der Krise für staatliche Heilsversprechen. ... Die Renaissance des starken Staates ist jedoch eine optische Täuschung.«[13]

TEIL II

Es ist nicht das Genie, das mir plötzlich und heimlich enthüllt,
was ich in Situationen tun sollte, die von anderen nicht vorhergesehen
wurden; es ist Nachdenken und gute Vorbereitung.

Napoleon Bonaparte

Erfolg hängt von guter Vorbereitung ab,
und ohne diese ist das Scheitern sicher.

Konfuzius

So bringen Sie Ihr Geld sicher durch die Krise
– was Sie jetzt tun sollten

*In der Erstausgabe dieses Buches, die 2006 erschien, schrieb ich:
In den vorangegangenen Kapiteln habe ich versucht, Sie zu warnen
und Ihnen die Fakten auf den Tisch zu legen, die nach meinem besten Wissen und Gewissen zu einer globalen Wirtschaftskrise führen werden. Ich habe die Rolle der Kassandra eingenommen, und
das ist fast immer ein sehr undankbarer Job. Prognosen sind wie
Kinder – wenn sie einmal in der Welt sind, muss man mit ihnen leben und wird an ihrer Entwicklung gemessen.*

*Wenn Ihnen meine Warnungen halbwegs plausibel erschienen
sind, bleibt Ihnen vielleicht noch genug Zeit, sich auf die Krise vor-
zubereiten und Ihre persönlichen Finanzen wetterfest zu machen.
Wenn Sie zudem glauben, dass meine Botschaft auf fruchtbaren
Boden fallen könnte, können Sie dieses Buch ja gerne Personen
schenken, die Ihnen wichtig sind. Aber seien Sie vorsichtig, welchem Menschen Sie von Ihren Vorbereitungen erzählen. Man
könnte sonst an Ihrem Verstand zweifeln. Und das könnte sich negativ auf Ihren Job auswirken, den Sie (noch) brauchen.*

Auch Noah glaubte man nicht, bis es zu spät war. Er traf dennoch unbeirrt seine Vorkehrungen. Vielleicht reicht es bei Ihnen ja nicht für eine vergleichbare »finanzielle Arche«, aber vielleicht bekommen wir ja auch keine Sintflut. Schon eine ernsthafte globale Depression dürfte jedoch die Planungen der überwiegenden Mehrzahl von Menschen in den Industrienationen über den Haufen werfen und für viele existenzbedrohend werden. Da kann eine »finanzielle Schwimmweste« zunächst einmal das Überleben sichern.

Jetzt ist die Finanzkrise da. Lieber wäre mir gewesen, meine Prognosen wären nicht eingetroffen, denn eigentlich bin ich Optimist. Aber auch als Optimist sollte man Realist sein. Und die Situation, die ich 2005 beim Schreiben des Buches vorfand, ließ keinen anderen Schluss zu, als dass eine gewaltige Krise über uns hereinbrechen würde.

In den zwanziger Jahren glaubten viele Investoren in den USA, dass sie ihre auf Pump gekauften Aktien noch *vor* der Krise beziehungsweise vor den anderen Investoren veräußern könnten, denn es existierte ja eine technologische Innovation, die das erlaubte – das Telefon. Aber es ist immer eine Illusion, schnell genug reagieren zu können. Das wird auch diesmal nicht möglich sein. Heute gibt es Tausende von Hedge-Fonds-Managern, die Hunderte von Milliarden Dollar per Knopfdruck bewegen können – und dies auch in kürzester Zeit tun würden. Warren Buffett nannte sie eine »elektronische Herde, die nur auf die Stampede wartet«. Vergessen Sie es, dabei mitmachen zu wollen. Stattdessen müssen Sie vorsorgen. Und das ist besonders schwierig, denn Sie müssen im Voraus Entscheidungen für eine Situation treffen, von der noch keiner weiß, wie genau sie sich entwickeln wird.

An dieser prinzipiellen Unsicherheit hat sich auch nach dem Ausbruch der heißen Phase der Finanzkrise nichts geändert. Es gilt, für verschiedene Situationen und Bedrohungen gewappnet zu sein, vermeidbare Risiken zu vermeiden und mit der entsprechenden kaufmännischen Vorsicht zu planen. Im Folgenden stelle ich Ihnen mein komplett aktualisiertes 7-Punkte-Programm für die Krise vor. Jeder einzelne Schritt wappnet Sie ein bisschen besser gegen die Krise. Zudem sind die einzelnen Punkte weitgehend unabhängig voneinander, Sie können irgendwo anfangen und sich dann einen Punkt nach dem anderen vornehmen.

Das 7-Punkte-Krisenprogramm

1. Ihre Geldanlagen sind »Chefsache« – und zwar Ihre ganz persönliche.
2. Verschaffen Sie sich eine finanzielle Schwimmweste – oder besser noch ein Rettungsboot. Arbeiten Sie zumindest mit ganzer Kraft daran. (Wenn Sie bereits eine finanzielle Arche haben, müssen Sie nicht weiterlesen.)
3. Suchen Sie sich sichere Banken und Länder.
4. Machen Sie sich ein Bild über die verschiedenen Vermögensklassen und analysieren Sie Ihre Kapitalanlagen.
5. Erstellen Sie Ihre persönliche Vermögensbilanz. Reduzieren Sie Ihre Schulden und schichten Sie von »schlechtem« in »gutes« Vermögen um.
6. Erarbeiten Sie sich einen Einnahmen- und Ausgabenplan. Sparen Sie unnötige Ausgaben.
7. Stellen Sie Ihre Einnahmen auf eine sichere und breitere Basis.

Die kommende Krise ist hauptsächlich *deflationärer* Natur. Allerdings kann es zu wechselweise deflationären *und* inflationären Schüben kommen, darin liegt das Neue und besonders Gefährliche dieser Situation. Deflation heißt, dass die wirtschaftliche Aktivität durch Kreditausfälle und Insolvenzen nachhaltig gelähmt wird. Auch angemessene beziehungsweise angemessen bezahlte Arbeit wird über einen längeren Zeitraum schwer zu finden sein.

Die neue Weltwirtschaftskrise unterscheidet sich damit von der Malaise der siebziger Jahre, in der *Inflation* ein wichtiges Thema war. In einer deflationären Krise fallen die Preise von Gütern und Dienstleistungen, und zudem auch die Preise von Kapitalanlagen, die normalerweise laufendes Einkommen produzieren sollten, also Immobilien und Aktien. Selbst Anleihen oder Rentenpapiere sind entgegen der herrschenden Meinung keinesfalls sicher. Viele Schuldner solcher Papiere – seien es Staaten oder Unternehmen – könnten in Zahlungsschwierigkeiten geraten.

In einer Deflation sollten Sie so wenig Schulden haben wie möglich, da der Wert dieser Schulden, gemessen an Gütern, Dienstleistungen und Kapitalanlagen, im Laufe der Zeit steigt. Das erfordert ein radikales Umdenken – immerhin sind wir von mittlerweile zwei Generationen Inflationspolitik grundlegend geprägt worden. Zwar kann auch diesmal der Fall eintreten, dass einige Länder versuchen werden, sich ihrer Verpflichtungen durch Inflation zu entziehen. In diesem Falle wären Schulden natürlich eine gute Sache, wenn Sie damit Vermögenswerte gekauft haben. Aber rechnen Sie nicht damit! Staaten können sich ihrer Schulden auch durch die Erklärung der Zahlungsunfähigkeit entledigen. Und dann platzt die Globalisierungsblase mit sofortiger deflationärer Wirkung.

Allerdings kann es zu wechselweise deflationären und inflationären Schüben kommen; darin liegt das Neue und besonders Gefährliche dieser Situation. Auf der einen Seite gibt es massive Kreditausfälle, Verlust von Vermögen und Investitionszurückhaltung – das sind deflationäre Gefahren. Auf der anderen Seite schaffen die Zentralbanken und Staaten massiv Liquidität – das stellt eine inflationäre Gefahr dar. Die massiven staatlichen Eingriffe machen den Verlauf der Krise unberechenbar. Wie beim Schüttelfrost können also sowohl Deflation als auch Inflation auftreten, und zwar in kurzen Abständen, sowie bei bestimmten Sektoren und Vermögensklassen sogar parallel. Fest steht nur, dass Papiervermögen in großem Ausmaß vernichtet werden wird.

Punkt 1: Ihre Geldanlagen sind »Chefsache« – und zwar Ihre ganz persönliche

Wir Deutschen haben uns lange nicht sehr intensiv mit Geldanlagen auseinander gesetzt und brav den Banken vertraut. Dabei ist es letztlich völlig natürlich, dass diese Geldinstitute ihre eigenen Interessen verfolgen und nicht die des Anlegers. Wenn Sie sich nicht selber um Ihre Finanzen kümmern, wird jemand anderes es machen und auf Ihre Kosten verdienen.

Die Kosten einer kompletten Finanzberatung für einen normalen deutschen Haushalt summieren sich im Laufe der Jahre leicht auf 20 000 bis 30 000 Euro, von denen Sie oft gar nichts merken. Diese Kosten sind in den Ausgabeaufschlägen von Fonds (oft 5 Prozent), den laufenden Gebühren und den Minderrenditen vieler Bankprodukte versteckt. Das nagt an Ihrem Vermögen. Allerdings haben die Deutschen zum Teil auch selber Schuld an dieser Situation: Weil sie das Geld für eine *wirklich unabhängige* Beratung, die natürlich etwas kostet, »sparen« wollen, werden sie unmerklich doppelt und dreifach ausgenommen und bekommen noch dazu die falschen Produkte empfohlen.

Mittlerweile haben zumindest einige Anleger ihre Lektion gelernt und nehmen ihre Geldanlagen selber in die Hand. Noch immer gelingt es der Finanzbranche aber, ihr Geschäft mit Gier und Furcht zu betreiben und haufenweise neue Opfer zu finden. Dabei ist das Einmaleins der Kapitalanlage nicht besonders schwer. Letztlich gibt es nur wenige Bausteine für die seriöse Vermögensanlage:

1. Bargeld, Termingeld, Devisen, Anleihen, seriöse Anleihenfonds
2. Qualitätsaktien und seriöse Aktienfonds
3. Gold und andere Edelmetalle sowie dementsprechende seriöse Fonds
4. Hochwertige Immobilien

Von allen anderen Produkten, die die Finanzbranche Ihnen zur Verfügung stellt – zum Beispiel Kapitallebensversicherungen, Discount-Zertifikate, Bonus-Zertifikate, Garantie-Zertifikate, geschlossene Immobilienfonds, Schiffsfonds, Private Equity und Hedge-Fonds –, lassen Sie am besten die Finger. Lassen Sie auch die Finger von Produkten, die mit Hochglanzbroschüren oder viel Werbung angeboten werden! Die Wahrscheinlichkeit ist hoch, dass Sie mit hohen Renditezusicherungen oder dem Versprechen von Sicherheit geködert werden. Fast immer treffen diese Renditeversprechungen dann später nicht zu – und die Sicherheit ist oft eine Scheinsicherheit.

Das Reinheitsgebot der Kapitalanlage

Ihr Vermögen sollte aus reinen Zutaten bestehen, die von der Bank noch nicht »gepanscht« worden sind: Tages- und Termingelder, hochwertige Staats- und Unternehmensanleihen (bzw. seriöse Anleihenfonds), Qualitätsaktien (Aktienfonds) sowie (physisches) Gold und Edelmetalle.

Es gibt natürlich einige Aktien- und Anleihenfonds, die transparent anlegen, und auch seriöse, unabhängige Vermögensberater. Sie sind aber in der Minderzahl. Im Großen und Ganzen hat die Finanzbranche ein großes Interesse daran, eben nicht transparent zu sein und so viele Produkte auf den Markt zu bringen, dass der normale Privatanleger völlig verwirrt ist.

Horrorgeschichten aus der Finanzbranche[1]

Die Geschichten aus der Zeit der New Economy sind schon fast Legende.[2] Der ehemalige Fondsmanager Kurt Ochner lag damals mit der Wertentwicklung seines Fonds 20 Prozent schlechter als der NEMAX (der Aktienindex des einstigen Neuen Marktes). Banken brachten Unternehmen an die Börse (und verdienten königlich daran), von denen sie eigentlich wissen mussten, das diese Firmen niemals überleben würden. Der US-Börsenguru Henry Blodget, der sich einem Namen mit einem ambitionierten 400-Dollar-Kursziel für die Amazon-Aktie gemacht hatte, bezeichnete in einer internen E-Mail ein Unternehmen, dessen Börsengang sein Finanzinstitut betreute, als »piece of shit«. Goldman Sachs, vielleicht die angesehenste Investmentbank weltweit, lobte die Firma World Online über den grünen Klee. Die Anleger verloren viel Geld mit diesem Unternehmen, das später von der Bildfläche verschwand. Goldman jedoch verdiente prächtig – man war ja am Börsengang beteiligt gewesen.

Die scheinbar seriösesten Unternehmen stellten sich im Nachhinein oftmals als die größten Anlegerfallen heraus. Mit der Volksaktie Telekom verloren Anleger zwischenzeitlich bis zu 90 Prozent. Das heißt: Die Aktie musste wieder um 900 Prozent steigen, wollte sie ihre alten Höchststände erreichen. Der Wunderindex NEMAX wurde vom Initiator, der Deutschen Börse AG, kurzfristig begraben, als die Anlegerverluste 90 Prozent überschritten. Auf diese Weise hoffte man auch, dass diese blamablen (aber für die Deutsche Börse hochprofitablen) Zeiten schnell vergessen sein würden.

Doch selbst nach dem Ende der New Economy geht die Abzocke eifrig weiter. Nun machen die Banken mit dem Wunsch der Anleger nach Sicherheit und Vermögensberatung Kasse: Einem ehemaligen Manager eines Großkonzerns im Vorruhestand mit rund 700 000 Euro Vermögen drehte seine Bank – eine der »angesehensten« Großbanken in Deutschland – noch kurz vor dem Ausbruch der Argentinien-Krise 2001 Staatsanleihen dieses

Landes an, die dann nahezu wertlos wurden. Später erfuhr ich, dass diese Bank mit anderen Anlegern ähnlich verfahren war. Es drängt sich der Verdacht auf, dass man sich der schlechten Papiere noch schnell auf Kosten der Kunden entledigen wollte.

Ein Steuerberater im Ruhestand, der von seinem Vermögen leben muss, da er keine Rente bezieht (Depotvolumen 1,3 Millionen Euro), hatte einen Vertrag bei der Vermögensverwaltung dieser »angesehensten« Großbank. Das Geldinstitut packte ihm anscheinend wahllos über hundert Titel in sein Depot und führte später häufig Transaktionen durch. Bei jedem Kauf und Verkauf werden natürlich Gebühren für die Bank fällig. Das Depot bewegte sich überhaupt nicht, während der DAX 30 Prozent, 40 Prozent oder 50 Prozent zulegte. Nach einigen sehr unbefriedigenden Zeiten kam er zu mir. In zwei Jahren konnten wir das Depotvermögen mit konservativen Geldanlagen auf 1,6 Millionen Euro erhöhen.

Ein mittelständischer Unternehmer war bei der Vermögensverwaltung einer Sparkasse. In den letzten Jahren hatte er immer darauf gedrängt, dass das Geldinstitut mehr Aktien in sein Depot legen sollte. Zwei Jahre lang passierte nichts, während der DAX immer neue Höhen erklomm.

Die Abzocke geht weiter ...

Die *Wirtschaftswoche* ist normalerweise eine Zeitschrift der ruhigen Töne. Man kann sie nicht gerade als ausgesprochen wirtschafts- oder bankenkritisch bezeichnen. Dennoch erschien in ebendieser Zeitschrift im Februar 2008 eine Titelgeschichte: »Bankberater packen aus: ›Ich habe sie betrogen‹ – mit welchen Drücker-Methoden Banken ihre Kunden ausnehmen.«[3] Die *Wirtschaftswoche* hatte Redaktionsmitarbeiter als Testkunden in Filialen vieler deutscher und in Deutschland tätiger internationaler Banken geschickt, von der Commerzbank über die Hypovereinsbank bis hin zur schwedischen SEB, von der kleinen Weberbank in Berlin bis zur Deutschen Bank und den großen Sparkassen. Sie sollten sich dort hinsichtlich ihrer Vermögensanlage beraten lassen.

Das Ergebnis war erschütternd. Überall, wo man recherchierte, gab es Fehlberatungen zu Lasten des Kunden. So wurde durch eine

Mitarbeiterin der SEB-Bank ein Zertifikat als »ganz besondere Anlagechance, ... genauso sicher wie Festgeld, Rendite garantiert« angepriesen, das sich in Wirklichkeit als hochspekulatives Papier herausstellte. Der Weberbank-Berater Dieter P. habe »einem fast 80 Jahre alten Mann eine individuelle Vermögensverwaltung verkauft, obwohl das zweifelsohne nicht das Richtige für ihn war«. »Ich habe Kunden über den Tisch gezogen und habe ihnen Produkte mit schlechten Konditionen verkauft«, gab Gerhard W. zu, ein Mitarbeiter der HVB.

Die Banken geben ihren Mitarbeitern klare Vorgaben, wie viel verkauft werden muss. Erreicht jemand seine Verkaufsziele nicht, wird er oder sie unter Druck gesetzt. Das geht nach Erkenntnissen der *Wirtschaftswoche* oftmals bis zum Mobbing. Ein »ausgeklügeltes System individueller Vertriebsziele – unterfüttert von Drohungen und Demütigungen« sorge dafür, dass Bankangestellte ohne Rücksicht auf den Kunden Finanzprodukte verkaufen. »Für den Kunden ist die Verwandlung der Berater in einfache Verkäufer eine Katastrophe«, resümiert die *Wirtschaftswoche*.

Noch Anfang der achtziger Jahre sprach man in Deutschland vom »Bankbeamten« – Banker und Bankberater galten als Ausbund der Seriosität und auch der Langeweile. Das hat sich geändert. Seien Sie sich immer darüber im Klaren: Ihr Bankberater ist ein Verkäufer. Dies wird zusätzlich dadurch gefördert, dass der deutsche Anlagemarkt (die Deutschen sind immer noch die zweitgrößte Sparnation der Welt) sehr hart umkämpft ist: Der Provisionsüberschuss in Prozent der Bilanzsumme ist einer der niedrigsten in Europa.

Der deutsche Michel: German »Stupid Money«[4]
Nach Japan ist Deutschland (noch) der zweitgrößte Kapitalexporteur der Welt. Das heißt, wir »recyceln« unsere Exportüberschüsse, indem wir ausländische Kapitalanlagen kaufen. Aber anders als China, das sein Geld bei der Notenbank zusammenhält und gegebenenfalls für den Kauf von Rohstoffunternehmen oder Entwicklungsprojekte in Afrika ausgibt, die China auch wirtschaftlich zugutekommen, legen die Deutschen, geduldet vom Staat, ihre Überschüsse ausgesprochen dumm an. Ob Filmfonds in den

256

USA, amerikanische Staatsanleihen, überteuerte Firmenübernahmen in den USA, geschlossene Immobilienfonds nach der Wiedervereinigung Deutschlands, Subprime-Papiere oder die Überweisung von mehreren hundert Millionen Euro an die bereits insolvente Lehman Brothers – das Geld der deutschen Sparer ist, gefördert durch eine jahrelange Finanzmarkt- und Wall-Street-hörige Politik, willkommenes Kanonenfutter für die internationale Investmentbranche. Nach wenigen Jahren ist oft nichts mehr davon übrig.

Eigentlich sollte es anders sein: Auch Deutschland könnte seine internationalen Überschüsse durch einen Staatsfonds verwalten lassen und in langfristig sichere Anlagen stecken, so wie es Norwegen, Singapur oder einige Ölnationen vormachen. Das wäre auch aufgrund unserer demographischen Entwicklung höchst notwendig, denn irgendwann hören die Überschüsse auf – je älter eine Bevölkerung eines Landes nämlich ist, desto mehr konsumiert sie und desto geringer fallen die Exporte aus; und dann ist es gut, wenn man auf ein Kapitalpolster zurückgreifen kann. Aber in dieser Hinsicht gibt es in Deutschland politisches Duckmäusertum. Lieber lassen wir andere – die Europäische Union, Frankreich, amerikanische Investmentbanken – über unsere Kapitalüberschüsse entscheiden. Kein Spitzenpolitiker hat sich bislang an die Idee eines deutschen Staatsfonds herangewagt.

Nach dem Ausbruch der Finanzkrise nahmen die Fälle von unseriöser Beratung, die in vielen Fällen zwar nicht juristisch, aber doch faktisch einem Betrug am Kunden gleichkamen, sogar noch deutlich zu. Dafür gab es einen einfachen Grund: Die Banken gerieten unter massiven Druck, ihre hohen Ertragsziele zu erfüllen. Der Kleinsparer sollte es nun richten. Verstärkt wurden ihm Produkte mit hohen Margen für die Banken (= hohen Kosten für den Kunden) verkauft. Kaum eine Bank empfahl noch Kapitalanlagen nach dem Reinheitsgebot, also etwa Tages- und Termingelder, einfache klassische Anleihen, Qualitätsaktien oder entsprechende seriöse Fonds. »Schlecht beraten fühlen sich die Kunden vor allem, weil ihnen ausgerechnet jetzt kein Banker ehrlich zu konservativen Produkten rät – zu Tages- oder Festgeld oder zu Bundesanleihen, zu sicheren Häfen«[5], schrieb die *FAZ*.

257

Stattdessen mussten es komplexe und undurchschaubare Produkte sein, meistens Zertifikate, aber auch Hedge-Fonds, Private Equity und andere komplexe., undurchschaubare Produkte, die 2007 und noch bis Herbst 2008 munter weiter vertrieben wurden. Niels Nauhauser von der Verbraucherzentrale Baden-Württemberg rechnet vor, dass die Margen bei Produkten wie geschlossenen Fonds satte 20 Prozent betragen können.[6] Das kann man getrost als »Raubtierkapitalismus« bezeichnen.

Verschärft in den Blickpunkt der Öffentlichkeit gerieten diese Praktiken durch die Insolvenz der amerikanischen Bank Lehman Brothers, deren Papiere sich in den Depots vieler ahnungsloser deutscher Kleinanleger fanden, gerade auch solcher, die eigentlich besonders konservativ anlegen wollten. Am 11. Oktober titelte die *Bild*-Zeitung: »1. Banker packt aus – So musste ich meine Kunden reinlegen«. Die Fälle sind erschütternd, aber sie gleichen sich überall: Ein 62-jähriger Rentner wollte seine 55 000 Euro ausdrücklich als Anlageform ohne Risiko zur Altersvorsorge bei der Dresdner Bank anlegen. Im Februar 2007 wurde das Geld ohne sein Wissen in Zertifikate von Lehman Brothers investiert. Eine 58-jährige Disponentin hatte zusammen mit ihrem Ehemann vor Jahren 50 000 DM in Aktien angelegt. Als das Depot fast wieder seinen ursprünglichen Wert erreicht hatte, wurde ihnen von Mitarbeitern der Dresdner Bank empfohlen, Lehman-Papiere zu kaufen. Nun ist das Depot wertlos. Einem 72-jährigen Rentner wurde noch zwei Wochen vor der Lehman-Pleite von seinem Berater bei der Frankfurter Sparkasse versichert, dass seine Papiere sicher seien. Und einer 91-jährigen Rentnerin wurden für insgesamt 115 000 Euro Lehman-Zertifikate und drei andere Zertifikate empfohlen – die ersteren sind heute wertlos, die anderen mussten starke Wertverluste hinnehmen.

Mit einer langen Geschichte »Beraten und verkauft« deckte auch das Magazin *Focus* (Heft 43/2008) viele schier unglaubliche Fälle auf, und zwar quer durch die Bankenszene – darunter die Frankfurter Sparkasse, Dresdner Bank, Postbank, Commerzbank, Citibank, Hausbank München, S/E/B-Bank und die Norisbank.

Der Grund, warum gerade Lehman-Zertifikate so gerne an unbedarfte Anleger verkauft wurden, ist im Nachhinein offensichtlich: Lehman Brothers stand schon länger mit dem Rücken zum Abgrund und spielte ein riskantes Spiel, indem sie den Banken, die ihre Produkte vertrieben, besonders hohe Provisionen bot, um dadurch an neue Finanzmittel zu kommen. Die Produkte wurden oftmals als »White-Label«-Produkte aufgelegt, bei denen zwar zum Beispiel DZ Bank (Zentralinstitut des genossenschaftlichen Finanzsektors) draufstand, aber Lehman drin war.

Es ist erschütternd, dass deutsche Banken sich solcher Praktiken bedienen – und es ist erschütternd, dass die Politik dies zugelassen hat! Noch im Jahre 2005 fragte im Übrigen die damalige Opposition im Bundestag mit den Unterschriften von Angela Merkel und Michael Glos in einer »kleinen Anfrage« nach, warum die Bundesregierung nicht mehr unternehme, um die Verbriefung von diversen Schuldtiteln zu vereinfachen.

So gehen Sie mit Ihrem Finanzberater um

1. Grundregeln der Kapitalanlage und Eigenschaften verschiedener Vermögensklassen kennen: Berater sprechen von einem »magischen Dreieck« der Kapitalanlage: Sicherheit, Rendite und Verfügbarkeit stehen in einer bestimmten Wechselbeziehung. Gute Aktien(fonds) sind zum Beispiel sicher und haben eine hohe Rendite, trotzdem ist das in ihnen angelegte Geld nicht gänzlich verfügbar, wenn die Kurse gerade niedrig stehen. In so einem Fall muss man einen längeren Atem haben und manchmal auch mehrere Jahre warten können, bis man seine Einlage zu 100 Prozent oder sogar mit Gewinn zurückerhält. Festgeld hingegen ist sicher und relativ kurzfristig verfügbar, hat aber meistens eine geringe Rendite. Es gibt auch sichere Anlagen mit hohen Renditen. Diese können Sie allerdings nicht immer verkaufen, wenn Sie wollen, sondern müssen die Zeit mitbringen, zwischenzeitliche Verluste gegebenenfalls auch auszusitzen. Wenn Ihnen rasche *Verfügbarkeit* wichtig ist, sollten Sie Anlagen wählen, die immer verfügbar sind, aber vielleicht nur geringe Renditen bieten. Auch ist es unerlässlich, ein Basiswissen der verschiedenen Vermögensklassen zu haben, wie es weiter unten in diesem Kapitel vermittelt wird.

2. Reinheitsgebot beachten: Ihr Depot sollte aus Tages- und Termingeldern, einfachen klassischen Anleihen (Anleihenfonds) und Qualitätsaktien(fonds) bestehen. Im Gegenzug bedeutet das, dass Sie komplexe Produkte besser vermeiden. Man wird Ihnen zwar viele finanzielle Wunderwaffen anbieten, aber bleiben Sie standhaft.

3. Beratung dokumentieren lassen und Dokumentierung überprüfen: Oftmals ist es schon vorgekommen, dass Bankberater in den schriftlichen Beratungsprotokollen ganz andere Dinge festgehalten haben, als sie mündlich geäußert wurden. So haben Berater zum Beispiel dokumentiert, dass sie Kunden umfassend über Risiken aufgeklärt hätten, während dies im tatsächlichen Gespräch kaum oder gar nicht der Fall war.

3. Gesamtkostenquote erfragen: Nach der neuen MIFID (Markets in Financial Instruments Directive) müssen Finanzdienstleister die Gesamtkosten (ohne Transaktionskosten) eines Produkts angeben. Wenn diese nicht schriftlich dokumentiert werden – Finger weg! Wenn sie über 2 Prozent liegt: Vorsicht! Denken Sie daran, dass Lebensversicherungen zum Beispiel gerade mal 4 Prozent Rendite bringen.

4. Marktkonditionen kennen: Es lohnt sich, vor dem Gespräch die Marktkonditionen für bestimmte Produkte zu erfragen. Beim Autokauf schauen Sie doch auch bei verschiedenen Autohäusern vorbei, oder?

5. Unnötige Wechsel vermeiden (»Hin und Her macht Taschen leer«): Gerne werden gleich auch Depots umgestellt, wenn der Berater wechselt. Sollte man Ihnen so etwas kurz nach einem Beraterwechsel empfehlen, heißt es Vorsicht! Hier will Ihnen wahrscheinlich jemand einfach nur etwas verkaufen. Aber auch, wenn ein bestimmter Fonds eine gewisse Zeit nicht gut performt hat, sind die Berater gerne mit einer Umschichtungsempfehlung zur Stelle. Der sollten Sie nicht folgen, wenn die Fondsqualität stimmt. Ihr »Berater« veschweigt Ihnen nämlich, dass eine Minderperformance über einige Jahre keinerlei Aussage für die Wertentwicklung der Zukunft hat. In den Jahren 2006–2007 beispielsweise blieb der Fidelity European Growth Fund einige Zeit hinter dem Markt zurück. In einigen mir bekannten Fällen wurde dies zum Anlass genommen, diesen Fonds zu verkaufen. Mittlerweile verläuft seine Wertentwicklung wieder parallel zum europäischen Aktienindex. Und was Ihr »Berater« Ihnen außerdem verschweigt, ist, dass die Bank bei jedem Produktwechsel verdient.

Punkt 2: Verschaffen Sie sich eine finanzielle Schwimmweste oder besser ein Rettungsboot

Legen Sie so viel Vermögen auf die Seite, dass Sie im besten Falle eine finanzielle Arche haben, zumindest aber eine Schwimmweste. Ihre sicheren Kapitalanlagen sollten Ihnen helfen,

drei Jahre

zu überstehen, wenn Ihr Einkommen, mit dem Sie gerechnet haben, auf einmal nicht mehr fließt. Das ist die *Schwimmweste*. Überlegen Sie, wie viel Geld Sie und Ihre Familie benötigen, um drei Jahre zu überstehen, wenn Sie sich einschränken. Hierzu gehören die Ausgaben für Kleidung, Energie, Nahrung, Gesundheit und natürlich auch die Hypothekenzinsen auf Ihr Haus.

Ich halte diese Reserve für das absolute Minimum. Für einen durchschnittlichen Vier-Personen-Haushalt dürften es mindestens 30 000 Euro pro Jahr, also insgesamt 90 000 Euro (besser: 100 000 Euro) sein, die Sie sicher angelegt haben sollten. Natürlich hängt Ihr persönliches Minimum von Ihren Bedürfnissen und finanziellen Möglichkeiten ab.

Nur ein geringer Teil der deutschen Haushalte hat aber das aus meiner Sicht minimal notwendige Vermögen sicher angelegt. Die anderen Haushalte wird es in der Krise existenzbedrohlich treffen – denn auch der Staat wird keine halbwegs komfortablen Einkommen mehr garantieren können. Oftmals wird nur das blanke Minimum bleiben.

Wenn Sie sich ein *Rettungsboot* bauen wollen, sollten Sie in der Lage sein, sich und Ihre Familie für

zehn Jahre

über Wasser zu halten. Das wären dann für einen durchschnittlichen Haushalt schon 300 000 Euro in sicheren Kapitalanlagen (hierzu zählt das Haus in den meisten Fällen nicht).

Ihre *persönliche Arche* haben Sie dann gebaut, wenn Ihr Vermögen, das Sie auf bestimmte sichere Länder verteilt haben, so viel Einkommen produziert, dass Sie ohne Sorgen in die Zukunft schauen können. Sie wissen selber, wann Sie diesen Punkt erreicht haben.

Auch in einer Krise können Sie mit soliden Aktien, Immobilien und Anleihen weiter Renditen erzielen. Um die notwenige Größe Ihrer Arche zu bestimmen, sollten Sie insgesamt mit nicht mehr als

2 Prozent laufende Rendite p. a.

rechnen. Wenn Sie also 30 000 Euro pro Jahr für Ihre Lebenshaltung benötigen und Ihr Vermögen nicht antasten wollen, wäre ein produktives Vermögen (Aktien, Geld, vermietete Immobilien) von 1 500 000 Millionen Euro notwenig.

Mit den Mindesterfordernissen für Schwimmweste und Rettungsboot will ich Ihnen zeigen, wie die notwendigen Maßnahmen für eine angemessene Krisenvorsorge aussehen sollten. Vielleicht schaffen Sie es nicht mehr, ein Rettungsboot zu realisieren, aber auch eine Schwimmweste ist besser als nichts.

Was ich bislang gesagt habe, gilt nur, wenn Sie nach der Krise in das Erwerbsleben zurückkehren können, also in zehn Jahren noch nicht Ihr persönliches Ruhestandsalter erreicht haben. Gehen Sie davon aus, dass dieses bald bei durchschnittlich siebzig Jahren liegen wird. Sollten Sie bereits Mitte fünfzig sein oder sich schon im Ruhestand befinden, benötigen Sie *viel höhere* Kapitalreserven. Sie müssen davon ausgehen, dass Sie vom Staat oder Ihrer Betriebsrente nur noch das absolute Minimum erhalten und alles andere aus eigener Tasche bestreiten müssen. Letztlich hängt es von Ihrem Alter und Ihren Ansprüchen ab.

Punkt 3: Suchen Sie sich sichere Länder und Banken

Neben der Geldanlage in deutsche Finanzprodukte und Papiere sollte ein Teil Ihres Vermögens (völlig legal deklariert) in einem weiteren Land liegen. Sicherheit ist erstes Gebot. Je weniger Sie ein

Land kennen, desto größer ist auch Ihre Anlage-Unsicherheit (und sei es nur aus psychologischen Gründen). Die europäischen Länder, insbesondere die Schweiz oder Norwegen, sind gute Startpunkte. Auch die USA und Australien oder auch Singapur sind ziemlich sicher. Aber hier geht es schon los: Wenn Sie zum Beispiel in den USA drei Jahre auf einem Konto keine Bewegung haben, wird das Geld als »nicht abgeholte« Fundsache deklariert und vom Staat konfisziert! Denken Sie also daran, dass es auch einen erheblichen Aufwand bedeutet, Konten in mehreren Ländern zu unterhalten.

Die Agenturen Moody's und Standard & Poor's sind führend beim Rating der Bonität von Ländern, Unternehmen sowie einzelnen Anleihen und Wertpapieren. Die höchste Bonitätsstufe ist Aaa beziehungsweise AAA (»Triple A«). Anleihen oder Papiere hoher Bonität werden auch als »Investment Grade« bezeichnet, da sie relativ sicher sind. Ab Ba1 (Moody's) oder BB+ (Standard & Poor's) fangen die sogenannten Non-Investment-Grades an, die umgangssprachlich auch Junk Bonds genannt werden.[7]

Mittlerweile wissen wir allerdings, dass diese Ratings oftmals nicht das Papier wert sind, auf dem sie gedruckt wurden. Viele verbriefte Produkte, die mit AAA geratet wurden, hatten eher den Status von Junk Bonds, also von hochriskanten Anleihen, die bei den kleinsten Problemen nicht mehr bedient werden können. Kein Wunder – vor dem Ausbruch der Krise machten die Ratingagenturen bis zu einem Drittel ihres Gewinns mit den »Persilscheinen« (AAA-Ratings), welche sie den Emittenten dieser Produkte ausstellten.

Das höchste Rating, AAA, erhalten von Standard & Poor's Australien, Dänemark, Deutschland, Finnland, Frankreich, Großbritannien, Irland, Kanada, Lichtenstein, Luxemburg, Neuseeland, Niederlande, Norwegen, Österreich, Schweden, die Schweiz, Singapur, Spanien und die USA. Allerdings gab es Anfang 2009 Anzeichen, dass bei Staatsanleihen die nächste Blase entsteht. Weil Anleger den Banken nicht mehr trauten – und die Ratings den Kollaps der Banken in keinerlei Weise vorhergesehen hatten –, floss zum Jahreswechsel 2008/09 massiv Kapital in Staatsanleihen. Die Konsequenz: Die Renditen dieser Papiere sind niedrig. Wenn viel Nach-

	Moody's		Standard & Poor's
Investment Grade	Non-Investment Grade	Investment Grade	Non-Investment Grade
Aaa	Ba1	AAA	BB+
Aa1	Ba2	AA+	BB
Aa2	Ba3	AA	BB-
Aa3	B1	AA-	B+
A1	B2	A+	B
A2	B3	A	B-
A3	Caa1	A-	CCC+
Baa1	Caa2	BBB+	CCC
Baa2	Caa3	BBB	CCC-
Baa3	Ca	BBB-	CC
	C		C
	WR		D

frage nach einer Anleihe vorhanden ist, kann der Staat sie mit einem relativ geringen Zinscoupon ausstatten.

In der am höchsten bewerteten Ländergruppe sind aus meiner Sicht weitgehend sicher:

1. Die Schweiz als Hort internationalen Kapitals, und zwar als Nummer eins.
2. Norwegen, weil die Wirtschaft durch Rohstoffvorräte abgesichert ist.
3. Deutschland und Österreich, die immer noch – trotz der im Herbst 2008 gestarteten Konjunkturprogramme – relativ solide Staatsfinanzen haben.

In der zweiten Reihe gibt es einige sehr interessante Länder, die von den Ratingagenturen zwar niedrigere Noten bekommen, aber an sich auch sehr solide sind:

1. Hongkong (AA-) hat eine florierende Wirtschaft und hohe Devisenreserven.
2. China (A-) besitzt die zweithöchsten Devisenreserven der Welt und ist eine der mächtigsten Volkswirtschaften. Allerdings besteht die Gefahr, dass auch in China das Bankensystem instabil wird.

3. Russland (BBB+) hat schon jetzt Devisenreserven, die fast so hoch sind wie die der Euro-Länder insgesamt. Es gibt einige politische Risiken, aber die sind in anderer Form auch in den Euro-Ländern existent.[8]

Hier sieht man, wie die Ratings von den ausschließlich angelsächsischen Ratingagenturen zum Nutzen der angelsächsischen Länder politisch missbraucht werden. (Je besser das Rating, desto niedriger die Zinskosten.) China hat kaum Staatsschulden und zwei Billionen Dollar an Devisenreserven – trotzdem bekommt das Land ein deutlich schlechteres Rating als die USA. Das ist logisch kaum nachzuvollziehen. Ich halte daher eine eigene europäische Ratingagentur für dringend geboten.

Insgesamt denke ich, dass es ausreichend ist, wenn Sie Ihr Geld in Deutschland, Österreich oder der Schweiz anlegen. Bedenken Sie: Wenn Sie in andere Länder gehen, nimmt der Verwaltungsaufwand massiv zu und teilweise die Rechtssicherheit deutlich ab. Die Sicherheit von Währungen gilt ja ohnehin nur für Girokonten, Termingelder und Anleihen; Aktien sind als Realvermögen sowieso gegen Inflation und Währungsreformen geschützt.

Zufluchtsort Schweiz?

Nach dem Einsetzen der Finanzkrise wurde der Druck auf Steueroasen stärker. So hat sich auch die Schweiz bereit erklärt, stärker mit den Finanzämtern anderer Länder zu kooperieren. Dennoch ist ein – steuerehrliches – Konto oder Depot in der Schweiz sinnvoll. Sie haben dann Vermögen in einem stabilen Land mit einem freundlichen Rechtssystem geparkt, welches zumindest dem unmittelbaren Zugriff der Behörden entzogen ist.

Sie müssen kein Besserverdiener sein, um Ihr Geld auf eine Schweizer Bank oder Sparkasse bringen zu können. Genau wie jeder Schweizer Bürger dürfen Sie ein Konto schon mit ein paar hundert Franken eröffnen. Sie müssen noch nicht einmal zur Kontoeröffnung anreisen, es geht alles schriftlich. Wenn die eine Bank sich weigert – es gibt genug andere, die es nicht tun.

Schweizer Banken gehen kundenfreundlicher mit den Konten ihrer Kunden um als Geldinstitute in anderen Ländern. Wenn ein US-Konto drei

Jahre inaktiv war, wird das Guthaben zu einer »nicht abgeholte Fundsache«, die der Staat einstreicht. Mir ist das schon mal passiert! Sogar in Österreich ist das nach zehn Jahren der Fall. In der Schweiz ist das jedoch nicht so.

Straftaten werden in der Schweiz nur dann verfolgt, wenn es sich um Delikte handelt, die auch in diesem Land gesetzeswidrig sind. Was also in einigen Dingen in Deutschland als Steuerhinterziehung gelten würde, würde in der Schweiz vielfach nicht geahndet werden. Der Grund: Dieses Land hat viel geringere Steuersätze und ist nicht darauf angewiesen, dieses Delikt in dem Maße zu kriminalisieren wie die Bundesrepublik.

Ich rate Ihnen allerdings dringend zu Steuerehrlichkeit. Das Konto in der Schweiz empfehle ich, damit Sie einen Teil Ihres Vermögens in einem anderen Rechtsgebiet haben und damit nicht so sehr der staatlichen Willkür eines einzigen Landes ausgesetzt sind.

Generell gilt: Misstrauen gegen Devisen- und Zwangsbewirtschaftungsmaßnahmen ist immer und überall angesagt. In den dreißiger Jahren erließen die Nazis ein »Gesetz gegen den Verrat der Deutschen Volkswirtschaft«. Devisen durften nur auf Genehmigung gehalten werden, der unerlaubte Besitz wurde mit drakonischen Strafen belegt.

So weit sind wir noch nicht. Im Juni 2003 ließ der damalige Finanzminister Hans Eichel jedoch eine Bombe platzen: Sein Ministerium plane ein Werbeverbot für Schweizer Banken in Deutschland.[9] Mittlerweile ist es umgesetzt: Schweizer Banken, die keine Filiale in Deutschland unterhalten, dürfen nicht mehr in Deutschland werben. Mit Marktwirtschaft und freiem Kapitalverkehr hat das nichts zu tun. So fängt die Zwangsbewirtschaftung an. Für Nobelpreisträger Friedrich August von Hayek sind Devisenkontrollen der erste Schritt zum totalitären Staat.[10]

Sichere Banken

Als ich 2005 vor Banken warnte, die sich stark im Immobiliengeschäft engagieren, hatte ich die Hypo Real Estate vor Augen, aber zum Beispiel auch die Commerzbank. Meine Empfehlung, sich »sichere Banken« zu suchen, wurde gelegentlich belächelt.

Ich schrieb: »Viele amerikanische Banken sind nur im B-Bereich geratet. Immerhin erhält Wells Fargo noch AA-. Die Bayerische Hypo- und Vereinsbank hat A, die Commerzbank und die Eurohypo sind A-. Grundsätzlich kann man sagen, dass Sie Banken meiden sollten, die sich stark im Immobiliengeschäft engagieren. Nun sind Einlagen bei deutschen und auch US-Banken durch Einlagensicherungsfonds geschützt. Diese wurden nach der Weltwirtschaftskrise gegründet, um Bankenpaniken vorzubeugen. In Deutschland sind die Guthaben jedes Bankkunden mit bis zu 30 Prozent des haftenden Eigenkapitals gesichert. Bevor Sie Ihr Geld zu einer bestimmten Bank bringen, sollten Sie sich genau über die Einlagensicherung dieses Instituts erkundigen. Eine entsprechende Auskunft ist es Ihnen schuldig. Aber auch Sicherungsfonds haben ihre Grenzen. Eine sehr hohe oder die höchste Bonitätsstufe sind immer noch der beste Schutz.«

Nach den staatlichen Rettungsaktionen vom Herbst 2008 stellt sich die Lage wie folgt dar: Die Staaten der Welt haben gezeigt, dass sie die Banken retten wollen. Das geht zwar wieder auf Kosten der Allgemeinheit, nützt dieser aber auch, indem massenweise Bankzusammenbrüche vermieden worden sind. Damit ist die Bonität der einzelnen Bank zunächst einmal nicht mehr so wichtig, denn es steht nunmehr die Bonität des jeweiligen Landes dahinter. Unter www.bankenverband.de/einlagensicherung können Sie übrigens abrufen, welche Banken dem deutschen Sicherungsfonds angehören und damit unter die Einlagensicherung fallen.

Dennoch denke ich, dass vieles dafür spricht, sein Geld in Deutschland oder in Österreich bei Volksbanken, Raiffeisenbanken oder Sparkassen sowie in der Schweiz bei Kantonalbanken oder Raiffeisenbanken zu hinterlegen. Diese Institute stehen zumindest tendenziell noch nicht ganz so unter Verkaufs- und Vertriebsdruck wie die großen privaten Institute. Zudem ist es gut, wenn Sie mit Ihrem Vermögen diejenigen regionalen Strukturen unterstützen, die noch erhalten geblieben sind und die noch eine gewisse Robustheit gegenüber dem internationalen Finanzkapital aufweisen.

Insbesondere die Schweiz sehe ich als sicher an, da in der Krise Kapital automatisch in die Sicherheit flieht. Im Herbst 2008 gaben die Kantonalbanken zeitweilig gar keine Zinsen für Tagesgeld, weil sie sich auch so vor Geldzuflüssen nicht retten konnten. (Das ist im Übrigen eine seriöse Geschäftspolitik. Andere Banken hätten möglicherweise Zinsen geboten und damit noch mehr Geld eingesammelt, ohne genau zu wissen, wo sie das Geld selbst anlegen können.)

In vielen Fällen dürfte es für den erfahrenen Anleger auch eine Internet-Direktbank tun, wie zum Beispiel die ING-DiBa. Diese Banken haben keine Filialen und können damit deutlich günstigere Konditionen anbieten. Unter Umständen sind aber die Online-Banking-Angebote der großen Banken und Sparkassen sinnvoller (wenn auch etwas teurer), weil dort vergleichsweise gute Konditionen mit persönlichem Service kombiniert werden können.

Punkt 4: Machen Sie sich ein Bild über die verschiedenen Vermögensklassen

In der Vermögensverwaltung spricht man von verschiedenen Vermögensklassen, die unterschiedliche Eigenschaften haben. Zunächst einmal ist es wichtig, ob das Vermögen zum so genannten Real- oder Geldvermögen gezählt wird. Realvermögen wird durch ein reales Wirtschaftsgut gedeckt. Aktien verbriefen zum Beispiel ein Eigentumsrecht an einem Unternehmen und sind damit – genau wie Immobilien oder Schmuck – letztlich Realvermögen. Demgegenüber sind Bargeld, Anleihen oder Rentenansprüche Geldvermögen, da sie nur durch Zahlungsversprechen gedeckt sind. Eine Sonderstellung nehmen Gold- und Edelmetalle ein, die zwar Realvermögen sind, aber in vielen Fällen auch Geldfunktionen haben.

	Geldvermögen	Realvermögen
Liquide	Bargeld Termingeld Geldmarktfonds Devisen Fremdwährungskonten und Fremdwährungsanleihen Kurz laufende Anleihen und Anleihenfonds (bis ca. 3 Jahre Laufzeit)	Gold und Edelmetalle*

Weniger liquide	Lang laufende Anleihen und Anleihenfonds** Finanzderivate (Optionsscheine, Termin- kontrakte) Garantie-, Bonus- und Discount-Zertifikate	Aktien und Aktienfonds**, ***
Nicht liquide	Renten und Rentenansprüche gegenüber dem Staat und Unternehmen Kapitallebens- versicherungen	Immobilien, eigengenutzt bzw. fremdvermietet (auch Landbesitz) Unternehmensbeteiligungen*** Geschlossene Fonds*** Schmuck und Sammlerobjekte

* Gold und Edelmetalle haben eine Doppeleigenschaft. In »normalen« Zeiten sind sie Sachvermögen. In Krisenzeiten werden sie jedoch auch zu Geld – vielleicht dem einzigen Geld, das dann noch akzeptiert wird.

** Bei soliden Anleihen und Anleihenfonds mit langer Laufzeit sowie bei Aktien besteht zwar kaum ein Risiko des Totalverlustes, allerdings können diese Vermögensarten im Wert schwanken. Anleger sollten das Geld daher mindestens fünf Jahre nicht benötigen, um nicht mit Verlust verkaufen zu müssen. Deswegen habe ich diese Vermögensklassen hier mit »weniger liquide« eingestuft.

Die mit *** versehenen Vermögensarten werden von der Statistik der Deutschen Bundesbank als Geldvermögen gezählt, da sie in der Regel liquide sind. Ich sehe sie aber als Sachvermögen an. Sie verbriefen einen Besitz an Sachen, der sich in der Krise anders entwickeln wird als das reine Geldvermögen (wie Bargeld, Anleihen, Lebensversicherungen, Termingelder etc.).

Ein zweites wichtiges Unterscheidungsmerkmal steht im Zusammenhang mit der Frage, ob Vermögensgegenstände liquide oder nicht liquide sind. Aktien, Gold, Bargeld und Anleihen können Sie normalerweise jederzeit veräußern, selbst in einer großen Krise werden sich auf den Kapitalmärkten Käufer dafür finden. Sie werden vielleicht nur einen Bruchteil des Preises bekommen, den Sie sich vorgestellt haben, aber verkaufen können Sie.

Im Durchschnitt sind die Deutschen für eine größere Krise schlecht gerüstet. Zwar haben die Vermögenswerte in der Bundesrepublik mittlerweile Schwindel erregende Höhen erreicht, aber sie sind oftmals falsch angelegt. Ein Großteil der Ruheständler finanziert sich zudem ausschließlich durch die (noch sehr großzügigen) staatlichen Renten, die im Krisenfall aber drastisch zusammenschrumpfen müssen.

Aufteilung des Vermögens der deutschen Haushalte

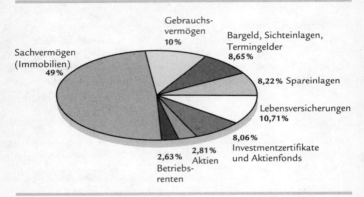

Quelle: Deutsches Aktieninstitut e.V.

Lassen Sie uns schauen, wie sich die verschiedenen Vermögensklassen in der Krise wahrscheinlich verhalten werden:

Bargeld, Tagesgeld oder kurz laufende Termingelder (Sichtguthaben): In Zeiten der Deflation sind Tagesgeld und Termingelder normalerweise ein durchaus legitimes Investment. Mit jedem Jahr, in dem die Preise fallen, steigt der Wert Ihres Geldes. Zudem sind Sie mit Bargeld ungemein liquide. Allerdings bestehen in der kommenden Krise durchaus Risiken für diese Vermögensklasse. Zu sehr sind die Industrienationen verschuldet, als dass man aus meiner Sicht der Versuchung widerstehen könnte, das umlaufende Bargeld und die Sichtguthaben zu entwerten. Sie sollten zwar einen gewissen Kassenbestand halten, um beweglich zu bleiben, aber keinesfalls langfristig einen Großteil Ihres Vermögens in diese Anlageklasse stecken. Denken Sie daran, dass Sie in einem Krisenfall Ihre Sparguthaben vielleicht nur schwer abheben können, ebenso ist die Rendite absolut miserabel. Mein Fazit: Insgesamt 17 Prozent am Gesamtvermögen sind für Bargeld, Termingeld und Spareinlagen langfristig zu viel! Allerdings: Nach den Garantien von Oktober 2008 sind Sichtguthaben zunächst einmal »sicher«. Aufgrund der knappen Liquidität gab es für Sichteinlagen und Termingelder bis zu einem Jahr Zinsen von 3,5 bis über 5 Prozent. Alles, was über 3,5 Prozent liegt, ist zum kurz- bis mittelfristigen Parken von Vermögen gut geeignet.

Faustregel für Bargeld und Gold

Bargeld und Gold sind eine Absicherung gegen größere Risiken. Halten Sie so viel Bargeld oder – noch besser – Gold, dass Sie Ihren Bedarf für zwei Monate abdecken können.

Geldmarktfonds: In den Jahren vor der Krise wurden verstärkt Geldmarktfonds verkauft, mit dem Argument, dass die Anleger damit eine höhere Rendite erzielen können als mit Termingeldanlagen. Während der Krise stellte sich heraus, dass auch etliche Geldmarktfonds mit »unreinen« Anleihen zumindest »gepanscht« waren. Das führte bei etlichen Geldmarktfonds zu Verlusten von zehn Prozent oder mehr.

Anleihen (Renten, Obligationen) und Rentenfonds: Eine Anleihe ist ein verbrieftes Schuldinstrument, das an der Börse handelbar ist und laufende Zinszahlungen abwirft. Sie können die Anleihe also jederzeit verkaufen (fragt sich nur, zu welchem Preis). Im Normalfall verpflichtet sich der Anleihengläubiger (ein Staat oder ein Unternehmen), Ihnen für den Nominalbetrag der Anleihe (sagen wir: 1000 Euro) jedes Jahr einen bestimmten Coupon (sagen wir: 50 Euro) zu zahlen und Ihnen den Nominalbetrag am Ende der Laufzeit (z. B. zehn Jahre) zurückzuzahlen.

Es wird oft argumentiert, dass gute Anleihen »sichere« Anlagen sind, Aktien dagegen nicht. Das ist falsch. Es gibt keine wirklich sicheren Anlagen. Es gibt nur solche, die relativ sicher und die unterschiedlich gut für unterschiedliche Situationen sind. In einer »normalen« Wirtschaftslage mag die Rendite von Anleihen stetig und berechenbar sein, in einer Deflation ist sie es nicht unbedingt, sondern nur so lange, wie der Emittent zahlungsfähig bleibt. In der Großen Depression brachen die Kurse der Anleihen teilweise um 30 Prozent und mehr ein, viele Anleihenschuldner wurden sogar zahlungsunfähig.[11] Auch in einer Inflation verringert sich die Rendite von Anleihen stark oder wird vielleicht sogar negativ. Derzeit rate ich nahezu komplett vom Besitz von Anleihen ab, da das Zinsniveau niedrig ist und Sie eigentlich nur verlieren können. Tages- oder Termingelder sind derzeit die weitaus bessere Alternative. Sie sind jederzeit verfügbar und bieten hohe Zinsen. Für große Vermögen (Liquidität über mehrere 100 000 Euro) rate ich allerdings, einen Teil der Liquidität zur besseren Streuung auch in Anleihen anzulegen.

Finanzderivate (Optionen, Optionsscheine, Terminkontrakte), Garantie-, Bonus- und Discount-Zertifikate: Diese Instrumente werden oft als »Versicherung« gegen Börsenschwankungen angeboten. Dabei sind sie eher Teufelszeug.[12] Sicher ist an ihnen einzig der Gewinn für die Bank. Meiden Sie diese Produkte. Sie spielen dabei immer – im wörtlichen wie auch im übertragenen Sinne – gegen die Bank.

In jüngerer Zeit erfreuen sich bei den deutschen Anlegern so genannte Garantie-, Bonus- oder Discount-Zertifikate großer Beliebtheit. Ignorieren Sie auch diese Produkte. Sie sind ein weiterer Trick der Bank, Ihnen das Geld aus der Tasche zu ziehen. Zudem handelt es sich hierbei meist um Schuldverschreibungen des entsprechenden Geldinstituts, die durch eine eventuelle Zahlungsunfähigkeit der Bank zusätzlich gefährdet wären. Seien Sie also besonders misstrauisch, wenn es also um Discount-Zertifikate, Optionsscheine, Hedge-Fonds, Private Equity oder Lebensversicherungen geht. Finger weg!

Skandalbereich Anlegerzertifikate

Als ich 2004 sehr kritisch über die Zertifikatebranche schrieb, wurde ich auf Betreiben zweier Banken kurzerhand aus dem Verteiler einer größeren deutschen Presseagentur verbannt. Die betreffenden Banken bezogen die

Newsfeeds der entsprechenden Agentur und konnten so ihren Einfluss geltend machen. So schnell geht das, wenn man üble Geschäftemacherei aufdecken will.

Mittlerweile ist durch die Lehman-Pleite bekannt, dass Zertifikate Sondervermögen darstellen und damit insolvenzgefährdet sind. 400 000 verschiedene Zertifikate gibt es mittlerweile in Deutschland, nach Schätzungen stecken in ihnen über 200 Milliarden Euro an Anlegergeldern. Selbst angeblich seriöse Anleger- oder Tageszeitungen veröffentlichen regelmäßig »Zertifikate-Spezials« (ein Schelm, wer Böses dabei denkt, etwa daran, dass dies im Zusammenhang mit den hohen Werbeausgaben der Zertifikate-Emittenten steht).

Zertifikate haben viele negative Eigenschaften:

1. Zertifikate gaukeln Scheinsicherheit vor: Gerade Bonus-, Discount- oder auch Basketzertifikate beinhalten Wetten gegen die Zeit und sind damit viel, viel unsicherer als klassische Aktien-, Anleihen- oder Mischfonds. Bei den letztgenannten Anlageformen arbeitet die Zeit für Sie, wenn Sie schwache Marktphasen durchstehen können; bei den genannten Zertifikaten arbeitet sie gegen Sie.
2. Zertifikate verleiten zum Zocken: Zertifikate verleiten dazu, auf bestimmte »Themen« zu setzen (z. B. Erneuerbare Energien, Rohstoffe etc.). Gerade dies sollten Sie als Privatanleger NICHT tun. Das entsprechende Timing ist eines der schwierigsten Kapitel der Kapitalanlage in Aktien.
3. Zertifikate sind oft intransparent und haben hohe Gebühren: Ich fühle mich bei vielen Zertifikaten nicht in der Lage, die Kosten genau zu ermitteln. Wie soll es da erst einem Privatanleger gehen? Genau das aber beabsichtigen die Emittenten, um hohe Gebühren verstecken zu können.
4. Die Emittenten machen die Preise für ihre eigenen Zertifikate selbst: Die Emittenten stellen als Market-Maker im Sekundärmarkthandel sowohl börslich als auch außerbörslich die Preise der von ihnen ausgegebenen Titel. Das ist, als ob der Croupier beim Kasino nachher auch noch sagen darf, zu welchem Gegenwert er die Jetons einlöst.

Im *Schwarzbuch Börse 2006* deckt die Schutzgemeinschaft der Kapitalanleger (SdK) die ganzen Sünden der Branche auf:[13] »Die hohen Margen [der Emittenten] können vor allem deshalb leicht erwirtschaftet werden, da fast alle Anlagezertifikate im Gegensatz zu Optionsscheinen einzigartige Ausstattungsmerkmale aufweisen.« Beliebt sind auch als Basiswerte bestimmte Aktienkörbe, deren Zusammensetzung während der Restlaufzeit nach bestimmten Algorithmen verändert wird. Die SdK weiter: »Die meisten Emittenten schließen in den Verkaufsprospekten die Haftung für Berechnungsfehler außer bei schwer zu beweisender grober Fahrlässigkeit oder Vorsatz aus.« Und: »Es besteht die sehr realistische Möglichkeit, dass Anleger aufgrund von Berechnungsfehlern oder Schönrechnung einen zu niedrigen Rückzahlungsbetrag erhalten.«

Einer meiner Professorenkollegen, ein Zertifikateexperte, gab mir gegenüber im Gespräch zu, dass er schon Zertifikate mit einem Ausgabeaufschlag von acht Prozent gesehen habe: »Die Anleger kaufen das und wundern sich, warum sie schon am Kauftag acht Prozent weniger im Depot haben.« Ein Anleger wiederum kam zu mir, weil er für 50 000 Euro IndexZertifikate auf den Nikkei im Depot hatte. Zunächst sah alles korrekt aus, doch der Haken war schnell gefunden: Der Nikkei ist ein Kursindex, der Anleger partizipiert also nur am Kurs. Wenn die Bank die vereinnahmten Gelder im Gegenzug in Nikkei-Aktien anlegt, kann sie heimlich 3,5 % Dividenden auf diese Aktien einnehmen. Nur wenn das Zertifikat den Performance-Index (Kurs UND Dividende) abbilden würde, wäre das eine faire Angelegenheit.

Es gibt auch Endloszertifikate ohne Rückzahlungsanspruch. Die SdK schrieb schon Anfang 2007, dass die meisten verbrieften Derivate von Goldman Sachs eine schlechtere Bonität als Junk Bonds aufweisen.

Da passt es, dass laut SdK ein internes Protokoll des hessischen Landtags bekannt wurde, in dem beschrieben wird, wie eine Angestellte der Deutschen Börse, die auch weiter von der Deutschen Börse bezahlt wurde, an das hessische Wirtschaftsministerium »ausgeliehen« wurde – und dort ausgerechnet in der Börsenaufsicht tätig war ...

Aktien und Aktienfonds: Trotz des Aktienbooms bis 2000 und des bis 2007 wieder gestiegenen Interesses an diesen Investments machte der direkte Besitz dieser Anlageform 2006 nur 2,81 Prozent unseres Vermögens aus. Hinzu kamen 8,01 Prozent Fonds und Investment-Zertifikate (die allerdings auch geschlossene Fonds, zum Beispiel Immobilien- und Schiffsfonds, beinhalten). Das war einmal anders: Noch 1960 machten Aktien einen wesentlich höheren Bestandteil des Vermögens der Deutschen aus. Von 1960 bis 1980 wurde dann das »Modell Deutschland« gebaut, die Politiker redeten den Wählern ein, dass sie sich nicht um die Alterversorgung zu kümmern bräuchten. Kein Wunder, dass die Bedeutung der Aktie sank.

Trotz aller Schwankungen steht diese Form der Kapitalanlage vor einer langfristigen Renaissance.[14] Aktien sind Realvermögen. Aktien guter Unternehmen sind relativ sicher, sie sind – anders als Immobilien – pflegeleicht, und sie werfen eine laufende Rendite in Form von Dividenden ab.[15] Zudem werden deutsche Unternehmen auch immer mehr so geführt, dass die Interessen der Aktionäre, also der Eigentümer, angemessen berücksichtigt werden. Aktien solider Unternehmen sind also in normalen Zeiten der beste Weg für den langfristigen Vermögensaufbau.[16] Sicherlich, Aktienkurse können schwanken, langfristig kennen sie aber nur einen Weg – und zwar nach oben. Das Renditedreieck des Deutschen Aktieninstituts zeigt Ihnen auf, welche Rendite Sie mit Aktien seit 1948 jeweils erzielt hätten, wenn Sie in einem bestimmten Jahr gekauft und in einem anderen Jahr verkauft hätten.[17] Wenn Sie von 1948 bis 2005 deutsche Aktien besessen hätten, hätte Ihre durchschnittliche

Rendite pro Jahr 12,2 Prozent[18]

betragen. Aus 1000 Mark im Jahr 1948 wäre so der unglaubliche Gegenwert von 183 666 Mark im Jahr 2005 geworden! Dahinter steckt das Wunder des Zinseszinses. Nach einem Jahr hätten Sie 1200 Mark gehabt, nach zwei Jahren 1250 Mark, nach fünf Jahren schon 1573 Mark und nach zehn Jahren bereits 2773 Mark. Der Besitz von US-Aktien – das 20. Jahrhundert war das amerikanische Jahrhundert – hätte in den letzten fünfundsiebzig Jahren sogar durchschnittlich 13 Prozent gebracht.[19]

Aktien und Währungsrisiko: ein häufiges Missverständnis

Als Realvermögen hängt der Wert von Aktien *nicht* von der jeweiligen Währung ab, in der sie notiert sind, sondern von der Entwicklung der Unternehmensgewinne. Coca-Cola hat also nicht automatisch ein Dollarrisiko, weil die Aktie in Dollar notiert. Als Aktienbesitzer haben Sie Anspruch auf die Erträge, die das Unternehmen erwirtschaftet, und sind durch die Substanz des Unternehmens abgesichert. Es kommt also darauf an, wo das Unternehmen seine Umsätze erzielt. Mit Coca-Cola kaufen Sie zu über 50 % internationale Erträge und Umsätze, also in gewissem Sinne die gesamte Weltwirtschaft. Auch mit der BWM-Aktie hätten Sie 30 % »Dollarrisiko«, da das Unternehmen 30 % seiner Umsätze in den USA tätigt, und zusätzlich die »Chance Asien«. Viele Unternehmen – auch mittelgroße wie zum Beispiel Fuchs Petrolub – sind mittlerweile global tätig. Demgegenüber ist die amerikanische Gesundheitsversicherung United Health überwiegend in den USA und Rhön-Klinikum überwiegend in Deutschland tätig. Mit global tätigen Unternehmen kaufen Sie also einen internationalen Währungskorb ein.

Gold und Edelmetalle: Sie gelten als Krisenwährung par excellence. Man kann Edelmetalle im Garten vergraben, über die Grenze schmuggeln, zudem werden sie überall auf der Welt akzeptiert. Jeder sollte einen bestimmten Anteil davon im Depot haben. Obwohl sich der Goldpreis seit dem Tief in den Jahren 2000/01 schon wieder mehr als verdoppelt hat, ist Gold immer noch billig. Neben Gold sind auch Platin und Silber hervorragende Kapitalanlagen, da hier eine große industrielle Nachfrage besteht. Damit sind sie nicht nur Geld oder Geldersatz, sondern auch industrieller Rohstoff. Basis ist aber Gold – im Ernstfall immer noch der beste Geldersatz.

Immobilien: Fast die Hälfte unseres Privatvermögens steckt in Immobilien. Das kann in einem Land mit sinkender Bevölkerungszahl, in dem in den letzten Jahrzehnten mit Hilfe von Steuersubventionen in Milliardenhöhe die Baukonjunktur künstlich aufrechterhalten wurde, den Immobilienbesitzern auf Dauer keine befriedigenden Renditen bringen. Ein erstes Warnsignal war die zeitweilige Schließung des Grundbesitz-Invest Immobilienfonds der Deutschen Bank. Jahrzehntelang wurden diese Immobilienfondsanteile im tiefsten Brustton der Überzeugung als »mündelsicher« verkauft. Jetzt saßen Anleger auf einmal auf ihren Fondsanteilen, die sie erst wieder verkaufen konnten, als die Bank eine »Neubewertung« – und das heißt eine deutliche Abwertung – durchgeführt hatte.

Schuldenfreie oder gering belastete Immobilien sind in Krisenzeiten durchaus eine akzeptable Vermögensanlage. Allerdings sind verschiedene Faktoren zu berücksichtigen, welche die Immobilie nicht zur idealen Vermögensanlage machen:

- In großen Wirtschaftskrisen gingen Aktienkurse, Anleihenkurse und Immobilienpreise immer gleichzeitig herunter. Das hängt damit zusammen, dass alle drei Anlageklassen letztlich nach den Erträgen bewertet werden, die sie produzieren. Und in einer Wirtschaftskrise sinken die Mieten. Deswegen muss die Immobilie weitgehend schuldenfrei sein.[20]
- Immer noch steckt ein viel zu großer Anteil des durchschnittlichen Vermögens in Deutschland in der Immobilie. In den siebziger Jahren war das auch eine richtige Entscheidung gewesen. In der kommenden Krise schafft das Überengagement der Deutschen in Sachen Immobilien jedoch zusätzlichen Abgabedruck.
- Mit dem Platzen der Subprime-Krise ist klar, dass es am Immobilienmarkt ähnliche Übertreibungen wie am Aktienmarkt geben kann. Als ich im Mai 2008 nach einigen Tagen Wanderung in Arizona auf dem Rückweg zum Flughafen nach Phoenix war (in den 90er und 2000er Jahren eine der am schnellsten gewachsenen und angeblich »begehrenswertesten« Städte der USA), machte ich einen Abstecher durch einige seiner neuen »Vororte«. Das Bild war gespenstisch: Hunderte, ja Tausende von großen brandneuen Häusern, alle ziemlich identisch, auf kleinen Grundstücken. Vielleicht jedes vierte oder fünfte war bewohnt. Unvollendete Shopping-Malls. Auf den breiten Straßen sah man nur gelegentlich ein Auto. Es wurde immer behauptet, dass die sozialistische Planwirtschaft Fehlallokationen von Kapital in großem Ausmaß hervorbringt. Heute wissen wir: Das kann der Turbokapitalismus auch.

Unternehmensbeteiligungen: Viele mittelständische Unternehmer haben einen großen Teil ihres Vermögens in der eigenen Firma stecken. Oftmals musste dieser Anteil aufgrund der durch Basel II verschärften Kreditbedingungen noch deutlich erhöht werden – und sei es nur in Form von Sicherheiten und Bürgschaften. Versuchen Sie, Vermögen aus Ihrem Unternehmen zu befreien, selbst wenn es sehr schwer sein sollte. Wenn die Bank zusätzliche Sicherheiten gefordert hat, ist dies sicherlich auch ein Warnsignal.

Faustregel für Unternehmer

Fokussieren Sie Ihr Unternehmen strategisch auf eine Nische, aber legen Sie Ihr Privatvermögen breit gestreut an.

Geschlossene Fonds (Immobilien, Schiffsbeteiligungen, Filmfonds, Windkraft etc.): Geschlossene Fonds sind ein deutscher Sonderfall, begünstigt durch das deutsche Steuerrecht und die deutsche Anlegermentalität. Hier werden mit dem Geld derjenigen, die den Fonds zeichnen, ein Immobilienprojekt, Schiffe, Filme oder Projekte im Bereich alternative Energien finanziert. Der Initiator platziert das Projekt bei einem »geschlossenen« Anlegerkreis. In den ersten Jahren machen die meisten Fonds steuerlich absetzbare Verluste, danach sollen Erträge erwirtschaftet werden. Eine Rückzahlung des Kapitals erfolgt erst nach fünfzehn, zwanzig oder noch mehr Jahren. Ihr Vermögen ist also nicht liquide, es sei denn, es findet sich jemand aus dem Kreis der anderen Investoren, der Ihren Anteil übernehmen würde. In den letzten Jahren sind Schiffsfonds aufgrund des Booms bei Containerschiffen im Rahmen der Globalisierung sehr gut gelaufen. Wenn Sie aber jetzt dort investieren, kommen Sie zu spät – die Schiffsfonds wären eines der ersten Opfer, wenn die Globalisierungsblase platzt.

An geschlossenen Fonds verdient mit Sicherheit nur einer: der Initiator (und das zumeist prächtig). Ganze Finanzimperien sind in Deutschland auf solchen Fonds aufgebaut worden. Sie wurden – und werden – von gut verdienenden Anlegern wie zum Beispiel Ärzten, Rechtsanwälten und Unternehmensberatern zuhauf gezeichnet. Der Bauboom in den neuen Bundesländern wurde dank der Sonderabschreibungen von westdeutschen Ärzten und Rechtsanwälten finanziert. Viele dieser Fondsanteile sind aufgrund der nachhaltig schlechten Lage im Osten aber nur noch einen Bruchteil ihres Ausgabekurses wert.

Eine Zeit lang wurden Hollywoodfilme vor allem durch deutsche Medienfonds finanziert. Die amerikanische Traumfabrik hat sich gefreut, für die deutschen Investoren ist dabei selten viel herausgekommen. Oftmals bestand auch der Verdacht der Manipulation. So ermittelt die hiesige Staatsanwaltschaft zum Beispiel gegen die VIP-Medienfonds des früheren Polizisten und AOL-Deutschland-Chefs Andreas Schmidt.[21] Mit Glamour lassen sich zwar Anleger ködern, ob man Geld damit verdienen kann, steht auf einem ganz anderen Blatt. Fazit: Geschlossene Fonds sind äußerst schwer zu bewerten und eignen sich nur in Spezialfällen.

Schmuck und Sammlerobjekte: Diese Gegenstände sind als Kapitalanlage nur etwas für die Superreichen oder die echten Experten. Von einem vermögenden Arzt wurde ich einmal nach meiner Meinung zu Diamanten als Krisenwährung gefragt. Ich riet ihm davon ab. Im Notfall finden Sie vielleicht keinen Käufer und müssen dann deutlich unter Wert veräußern. Jeder Diamant ist zudem anders und muss begutachtet werden. Ähnlich ist es mit Bildern, Briefmarken oder alten Waffen. Da sind Gold, Platin und Silber unproblematischer. Natürlich spricht nichts dagegen, sich Familienschmuck anzuschaffen, nur sollte es nicht die einzige Grundlage Ihrer Vermögenssicherungsstrategie sein.

Renten und Rentenansprüche gegenüber dem Staat und Unternehmen: Neben den Immobilien sind Rentenansprüche – und diese vor allem gegenüber dem Staat – der Hauptbestandteil des Vermögens vieler deutscher Haushalte. Leider. Denn die Renten sind eben nicht »sicher«, wie ich in Kapitel 7 dargelegt habe. Das weiß mittlerweile selbst Norbert Blüm. Heute sagt er, er sei »missverstanden« worden. Rechnen Sie damit, dass Sie hier im schlimmsten Falle nur noch das Existenzminimum erhalten. Auch Firmenrenten sind nicht vor Manipulation und Totalausfällen, wie es in den USA schon mehrfach zu beobachten war, gefeit. In Deutschland sind wir zwar noch nicht so weit, aber alles, was auf Zahlungs*versprechungen* und nicht auf konkreten Eigentumsanteilen beruht, muss als krisengefährdet angesehen werden.

Kapitallebensversicherungen: Mit Lebensversicherungen, in denen nach den staatlichen Renten und den Immobilien das meiste Geld der Deutschen steckt, sieht es genauso schlimm aus. Im Krisenfall ist Ihr Geld keinesfalls sicher, zudem verzinst es sich mit einer miserablen Rendite.

Bereits vor mehr als hundert Jahren kam man auf die Idee, an die (Risiko-)Lebensversicherung noch einen Sparvertrag dranzuhängen und so das Sicherheitsbedürfnis der Deutschen auszunutzen. Die Kapitallebensversicherung war geboren. Mit dieser Konstruktion wurde und wird bis heute viel Schindluder getrieben. Zum Vermögensaufbau ist sie nicht geeignet, als echte Lebensversicherung auch nur bedingt. Nach dem Bund der Versicherten ist Folgendes zu bedenken:[22]

- Der Abschluss einer Kapitallebensversicherung ist in der Regel nicht sinnvoll.
- Sie haben keinen lukrativen Sparvorgang (die Renditen liegen oft bei unter 1 Prozent – das kriegen Sie selber besser hin!).
- Sie haben keine ausreichende Todesfallabsicherung.
- Trennen Sie Versicherung und Geldanlage! Sichern Sie sich also durch eine ausreichende Risikolebensversicherung ab und legen Sie die Sparbeträge lieber anders an!
- Im Falle einer Wirtschaftskrise sind Ihre Versicherungssummen keinesfalls sicher. Auch der Versicherer kann in die Zahlungsunfähigkeit rutschen.

Wohin das viele Geld fließt, das die Deutschen den Lebensversicherern zahlen, können Sie selber sehen, wenn Sie sich deren Verwaltungspaläste anschauen.

In den letzten Jahren wurden englische Lebensversicherungen sehr intensiv beworben. Zwar haben die Engländer eine viel längere Erfahrung mit der Geld- und Kapitalanlage, aber viele Kritikpunkte für die deutsche Branche gelten hier in gemilderter Form ebenfalls.

Punkt 5: Erstellen Sie Ihre persönliche Vermögensbilanz

Wenn Sie jetzt anfangen, Ihr Vermögen systematisch zu analysieren und Geld auf die Seite zu legen, können Sie Ihre Chancen deutlich erhöhen. In Boomzeiten gerät Sparsamkeit etwas außer Mode, da die Menschen glauben, ihr Geld durch clevere Investments machen zu können.[23] Dennoch sind gerade Sparsamkeit und sorgfältige Planung der eigenen Finanzen essenziell. Gerade hier können Sie auch bei einem kleinen Einkommen schnell einen positiven Effekt erzielen.

Glauben Sie bloß nicht, dass die besser Verdienenden das alles im Griff hätten. Gerade wenn Menschen in höhere Einkommenskategorien vorstoßen, steigen die Ansprüche exponenziell. 2001 kam ein Mann von Mitte fünfzig in meine Geldpraxis. Als früherer Geschäftsführer eines Konsumgüterunternehmens fuhr er mit einem Porsche vor und erhielt eine laufende halbe Rente von 80 000 Euro im Jahr! Man sollte meinen, dieser Mann hätte vorgesorgt, aber nichts dergleichen.

Sein liquides Vermögen betrug gerade mal gut 100 000 Euro. Hinzu kamen ein Haus sowie ein paar wertlose Bauherrenmodelle in Ostdeutschland. Solche Fälle sind keinesfalls die Ausnahme, sondern eher die Regel. Am besten rechnen können nach meiner Erfahrung Handwerker und Selbstständige, denn die müssen für sich selber sorgen.

Der erste Schritt in Ihrer Vermögensanalyse ist Ihre persönliche Vermögensbilanz. Auf der linken Seite stehen, genau wie bei einem Unternehmen, Ihre Vermögensgegenstände, auf der rechten Seite Ihre Verbindlichkeiten. Wenn Sie die Zwischensumme aller Verbindlichkeiten von der Summe Ihrer Vermögensgegenstände abziehen, erhalten Sie Ihr rechnerisches Eigenkapital.

Aber Vorsicht: So gut wie alle Ihre Vermögensgegenstände können an Wert verlieren. Es kann leicht passieren, dass Ihrem geschrumpften Vermögen dieselben Schulden gegenüberstehen und Sie ein negatives Eigenkapital haben. Nach der Übergabe Hongkongs an China 1997 fielen nicht wenige Immobilienpreise um bis zu 60 Prozent.

Ihre persönliche Vermögensbilanz

	Aktiva		Passiva	
	Position	Betrag	Position	Betrag
»gutes« Vermögen	Gold		Steuerschulden	
»gutes« Vermögen	Bargeld und Sichteinlagen		Konsumentenkredite und Kreditkarten	
»gutes« Vermögen	Anleihen		Autokredit	
»gutes« Vermögen	(Qualitäts-)Aktien		Hypothek	
»mittelgutes« Vermögen	Auto, Hausrat, Schmuck			
»mittelgutes« Vermögen	Immobilien (je nach Objekt gut bis schlecht)			
»schlechtes« Vermögen	Lebensversicherungen		Sonstige Verbindlichkeiten	
»schlechtes« Vermögen	Pensions- und Rentenansprüche (multiplizieren Sie als Faustregel einfach Ihre jährlichen Ansprüche mit dem Faktor 10)			
			Zwischensumme	
	Sonstiges		Eigenkapital	
	Summe		Summe	

»Gutes« und »schlechtes« Vermögen

Gutes Vermögen produziert laufend und ziemlich berechenbar Einkommen. Hierzu gehören Festgelder und Anleihen (Zinsen), Aktien (Dividenden) und gute Mietimmobilien. Schlechtes Vermögen bindet Einkommen langfristig (Private Equity, Geschlossene Fonds) oder erfordert weitere Einzahlungen (Lebensversicherungen, schlechte Mietimmobilien).

Ihr Ziel sollte es sein, möglichst viele Bargeld und Einkommen produzierende Vermögensgegenstände zu haben. Gleichzeitig sollten die Objekte, die Bargeld fressen, reduziert werden. Hierzu gehören verschuldete Immobilien, selbst wenn den Ausgaben für die Schulden Mieteinnahmen gegenüberstehen, Lebensversicherungen, in die Sie einzahlen, sowie andere Arten von Vermögensgegenständen, die in einer Krise eher zur Verbindlichkeit werden, da sie laufendes Einkommen aufbrauchen.

Zahlen Sie Ihre Konsumentenkredite ab, also alle Hausrats- und Autokredite. Das Auto ist für viele Deutsche der Vermögensfresser Nummer eins! Für die meisten Haushalte in Deutschland schätze ich das diesbezügliche Einsparpotenzial auf 1000 bis 3000 Euro pro Jahr. Und wenn Sie den Betrag von 3000 Euro jedes Jahr für 10 Prozent anlegen, haben Sie nach fünfzehn Jahren 104 849 Euro auf dem Konto. Fahren Sie ein billigeres Auto! Oder ziehen Sie einen Gebrauchtwagen in Erwägung. Mein Mercedes 320 war 2006 zwölf Jahre alt und hatte 340 000 Kilometer auf dem Buckel. Erst nach einem irreparablen Motorschaden habe ich mir dann doch ein »neues« Auto gekauft – also eines, das erst drei Jahre alt war.

Zahlen Sie die Hypothek auf Ihr Haus mindestens so weit ab, dass der Eigenkapitalanteil an Ihrem Haus 50 Prozent beträgt. Wenn Sie dies nicht ohne größere Anstrengungen schaffen, veräußern Sie Ihr Eigenheim und erwerben Sie ein kleineres oder eine Wohnung. Sie können auch darüber nachdenken, Ihre Immobilie zu verkaufen und zur Miete zu wohnen. Als Hausbesitzer mag es nicht ganz einfach sein, sich an diesen Gedanken zu gewöhnen, finanziell lukrativ ist er allemal.

Rechnen Sie nicht damit, dass im Falle einer Währungsreform Ihre Schulden getilgt werden. Das Gegenteil dürfte der Fall sein: Geldvermögen werden vernichtet, Schulden hingegen zum Großteil in die neue Währung übertragen. Auch 1948 wurden Schulden weniger abgewertet als Geldvermögen.

Punkt 6: Erarbeiten Sie sich einen Einnahmen- und Ausgabenplan

Neben der Vermögensbilanz gehört die Einnahmen- und Ausgabenplanung zu einer soliden Finanzplanung hinzu. Listen Sie sämtliche Einnahmen und Ausgaben eines Jahres auf, wie dies auch ein Unternehmen machen würde.

Die größten laufenden Ausgabenblöcke sind oftmals Haus, Auto und Krankenversicherung. Zu Ihrem Eigenheim und dem Wagen habe ich schon etwas gesagt. Auch andere Ausgaben gehören auf den Prüfstand. Müssen es schon wieder neue Kleidungsstücke sein? Was ist mit der Mitgliedschaft im Fitnessclub? Was mit Vereinsmitgliedschaften oder Zeitschriftenabonnements? Gibt es kein günstigeres Ferienangebot? Die Möglichkeiten, etwas zu sparen, sind vielfältig, und sie verringern nicht unbedingt die Lebensqualität. Im Gegenteil!

Punkt 7: Stellen Sie Ihre Einnahmen auf eine sicherere und breitere Basis

Schaffen Sie sich möglichst mehrere Einkommensquellen. Das können Kapitaleinkünfte aus Immobilien oder Aktien oder auch Nebentätigkeiten sein. Derzeit sieht es in Deutschland leider so aus, dass die überwiegende Anzahl der Haushalte ihr Einkommen aus unselbstständiger Arbeit bezieht. Das ist keine ideale Basis. Schon 1937 plädierte Wilhelm Röpke, einer der Mitbegründer der Sozialen Marktwirtschaft, dafür, dass sich Arbeiter möglichst noch ein zweites Standbein, zum Beispiel in der Landwirtschaft, aufbauen sollten.[24] Heute wäre der Vorschlag eines zweiten, selbstständigen Einkommens nicht nur für die aussterbende Spezies der Industriearbeiter wichtig, sondern auch für alle anderen unselbstständig Beschäftigten.

Besonders gefährdet ist Ihr Einkommen, wenn es vom Staat oder einem Unternehmen abhängt, das wirtschaftlich um seine Existenz kämpfen muss. Sicher, auch in der Krise wird der Staat weiter Pensionen, Renten, Sozialleistungen, Löhne, Gehälter und Beam-

Einnahmen	
Gehalt	
Mieteinnahmen	
Rente/Lebensversicherung	
Kapitaleinkünfte	
Unternehmen	
Nebentätigkeit	
Sonstige	
Summe	

Ausgaben	
Laufende Ausgaben	
Haus	
Telefon und Fernsehen	
Energie/Wasser	
Auto (Versicherung/ Treibstoff/Reparatur)	
Krankenversicherung	
Andere Versicherungen	
Mitgliedschaften und Abonnements	
Lebensmittel	
Rückzahlung von Hypotheken/Schulden	
Gelegentliche Ausgaben	
Bekleidung/Schuhe	
Ferien	
Restaurants	
Kino/Theater etc.	
Sonstiges	
Summe	

tensold zahlen. Allerdings wird er Mittel und Wege finden, diese Zahlungen drastisch zu kürzen. Eine umfassende Armut wird die Folge sein. In der ehemaligen Sowjetunion erhielten fast alle Menschen ihr Gehalt oder ihre Renten vom Staat. Nach dem Zusammenbruch des Kommunismus mussten selbst hoch dotierte Pensionäre, etwa Weltkriegshelden im Generalsrang, zum Teil ein Leben am Rande des Existenzminimums führen.

Die Anhebung des Rentenalters in Deutschland ist nur der erste Schritt zur Abwertung der Renten. Weitere werden folgen, zum Beispiel die Halbierung aller Renten und Pensionen. Noch wagt sich kein Politiker ernsthaft auf dieses Terrain, denn die Rentner oder baldigen Rentner sind eine der mächtigsten Lobbys in diesem Land. Irgendwann wird aber die junge Generation keine Lust mehr haben, mehr für diese Bevölkerungsgruppe als für die eigene Zukunft zu arbeiten. Und spätestens dann wird sich das Blatt wenden.

Suchen Sie sich einen sicheren Arbeitgeber. Denken Sie daran: Auch auf dem Höhepunkt der Weltwirtschaftskrise hatten in den USA 75 Prozent der arbeitswilligen Bevölkerung weiterhin einen Job – es waren eben jene anderen 25 Prozent, die es besonders hart traf. Selbst in einer Krise wird es relativ sichere Firmen geben. Das sind beispielsweise solche Unternehmen, die eine breite Eigenkapitalbasis und eine hohe Ertragskraft vorweisen können, aber vor allem Leistungen und Produkte, die auch in der Krise benötigt werden. Hierzu gehören sicherlich Energieversorger, Lebensmittelunternehmen, gewisse Banken, Landarztpraxen (die heute als unattraktiv gelten), Handwerksbetriebe und Unternehmen, die mit Gütern und Dienstleistungen des täglichen Bedarfs umgehen. Im Grunde gelten für die Auswahl sicherer Unternehmen dieselben Kriterien wie für die Auswahl sicherer Aktien (siehe im nächsten Kapitel).

Bei Ihren Nebeneinkommen können Sie kreativ sein. Ich habe einen Kunden, der den Bau alter Barockinstrumente betreibt und damit ein durchaus interessantes Zusatzeinkommen hat. Ein anderer Kunde, ein Buchhalter, gibt sein Wissen an private Mandanten weiter. Selbst wenn es am Anfang nur kleine Beträge sind, die zusammenkommen: Versagen Sie sich nicht die Freude, die dadurch entsteht, selber einmal mit eigenen Dienstleistungen und

Produkten Geld »am Markt« verdient zu haben. Wenn Sie dabei keine Befriedigung empfinden sollten, haben Sie vielleicht nicht die richtige Einstellung, um der Krise zu trotzen.

Obwohl in Deutschland der Mittelstand und das Handwerk noch eine größere Rolle spielen als in vielen anderen Staaten, ist unser Land nicht als eines der Selbstständigen zu betrachten. Vielen wird es nach Jahrzehnten in festen Arbeits- und Dienstverhältnissen schwer fallen, beim Aufbau von Nebeneinkommen Einfallsreichtum an den Tag zu legen. Versuchen Sie es aber dennoch – und zwar jetzt. Wenn Sie erst einmal dazu gezwungen sind, wird es doppelt schwer werden. Fangen Sie jetzt an, sich Gedanken über krisensichere Jobs und Zusatzeinkommen zu machen!

> Die optimale Vermögensanlage: ein Drittel in Aktien, ein Drittel in
> Anleihen, ein Drittel in Immobilien und ein Drittel im Ausland.
>
> *André Kostolany*

> Wenn Sie mit einer Zeitmaschine hundert Jahre in die Zukunft reisen
> könnten, was würden Sie mitnehmen:
> Aktien, Anleihen oder Gold?
>
> *Unbekannt*

Kapitalanlagen für die Krise

In der Krise kommt es noch mehr als sonst darauf an, dass Sie die
Struktur Ihrer Kapitalanlagen optimieren und Ihr Geld bei sicheren Banken (auch im Ausland) haben. Auf den folgenden Seiten
gebe ich Ihnen hierzu die aus meiner Sicht wichtigsten Hinweise.
Eine persönliche Beratung bei einem guten und wirklich unabhängigen Vermögensberater oder Vermögensverwalter kann das allerdings nicht ersetzen.

Strategische Vermögensaufteilung für die Krise

In der Krise sind Sicherheit und Kapitalerhalt oberste Pflicht des
Investors. Leider ist nicht überall, wo »Sicherheit« draufsteht, auch
»Sicherheit« drin – schon gar nicht bei den Lebens-»versicherungen« oder »Garantie«produkten, die Ihnen von der Finanzbranche
angeboten werden. Es bleibt leider dabei: Ihre Finanzen sind Chefsache. Nur Sie selber können letztlich die Verantwortung dafür
übernehmen.

In der normalen Vermögensstruktur der deutschen Haushalte
fehlt ein Anlageobjekt für die Krise weitgehend: Gold (bzw. Edel-

metalle). Wenn Währungen wertlos werden, hat Gold noch immer seinen Wert gehalten oder ist in diesem gestiegen. Gold ist damit »Krisenwährung« und Wertaufbewahrungsmittel. Es wirft allerdings keine laufende Rendite ab. Wenn Sie eine normale Krisenvorsorge betreiben wollen, sollte Ihr Vermögen zu 25 Prozent aus Gold und Goldminenaktien bestehen.

Auch Forst-, Acker- und Weideland wären eine gute Krisenanlage. Die Preise für land- und forstwirtschaftlich genutzte Flächen sind schon seit Jahrzehnten im Fallen begriffen. Zwar hat sich nach einigen Jahren der Trend gedreht, dennoch bezahlt man heutzutage immer noch Spottpreise. Wenn die Globalisierungsblase platzt, wird die Nachfrage nach nachwachsenden Rohstoffen und landwirtschaftlichen Produkten aus der Heimat stark ansteigen. Die Preise für land- und forstwirtschaftlich genutzte Flächen werden durch die Decke gehen. Bei landwirtschaftlich genutzten Flächen sind also die Bedingungen auf Jahrzehnte hinaus positiv, während sie bei Wohnimmobilien in Klein- und Mittelstädten sowie bei zweitklassigen oder noch schlechteren Lagen auf ebenso lange Sicht negativ sind.

Immobilien sollten aber maximal 30 Prozent Ihres Gesamtvermögens ausmachen. Bargeld (auch Devisen), Termingelder (auch im Ausland) und sichere Anleihen (Fremdwährungen eingeschlossen) sollten etwa 25 Prozent Ihres Krisendepots bestimmen. Gold und Goldaktien sollten circa 15 Prozent ausmachen. Und selbst in Crash-Zeiten empfehle ich 30 Prozent sichere Aktien und gute Aktienfonds. Letztlich investieren Sie in Realvermögen und können sich über laufende Dividenden freuen. Vielleicht ereilt ein oder zwei Unternehmen aus Ihrem Depot das Schicksal der Insolvenz. Damit müssen Sie leben. Ein normales Anlegerdepot sollte zwischen zehn und zwanzig Titel umfassen und ist damit relativ krisensicher – wenn Sie die richtigen Titel haben (siehe Grafik Seite 290).

Bitte bedenken Sie aber, dass dies nur ungefähre Richtwerte sind. Die persönliche Aufteilung hängt eng mit Ihrem Finanzstatus, Ihrer Finanzplanung sowie Ihrer Anlegerpersönlichkeit zusammen.

Nun ist es für den normal vermögenden Privatanleger nicht so einfach, mal eben die Vermögensbestandteile zu verschieben. In vielen Haushalten ist das Vermögen zum großen Teil im eigenen

Vorsorge für die »normale« Krise

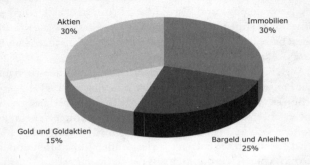

Quelle: eigene Darstellung

Heim gebunden. Dennoch: Wenn Sie zu viel Vermögen im Haus stecken haben (und mehr als 50 Prozent des Gesamtvermögens ist definitiv viel zu viel!), sollten Sie sich überlegen, die Immobilie zu verkaufen, solange es noch geht. Eine weitere Variante: Sie wählen eine Hypothek mit möglichst geringer Tilgung und erwerben anstelle des gesparten Tilgungsanteils Gold als Krisenwährung. Das können Sie aber nur machen, wenn Sie sich absolut sicher sind, dass Sie Ihre Hypotheken auch in der Krise weiter bedienen können.

Eine Liquidation der Lebensversicherung lassen sich die Versicherer teuer bezahlen. Ich gehe dennoch davon aus, dass es in den meisten Fällen der richtige Schritt ist. Letztlich kann ich Ihnen hier nur Hinweise für Ihre optimale Vermögensstruktur geben. Eine genaue Analyse des Einzelfalls kann dieses Buch nicht ersetzen.

Krisenvorsorge in der Deflation

Das Perfide an der gegenwärtigen Situation ist die Tatsache, dass wir nicht wissen, ob die Geld- und Vermögensvernichtung letztlich durch eine Inflation oder eine Deflation stattfinden wird. Von beiden ist die Deflation (also das Gegenteil von Inflation) das weitaus gefährlichere Übel. Zwar könnte man zunächst meinen, dass eine Situation, in der das Geld immer *mehr* wert wird, durchaus erstrebenswert sei. Aber denken Sie noch mal nach: In einer solchen Situation horten diejenigen Privatanleger, die noch über Geld verfügen, dieses lieber und entziehen es damit dem Wirtschaftskreislauf. Neben den Güterpreisen sinkt vor allem auch der Preis der Ware Arbeit. Immer mehr Menschen werden arbeitslos oder verdienen nicht mehr genug zum Leben.

Wenn Geld immer mehr wert wird, werden auch die Schulden immer größer. Die Schuldenlast der westlichen Industrienationen, die in den letzten Jahrzehnten durch die Inflation zumindest schrittweise reduziert wurde, steigt nun absolut gesehen. Daher kann die Deflation, genauso wie die Inflation, zu Staatsbankrotten und Währungsreformen führen.

Wenn Sie von einem deflationären Szenario ausgehen, sollte der Anteil von Liquidität, Anleihen, Gold und Goldaktien höher ausfallen. Aber auch hier heißt es nicht alles auf eine Karte setzen. Aktien von Unternehmen mit stabilen Umsätzen und schuldenfreie Immobilien mit stabilen Mieten gehören ebenfalls ins Portfolio.

Krisenvorsorge in der Deflation

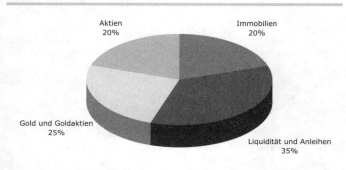

Quelle: eigene Darstellung

Krisenvorsorge in der Inflation

Die deflationären Gefahren sind derzeit zweifelsohne höher als die inflationären. Die Notenbanken unternehmen alles, um die Inflation wieder in Schwung zu bringen. Das sind schlechte Nachrichten für die Besitzer von Lebensversicherungen und Geldforderungen, die lange in der Zukunft liegen. (Solche Forderungen sind aufgrund des Risikos einer Währungsreform und eines Staatsbankrotts übrigens auch in der Deflation nicht sicher.)

Wenn Sie von einer Inflation ausgehen, sollte der Anteil Liquidität und Gold etwas geringer sein, der Anteil Aktien und Immobilien etwas höher. In beiden Szenarien empfehle ich aber, Gold zu halten. Gold in physischer Form ist die ultimative Versicherung gegen die Krise. Sehr langfristig gesehen bringt Gold zwar keine Rendite, sondern erhält lediglich seinen Wert, aber das ist in einer großen Krise schon ein großer Vorteil. Mit dem Gegenwert Ihres geringen Goldanteils können Sie unter Umständen nach der Krise den Gegenwert Ihres gesamten restlichen Portfolios noch einmal kaufen.

Krisenvorsorge in der Inflation

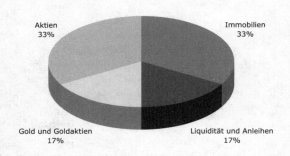

Quelle: eigene Darstellung

Warum der Goldpreis weiter steigen wird

Seit dem Jahr 2005 empfehle ich, Gold (sowie Platin, Silber, etc.) zu kaufen.[1] Der Goldpreis ist seitdem schon deutlich gestiegen. Seit Anfang 2001, als der Goldpreis bei gut 250 Dollar je Unze stand, hat Gold sich fast verdreifacht. Ich war zwar etwas »spät« mit meiner Empfehlung, aber in der Geldanlage kommt es nicht darauf an, dass Sie genau den Hoch- und Tiefpunkt erwischen. Viel wichtiger ist es, dass Sie die richtigen Trends erkennen und diese Erkenntnis konsequent umsetzen.

Eigentlich bin ich wie Warren Buffett ein Aktienfan. Aktien sind die absolut beste Geld- und Kapitalanlage. Allerdings: Die Aktienkurse können langfristig nur in demselben Umfang steigen wie die Unternehmensgewinne. Und in den letzten beiden Jahrzehnten sind die Gewinne vieler Firmen zuerst in den USA, später auch in Europa explodiert. Diese Situation wird sich auch wieder einmal ändern. Nur müssen dann viele Aktien eine Durststrecke überstehen (Aktien außergewöhnlich guter Unternehmen werden aber weiter ihren Weg gehen).

Nach zwei Jahrzehnten Aktienboom (inklusive einem entsprechenden Goldpreisverfall) und bei einer insgesamt krisengefährdeten Weltwirtschaft gehört aber meiner Meinung nach Gold in jedes Depot. Vom Allzeithoch von 850 Dollar je Unze im Januar 1980 sind wir noch etwas entfernt. Ich gehe aber davon aus, dass auch dieses Hoch sehr bald wieder erreicht werden wird. Tatsächlich sehe ich in den nächsten Jahren einen

Goldpreis von mindestens 2000 Dollar je Unze.

Wenn Sie also beim derzeitigen Kursniveau einsteigen, können Sie Ihr Kapital noch verdreifachen. Im Übrigen stehe ich mit dieser Prognose nicht alleine da. Auch Marc Gungerli, Berater des Julius Bär Gold Equity Fond, geht von 2000 Dollar aus.[2] Und selbst dieser Preis muss nicht das letzte Wort sein.

Der Edelmetall-Markt ist »heiß«. An den Goldschaltern der großen Banken herrscht Hochkonjunktur. Im Münzkabinett Frankfurt (www.muenzkabinett-frankfurt.de), einer meiner bevorzugten Bezugsquellen, geht kaum noch jemand ans Telefon. Und die Zentralen der großen Banken in Düsseldorf hatten keine größeren Barren mehr vorrätig, als ich Anfang 2006 unangemeldet vorbeikam. Gelegentlich höre ich den Einwand, dass zurzeit »Gold so hoch stehe wie schon seit fünfundzwanzig Jahren nicht mehr«. Aber der Schein trügt: 850 Dollar im Jahr 1980 wären heute 2295 Dollar – unter Berücksichtigung der Inflation. Gold kann sich also noch ohne Probleme verdreifachen, bevor es die alten Höchststände tatsächlich erreicht. Ähnlich sieht es bei Silber aus. Allein während der Amtszeit Alan Greenspans hat der Dollar 40 Prozent an Wert verloren.

Inflationsbereinigte Kurse für Gold, Silber und Öl

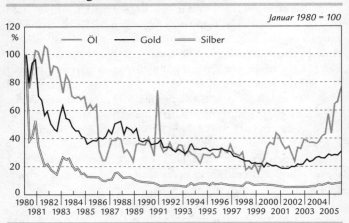

Quelle: Bloomberg, eigene Berechnungen

Noch deutlicher wird es, wenn Sie den Preis des Goldes nicht in Dollar oder Euro ausdrücken – Papierwährungen, die kontinuierlich an Wert verlieren –, sondern in anderen wertbeständigen Einheiten. So schwankt zum Beispiel die Anzahl der Unzen Silber, die Sie für eine Unze Gold kaufen können, zwischen 40 und 100. Aber sie ist langfristig relativ stabil. 1950 bekamen Sie für eine Unze Gold 40 Unzen Silber, 2005 waren es knapp 60. Im November 2008 bekamen Sie sogar 83 Unzen Silber pro Unze Gold. Silber ist also derzeit noch relativ billig.

Anfang 2006 konnten Sie zehn Barrel Öl für eine Unze Gold kaufen, im Januar 1985 lag dieser Wert bei 11,2. Auch 1950 war die Relation mit einem Wert von 13 nur unwesentlich anders. Wenn Sie sich also von einem Denken in weitgehend wertlosen Papierwährungen lösen, ist der Wert des Goldes extrem stabil.

Gold gemessen an Silber, Öl und am Dow Jones Index 1950–2006

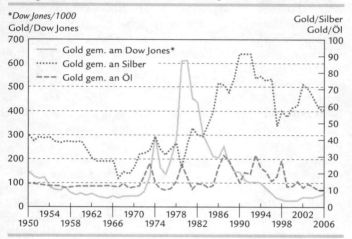

Quelle: Bloomberg, eigene Berechnungen

Am deutlichsten wird es, wenn man sich das Verhältnis von Dow Jones zu Gold anschaut. 1980 kostete die Unze Gold 589 Dollar, der Dow Jones stand bei 963 Punkten. Sie konnten also mit einer Unze Gold fast 60 Prozent des Dow Jones Index erwerben. 2005 waren es nur 5 Prozent. Nun waren 1980 und 1981 Ausnahmen: So teuer war Gold in Relation zu Aktien sonst nie. Im November 2008 stand die Unze Gold bei 792 Dollar, der Dow Jones bei rund 7500 Punkten. Damit kostete die Unze Gold bereits 10 Prozent des Dow-Jones-Indexstands, was sowohl auf steigende Gold- als auch auf fallende Aktienkurse zurückzuführen ist.

Angebot und Nachfrage

Es ist erstaunlich, wie wenig Gold es auf der Welt gibt. Bislang wurden gerade einmal 135 000 Tonnen gefunden. Diese Menge hätte in einem Würfel von zwanzig Metern Seitenlänge Platz. Demgegenüber produzieren allein die USA 240 000 Tonnen Stahl pro Tag.

Die weltweite Nachfrage nach Gold wird derzeit auf etwa 4000 Tonnen pro Jahr geschätzt, die Produktionskapazität auf 2500 Tonnen. Damit besteht ein Nachfrageüberhang von 1500 Tonnen oder 50 Millionen Unzen pro Jahr. Das treibt den Preis nach oben. Natürlich wird bei höheren Preisen auch die Förderung von schwer erschließbaren Vorkommen rentabler. Aber seit 1492 gab es kein Jahr mehr, in dem die weltweiten Goldvorräte um mehr als 5 Prozent gestiegen sind.[3]

Die industrielle Nachfrage nach Gold beträgt etwa 50 Tonnen pro Jahr, die Schmuckindustrie verarbeitet dagegen 3000 Tonnen. Weitere 100 Tonnen werden als Goldmünzen geprägt. Letztlich ist Gold kein industrieller Rohstoff, sondern Wertaufbewahrungsmittel und Geld.

Der Wert des Goldes wird letztlich durch seine Rolle als einzig sicheres Geld bestimmt. Deswegen steigt er in Krisenzeiten sprunghaft an, da viele Haushalte etwas von diesem Edelmetall besitzen wollen. Von 1971 bis 1974 verfünffachte sich sein Wert, obwohl einige Ökonomen vorausgesagt hatten, das Gold sich eher weiter entwerten würde, wenn die amerikanische Zentralnotenbank die Goldbindung des Dollars auflösen würde. Von 1977 bis 1980 folgte dann eine weitere Verfünffachung!

Aktuell könnten China und Indien Vorreiter für eine Wiedererstarkung des Goldes in der Weltwirtschaft sein. Hier kauft eine aufstrebende Mittelschicht lieber Edelmetall als die Staatsanleihen der westlichen Industrienationen – wer will es ihr verdenken? In China wurde das aus kommunistischer Zeit stammende Verbot des Privatbesitzes von Gold 2002 aufgehoben. 20 Prozent aller Chinesen können sich vorstellen, 10 bis 30 Prozent ihrer Ersparnisse in Gold anzulegen. Das führt zu einer Nachfrage von ca. 36 Millionen Unzen (300 Tonnen) pro Jahr.[4] Kein Wunder, dass der Goldpreis seit 2002 steigt.

Ich habe im ersten Teil des Buches ausführlich beschrieben, warum die Weltwirtschaft extrem krisengefährdet ist. Die Welt schwimmt auf einer Welle leichten Geldes der Zentralbanken. Dieses leichte Geld, von Obergelddrucker Greenspan geschaffen, war mitverantwortlich für verschiedene Blasen, unter anderen die Technologieblase und die jetzige Immobilienblase in den USA. Wenn diese letzte und größte Blase platzt, bleibt eigentlich nur noch das Gold.

Unsicherheitsfaktor Notenbanken

Gold ist der natürliche Feind der Notenbanken und der »modernen« Ökonomen. Sie können die Menge nicht wesentlich verändern und manipulieren. Dieses Edelmetall ist wertbeständig, was bedeutet, dass andere Vermögensgegenstände an ihm gemessen werden können. Alan Greenspan lag in den sechziger Jahren richtig, als er sagte, nur Gold schütze vor einer schleichenden Enteignung durch die Geldentwertung.[5] Gold verhindert die Manipulation von Geld und Kredit. Zentralbanken und Politiker haben also ein natürliches Interesse daran, die Rolle des Goldes in der Welt zu verringern, denn eine starke Position würde ihre Handlungsfreiheit einschränken. Dabei werden sie von Heerscharen von Ökonomen unterstützt, die der Ansicht sind, man könnte mit Hilfe der Geldmenge die Wirtschaft wie eine Maschine steuern. Alle vergessen, dass Geld nur so lange manipuliert werden kann, wie das Grundvertrauen gegenüber diesem Zahlungsmittel vorhanden ist.[6]

Nach eigenen Angaben besitzen die Notenbanken rund 32 000 Tonnen Gold in ihren Tresoren – also etwas mehr als ein Viertel der gesamten Goldmenge. Die amerikanischen Finanzexperten James Turk und John Rubino schätzen, dass dort aber tatsächlich nur 18 000 Tonnen lagern.[7] Die Notenbanken haben nämlich etwa 14 000 Tonnen an Banken verliehen und erhalten dafür Zinsen. (Nach den sehr flexiblen – man könnte auch sagen betrügerischen – Bilanzregeln der Notenbanken dürfen sie das verliehene Gold aber weiter in ihrer Bilanz führen.) Die Banken wiederum haben das Gold am freien Markt verkauft. Wenn nun der Goldpreis dauerhaft ansteigt, werden sie sich eindecken müssen, um größere Verluste zu vermeiden. Dadurch steigt der Goldpreis noch weiter. In der Börsensprache nennt man so etwas einen »Short Squeeze«.

Turk und Rubino haben in detektivischer Kleinarbeit viele Hinweise gefunden, dass die Notenbanken den Goldmarkt aktiv manipulieren, um den Goldpreis zu drücken.[8] So scheinen über den Exchange Stabilization Fund der US-Regierung Goldverkäufe in erheblichem Umfang gelaufen zu sein, obwohl sie sich alle Mühe gab, ihre Spuren zu verwischen, und sogar die Akten nachträglich umschreiben ließ. Auch die Bank of England kündigte 1999 an, die Hälfte ihrer Goldreserven abzubauen. Der volkswirtschaftliche Sinn dieser Aktion war äußerst fraglich. Betriebswirtschaftlich schadete sich die Bank mit dieser Ankündigung sogar selber: Sie drückte den Preis, um dann billig verkaufen zu können. Das alles machte keinen Sinn, es sei denn, man erkannte das wahre Motiv dahinter: Ein Weltwährungssystem ohne Gold ist das Paradies für Notenbanken und Regierungen. Sie können dann die Papierwährungen, wie schon gesagt, nach Belieben manipulieren.

Natürlich kann als letzte Maßnahme der Besitz von Gold verboten werden. Die Strafen, die die Regierung Roosevelt 1933 für den Privatbesitz von Gold verhängte, haben jedoch wenig genützt: Nachdem die Konfiszierung bekannt gegeben wurde, wurden nur Goldmünzen im Gewicht von 3,9 Millionen Unzen abgeliefert. Das waren nur 21,9 Prozent aller Goldmünzen, die im Umlauf waren. Bereits vor der offiziellen Bekanntgabe der Enteignung war die Menge der umlaufenden Goldmünzen um 35,3 Prozent gesunken.

Die Bürger leisteten zu Recht passiven Widerstand gegen diesen Enteignungsversuch des Staates. Nach Ablauf der Abgabefrist wurde der Dollar gegenüber Gold um 69,3 Prozent abgewertet.

Generell gilt: Misstrauen Sie allem, was Regierungen und Notenbanken zum Thema Gold sagen. Legen Sie eine angemessene Menge davon »auf die Seite«. Sie werden sich später darüber freuen.

Gold in verschiedenen Formen

Häufig bekomme ich die Frage gestellt, ob man denn nun Gold oder Aktien von Goldminenbetreibern kaufen solle. Generell gilt: Die beste Krisenwährung ist das Metall selber. Man kann es mitnehmen, in die Hosentasche stopfen, verstecken, tauschen usw. Wenn Sie nur an der Preisentwicklung teilhaben wollen, können Sie auch Goldminenaktien kaufen. Allerdings können solche Papiere in einer Wirtschaftskrise schnell eingefroren werden (wie es zum Beispiel mit den malaysischen Bankguthaben nach der Asienkrise 1997 der Fall war). Sie wären dann nicht liquide. Zudem enthalten Goldminen einen Hebel, da eben die gesamten Reserven und die gesamte Produktion von der Börse bewertet wird. Steigt Gold, können sie unter Umständen überproportional steigen, fällt Gold, dann stürzen Minentitel umso schneller ab. Letztlich gilt: Goldminentitel sind wie Rohstofftitel zu bewerten (sehr volatil) und haben nicht dieselben Eigenschaften wie das Metall selbst.

Als Alternative sind noch mit Gold hinterlegte Edelmetallkonten möglich, die von einigen Schweizer Banken, zum Beispiel der Züricher Kantonalbank, angeboten werden. Sie zahlen hier zwar Verwaltungsgebühr, haben aber die Gewähr, dass den Guthaben au den Konten auch echtes Edelmetall gegenübersteht. Solange wir also »nur« eine Krise wie in den siebziger Jahren bekommen, sind Aktien von Goldminenbetreibern eine Alternative. Bei einer wirklichen Krise ist »physisches« Gold vorzuziehen. Dann kann es sehr schnell sein, dass die Guthaben eingefroren werden.

Goldmünzen oder Barren	Aktien von Goldminenbetreibern
Können versteckt werden ⊕	Guthaben können enteignet oder eingefroren werden ⊖
Sind eine absolut sichere Krisenwährung ⊕	Laufende Rendite in Form von Dividenden ⊕
Können schlecht enteignet werden ⊕	Auswahl und Bewertung schwieriger ⊖
Lagerung etwas aufwendiger ⊖	Lagerung einfach ⊕

Zum Glück ist der Goldkauf in Österreich, Deutschland oder der Schweiz sehr einfach. Sie können zu jeder größeren Bank gehen und Goldbarren oder Goldmünzen bestellen. Mittlerweile habe ich von etlichen Privatanlegern gehört, dass sich die Banken sträuben, entsprechende Order auszuführen. Kein Wunder, denn an Metall verdient die Bank nur einmal, und das auch nur relativ bescheiden. Wenn man Ihnen hingegen ein Goldzertifikat unterjubelt, ist das eine unerschöpfliche Geldquelle für die Bank. Bleiben Sie hartnäckig! Reden Sie mit dem Leiter der Geschäftsstelle. Und wenn alles nichts nützt – wechseln Sie die Bank. Es gibt genug Banken, die sich nur darum reißen, Sie als Kunden zu bekommen. Goldmünzen, bei denen der Wert des Metalls dem Wert der Münze entspricht, sind zum Beispiel:

- südafrikanischer Krügerrand
- amerikanischer Gold Eagle (auch Silber)
- kanadischer Maple Leaf (auch Platin)
- australischer Nugget
- Wiener Philharmoniker
- englische Britannia
- chinesischer Panda

Diese Münzen gibt es zumeist in Stückelungen von einer Unze, ½ Unze, ¼ Unze und ¹⁄₁₀ Unze. Die gängigen Größenordnungen für Goldbarren sind 1g, 5g, 10g, 20g, 31,1g, 50g, 100g, 250g, 500g und 1kg. Wenn die Bank Goldmünzen oder -barren nicht vorrätig haben sollte, können sie in wenigen Tagen beschafft werden. Jede Bank wird Ihnen die An- und Verkaufspreise nennen.

Goldmünzen oder Goldbarren?

Münzen	Barren
Hohe Handelsspanne bzw. Kosten beim Kauf und Verkauf ⊖	Niedrige Handelsspanne, geringe Kosten ⊕
Können besser getauscht werden ⊕	Verkauf etwas schwieriger ⊖
Können oft ohne Prüfung entgegengenommen werden ⊕	

Ich rate, den Notbedarf für sechs Monate in Form von 1-Unzen-Goldmünzen zu halten. Hier ist die Handelsspanne noch am verträglichsten – und diese Münzen sind allgemein akzeptiert. Für das »Wechselgeld« ist auch die Schweizer Vreneli (die wohl bekannteste Schweizer Goldmünze) sehr beliebt, die einen Goldgehalt von 6,45 900/1000 Feingold – also etwa 6 g Gold – enthält. Goldbarren lohnen sich eigentlich erst ab 250 g, besser 500 g. Hier bezahlen Sie wesentlich geringere Handelsspannen, sodass Barren besser zur Aufbewahrung größerer Vermögen geeignet sind als Münzen.

Aktien von Goldminenbetreibern

Der Goldtrend existiert nun schon eine ganze Weile. Das hat bereits viele Finanzjongleure dazu verleitet, Aktien von Minenbetreibern an die Börse zu bringen. Fast täglich liest man von extremen Kurssteigerungen bei diesen Anlageformen. Wenn man dann hinter die Kulissen schaut, sind es oft Pennystocks (hochspekulative Aktien mit ausgesprochen niedriger Kursbewertung von zumeist weniger als einem Dollar oder Euro) oder Unternehmen, die noch gar kein eigenes Geschäft haben. Das ist fast schon so wie mit den Technologieklitschen zur Zeit der New Economy.

Natürlich gibt es Explorationsgesellschaften, die irgendwann auf eine Goldader treffen und ihren Aktionären traumhafte Renditen erwirtschaften. Aber bei einer kleinen Explorationsgesellschaft investieren Sie in der Hoffnung auf zukünftige Gewinne. Im Prinzip kaufen Sie eine hochriskante Option, keine Aktie. Ihre Goldinvestments sollten keine Spekulation sein, sondern Ihrem Vermögen die notwendige Sicherheit geben. Lassen Sie sich nicht durch das Gold blenden, sondern machen Sie es wie immer beim Investieren in Aktien: Überprüfen Sie, ob das Unternehmen Gewinne abwirft und eine beständige Geschichte hat.

Kaufen Sie daher nur Aktien von soliden Unternehmen. Die großen Goldminenbetreiber wie *AngloGold Ashanti (WKN: 164180),* eine Tochtergesellschaft von *Anglo American (WKN: 922169)* mit Schwerpunkt Südafrika, *Newmont Mining (WKN: 853823)* oder *Barrick Gold (WKN: 870450)* wurden im November 2008 KGVs von 10–20 gehandelt. Viele Goldaktien haben seit Erscheinen des Buches im Sommer 2006 massiv an Wert verloren. Mittlerweile sind sie recht billig, wenn der Goldpreis weiter steigt. (Davon gehe ich aber aus!) *Anglo American*, die ich empfehle, hat neben der 40-prozentigen Beteiligung an *AngloGold* auch mit der 75-prozentigen Tochter *Anglo Platinum (WKN: 870450)* ein starkes Platingeschäft.

Fonds für Goldminenaktien

Aktien von Goldminenbetreibern oder dementsprechende Fonds können immer nur eine Beimischung sein; das Basisinvestment ist das Metall selber. Im Folgenden stelle ich Ihnen eine Auswahl von Gold-Fonds vor. Bei reinen und seriösen Goldminenfonds ist diese gar nicht so groß. Marc Gugerli macht mit seinem **Nestor Gold Fonds** (WKN 570771) einen guten Job. Der Gigant in diesem Segment ist der **Blackrock Global Funds – World Gold Fund** (WKN 974119). Mit einem Volumen von inzwischen über 4,8 Milliarden Dollar ist er nicht nur der größte in Deutschland zugelassene Goldminenfonds, sondern gemessen an langfristigen Performancevergleichen auch einer der erfolgreichsten. Dieser Fonds investiert weltweit in Goldminentitel und kann bei Bedarf auch Aktien anderer Edelmetallproduzenten beimischen. Die Anlagen sind über die ganze Welt verteilt, wobei die Anlageschwerpunkte in Nordamerika und Südafrika liegen. Inzwischen gibt es aber auch größere Positionen in Russland, China und Lateinamerika.

Wer sich Sorgen um die politische Stabilität in diesen Ländern macht, ist mit zwei kleineren Fonds besser bedient: dem **SGAM Fund Eq Gold Mines A** (ISIN LU0006229875, WKN 971364) und dem **AIG Equity Fund Gold** (ISIN CH0002783535, WKN 972376). Beide Fonds haben den überwiegenden Teil ihrer Werte in Nordamerika, vor allem in Kanada, investiert. Der Performance hat dies bisher nicht geschadet, beide konnten in den vergangenen Jahren mit dem Marktführer von Merrill Lynch gut mithalten.

Was ist mit anderen Edelmetallen?

Neben Gold ist Silber historisch gesehen das zweitwichtigste Edelmetall. In den USA entbrannte in der deflationäre Phase Ende des 19. Jahrhunderts ein heftiger Streit darüber, ob der Dollar nur durch Gold oder durch Gold und Silber, die zu einem festen Wechselkurs getauscht werden konnten, gedeckt werden sollte (bimetallischer Standard). Anders als bei Gold fällt beim Erwerb von Silber in Deutschland allerdings die Mehrwertsteuer an, die natürlich einen Kostenfaktor darstellt.

Silber ist im Gegensatz zu Gold ein industrieller Rohstoff. Das schafft zusätzliche Nachfrage. Derzeit werden jährlich rund 900 Millionen Unzen Silber nachgefragt, die Minen produzieren aber nur 700 Millionen Unzen. Über lange Jahre haben die Notenbanken Silber aus ihrem Bestand verkauft, um die Lücke zu decken. Damit sind die weltweiten Silbervorräte von 1980 bis heute um etwa 80 Prozent gesunken! Sie haben dadurch zurzeit einen Wert von rund 15 Milliarden Dollar – allein Microsoft hat mehr Liquidität auf dem Konto.

Trotz der Mehrwertsteuerbelastung kann Silber eine attraktive Geldanlage sein. Es ist allerdings deutlich gewichtiger und voluminöser als Gold. Zur Aufbewahrung größerer Summen empfehlen sich letztlich nur 1-Kilogramm- oder 5-Kilogramm-Barren, und auch hier müssen Sie ganz schön schwer tragen, wenn Sie bedenken, dass ein Kilo Silber derzeit (November 2008) nicht viel teurer als 300 Euro ist. Silbermünzen wie der amerikanische Silver Eagle werden nicht von allen Großbanken gehandelt. Sie müssen bei einer Kaufabsicht vielfach zu den Zentralen der entsprechenden Banken in den Großstädten fahren und am besten auch gleich eine Vorbestellung abgeben. Mögliche Silberminenbetreiber für Ihr Depot sind *Pan American Silver (WKN: 876617)* aus Kanada, *Coeur d'Alene (WKN: 868071)* aus den USA und *Hecla Mining (WKN: 854693)*, ebenfalls USA. Nur Pan American hat allerdings eine Größe, die das Unternehmen als wirklich sicher erscheinen lässt. Denken Sie daran: Kleine Explorationsunternehmen sin IMMER hochriskante Anlagen.

Platin ist das seltenste Edelmetall. Nachdem es bereits doppelt so teuer wie Gold war, kostete die Unze Platin im Herbst 2008 nur unwesentlich mehr und notierte bei 826 Dollar. Das hängt damit zusammen, dass Platin auch industriell benötigt wird und die Nachfrage der Autoindustrie eingebrochen ist. Hier zeigt sich, was passiert, wenn es für ein Edelmetall auch industrielle Nachfrage gibt: In einer Rezession bricht die Nachfrage ein, was den Preis stark in Mitleidenschaft zieht. Das haben Sie beim »Geldersatz« Gold nicht. Gold folgt anderen Regeln und sein Wert steigt in einer größeren Krise normalerweise an.

Die geförderte Platinmenge entspricht nur 6 Prozent der Gold- und 1 Prozent der Silbermenge. Neben der wachsenden Nachfrage nach Platinschmuck (insgesamt 40 Prozent) ist Platin auch ein wichtiges Metall für die Herstellung von Autokatalysatoren (35 Prozent). Zudem gibt es viele weitere Anwendungen in Elektro- und Medizintechnik.

Platin dürfte gerade jetzt ein hervorragendes Investment darstellen. Hier können sich Münzen wie der australische Platin Koala oder der kanadische Maple Leaf schon lohnen – die 1-Unzen-Münze liegt schon jenseits der 1000 Euro. Sie können Platin auch in Barren erstehen. Der einzige Nachteil: Der Verkauf dürfte etwas aufwendiger als bei Gold und Silber sein, da die Münzen erst geprüft werden müssen.

Etablierte Unternehmen, die Platinförderung betreiben, sind: *Anglo Platinum (WKN: 856547), Impala Platinum (WKN: 865389)* und *Lonmin (WKN: 856046)* aus Südafrika, *Stillwater Mining (WKN: 893759)* aus den USA und *Norilsk Nickel (WKN: 676683)* aus Russland.

Seit 1966 gibt es auch Palladiummünzen. Wie Platin ist Palladium ein begehrter Rohstoff und damit ein Investment wert. *North American Palladium (WKN: 858071)* hat sich auf die Förderung von Palladium spezialisiert.

Insgesamt rate ich zu einem soliden »Grundstock« aus Gold, da Gold immer noch das bekannteste Edelmetall ist und in seiner Verwendung dem Geld am nächsten kommt. Je nach Neigung könnten Sie dann ein bis zwei andere Edelmetalle oder auch solide Goldaktien hinzufügen.

304

Bargeld, Anleihen und Devisen

Der Ausspruch »Cash is King« gilt natürlich auch für die Krise. Allerdings halte ich trotz der im Grunde deflationären Natur der kommenden Rezession Bargeld (Sichteinlagen, Tagesgeld, Termingeld) für stark abwertungsgefährdet. Deswegen habe ich dieses Kapitel auch bewusst mit einer Gold-Diskussion begonnen. Gold (nicht Aktien) ist für mich in der Krise das eigentliche Wertaufbewahrungsmittel. Bargeld bzw. Sichteinlagen (Guthaben auf Girokonten) sollten mithin die Liquidität für einige Monate sicherstellen, bis Sie Ihr Gold schrittweise umtauschen können. Durch die umfassende Garantie, welche Banken für Sichteinlagen und Sparguthaben ausgegeben haben, kann davon ausgegangen werden, dass diese mittelfristig sicher sind. Langfristig sind sie nach wie vor stark abwertungsgefährdet. Zum Parken von Liquidität sind sie allerdings gut geeignet. Daher gilt:

- Das eigentliche Wertaufbewahrungsmittel ist Gold.
- Bargeld und Sichteinlagen sollten lediglich die Liquidität für einen gewissen Zeitraum sicherstellen.
- Anleihen höchster Sicherheit sorgen (neben Aktien und Immobilien) für das laufende Einkommen.

In der Krise bedienen Anleihengläubiger allerhöchster Bonität weiter ihre Verpflichtungen. Selbst wenn der nominelle Zinssatz nur 1 Prozent oder 2 Prozent betragen sollte, können Sie so ein relativ sicheres laufendes Einkommen erzielen. Zudem steigt der Wert Ihrer Anleihen in einer Deflation. Nehmen wir an, Sie haben eine Verzinsung von 1,5 Prozent auf den Nominalwert der Anleihe, zudem beträgt die Rate der Deflation 4 Prozent. Dann kämen Sie schon auf respektable 5,5 Prozent reale Rendite.

Dabei sollten Sie vor allem in sehr kurz laufende Anleihen von Emittenten allerhöchster Bonität investieren. Die Laufzeit sollte drei Monate bis maximal ein Jahr betragen, denn Sie sollten flexibel bleiben. Außerdem würden Sie bei steigenden Zinsen erhebliche Kursverluste erleiden, wenn Sie in lang laufende Anleihen investiert hätten. Einer meiner Mandanten, ein großer Zweckverband, hatte sich in den Jahren 2004–2007 von den Banken dazu verleiten lassen, schrittweise länger laufende und riskantere Anleihen zu kaufen, um etwas mehr Zinsen zu erhalten. Im Jahr 2008 kam hierfür die Quittung. Es kann gelegentlich gut sein, auf Rendite zu verzichten.

Merksätze zur Investition in Anleihen

1. Investieren Sie nur in Anleihen höchster Bonität, es sei denn, Sie sind Experte.
2. Steigen die Zinsen, fallen die Anleihenkurse, und zwar umso stärker, je länger die Laufzeit Ihrer Anleihe ist.
3. Lassen Sie sich nicht von geringen Renditedifferenzen verleiten, die besser verzinste lang laufende Anleihe zu kaufen.

Aktienanlage in einem Bärenmarkt

Seit 1982 hat die Welt einen Bullenmarkt in einem nie da gewesenen Ausmaß erlebt.[9] Der Dow Jones Industrial Average (DJIA; kurz: Dow Jones Index) ist in diesem Zeitraum ungefähr um 1250 Prozent gestiegen – und das schließt die zusätzlichen Renditen aus Dividendenzahlungen noch nicht ein. Auch andere Börsenindizes in den USA, Europa und Asien (mit Ausnahme von Japan) haben sich in dieser Zeit prächtig entwickelt.[10]

Bullenmärkte werden letztlich von einer mehr oder weniger offenen Gier angetrieben.[11] Aus diesem Grund beginnen Krisen, wie ich schon sagte, immer in Phasen der größten Euphorie. Die Situation hat sich auch 2006 nicht geändert. Der letzte Börsenkater scheint besiegt. Insgesamt sind die Anleger wieder auf »Gewinn« programmiert. Genau dies sollte ein erstes Warnsignal sein.

Keiner der jetzt agierenden Investoren hat jemals eine globale Wirtschaftskrise und einen langen Bärenmarkt erlebt, auch Warren Buffett nicht. Der Letzte seiner Art war wohl der legendäre André Kostolany, der 1999 verstorben ist. Sicher, in Deutschland gibt es noch Investmentmanager, die den weltweiten Bärenmarkt der siebziger Jahre von 1969 bis 1982 erlebten, aber sie sind heute sechzig Jahre alt, wahrscheinlich älter. Wenn also die Jünglinge, die heute unser Geld managen, Ihnen weismachen wollen, sie wüssten, wie es in der Zukunft aussehen wird und welche Chancen man zu nutzen hätte, ist eine gehörige Portion Skepsis angesagt.

Richten Sie sich auf einen *langen* Bärenmarkt ein. Solche Zyklen haben in der Vergangenheit normalerweise mehr als fünfzehn Jahre gedauert. Was uns von 2000 bis 2003 überraschte, war noch kein langer Bärenmarkt, so schmerzhaft und heftig die Situation auch war. Japan erlebt seit 1990 einen Bärenmarkt – das kann als lang bezeichnet werden! Und wenn Sie auf dem Höhepunkt der Börsenhausse im August 1929 bei einem Indexstand von 380 Punkten Aktien des Dow Jones gekauft hätten, hätten Sie bis zum November 1954 warten müssen, bis dieser Stand wieder erreicht worden wäre. *Das* ist wirklich lang!

Die Jahre von 2000 bis 2003 waren wahrscheinlich der Beginn eines langen Bärenmarkts, der wie in Japan immer wieder von kurzen Stimmungshochs unterbrochen sein wird. Aber die Grundstimmung für Aktien wird über geraume Zeit pessimistisch bleiben. Nach dem Juli 2007 wurde es dann immer deutlicher, dass wir in eine solche Bärenmarktphase eingetreten sind.

Angst und Vorsicht sind in Zeiten von Bärenmärkten vorherrschend. Bei Investitionen können Sie vielleicht nur zwischen zwei verschiedenen Übeln wählen: Wenn Sie sich für Investment A entscheiden, haben Sie vielleicht einen Verlust von 2 Prozent zu erwarten, bei Investment B einen von 5 Prozent. Wenn Sie Ihr Geld unter die Matratze stopfen, kann es passieren, dass der Staat alles durch eine Inflation enteignet. Keine sehr angenehme Vorstellung.

Glücklicherweise gibt es Investments, die auch in Bärenmärkten relativ gut funktionieren. Superinvestor Warren Buffett hat selbst in den ölkrisengeplagten Siebzigern kontinuierlich bessere Renditen als der Aktienindex S&P 500 erzielt.

Im Durchschnitt erzielte Buffett in diesen Jahren eine Rendite von traumhaften 23,1 Prozent für seine Aktionäre, während der S&P 500 nominell nur 7,2 Prozent abwarf. Wenn nun noch in Erwägung gezogen wird, dass die durchschnittliche Inflationsrate in dieser Zeitspanne 7,7 Prozent betrug, wissen Sie, warum diese Jahre als »langer Bärenmarkt« bezeichnet werden: Insgesamt gesehen verloren die Anleger Geld.

Es gibt allerdings einen deutlichen Unterschied zwischen dem Bärenmarkt von 2000–2003 oder dem nach 2007 und Japan nach 1990. Während Aktien in Japan 1989 extrem teuer waren (manche Blue Chips hatten KGVs von 60, 80 oder 100), sind viele Aktien nach den Kurskorrekturen der Jahre 2007 und 2008 schon wieder extrem billig. Viele Zykliker notieren mit KGVs von 4 bis 6 und Dividendenrenditen von bis zu 10 Prozent, nichtzyklische Unternehmen mit KGVs von 8 bis 15.

Zykliker und Nichtzykliker

Profis unterscheiden zwischen »zyklischen« und »nichtzyklischen« Aktien. Bei »Zyklikern« gibt es unter Umständen sehr starke Schwankungen der Branchenkonjunktur. Auch die Gewinne der Unternehmen variieren erheblich von sehr starken Jahren bis hin zu ausgeprägten Verlustjahren. Beispiele für Zykliker wären die Stahl- und Rohstoff-, aber auch die Autobranche. Die Kurse dieser Aktien können in Krisen und Rezessionen sehr stark einbrechen. Hier kann man dann extrem günstige Schnäppchen einkaufen. Allerdings sollten die Aktien bei Erreichen des fairen Wertes auch wieder verkauft werden.

Nichtzyklische Aktien entwickeln sich kontinuierlicher, weil die Nachfrage nach ihren Produkten stetiger ist. Die Königsanalyse filtert bevorzugt solche Unternehmen heraus. Daher sind die meisten Königsaktien nichtzyklisch und eignen sich damit besonders zur Langfristanlage.

Königsaktien finden

Das Beispiel von Warren Buffett zeigt: Es gibt krisensichere Aktien, man muss sie nur finden. Das ist eigentlich auch völlig logisch. Selbst in einer Krise bricht ja nicht die gesamte Wirtschaft zusammen, sondern nur ein Teil. Viele Unternehmen werden überleben oder sogar gestärkt aus der Krise hervorgehen.

Bei der Investition in Aktien bestimmter Firmen müssen Sie auf zwei Dinge achten: Zum einen zählt die Unternehmensqualität, zum anderen die Tatsache, ob die jeweiligen Aktien über- oder unterbewertet sind:

1. Die **Unternehmensqualität** gibt letztlich wieder, wie sicher die Firma ist und wie berechenbar sie ihren Weg gehen wird. Die Unternehmensqualität hat nichts mit dem Kurs der Aktie zu tun, denn dieser wird durch irrationales Verhalten bestimmt. Hüten Sie sich vor allem vor Börsenprognostikern, die glauben, man könnte ein solches vorherbestimmen. Der gröbste Unfug ist die so genannte Chartanalyse, bei der man aus Preismustern der Vergangenheit etwas für die Zukunft entdecken will. Da können Sie auch gleich aus dem Kaffeesatz lesen. Ich glaube, dass die Chartanalyse nur so beliebt ist, weil dann jeder sofort mitreden kann, ohne sich über die elementarsten wirtschaftlichen Zusammenhänge Gedanken machen zu müssen.

2. Der **Wert** eines Unternehmens wird letztlich durch den Wert seines Vermögens und – noch wichtiger – seiner Ertragskraft bestimmt. Er hat ebenfalls nicht direkt etwas mit dem Börsenwert und dem Aktienkurs zu tun (der Aktienkurs ist nur der Preis, der für diese Firma derzeit am Markt bezahlt wird). So kann es zum Beispiel gerechtfertigt sein, dass ein junges Unternehmen wie eBay mit 10 000 Mitarbeitern an der Börse fast 60 % des Wertes der Daimler AG mit über 272 000 Mitarbeitern erreicht. Offensichtlich erwartet der Markt ein sehr viel höheres Wachstum von eBay als von Daimler.

   Der Markt übertreibt permanent nach oben oder unten, er ist manisch-depressiv. Zu Zeiten der »New Economy« wurden viele Schrottunternehmen zu Phantasiepreisen gehandelt. Die Deutsche Telekom hatte bei einem KGV von 100 (!) einen Börsenwert von über 400 Milliarden Euro. Im November 2008 war sie immerhin noch 44 Milliarden Euro wert.

Es ist daher wichtig, bei der seriösen Aktienanlage langfristig zu denken. Der Aktienmarkt kann schwanken. Darauf haben Sie keinen Einfluss. Aber mit soliden Unternehmen ist Ihr Geld auch in der Zukunft recht sicher. Meine Methode, die Königsanalyse ©, kann gute und unterbewertete Unternehmen identifizieren. Mit ihrer Hilfe zeige ich Privatanlegern, wie sie langfristig sichere Aktien finden. Dabei unterscheide ich zwischen fünf allgemeinen Kriterien, die sich auf Produkte und Marktposition beziehen, sowie fünf Finanzkriterien. Für die allgemeinen Kriterien brauchen Sie nur Ihren gesunden Menschenverstand, für die Finanzkriterien benötigen Sie ein elementares Verständnis der Betriebswirtschaftslehre, das Sie sich aber leicht aneignen können.

Königsanalyse nach Prof. Dr. Max Otte ©: So finden Sie die sichersten und besten Aktien der Welt

Allgemeine Kriterien
1. Hat das Unternehmen einen bekannten Massen-Markennamen?
2. Produziert das Unternehmen billige Güter und Dienstleistungen des täglichen Bedarfs?
3. Ist das Unternehmen der Herrscher seiner Branche?
4. Hat das Unternehmen in seinen bestehenden Geschäftsfeldern gute Wachstumsaussichten?
5. Konzentriert sich das Unternehmen auf sein Kerngeschäft?

Finanzkennzahlen
6. Hat das Unternehmen hohe Brutto- und Nettomargen?
7. Liegt die Eigenkapitalquote über 40 Prozent?
8. Kann das Unternehmen möglichst über fünf Jahre ein kontinuierliches Gewinnwachstum aufweisen?
9. Liegt die Eigenkapitalrendite über 20 Prozent?
10. Verzinsen sich die einbehaltenen Gewinne angemessen?

1. Hat das Unternehmen einen bekannten Massen-Markennamen?

Dieses Kriterium ist leicht zu bestimmen. Wenn das Unternehmen keinen bekannten Massen-Markennamen hat, gehört es nicht auf die Liste der Top-Unternehmen. Coca-Cola, Bayer, Daimler, Esso (Exxon), eBay, Porsche, aber auch United Internet (DSL-Anschlüsse, Webhosting, WEB.DE) erfüllen das Kriterium, ein Top-Unternehmen wie SAP nur bedingt, da es ausschließlich Industriekunden bedient.

2. Produziert das Unternehmen billige Güter und Dienstleistungen des täglichen Bedarfs?

Dies ist vielleicht das wichtigste und gleichzeitig das einfachste Kriterium, um krisensichere Aktien zu finden. Coca-Cola, Esso (Exxon), Beiersdorf (Nivea) und die Metro erfüllen es, SAP und Thyssen-Krupp nicht, Porsche und Daimler auch nicht. (Allerdings behaupten sich Hersteller von Luxusgütern wie Porsche oder der französische Konzern Louis Vuitton Moët Hennessy [LVMH] in der Krise oftmals recht gut, da sich der Reichtum in Krisenzeiten gerne bei den oberen Zehntausend konzentriert.) Mein Kriterium wird auch von Unternehmen wie United Internet und McDonald's erfüllt. Sie stellen letztlich Dienstleistungen des täglichen Bedarfs zur Verfügung, McDonald's dürfte sogar zu den Krisengewinnern zählen.

3. Ist das Unternehmen der Herrscher seiner Branche?

Normalerweise ist es richtig, auf das führende Unternehmen der Branche zu setzen und nicht auf die Nummer zwei. Das marktbeherrschende Unternehmen hat deshalb die Position, weil es besser ist und für seine Aktionäre höhere Renditen erzielt. Mit Intel, das mit einem Anteil von über 80 Prozent den weltweiten Markt für Mikroprozessoren dominiert, hätten Sie in den letzten Jahrzehnten – trotz des Einbruchs seit 2000 – insgesamt über 10 000 Prozent Rendite erzielen können, mit der Nummer zwei, Advanced Micro Devices, hätten Sie lediglich den Nervenkitzel einer Berg- und Talfahrt gehabt. Oft haben sich die marktdominierenden Firmen auch Nischen ausgesucht, in denen sie führend sind, wie zum Beispiel Porsche das Segment der Luxusautos.

4. Hat das Unternehmen in seinen bestehenden Geschäftsfeldern gute Wachstumsaussichten?

Wichtig ist natürlich auch, ob das Unternehmen in seinen bestehenden Geschäftsfeldern weitere Wachstumsaussichten hat. Bei

Daimler oder Coca-Cola darf man skeptisch sein, ob die Konzerne dauerhaft schneller als der Weltmarkt wachsen können. United Internet, CTS Eventim oder Fuchs Petrolub können das wahrscheinlich noch eine ganze Weile.

5. Konzentriert sich das Unternehmen auf sein Kerngeschäft?

Oftmals starten Unternehmen »Wachstumsinitiativen«, wenn sie merken, dass sich das Wachstum im Kerngeschäft verlangsamt. Seien Sie dabei äußerst skeptisch, denn diese Initiativen nützen oftmals hauptsächlich dem Management. (Wer Firmen dazukauft, hat mehr Mitarbeiter und ist demzufolge ein »wichtigerer« Manager. Wenn ein Konzern zudem viele Geschäftsbereiche hat, kann die Leistung des Managements von Außenstehenden nicht mehr so genau beurteilt werden.) Für die Aktionäre ist eine solche Initiative jedoch vielfach schädlich, da bei ihr Geld verbrannt wird. Bekanntestes Beispiel für eine fehlgeschlagene Wachstumsinitiative ist sicherlich Daimler-Chrysler. Unter Edzard Reuter wurde das Geld, das von der Marke Mercedes verdient wurde, für den Aufbau eines »integrierten Technologiekonzerns« verpulvert, unter Jürgen Schrempp für den Kauf von Chrysler. Beide groben strategischen Fehlentscheidungen mussten mit Kosten von vielen Milliarden Euro wieder rückgängig gemacht werden. Wenn ein Unternehmen langsamer wächst, ist es keine Schande, solange das Management den Aktionären das Geld in Form höherer Dividenden zurückgibt. Buffett sieht dies als eine der wichtigsten Eigenschaften eines guten und ehrlichen Managements an.

6. Hat das Unternehmen hohe Brutto- und Nettomargen?

Firmen, die hohe Margen (Gewinnspannen) aufweisen können, sind meist in attraktiven Geschäftsfeldern aktiv. Insbesondere die operative Marge oder das Ergebnis, das durch die gewöhnliche Geschäftstätigkeit des Unternehmens generiert wird, ist interessant. Coca-Cola hatte zum Beispiel 2008 eine Bruttomarge von über 64 Prozent und eine Betriebsergebnismarge von 25 Prozent, Daimler eine Bruttomarge von 23 und eine Betriebsergebnismarge von 7 Prozent.

7. Liegt die Eigenkapitalquote über 40 Prozent?

Früher ging man von einer »optimalen Kapitalstruktur« aus, in der oftmals auch ein recht hoher Fremdkapitalanteil vorkam. So liegt die Eigenkapitalquote bei vielen Unternehmen des DAX nur bei 20 bis 30 Prozent. In der heutigen Welt ist ein hoher Eigenkapitalanteil ein notwendiger Sicherheitspuffer bei raschen Veränderungen. Coca-Cola hat zum Beispiel einen Eigenkapitalanteil von über 50 Prozent, die Eigenkapitalquote von Daimler beträgt nur 30 Prozent (wobei 30 Prozent im Vergleich zu vielen deutschen Unternehmen schon gut ist). Der japanische Hersteller von Fahrradkomponenten Shimano hat eine phantastische Eigenkapitalquote von fast 80 Prozent. Porsche kann immerhin eine von 35 Prozent aufweisen.

8. Kann das Unternehmen möglichst über fünf Jahre ein kontinuierliches Gewinnwachstum aufweisen?

Es gibt Unternehmen, die ihre Gewinne kontinuierlich und berechenbar steigern, etwa Henkel, Beiersdorf, Coca-Cola oder L'Orèal. Solche Unternehmen sind normalerweise vorzuziehen.

9. Liegt die Eigenkapitalrendite über 20 Prozent?

Kapital kostet. Eigenkapital ist teurer als Fremdkapital, deswegen sollte sich das im Unternehmen eingesetzte Kapital angemessen verzinsen. Die Eigenkapitalrendite für DaimlerChrysler lag 2005 bei mickrigen 5 Prozent, die von Porsche immerhin bei 23 Prozent.

10. Verzinsen sich die einbehaltenen Gewinne angemessen?

Mit dem letzten Kriterium kann man anhand konkreter Finanzzahlen zusätzlich prüfen, ob sich die Wachstumsinitiativen des Managements für die Aktionäre auszahlen. Wenn das Management Gewinne für die weitere Expansion einbehält, sollten sich diese mit mindestens 20 Prozent verzinsen.

Investieren Sie nur in Unternehmen, wenn Sie die Produkte und Dienstleistungen verstehen

Beim Investieren lassen wir uns leicht durch die Gier nach Gewinnen dazu verleiten, Aktien von Firmen zu kaufen, die wir nicht begreifen. Das kann nicht gutgehen. Dabei ist es nicht weiter schwierig, Konzerne mit verständlichen Produkten zu finden, zum Beispiel Coca-Cola, Beiersdorf, L'Orèal, InBev oder Novartis. Sie glauben, dass Sie das Geschäft der Autofirmen verstehen? Denken Sie zweimal darüber nach! Womit verdienen BMW und Daimler denn ihr Geld? Der Autobau ist nur noch einer von mehreren Geschäftsbereichen; das Leasing (Finanzdienstleistungen) und das Ersatzteilgeschäft werden immer wichtiger. Auch eine lange und beständige Unternehmensgeschichte ist eine gute Basis. Wenn ein Unternehmen schon 50 oder 100 Jahre am Markt ist, dann macht es irgend etwas richtig. So gesehen wäre auch Siemens zumindest ein Kandidat für ein Investment, denn obwohl das Unternehmen äußerst komplex und eigentlich nicht zu verstehen ist, hat es immerhin zwei Weltkriege überlebt.

Leider investieren viele Börsenneulinge immer wieder in die »Chancen von morgen« (Internet, alternative Energien). Sie übersehen die Tatsache, dass diese Branchen meist »gehypt« sind und sich in einer Phase der Euphorie befinden. Somit bezahlen sie viel zu viel für die Aktien der entsprechenden Unternehmen. Zudem werden regelmäßig viele Unternehmen nicht überleben, wenn die Euphorie abebbt. Dann werden die entsprechenden Aktien wertlos. Bleiben Sie beim Bewährten!

So stellen Sie sich Ihr eigenes Aktiendepot zusammen

Angesichts der hohen Kosten und der oft miserablen Performance von Aktienfonds sollten Sie sich Ihr eigenes Aktiendepot zusammenstellen. Dabei ist es wichtig, dass Sie Ihr Risiko auf zehn bis zwanzig Titel streuen. Trotz sorgfältigster Auswahl können Unternehmen untergehen – das ist das ganz normale Risiko des Wirtschaftslebens. Aber es ist sehr unwahrscheinlich, dass Ihnen bei einem Depot von zwanzig sorgfältig ausgewählten Titeln mehr als einer ausfällt. Berücksichtigen Sie bei der Auswahl Folgendes:

1. Achten Sie mit Hilfe des Königstests auf Qualität. Investieren Sie zwei Drittel des Depots in Aktien allerhöchster Qualität.
2. Streuen Sie zwischen den relativ krisensicheren Branchen, meiden Sie krisengefährdete Bereiche.
3. Hidden Champions (»Heimliche Gewinner«) dürften gute Kapitalanlagen für die Krise sein (siehe S. 321).[12]
4. Fügen Sie Ihrem Depot Aktien mit hoher Dividendenrendite bei.
5. Fügen Sie dem Depot einige Energie- und Rohstoffaktien bei oder andere, riskantere, aber wohlüberlegte Investments.

Krisensichere Unternehmen für Ihr Depot		
Branche	*Unternehmen*	*Stärken*
Konsumgüterindustrie (Konsumgüter werden auch in der Krise nachgefragt.)	Altria (WKN: 200417)	Starke Marken (u. a. Marlboro, aber auch Nahrungsmittel); sehr hoher Cash-Flow.
	Beiersdorf (WKN: 520000)	Solider deutscher Markenartikler (Nivea) – einer der wenigen, die wir noch haben.
	Procter & Gamble (WKN: 852062)	Größtes Konsumgüterunternehmen der Welt, hat vor einiger Zeit Wella und Gillette geschluckt.
	Coca-Cola (WKN: 850663) und Pepsi Co (WKN: 851995)	Getränkegiganten; Pepsi verfügt zusätzlich über ein umfangreiches Nahrungsmittelgeschäft, hat derzeit die Nase vorn.
	L'Orèal (WKN: 853888)	Kosmetikkonzern mit Nestlé als Großaktionär. Profitiert von Alterung der Bevölkerung.

Branche	Unternehmen	Stärken
	Henkel (WKN: 604843)	Solider deutscher Markenartikler, das deutsche Gegenstück zu Procter & Gamble.
	Shimano (WKN: 865682)	Japanisches Familienunternehmen mit hoher Eigenkapitalquote, stark in den Bereichen Fahrradteile und Angelausrüstung – mithin in zwei krisensicheren Branchen.
Luxusgüterhersteller (in der Krise wachsen die Einkommensunterschiede).	Porsche (WKN: 693773)	Deutscher Champion; eine Insolvenz ist sehr unwahrscheinlich.
	Harley-Davidson (WKN: 871394)	Für Harley gilt dasselbe wie für Porsche.
	LVMH (WKN: 853292)	Die unter diesem Dach vereinten Luxusmarken sichern Solidität, starkes Asiengeschäft.
Medien (Medienunternehmen benötigen relativ wenig Kapital; auch in der Krise gibt es Nachfrage nach Unterhaltung.)	United Internet (WKN: 508903)	DSL-, Webhosting- und Online-Geschäft; eigentümergeführt und mit viel Potenzial, auch international.
	Disney (WKN: 855686)	Klassisches Medienunternehmen; die Rechtebibliothek alleine ist sehr viel wert.
	Axel Springer AG (WKN: 550135)	Unternehmen mit starkem Familieneinfluss.

Branche	Unternehmen	Stärken
Finanzdienstleister (sind derzeit recht günstig am Markt zu haben, jedoch durch bedroht – dennoch gehören ein bis zwei Titel davon ins Depot).	Allianz (WKN: 840400)	Alte Säule der Deutschland AG; dürfte auch die nächste Krise überstehen.
	American Express (WKN: 850226)	Buffett-Investment seit fast 50 Jahren – stabiles Unternehmen, kommt durch Umwandlung in eine Bank an zusätzliches Eigenkapital.
	ING Groep (WKN: 881111)	Holländischer Allfinanzkonzern, stark im Internet-Banking.
Medizin/Gesundheit/ Pharma	Rhön-Klinikum (WKN: 704230)	Marktführer unter den deutschen Klinikbetreibern; verdient an der Konsolidierung des Krankenhaussektors und hat noch große Entwicklungsmöglichkeiten.
	Fresenius Medical Care (WKN: 578580)	Weltmarktführer im Dialyse-Geschäft.
	Novartis (WKN: 907122)	Führender Schweizer Pharmakonzern.
	Sanofi-Aventis (WKN: 920657)	Starkes französisches Pharmaunternehmen.
	Teva Pharmaceuticals (WKN: 883035)	Bestimmend im Geschäft mit Generika (billige Medikamente ohne Patentschutz).
	E.ON (WKN: 761440)	Zweitgrößter Energie-Versorger der Welt, sehr gute Zahlen.
	Iberdrola (WKN: 851357)	Spanischer Versorger, setzt auf Wasserkraft.

Diese Liste erhebt keinerlei Anspruch auf Vollständigkeit. Sie soll Ihnen lediglich zeigen, dass es genug Unternehmen gibt, die die Krise überleben werden. Und wenn ein bis zwei der Firmen, die Sie im Depot haben, das nicht schaffen, wäre es auch kein Problem.

Folgende Branchen sollten Sie jedoch komplett meiden: Fluggesellschaften, Maschinenbau, Bau, Hypothekenbanken, amerikanische Banken, Investmentbanken, die meisten Zulieferbetriebe, Chiphersteller und alle Technologieunternehmen, die kein Massengeschäft mit Endkunden haben. Seit es etwa den Sektor Luftfahrtgesellschaften gibt – mittlerweile achtzig Jahre –, hat er in Summe Anlegerkapital vernichtet und kein Geld verdient. Auch für die großen Handelsketten – derzeit sicher Gewinner der Globalisierung – könnte es im Fall einer Krise bedenklicher aussehen.

Megatrend Energie und Rohstoffe

Wenngleich die Gewinne vieler Unternehmen durch die Scheinblüte des leichten Geldes und durch die Globalisierung aufgebläht sind, ist ein Trend mittlerweile nicht zu übersehen: Die Rohstoffe werden knapper. Zwar dauerte es dreißig Jahre, bis die düsteren Prophezeiungen des Club of Rome über das Ende der Rohstoffreserven immer mehr Wirklichkeit wurden, aber die Anzeichen sind jetzt nicht mehr zu übersehen. Die Schwellenländer befinden sich auf einem Industrialisierungsniveau, bei dem sich ihre Nachfrage nach Öl und Rohstoffen deutlich bemerkbar macht. Und diese wächst rasant. Die Rohstoffe sind bislang zwar noch nicht völlig erschöpft, aber es wird immer schwieriger und teurer werden, sie zu fördern. Damit gewinnen die vorhandenen Reserven an Wert.

Allerdings rate ich seit 2006, Öl- und Rohstoffengagements zu reduzieren. Öl- und Rohstoffe gehören zu den *zyklischsten Titeln überhaupt*. Das heißt, dass sie in einer allgemeinen Wirtschaftskrise stark an Wert verlieren, weil die Nachfrage sinkt und die Förderkapazitäten ausgelastet werden müssen. Man sah dies auch beim rapiden Ölpreisverfall von über 150 Dollar auf unter 50 Dollar im Jahr 2008. Sicherlich kann man so etwas zum Teil Spekulan-

Vom Megatrend Energie und Rohstoffe profitieren

Branche	Unternehmen	Stärken
Erdöl (große integrierte Konzerne profitieren von der Ölverknappung und haben durch den Vertrieb Endkunden).	British Petroleum (BP) (WKN: 850517)	Großer britischer Ölkonzern.
	ExxonMobil (Esso) (WKN: 852549)	Weltgrößter Ölkonzern.
	Total Fina (WKN: 850727)	Gut aufgestellter französischer Konzern.
	Statoil (WKN: 675213)	Norwegischer Konzern mit Potenzial und ausgezeichneten Reserven.
	Petrolio Brasileiro (Petrobras) (WKN: 615375)	Ein, zwei Unternehmen aus den BRIC-Ländern (Brasilien, Russland, Indien, China) dürfen ruhig dabei sein.
	PetroChina (WKN: 936537)	
Explorations-unternehmen (sind volatiler, profitieren aber auch stärker von steigenden Preisen).	Devon Energy (WKN: 925345)	Größtes unabhängiges US-Explorationsunter-nehmen.
	Anadarko (WKN: 871766)	Eines der größten US-Explorationsunternehmen.
	Suncor Energy (WKN: 865161)	Beutet die Ölsande in Kanada aus – nach den saudischen Ölvorkommen die zweitgrößten der Welt.

Branche	Unternehmen	Stärken
Rohstoffunternehmen	BHP Billiton (WKN: 908101)	Zusammen mit Rio Tinto in vielen Bereichen marktbeherrschend.
	Anglo American (WKN: 922169)	Neben dem traditionellen Rohstoffgeschäft sorgen die Gold- und Platintöchter für Phantasie.
	Cameco (WKN: 882017)	Uranminen sind wieder interessant geworden, seitdem die Atomkraftenergie wieder zur Diskussion steht.

ten anlasten, aber ein Großteil dieser starken Schwankungen liegt in der spezifischen Dynamik der Branche.

Noch etwas kommt hinzu: Rohstoffe werden zwar knapper und teurer, aber es wird auch immer teurer, sie zu fördern. Sie können also nicht davon ausgehen, dass die Rohstoffkonzerne bei steigenden Preisen automatisch mehr Gewinne machen (was Ihnen als Aktionär zugutekommen würde). Rohstoffe bleiben damit immer nur eine Beimischung zum Depot, mehr nicht.

Hidden Champions

In der Finanzzeitschrift *Euro am Sonntag* äußerte ich mich am 23. April 2006 zu Marktführern mit guter Rendite und Wachstumsaussichten, so genannten Hidden Champions.[13] Hermann Simon, der bekannteste deutsche Managementdenker, hat diesen Begriff geprägt.[14] Oft handelt es sich dabei um familiengeführte Unternehmen aus dem deutschen Mittelstand, die Weltmarktführer in ihren Branchen sind.

Hidden Champions – Mittelständler und Marktführer	
Bijou Brigitte (WKN: 522950)	Schmuck-Aldi mit fast 10 % Dividendenrendite.
CTS Eventim (WKN: 547030)	Eigentümergeführter europäischer Marktführer bei Online-Ticketvertrieb und Konzertveranstaltungen.
Fielmann (WKN: 577220)	Brillen-Discounter, stark wie eh und je.
Fresenius Medical Care (WKN: 578580)	Deutscher Weltmarktführer rund um den Wachstumsmarkt Dialyse.
Fuchs Petrolub (WKN: 579043)	Nischenspezialist für Öle.
Geberit (WKN: 922734)	Sanitärhersteller mit hohem Innovationstempo (Umwelt).
K+S (Kali + Salz) (WKN: 716200)	Heimlicher und stiller Champion bei Grundstoffen.
Krones (WKN: 633500)	Weltmarktführer bei Getränkeabfüllanlagen.
Rational (WKN: 701080)	Weltmarktführer für Großküchen.
United Internet (WKN: 508903)	Eigentümergeführtes Unternehmen aus dem Westerwald .

Weil sich diese Firmen ganz auf ihr Geschäft konzentrieren und bewusst die Risiken der Spezialisierung auf sich nehmen, gelingt es ihnen immer wieder, der Konkurrenz voraus zu sein – eine gute Bedingung für die Aktienanlage. Aber auch hier gilt: So solide das Geschäft dieser Unternehmen ist, die Kurse können stark schwanken.

Auch SAP war einmal ein solcher Hidden Champion, ist mittlerweile aber so groß geworden, dass man beim besten Willen nicht mehr von »hidden« (»versteckt«) sprechen kann.

Dividendenstars

Im Jahr 2001 wies ich zusammen mit Stefan Kotkamp, damals wissenschaftlicher Assistent an der Universität Karlsruhe, nach, dass so genannte Dividendenstrategien, bei denen man als Investor auf besonders dividendenstarke Konzerne setzt, auch in Deutschland funktionieren.[15] Unternehmen mit hohen Dividendenausschüttungen sind oftmals »langweilige« Unternehmen, denen der Markt kein allzu hohes Wachstum mehr zutraut. Genau deswegen sind sie aber auch billig zu haben. Ihre Gesamtrendite setzt sich aus Dividende und Kurs zusammen. Viele Hobbyzocker schauen ausschließlich auf die Kursentwicklung, weil ihnen das von den Medien ständig suggeriert wird. Dabei sollte die Dividende die Basis der Performance sein und die Kursentwicklung nur das Sahnehäubchen. Dividenden werden als feste Summe je Aktie gezahlt. Bricht der Kurs also ein, steigt die Dividendenrendite, denn es gilt: Dividendenrendite = Dividende je Aktie (feste Ausschüttung) geteilt durch Kurs!

Zwar werden manche Firmen vielleicht in der Krise ihre Dividendenzahlen nicht in vollem Umfang aufrechterhalten können, aber die Chancen stehen dennoch ordentlich, dass Sie weiter laufende Ausschüttungen erhalten können. Zudem nimmt ein Management eine einmal angekündigte Dividendenhöhe sehr ungern zurück, denn das wäre das Eingeständnis eines Versagens.

Dividendenstars

Unternehmen	Beschreibung	Dividendenrendite 21.11.2008
Sixt AG	Deutscher Autovermieter	11,2 %
BASF SE	Deutscher Chemiekonzern, Weltmarktführer	9,2 %
Allianz S.E.	Deutscher Versicherer	8,8 %
Deutsche Telekom	Deutsche Telefongesellschaft	7,7 %
Bechtle	Deutsches Systemhaus	5,7 %
Altria	Amerikanischer Markenartikler	4,2 %

Im November 2008 waren viele Aktien zu absoluten Spottprei-
sen zu haben. Trotz der möglicherweise eingeschränkten Dividendenzahlungen in der kommenden Rezession sind die unten genannten Unternehmen solide und werden mit aller Wahrscheinlichkeit
durch die Krise kommen. Die Dividenden geben ein sehr gutes
Sicherheitspolster ab.

Dividendenstarke Aktien lassen sich leicht finden: Ein Blick in
den Finanzteil von Wirtschaftszeitungen reicht zumeist aus. Wenn
diese Unternehmen dann auch noch Produkte und Dienstleistungen vertreiben, die Ihrer Meinung nach eine Krise überdauern werden, haben Sie wahrscheinlich ein gutes Investment für Ihr Depot
herausgesucht.

Fonds für die Krise

Sollten Sie sich die Auswahl geeigneter Aktien nicht zutrauen, habe
ich im Folgenden einige Fonds für Sie ausgewählt, die ich für krisensicher halte. Dabei bin ich nach folgenden Grundsätzen vorgegangen:[16]

1. **Fonds für die Langfristanlage sollten breit angelegt sein – entweder sollten sie die ganze Welt, Europa oder das Heimatland
   (Deutschland) abdecken.** Der Fondsmanager muss die Möglichkeit haben, zwischen verschiedenen Branchen und bei globalen Fonds zwischen verschiedenen Regionen zu wechseln,
   um immer die billigsten und besten Titel zu erhalten.
2. **Keine (wenige) »Themenfonds«:** Viele Fonds werden aufgelegt,
   wenn ein Thema »heiß« ist (Internet, Erneuerbare Energien,
   Rohstoffe). Nach wenigen Jahren ist das Thema dann »out«, die
   Fonds stürzen ab. Dasselbe gilt für besonders »heiße« Regionen
   (China, Emerging Markets etc.). Da ist es besser, von vornherein
   einen globalen Fonds zu nehmen.
3. **Keine Dachfonds:** Dachfonds werden mit dem Argument ausgewählt, dass der Dachfondsmanager ja die besten Fondsmanager auswählen würde. Das mag manchmal gelingen, oft
   klappt das aber leider nicht. Die Performance der Vergangen-

heit ist kein guter Indikator für die Performance der Zukunft. Zudem sind Dachfonds häufig intransparent und es fallen Gebühren auf mehreren Ebenen an. Besser ist es, Sie legen selber in drei bis vier gute Fonds an.

4. **Wenn möglich, inhabergeführte Fonds mit einem kompetenten und ehrlichen Management und einer längeren Historie wählen:** Die Eigentümer-Fondsmanager identifizieren sich mit ihren Fonds und haben oft einen Großteil ihres eigenen Vermögens in jenen stecken.

Kein Fondsmanager wird es schaffen, jedes Jahr besser zu sein als die Märkte. Gerade wenn ein Fondsmanager eine starke eigene Meinung hat (was bei inhabergeführten Fonds einfacher ist als bei Fonds in einer großen Investmentgesellschaft), kann es sein, dass ein solcher Fonds den Markt gelegentlich deutlich underperformt. Wenn Sie sich also einmal für einige Fonds entschieden haben, bringt es nichts, kurzfristig die Rennpferde zu wechseln. Bleiben Sie Ihrem Fondsmanager auch in schwierigeren Phasen treu, wenn Sie glauben, dass er/sie noch der/die Alte ist. (Mangelnde Performance in einem Jahr darf nicht als Gegenbeweis herhalten.)

Mein eigener Fonds (www.privatinvestor.li) verfolgt eine Drei-Säulen-Strategie. Er investiert in Qualitätsaktien, Festgelder und erstklassige Anleihen sowie in physische Edelmetalle, die im Tresor der Depotbank in Liechtenstein gelagert werden. Er ist damit der einzige mir bekannte Fonds, der meine gesamte Investmentstrategie abdeckt. Ich treffe alle Anlageentscheidungen persönlich.

Acatis: Verschiedene Fonds, die von Hendrik Leber, einem der ersten deutschen Value-Investoren, nach strengen Value-Kriterien gemanagt werden. (www.acatis.de)

Shareholder Value Beteiligungs AG (WKN 605996): Die Shareholder Value Beteiligungs AG ist eine deutsche Aktieninvestment-Gesellschaft mit einem sehr kompetenten und ehrlichen Management. Hier können Sie nicht den Fonds, sondern die Aktien einer Gesellschaft erwerben, die wiederum in andere Aktien investiert. Als Spezialist für deutsche Nebenwerte eignet sich die Aktie als Beimischung.

Die schweizerische **Braun, von Wyss und Müller AG** legt mit dem Classic Global Equity und dem Classic Value Equity streng nach Value-Kriterien an und ist einer der Pioniere in diesem Bereich. (www.bwm.ch)

Frankfurt Performance Management (www.fpm-ag.de): Fondsgesellschaft, die von Martin Wirth, Manfred Piontke, Markus Dahlheimer und Thomas Seppi gemanagt wird. Sie legt valueorientiert an und hat sich auf den deutschen Markt spezialisiert.

Star Capital AG (www.starcapital.de): Die von Peter Huber gegründete Star Capital AG gehört zu den erfolgreichsten unabhängigen Fondsgesellschaften in Deutschland. Neben reinen Aktienfonds managt man auch Renten-, Misch- und einen Dachfonds.

Bestinver Asset Management (www.bestinver.com): Francisco García Paramés und sein Team legen seit fast 20 Jahren nach strengen Value-Kriterien an und gehören zu den Pionieren des Value Investing in Europa.

Selbst der gute alte **DWS Vermögensbildungsfonds (WKN: 847650)** ist empfehlenswert, solange das langjährige Management noch dabei ist. Was danach kommt, bleibt abzuwarten.

Mischfonds können in Aktien und Anleihen oder Termingelder investieren (reguläre Aktienfonds nur zu maximal 40 Prozent). Wenn diese Fonds gut gemanagt sind, machen Sie zwar die Euphoriephasen an den Börsen nicht mit, ebenso wenig aber auch die Abstürze. Hier sind zu nennen **Carmignac Euro** (WKN A0DP5Y), **Carmignac Patrimoine** (WKN A0DPW0) oder auch der von Peter Huber gemanagte **Starcap Huber Dynamic** (WKN A0EQ0Q) bzw. der **Starcap Huber Defensive** (WKN A0EQ0 N).

Indexfonds – eine echte Alternative[17]

Die hier vorgestellten Fondsmanager haben es geschafft, über lange Zeiträume eine Outperformance zu erzielen. Wenn Sie sich an die oben genannten Kriterien halten, haben Sie eine gute Chance, solche Fondsmanager zu finden. Über 90 Prozent aller Fondsmanager schaffen es jedoch nicht, den DAX oder ihren entsprechenden Vergleichsindex zu schlagen. Weitere fünfzehn Prozent liegen mit dem Index gleichauf. Der Rest ist schlechter. Da liegt es auf der Hand, gleich in den Index zu investieren und die Kosten niedrig zu halten. Neben den klassischen Indexfonds können Sie heutzutage auch bösennotierte Fonds erwerben, zum Beispiel den DB X-Trackers MSCI World Total Return Index 1C (LU0274208692) mit Kosten von 0,45 % p. a., den iShares DJ Eurostoxx Sustainability 40 DE 1 (DE000A0F5UG3) zu 0,42 % p. a. oder auch z. B. den iShares Euro Corporate Bond (DE0002511243) auf Unternehmensanleihen mit 0,2 % Kosten. Wo es früher allerdings nur sehr wenige Indizes gab, gibt es heute Tausende, zum Teil sehr exotische Konstrukte. Allein die Deutsche Börse berechnet ca. 2000 Indizes! Wenn Sie sich auf Index-Investments einlassen, dann bitte nur auf lang etablierte Indizes wie DAX, EuroStoxx, Dow Jones, MSCI World oder S&P 500. Bitte lassen Sie sich auch bestätigen, dass Sie Kurssteigerungen UND Dividenden gutgeschrieben bekommen. Es ist verständlich, dass die Banken Indexprodukte nicht gerne verkaufen, denn daran verdienen sie recht wenig.

Bärenfonds: In Europa kenne ich keine Publikumsfonds, die eine ausdrücklich auf Börsenabschwünge ausgerichtete Anlagestrategie verfolgen. Dies ist vor allem darauf zurückzuführen, dass Publikumsfonds in Europa nicht ohne weiteres durch Leerverkäufe oder Derivatgeschäfte auf fallende Kurse spekulieren können. Nur Hedge-Fonds haben bisher in Europa diese Möglichkeit, sind aber privaten Anlegern in der Regel nicht zugänglich.

Die einzige Möglichkeit für Privatanleger, auf fallende Kurse zu setzen, besteht im Erwerb von Derivaten. Aufgrund der hohen Kosten und der hohen Verlustrisiken rate ich davon immer ab. Zum einen gibt es Verkaufsoptionen, die im Wert steigen, wenn der zugrundeliegende Aktienwert fällt. So etwas kann sich theoretisch als Versicherung gegen fallende Märkte anbieten. Hier muss der Käufer aber eine »Optionsprämie« zahlen, die umso höher ausfällt, je länger die Option läuft und je höher die Volatilität im Markt ist. Zum anderen gibt es Short-Zertifikate, die Finanzterminkontrakten nachempfunden sind. Hier wird keine Optionsprämie fällig. Diese Zertifikate sind aber alle mit Stop-Loss-Marken ausgestattet und reagieren sehr stark auch auf kurzfristige Marktschwankungen. Dies kann dazu führen, dass bei einer gegenläufigen Marktentwicklung ein Engagement in diesen Zertifikaten mit kräftigen Verlusten enden kann, auch wenn der Anleger grundsätzlich auf den richtigen Trend gesetzt hat. Denken Sie daran: Bei diesen Derivaten spielen Sie immer gegen die Bank. Meine Aussage hat zwei Komponenten: 1. Sie spielen und zocken, auch wenn Sie es selber nicht wahrhaben wollen, 2. Ihr »Gegner« sind die hochbezahlten Spezialisten in der Bank.

In den USA gibt es inzwischen fast siebzig Bärenfonds. Viele von ihnen sind während oder nach der Irakkrise 2003 aufgelegt worden und waren bisher wenig erfolgreich. Dies liegt daran, dass sich die meisten Bären-Fondsmanager darauf beschränken, durch ihre Anlagen die Performance eines bestimmten Aktienindexes umzukehren. Fällt der Index, steigt der Fonds in gleichem Umfang, steigt der Index, fällt der Fonds um den identischen Betrag. Es ist deshalb kein Zufall, dass die beiden größten Anbieter von Bärenfonds, Rydex und Profunds, gleichzeitig Indexfonds für die Verfolgung konventioneller Anlagestrategien anbieten. Bärenfonds sind für diese Anbieter nur ein Produkt wie andere Finanzinvestments auch.

Dies ist bei David W. Tice mit seinem **Prudent Bear Fonds** anders, den er 1995 als unabhängiger Berater bei Prudential Securities aufgelegt hat. Tice hat sich ganz auf den Bärenmarkt als Anlagethema konzentriert. Dieser Fonds ist auch der einzige Bärenfonds, der in den vergangenen fünf Jahren ein positives Anlageergebnis erzielt hat. Erreicht wurde das durch eine relativ flexible Anlagestrategie: Obwohl der Fonds grundsätzlich von fallenden Aktienkursen profitieren möchte, wird auch in »Krisenanlagen« wie Rohstoffwerte investiert.

Nur auf fallende Aktienkurse setzt hingegen Steven C. Leuthold mit seinem **Grizzly Short Fund**, der seit sechs Jahren existiert. Leuthold ist konsequenter Bär und investiert immer zu 100 Prozent gegenläufig zum Markt. Einzelne Titel werden ausgewählt, die er für fundamental überbewertet hält und leer verkauft. 2001 und 2002 wurde eine herausragende Performance erzielt, danach war dieser Ansatz nur noch wenig erfolgreich. Wenn Leuthold sich aber weiter treu bleibt, kann er im Krisenfall zu den großen Gewinnern gehören.

Veteranen bei den Bären-Investoren sind Charlie Minter und Martin Weiner mit ihrem **Comstock Capital Value Fund**, der immerhin schon seit 1985 existiert. Bis 2002 konnten Minter und Weiner mit ihrem Ansatz auch in steigenden Märkten eine ganz passable Performance erzielen, seitdem führte aber auch bei ihnen der ungebrochene Bullenmarkt zu deutlichen Werteinbußen. Aber im Krisenfall dürften die beiden die Performancelisten wieder mit anführen.

Don't lose!

Im Sommer 2005 führte die Bayerische Landesbank ein für den deutschen Raum Maßstäbe setzendes Investmentseminar durch. An zwei Tagen referierten führende amerikanische und deutsche Experten über Geldanlagen, über Fundamental- und Value-Analyse von Aktien sowie über die Entwicklung einzelner Branchen. Der erste Referent war Charles Ellis, Gründer von Greenwich Associates und seit über dreißig Jahren ein angesehener Investmentberater für Banken und Finanzinstitutionen. Nebenbei war er Professor an der Harvard Business School, Yale und anderen angesehenen Universitäten gewesen. Ein Ausspruch von ihm ist mir besonders in Erinnerung geblieben: »Don't lose!« (»Auf keinen Fall Geld verlieren!«)

Charles Ellis erzählte vom Beginn seiner Karriere, als er, gerade von der Harvard Business School kommend, für ein Unternehmen zu arbeiten begann, das die Gelder der Rockefeller-Familie verwaltete. Nach seinem ersten Aktienreport rief sein Chef ihn zu sich und sandte ihn mit den Worten »Charlie, die Rockefellers sind eine reiche Familie, aber sie sind nicht so reich, dass sie sich dich leisten könnten« zu einer Fortbildung an der Wall Street.

Unter den dortigen Referenten war auch der Eigentümer eines Unternehmens, ein stattlicher, eleganter und sehr reicher Mann. Am Ende stellte ein Freund von Ellis eine Frage: »Ich möchte so reich sein wie Sie! Sagen Sie mir doch, wie ich das anstellen soll.«

Der Firmenchef stand lange schweigend da. Ellis dachte zuerst, dass er sich vielleicht über die respektlose Frage ärgern würde, dann merkte er, dass der Referent intensiv nachdachte. Schließlich fixierte er den Fragesteller lange und eindringlich und sagte nur zwei Worte: »Don't lose!« Im Laufe eines mehr als vierzigjährigen Berufslebens erschloss sich die Tiefe dieser einfachen Wahrheit für Ellis immer mehr. Auch ich habe sie in den letzten Jahren mehr und mehr schätzen gelernt.

Verluste sind aus einem einfachen Grund schmerzhaft: Wenn eine Kapitalanlage um einen bestimmten Prozentsatz fällt, muss sie nachher um einen *höheren* Prozentsatz steigen, um wieder ihr Ausgangsniveau zu erreichen. Fällt Ihre Aktie zum Beispiel um 50 Prozent, muss sie später um 100 Prozent steigen.

Anstieg, der nach einem Verlust von x Prozenten notwendig ist, um das Ausgangsniveau wieder zu erreichen

Verlust	von 100 bleiben	notwendiger Anstieg
10 %	90	11 %
25 %	75	33 %
50 %	50	100 %
75 %	25	300 %
90 %	10	900 %
95 %	5	1900 %

Hierzu gehört auch die Tatsache, dass Menschen immer wieder auf einen Betrug hereinfallen. Und je verzweifelter sie zum Beispiel in einer Krise werden, desto empfänglicher sind sie für Bauernfängerei. Wenn eine Kapitalanlage zu gut aussieht, um wahr zu sein, dann ist sie nicht wahr. Renditen über 10 Prozent schaffen nur die besten Aktienfonds – und das auch nur in normalen Zeiten. Alles andere ist Augenwischerei.[18] Lassen Sie sich nicht beschwindeln, investieren Sie in einfache und klare Kapitalanlagen, die Sie jederzeit kontrollieren können, vermeiden Sie alle komplexen Produkte der Finanzbranche.

»Don't lose!« ist eine Weisheit von fundamentaler Bedeutung. Sie besagt nichts anderes, als dass Sie zuallererst immer darauf bedacht sein müssen, Verluste zu vermeiden! Denken Sie an die Zeit des Neuen Marktes zurück und versuchen Sie, sich an Ihr eigenes Portfolio zu erinnern. Waren es letztlich die Gewinne, die Sie gemacht haben, oder die Verluste, die die Gesamtperformance Ihres

Portfolios bestimmt haben? Vielleicht geht es Ihnen so wie einem Nachbarn von mir, der Porsche-Aktien hatte (plus 100 Prozent seit 2000) und diese in NEMAX-Aktien tauschte, weil Freunde und Bekannte ihm von ihren sagenhaften Gewinnen erzählten. Wie diese Investmentstory ausging, brauche ich nicht weiter zu erzählen.

Gier frisst Hirn – immer wieder.[19] Leider fallen aus diesem Grund viele Anleger auf Scheinsicherheiten herein, die ihnen Banken und Finanzdienstleister vorgaukeln. Ich hoffe, Ihnen gezeigt zu haben, dass dies der falsche Weg ist.

Es hilft alles nichts. Sie müssen Ihre Geldanlagen selber in die Hand nehmen. Keine Investmentstrategie ist perfekt. Die Zukunft ist immer unsicher. Es ist eine Illusion, RE-agieren zu wollen, wenn die Krise da ist. VOR-Sorge ist notwendig. Noch können wir nur die großen Entwicklungslinien der Krise sehen, nicht ihre Details. Diese reichen aber aus, um bereits jetzt wichtige und wesentliche strategische Entscheidungen zu treffen. Diejenigen unter Ihnen, die Anfang 2006 Gold gekauft haben, konnten sich bereits nach wenigen Monaten über stattliche Gewinne freuen. Wenn Sie Ihr Vermögen krisenfest gemacht haben, können Sie relativ gelassen zusehen, wie die wirtschaftliche Ära der letzten drei Jahrzehnte enden und einer völlig anderen und neuen Platz machen wird.

Treffen Sie die notwendigen Vorbereitungen, seien Sie gelassen, und vermeiden Sie Verluste!

Große Checkliste: die wichtigsten Fragen und Antworten zur Finanzkrise

Finanzmärkte und Welwirtschaft

1. Wie schlimm ist die Krise?

Kein Zweifel, ein Finanz-Tsunami ungeahnter Stärke hat das Weltfinanzsystem verwüstet. Und obwohl die Notenbanken im Großen und Ganzen das Richtige getan haben, indem Sie das Bankensystem gestützt haben, sind keinesfalls alle Risiken ausgemerzt. 2008 war das schlimmste Börsenjahr seit 1931. Und die Jahre 1931, 1937 und 2008 waren die drei schlimmsten Börsenjahre der letzten 200 Jahre. Die monetäre Lage im internationalen System ist so negativ wie seit Beginn der Krise in den 30er Jahren nicht mehr. Die Verschuldung in den USA ist heute, gemessen am Bruttosozialprodukt, sogar doppelt so hoch wie 1929. Die Sparquote in den USA beträgt null Prozent. Würde sie wieder auf zehn Prozent steigen, wo sie zuletzt Anfang der 90er Jahre stand, würde dies das US-Bruttoinlandsprodukt um 8 Prozent drücken – denn was gespart wird, kann nicht ausgegeben werden und wird damit nicht als Einkommen gemessen. Das US-Konsumentenvertrauen fiel im Oktober 2008 auf den niedrigsten Stand seit Beginn der Messung vor 41 Jahren. Der Mega-Kreditexpansionszyklus der Nachkriegszeit scheint gebrochen. In den nächsten Jahren dürfte es tendenziell eine geringere Verschuldung und damit einen Rückgang des Wirtschaftswachstums geben. Deutschland als wichtigste Exportnation der Welt ist zudem besonders stark beim Maschinenbau und Ausrüstungsgegenständen, Branchen, die in einer Krise überproportional getroffen werden.

2. Gibt es einzelne Punkte, die Anlass zur Hoffnung geben?
Zunächst einmal haben die Regierungen den Kollaps des Bankensystems verhindert und damit eine gefährliche Kettenreaktion un-
terbunden. Das darf nicht unterschätzt werden. Die Notenbanken
bemühen sich nach allen Kräften, den Geldfluss wieder in Gang zu
bringen, Deflation zu vermeiden und eine leichte Inflation zu er-
zeugen. Ob ihnen dies gelingt, ist aber keinesfalls sicher. China ist
sich seiner Abhängigkeit von Exporten in die USA bewusst und hat
ein massives Konjunkturprogramm in einer nie dagewesenen Höhe
von 20 Prozent des Bruttoinlandsprodukts aufgelegt. Ebenso sind
viele Aktien mittlerweile mit KGVs von 5, 6 oder 8 spottbillig bewertet und werfen Dividendenrenditen von 5, 6 oder sogar 10 Prozent
ab. Fallende Öl- und Rohstoffpreise entlasten Konsumenten und
Produzenten. Viele deutsche Exporteure sind in Nischen tätig und
stellen Produkte her, die dringend benötigt werden.

3. Kann der Bankensektor komplett zusammenbrechen?
Wenn sich die Notenbanken einig sind, Institute, die in eine Schieflage geraten sind, zu retten, wird dies nicht geschehen. Denn die
Notenbanken können jederzeit die entsprechenden Banken refinanzieren. Sollte allerdings viel zu viel Geld gedruckt werden und
dieses nicht mehr von der Wirtschaft absorbiert werden, bekäme
man Zustände wie in der DDR. Es gäbe dann ein offizielles Bankensystem und ein offizielles Geld, aber auch Schattenpreise für
viele Waren und Güter.

4. Bekommen wir eine Inflation oder eine Deflation?
Derzeit ist eine Inflation trotz der massiven Geldschöpfung der
Zentralbanken unwahrscheinlich. Die fallenden Rohstoffpreise
drücken die Inflation. Ebenso ist an den Börsen massiv Wert vernichtet worden. Im Jahr 2008 sind alleine die Amerikaner rechnerisch um 10 Billionen (10 000 Milliarden) Dollar ärmer geworden
(nahezu so viel wie das Bruttoinlandsprodukt). Diese Vermögensvernichtung läuft parallel zur Geldschöpfung durch die Notenbanken und hat derzeit mindestens das dreifache Ausmaß. Wenn
allerdings die Notenbanken noch einmal den Geldhahn aufdre-
hen, kann auch eine Inflation nicht ausgeschlossen werden.

5. Wie ist der Ausblick 2009/2010?

Man kann zwar hoffen, dass die heiße Phase der Finanzkrise vorbei ist, aber die Probleme in der Realwirtschaft fangen jetzt erst an. Die Rezession wird sich auch bei starken Gegenmaßnahmen 2009 und 2010 noch verschärfen. Ihren geldpolitischen Spielraum haben die Staaten des Westens und Japan bereits ausgenutzt. Jetzt bleiben im Ernstfall nur noch massive staatliche Eingriffe – mit den allseits bekannten negativen Folgen der Staatswirtschaft. Die Welt befindet sich auf einem schmalen Grat zwischen Deflation und Inflation. Sowohl Inflation als auch Deflation würden aber das Wohlstandsniveau deutlich drücken, wobei Inflation noch das kleinere Übel wäre.

6. Wie hoch ist die Gefahr eines Staatsbankrotts in Deutschland, Österreich, der Schweiz oder den USA?

Einen Staatsbankrott kann man für Deutschland und Österreich in den nächsten Jahren ausschließen. Deutschland ist mit Staatsschulden von ca. 70 Prozent des Bruttoinlandsproduktes ebenso wie Österreich mit gut 60 Prozent im internationalen Vergleich noch in einer relativ komfortablen Situation. Auch die Garantien für Spareinlagen ändern daran nichts. Im Zweifelsfall würden 10, 20 oder 30 Prozentpunkte mehr Schulden hinzukommen, was immer noch irgendwie zu verkraften wäre. Für einen Zeitraum von mehr als fünf Jahren lassen sich aber keine Aussagen treffen. Die Schweiz ist nicht gefährdet, ebenso wenig die USA während der kommenden 3–5 Jahre, da nicht primär die Staatsschulden, sondern die Auslandsschulden (in eigener Währung) und die Schulden der Privathaushalte das Problem der Amerikaner sind. Würden alle ausländischen Gläubiger ihre US-Staatsanleihen verkaufen wollen, müssen diese ja nicht vor Fälligkeit von der US-Regierung zurückgenommen werden. So etwas würde also nur die Kurse der US-Anleihen und den Dollar in den Keller treiben.

7. Können wir auf Barack Obama hoffen?

Eher nicht. Er hat zwar vernünftige Ideen zur Gestaltung der Wirtschaft, ist aber Realist und wird sich in die Zwänge seines Amtes fügen und auch dem Druck der Lobbyisten beugen. Bill und Hillary

Clinton waren ebenfalls angetreten, um allen Amerikanern eine Krankenversicherung zu bringen. Dafür wurden sie vom Kongress mit stehenden Ovationen versehen. Wenige Monate später war das Projekt durch die Lobbyisten erledigt. Obama ist zunächst einmal Amerikaner und vertritt amerikanische Interessen. Die wahrscheinliche Ernennung eines Beraters aus McCains Wahlkampfteam zum nationalen Sicherheitsberater zeigt, wie schnell sich Obama auch mit den Konservativen arrangiert. Daher wird auch für ihn die Versuchung groß sein, die amerikanische Wirtschafts- und Finanzkrise auf dem Rücken der restlichen Welt zu lösen.

Geld parken

8. Einlagensicherung

Sämtliche Girokonten, Tagesgeld- und Festgeldanlagen bei deutschen und österreichischen Banken sind durch die Staatsgarantie abgedeckt. Eine Liste der von der Garantie gedeckten Banken finden Sie unter: www.bankenverband.de/einlagensicherung. Hier erfahren Sie auch, ob Ihre ausländische Bank am Einlagensicherungsfonds teilnimmt. In der Regel ist das bei den ausländischen Banken der Fall, die in Deutschland eigene Tochtergesellschaften unterhalten.

9. Wie sicher und sinnvoll sind Tages- oder Festgeld?

Tages- und Festgelder bieten derzeit aufgrund der allgemeinen Liquiditätsknappheit hohe Renditen. Sie sind eine gute Möglichkeit, Geld zu parken, wobei natürlich bei längeren Festgeldanlagen die Zinsen steigen und dafür die Verfügbarkeit sinkt.

10. Wie sind Sparbücher sowie Spar- und Sparkassenbriefe zu beurteilen?

Das Sparbuch liefert vergleichsweise geringe Zinsen. Es ist eine sichere Möglichkeit, Geld anzulegen. Letztlich dürften aber Tages- und Termingelder attraktiver sein. Bei Spar- und Sparkassenbriefen gilt es, zu unterscheiden. Wenn Sie auf eine Person ausgestellt sind und deren Namen enthalten, werden sie wie Spareinlagen behandelt und durch die Einlagensicherung gedeckt. Sind die Briefe nicht auf einen Namen ausgestellt, sind es Inhaberschuldverschreibungen (s. Punkt 12). Diese sind nicht durch die Einlagensicherung gedeckt und fallen unter die Konkursmasse.

11. Was ist mit Geldmarktfonds?
Geldmarktfonds sind Sondervermögen (s. Punkt 12) und fallen damit nicht in die Konkursmasse. Im Falle einer Bankinsolvenz gehört dem Anteilsinhaber sein Anteil. Allerdings hat sich 2008 herausgestellt, dass auch etliche Geldmarktfonds mit schlechteren Papieren »gepanscht« waren und im Laufe des Jahres 10 oder 15 Prozent ins Minus rutschten.

Bankinsolvenzen

12. Sondervermögen und Inhaberschuldverschreibungen
Fonds, Exchange Trade Fonds (ETFs) oder auch Wertpapiere wie Aktien und Anleihen sind **Sondervermögen**. Diese gehören dem Kunden und werden von der Bank lediglich verwahrt. Sie gehören Ihnen auch im Falle einer Bankinsolvenz. Sparbriefe, die nicht auf eine Person ausgestellt sind, sind demgegenüber Inhaberschuldverschreibungen. Sie sind kein Sondervermögen und werden auch nicht von der Einlagensicherung gedeckt. Auch Zertifikate sind Inhaberschuldverschreibungen.

13. Bankschließfächer
Sie haben Ihr Schließfach von der Bank gemietet. Der Inhalt gehört Ihnen. Sollte allerdings eine Bank von der BaFin geschlossen werden, kann es sein, dass Sie einen Termin zum Öffnen des Schließfachs vereinbaren müssen.

14. Was passiert im Falle einer Bankinsolvenz?
In der Regel erfahren Sie erst, dass Ihre Bank insolvent ist, wenn das Kind in den Brunnen gefallen ist. Die Aufsichtsbehörde BaFin würde dann ein Moratorium verhängen und die Konten einfrieren. Auch Ihre EC- und Kreditkarten funktionieren dann nicht mehr.

Das Moratorium darf maximal sechs Wochen dauern. Während dieser Zeit prüft die BaFin, ob die Bank überlebensfähig ist. Ist dies nicht der Fall, geht die Bank in die Insolvenz. Dann wird das Restvermögen an die Gläubiger verteilt. Für die Spareinlagen wird der Entschädigungsfall festgestellt.

Anleihen und Zinspapiere

15. Wie sicher sind Staats- und Unternehmensanleihen?

Die Ratings der Agenturen sollten nicht alleine zur Bewertung der Sicherheit herangezogen werden. Bei Staatsanleihen ist die Verschuldung der jeweiligen Staaten eine wichtige Größe. Übersteigt sie 100 Prozent des Bruttoinlandsprodukts, ist Vorsicht angebracht, bei über 200 Prozent noch größere Vorsicht. (Im Maastricht-Vertrag zur Wirtschafts- und Währungsunion hatten die Unterzeichnerstaaten eine Obergrenze von 60 Prozent festgelegt, aber auch 100 Prozent sind unter gewissen Umständen verkraftbar.) Allerdings gilt es auch hier zu differenzieren: Japanische Anleihen sind trotz eines Schuldenstandes von 200 Prozent noch relativ sicher. Insgesamt kann davon ausgegangen werden, dass die europäischen Staaten, die USA und auch Japan ihre Anleihen zurückzahlen werden. Die Risiken von Staatsinsolvenzen könnten aber in fünf bis zehn Jahren steigen. US-Anleihen sind ebenfalls nicht zu empfehlen, da hier ein starkes Dollarkursrisiko besteht. Bei Unternehmensanleihen sollten Sie sich das Geschäftsmodell und die Ertragskraft sowie die Bilanz des jeweiligen Unternehmens anschauen. Eine Unternehmensanleihe von Nestlé hat für mich höchste Sicherheit, eine von General Motors hat inzwischen Junk-Bond-Status.

16. Wie steht es um Pfandbriefe?

Pfandbriefe sind durch Sicherheiten (z. B. Immobilien, Schiffe oder auch Staatseinnahmen) hinterlegt. Dabei haben gerade die deutschen Pfandbriefe nichts mit den Immobilien-Ramsch-Anleihen aus den USA zu tun. Die Immobilien dürfen in Deutschland zum Beispiel nur zu 60 Prozent beliehen werden. Als die Märkte aber panisch und emotional reagierten, wurden nach der Schieflage der Hypo Real Estate auch einige Pfandbriefe heruntergeprügelt – die Kurse brachen massiv ein. Hier lassen sich gegebenenfalls gute Schnäppchen machen, wenn man sich auf deutsche Pfandbriefe mit deutschen Sicherheiten beschränkt.

17. Lang- oder kurzfristig?
In der gegenwärtigen Situation sind die Zinsen für kurzfristig angelegtes Geld durch die Liquiditätsknappheit sehr gut. Gleichzeitig wissen wir noch nicht, ob wir eine inflationäre oder eine deflationäre Entwicklung haben werden, so dass es auch aus diesem Grunde richtig ist, Gelder kurzfristig zu parken. Die geringe Zinsdifferenz länger laufender Anleihen wiegt das Risiko nicht auf.

Zertifikate

18. Lohnen Zertifikate?
In 95 Prozent aller Fälle: nein! Und die wenigen guten Papiere sind so schwer zu erkennen, dass Sie besser prinzipiell die Finger davonlassen. Oftmals sind Zertifikate überteuert. Sie sind kein Sondervermögen. Und gerade bei den so beliebten Bonus- oder Discountzertifikaten wetten Sie gegen die Experten der Banken: Diese Formen beinhalten immer auch eine Wette auf steigende, fallende oder gleichbleibende Kurse, also eine Option. Und weil der Wert von Optionen sehr schwer zu berechnen ist, können die Banken hierfür höhere Gebühren nehmen, als eigentlich angemessen wäre – Gebühren, mit denen dann die Anleger belastet werden.

Aktien und Fonds

19. Wie attraktiv sind Aktien zur Jahreswende 2008/2009?
Sehr attraktiv. Aktien notieren zu so niedrigen KGVs und mit oftmals so hohen Dividenden wie seit Ende der 70er Jahre nicht mehr. Manche Dividendenrenditen haben sogar ein historisches Hoch erreicht. Aktien sind Realvermögen und damit ínflationsge-

schützt. Ein Depot aus 10–15 Qualitätsaktien (siehe oben) ist zudem gut gegen Insolvenzen gefeit. Allerdings: Schlittert die Welt in eine große Depression, werden sich auch die Aktienkurse auf ein Jahrzehnt nicht erholen – diese Gefahr ist nicht ganz ausgeschlossen. Gelingt aber das »Durchwursteln«, sind Aktien bereits jetzt eine sehr gute Kapitalanlage. Sie dürfen aber nur das Geld in Aktien investieren, das Sie für fünf Jahre (im Falle einer großen Krise auch zehn Jahre) nicht benötigen. Aktien sowie entsprechende Aktienfonds oder Indexfonds (ETFs) sind Sondervermögen, gehören also auch im Falle einer Bankinsolvenz Ihnen.

Abgeltungssteuer

20. Was ist angesichts der Abgeltungssteuer zu beachten?

Für Anlagen, die nach 2009 erworben werden, müssen Anleger pauschal 25 Prozent vom Gewinn bei Verkauf an Abgeltungssteuer abführen. Wertpapiere und Fonds, die vor diesem Datum gekauft wurden, sind beim Verkauf noch abgeltungssteuerfrei, Dividenden- und Zinserträge ab 2009 allerdings nicht mehr. Tendenziell unterbindet die Abgeltungssteuer also die Steuerunehrlichkeit. Für größere Vermögen ist sie gut, da der Steuersatz relativ moderat ist und Großverdiener Kapitalerträge nur mit 25 % anstelle des vollen Steuersatzes versteuern müssen. Zum optimalen, auf Ihre Vermögensverhältnisse zugeschnittenen Umgang mit der Vermögenssteuer sollten Sie auf jeden Fall einen Steuerberater zu Rate ziehen.

Sonstige Anlagen

21. Sind Gold und Edelmetalle zum Jahreswechsel 2008/2009 zu empfehlen?

Nach einem Zwischenhoch von 1000 Dollar im Jahr 2008 fiel Gold wieder deutlich. Derzeit ist also die Gelegenheit günstig, die Bestände in Höhe von ca. 10 % des Depots aufzustocken. Gold sollte in physischer Form als Versicherung gehalten werden. Es ist langfristig kein Renditeobjekt, sondern ein Mittel der Wertaufbewahrung. Platin ist aufgrund der Krise in der Automobilindustrie besonders günstig. Das Basisinvestment bleibt aber Gold.

22. Offene Immobilienfonds

Offene Immobilienfonds legen das Geld der Anleger in Immobilienprojekten an. Die Verzinsung lag in den letzten Jahrzehnten deutlich über der Inflationsrate. Allerdings sind diese Fonds keinesfalls immer so »mündelsicher«, wie sie gerne beworben werden, da die Rentabilität von der Qualität der Objekte und der wirtschaftlichen Gesamtsituation abhängt. Anfang 2009 hatten bereits zwölf bekannte Fonds die Ausschüttungen aufgrund der unsicheren Lage eingestellt. Vor einigen Jahren wurde auch die Rücknahme bei einigen offenen Immobilienfonds der Deutschen Bank kurzzeitig ausgesetzt.

23. Geschlossene Fonds

Mit geschlossenen Fonds ist in der Bundesrepublik schon viel Schindluder getrieben worden. Es gibt Immobilien und Mobilienfonds (z. B. Schiffe oder Flugzeuge). Üblicherweise werden die Anleger mit Steuervorteilen geködert. Geschlossene Fonds sind sehr schwer zu beurteilen. Manchmal besteht auch eine Nachschusspflicht – wenn der Fonds in eine Schieflage gerät, muss der Anleger weiteres Geld nachschießen. (So etwas ist bei offenen Aktien-, Anleihen-, Immobilien- oder gemischten Fonds absolut ausgeschlossen.) Zudem gehören sie tendenziell zum »schlechten« Vermögen, da die Einzahlungen sofort, die Auszahlungen aber erst weit in der Zukunft erfolgen. Zudem schneiden sich die Initiatoren eine dicke Scheibe vom angelegten Betrag ab. Und oftmals sind die Konstruktionen sehr komplex. Fazit: Wenn Sie in geschlossene Fonds investieren, sollten Sie sehr viel von der Materie verstehen.

24. Droht bei deutschen Immobilien ebenfalls ein massiver Preiseinbruch?

Diese Gefahr ist relativ gering, da es in Deutschland keine Immobilienblase gab. Real sind die Preise für viele Immobilien in den letzten zehn Jahren sogar gesunken. Allerdings werden viele Immobilien in Mittelstädten und 1b-Lagen mit mehr oder weniger sinkenden Mieterträgen, höheren Nebenkosten und höheren Auflagen zu kämpfen haben, so dass die Rendite bei vielen Immobilien auf Jahrzehnte hinaus mau sein wird. Mit einer Wertsteigerung ist nicht zu rechnen. Nur 1a-Lagen und -Objekte lohnen sich, wenn der Einkaufspreis stimmt.

25. Wie sieht es mit der Anschlussfinanzierung für Immobilienkredite aus?

Hier werden wir bei den Schuldnern – wie schon beim Immobilienmarkt selber – eine Spaltung des Marktes erleben. Die Banken wollen weiter Geld verleihen (das ist ihr Geschäft), die Bonität der Schuldner aber zugleich genauer prüfen als in der Vergangenheit. Als guter Schuldner dürften Sie es damit leichter haben, eine Anschlussfinanzierung zu bekommen, als mittelmäßiger oder schlechter Schuldner aber schwerer.

26. Muss ich meinen Hypothekenkredit noch zurückzahlen, wenn das System zusammenbricht?

Leider ja (es sei denn, wir hätten den totalen Systemkollaps und eine Auflösung der Zivilisation). Ihr Kredit ist eine Schuldverpflichtung, die im Falle der Insolvenz Ihrer Bank einfach weitergereicht würde.

Altersvorsorge

27. Wie sicher sind Lebensversicherungen?

Lebensversicherungen sind durch den Rettungsfonds der Versicherer – Protektor – abgesichert, der derzeit mit rund 6 Milliarden Euro kapitalisiert ist. Dieser Fonds würde also ähnlich wie die Einlagensicherung der Banken die Folgen von Insolvenzen auffangen. Viel wahrscheinlicher ist aber, dass ein in eine Schieflage geratenes Unternehmen von Konkurrenten übernommen wird. Sollte die Versicherungswirtschaft insgesamt in eine massive Schieflage geraten, sind weitere staatliche Hilfsmaßnahmen wahrscheinlich. Auch private Rentenversicherungen sind durch Protektor abgesichert.

28. Wie rentabel sind Lebensversicherungen?
Lebensversicherungen legen normalerweise 80 % ihres Vermögens
in Anleihen an, nur 10 % in Aktien. Dadurch gab es in den letzten
Jahren eine Verzinsung von 2 bis 4 Prozent. Außerdem entstehen
hohe Verwaltungsgebühren. Insgesamt sind klassische Lebensversicherungen zum Vermögensaufbau nicht zu empfehlen.

29. Lohnen sich fondsgebundene Lebensversicherungen?
Fondsgebundene Lebensversicherungen haben eine höhere Rendite, aber auch ein höheres Schwankungsrisiko, da sie auf einem
(Aktien-)Fondssparplan beruhen. Deswegen sollten Sie in so einem
Fall mindestens über 20 Jahre ansparen, um Schwankungen aus-
zugleichen und in den Genuss einer guten Durchschnittsrendite
zu kommen.

30. Wie steht es um die betriebliche Altersvorsorge?
Wenn Ihre betriebliche Altersvorsorge durch eine Wettbewerbs-
Pensionskasse (Tochtergesellschaft eines Lebensversicherers) erfolgt, greift das Sicherungssystem der Lebenversicherer. Bei normalen Pensionskassen ist die Pension zunächst nur so sicher wie
das Unternehmen. Anders als in den USA, wo etliche Angestellte,
zum Beispiel bei der Enron-Insolvenz, ihre Pensionen verloren haben, gibt es in Deutschland ein Umlagesystem der verschiedenen
hinter den Kassen stehenden Unternehmen, so dass Fälle wie in
den USA unwahrscheinlich sind.

ANHANG

Anmerkungen

Vorwort zur aktualisierten Taschenbuchausgabe

1 John Kenneth Galbraith: The Great Crash 1929. New York 1962, xxiv. (dt.: Der große Krach. Ursachen, Verlauf, Folgen. München 2004)

Einleitung zur Originalausgabe 2006

1 Warren Buffett: America's growing trade deficit is selling the nation out from under us. Here's a way to fix the problem – and we need to do it now. In: Fortune, 10. November 2003
2 Roger Stilz: George Soros warnt vor einer Rezession in den USA. In: Die Welt, 10. Januar 2006
3 Robert R. Prechter: Conquer The Crash. Chicester 2003 (dt.: Besiege den Crash! Wie man eine Deflationskrise übersteht und dabei sogar gewinnt. Kulmbach 2002)
4 Ravi Batra: Die große Rezession von 1990. Wie Sie Ihr Kapital retten und zum Gewinner werden. München 1989

Teil I

Warum die Krise kommt

1 Charles Kindleberger: Manias, Panics and Crashes. A History of Financial Crises. New York 1996, S. xv (dt.: Manien. Paniken. Crashs. Die Geschichte der Finanzkrisen der Welt. Kulmbach 2001)
2 Kurt Biedenkopf: Die Ausbeutung der Enkel. Plädoyer für die Rückkehr zur Vernunft. Berlin 2006, S. 8
3 Siehe S. 107

4　Hans-Werner Sinn: Ist Deutschland noch zu retten? Berlin 2005

5　Vgl. auch Meinhard Miegel: Epochenwende. Gewinnt der Westen die Zukunft? Berlin 2006, S. 30

6　Dennis L. Meadows: Die Grenzen des Wachstums. Bericht des Club of Rome zur Lage der Menschheit. München 1972

7　In den Jahren 1980 und 1981 überschritten die Zinsen, die Banken ihren erstklassigen Schuldnern berechneten, mehrmals die 20-Prozent-Marke. Siehe auch: www.federalreserve.gov/releases/H15/data/Monthly/H15_PRIME_NA.txt

8　Kindleberger (1996), S. 1 ff.

9　In der Asienkrise von 1996 waren vor allem die aufstrebenden Tiger-staaten Korea, Taiwan, Singapur, Hongkong und die ihnen folgenden Staaten wie Indonesien, Thailand und Malaysia betroffen. Natürlich gibt es in diesen Ländern große Unterschiede in Politik, Wirtschaft und Gesellschaft, wenn man etwas genauer hinsieht. Wir können, ohne hiermit zu überdehnen, diese Wirtschaftregion für die Zwecke unserer Definition sicher wie »ein Land« behandeln.

10　In den letzten Jahren hat sich mithin der Forschungszweig der »Behavioral Finance« entwickelt. Hier befasst sich die Ökonomie auch mit irrationalem Verhalten.

11　Galbraith (1962), S. 73

12　Paul Krugman: The Return of Depression Economics. New York 1999 (dt.: Die große Rezession. Was zu tun ist, damit die Weltwirtschaft nicht kippt. Frankfurt am Main 1999)

13　Robert Shiller: Irrationaler Überschwang. Warum eine lange Baisse an der Börse unvermeidlich ist. Frankfurt am Main 2000

14　Die aktuellen Analysen von Kurt Biedenkopf (Biedenkopf 2006) und Meinhard Miegel (Miegel 2006), die mit gewohnter Schärfe und Klarheit die ökonomischen und gesellschaftlichen Probleme des Westens analysieren, sind hier große Ausnahmen, die ich jedem Interessierten nur ans Herz legen kann. Es gibt in Deutschland kaum jemanden, der diesem Gespann – Miegel ist auch Berater Biedenkopfs – das Wasser reichen kann, was die Klarheit des langfristigen strategischen Denkens angeht. Unter der jüngeren Generation ist Henrik Müller, der mit »Wirtschaftsfaktor Patriotismus. Vaterlandsliebe in Zeiten der Globalisierung«, Frankfurt am Main 2006, eine scharfsinnige Analyse der deutschen Probleme vorgelegt hat, zu nennen.

15　Und Aufschwünge beginnen in der tiefsten Depression.

16　Die Erkenntnis, dass Kreditvolumen und Verschuldung wesentlich von der Stimmung und vom Konjunkturzyklus (und weniger von der Geldpolitik der Notenbanken) abhängen, hatten bereits die Ökonomen der österreichischen Schule – allen voran Carl Menger, Eugen

Böhm-Bawerk, Ludwig von Mises und August von Hayek – erkannt. Der Staat kann den Zyklus nach Ansicht dieser Wirtschaftswissenschaftler nicht beeinflussen – bestenfalls verschlimmern. Diese Ergebnisse werden heute gerne verdrängt, weil sie am Machbarkeitsglauben der modernen Ökonomie rütteln und damit ihre Rolle als »Priester des Kapitalismus« in Frage stellen. Wenn sich eine Berufsgruppe erst einmal festgesetzt hat, lässt sie sich ungern von den Fleischtöpfen verdrängen. Siehe auch: www.mises.org/

17 Prechter (2003), S. 22 ff. Prechter teilt die Phasen mit Hilfe der so genannten Elliot-Wellen-Analyse ein. Diese geht davon aus, dass Börsentendenzen in bestimmten fraktalen Mustern ablaufen, die die Psychologie der Marktteilnehmer widerspiegeln. Es gibt lange Auf- und lange Abschwungphasen. Innerhalb dieser Phasen gibt es wiederum kleinere Auf- und Abschwungphasen, und so weiter. Ähnliche fraktale Formen lassen sich in vielen Mustern der Natur erkennen, beispielsweise bei Wellen oder Wetterformationen.

18 Siehe S. 49

19 Siehe S. 154

20 Unter einer *Rezession* versteht man in der Ökonomie die Konjunkturphase, in der eine Stagnation bis hin zum Abschwung der Wirtschaft auftritt. Kennzeichen der *Rezession* sind ihr regelmäßiges Erscheinen im Konjunkturzyklus und ihre kurze Dauer. In Deutschland wurde früher von einer *Rezession* gesprochen, wenn die Wirtschaft am Ende eines Jahres insgesamt geschrumpft war. In den USA spricht man von einer *Rezession*, wenn die Wirtschaft zwei Quartale nacheinander nicht wächst beziehungsweise ein Rückgang zu verzeichnen ist (sinkendes Bruttoinlandsprodukt), allerdings verglichen mit dem jeweiligen Quartal des Vorjahrs. Mittlerweile setzt sich die amerikanische Definition auch in Deutschland durch. Eine *Depression* ist demgegenüber eine lang anhaltende Lähmung der wirtschaftlichen Aktivität.

21 Siehe hierzu insbesondere Kap. »Das wandernde Zentrum« und »Das Imperium der Schulden«

22 Meine Analyse ist keine »Schuldzuweisung« an ein bestimmtes Land oder eine bestimmte Regierung. An der gegenwärtigen Lage haben die Regierungen in Berlin, Peking und Tokio genauso »Schuld« wie diejenige in Washington. Zu jedem Spiel gehören zwei Kontrahen-ten.

23 Hans-Peter Martin und Harald Schumann: Die Globalisierungsfalle. Der Angriff auf Demokratie und Wohlstand. Reinbek 1997

24 Er ist nicht zu verwechseln mit Milton Friedman, dem amerikanischen Ökonomen, Nobelpreisträger und Begründer des Monetarismus. Beide sind sie aber auf ihre Art Ideologen der neuen Globalisierung: Milton, indem er den Laissez-faire-Kapitalismus in den

sechziger Jahren langsam wieder salonfähig machte, Thomas Friedman, indem er die gegenwärtigen Phänomene der Globalisierung mit
vielen Bildern und Metaphern, aber nur wenigen tiefer gehenden Ein-
sichten zu erklären versucht.

25 Thomas Friedman: The World is Flat. New York 2005, S. 10

26 Krugman (1997)

27 Miegel (2006), S. 105–197

28 Francis Fukuyama: The end of history. In: The National Interest
Nr. 16, 1989, S. 1–27

29 Fukuyama berief sich dabei auf eine selbst gestrickte Interpretation
ausgerechnet Georg Wilhelm Friedrich Hegels. Dabei vergaß er zwei
ganz wesentliche Tatsachen: erstens die nach Hegel dialektische Natur allen Seins und Werdens (was heißt, dass jeder Sache auch ihr Gegenteil innewohnt), und zweitens Hegels Endpunkt der Geschichte –
dieser war für den Philosophen der preußische Staat als höchste Form
der Menschwerdung, und nicht etwa der globale Kapitalismus. Fukuyama hätte sich auch auf Kant und seine Schrift »Zum ewigen Frieden« berufen können, wobei Kant allerdings wesentlich differenzier-
ter schreibt als Fukuyama. Für mich klangen Fukuyamas Thesen
schon damals wie ein schlechter Witz. Auch Robert Gilpin, einer meiner Professoren, der ein viel beachtetes Werk mit dem Titel »War and
Change in World Politics« geschrieben hatte, machte sich gerne über
Fukuyama lustig.

30 Das Schweizer Unternehmen Nestlé – der größte Lebensmittelkon-
zern der Welt – bemühte sich schnell darum, in Anzeigen in der arabischen Welt klarzustellen, dass die von Nestlé verwendete Milch
nicht von dänischen Kühen stamme. So weit zum Thema »Macht der
Wirtschaft«.

31 Samuel Huntington: Kampf der Kulturen. München 1996

32 Demgegenüber halte ich den Anstieg der Ölpreise in jüngerer Zeit für
dauerhaft und nachhaltig: Es wird damit der Tatsache Rechnung getragen, dass Weltbevölkerung und Energieverbrauch weiter wachsen,
während unsere Energievorräte endlich sind.

33 Kindleberger (1996)

34 Andrei Shleifer und Rob Vishny: The limits of arbitrage. In: Journal
of Finance, März 1997; S. 35–55; Peter Garber: Famous First Bubbles.
The Fundamental of Early Manias. Cambridge 2000; Matthew
Richardson und Eli Ofek: DotCom mania. The rise and fall of
internet stock prices. NBER Working Paper No. 8630, 2001; Dilip
Abreu und Markus Brunnermeier: Bubbles and crashes. In: Econometrica, Econometric Society, Vol. 71 (1) 2003, S. 173–204; Jose

Scheinkman und Wei Xiong: Overconfidence and speculative bubbles. In: Journal of Political Economy 2003, S. 1183–1219

35 Gustave Le Bon: Psychologie der Massen. Stuttgart 1973, S. 10

36 Ebd., S. 14

37 Charles Mackay: Extraordinary Popular Delusions and the Madness of Crowds. New York 1967, S. 47 ff.

38 Kindleberger (1996), S. 28

39 Mackay (1967); Bill Bonner und Addison Wiggin: Tage der Abrechnung. Die internationalen Finanzmärkte im Umbruch. Oder: Wie wir die schleichende Wirtschaftskrise des 21sten Jahrhunderts überleben. München 2005, S. 109; eigene Ergänzungen

40 Alan M. Taylor: Foreign capital in Latin America in the nineteenth and twentieth centuries. NBER Working Papers 7394, 1999. Online unter: www.econ.ucdavis.edu/faculty/amtaylor/papers/w9580.pdf

41 Galbraith (1962), S. 179 ff.

42 John M. Keynes: The Economic Consequences of the Peace. New York 1919 (dt.: Die wirtschaftlichen Folgen des Friedensvertrages. München 1920); siehe auch: http://socserv2.socsci.mcmaster.ca/~econ/ugcm/3ll3/keynes/peace

43 Charles Kindleberger: The World in Depression. Berkeley 1973, S. 171

44 Ebd., S. 155 ff.

45 Ebd., S. 164 ff.

46 Bill Bonner und Addison Wiggin: Empire of Debt. The Rise of an Epic Financial Crisis. New Jersey 2006

47 Siehe Kap. »Das wandernde Zentrum«

48 Siehe Kap. »Das Imperium der Schulden«

49 Feuerwehraktion: Zentralbanken verhindern Crash – wie nach dem 11. September 2001 Milliardensummen ins System gepumpt [wurden] – Angst vor US-Kreditkrise. In: Die Welt, 10. August 2007, S. 1 und 15

50 www.federalreserve.gov/boarddocs/speeches/2002/20021121/default.htm; siehe auch Kap. »Die Dollarschwemme und das Versagen der Notenbanken«

51 James, S. 21–22

52 Ebd., S. 24

53 Ebd.

54 Ebd., S. 85

55 Siehe Kap. »Die Dollarschwemme und das Versagen der Notenbanken«

56 James, S. 151

57 Ebd., S. 286

58 Ebd., S. 321

59 James Turk und John Rubino: Der Kollaps des Dollars. Der Untergang einer Weltwährung. München 2005, S. 85

60 Siehe Kap. »Japan und das Gespenst der Deflation«

Das wandernde Zentrum

1 Edward H. Carr: The Twenty Years' Crisis. New York 1964, S. 232
2 Als hervorragende Einführung in das moderne China empfehle ich Frank Sieren: Der China Code. Wie das boomende Reich der Mitte Deutschland verändert. Berlin 2005
3 Paul Kennedy: The Rise and Fall of the Great Powers. New York 1987 (dt.: Aufstieg und Fall der großen Mächte, Frankfurt am Main 2000)
4 Henrik Müller: Wirtschaftsfaktor Patriotismus. Frankfurt am Main 2006, S. 16
5 Kindleberger (1973), S. xx
6 Robert Gilpin: War and Change in World Politics. New York 1981, S. 168
7 Ebd., S. 175
8 Mein Doktorvater Aaron Friedberg, heute stellvertretender Sicherheitsberater der Vereinigten Staaten von Amerika für China, hat sich eingehend mit der Frage der Politik von Großmächten in Phasen relativen Niedergangs beschäftig. Aaron Friedberg: The Weary Titan. Princeton 1988
9 Jean-Jacques Servan-Schreiber: Die amerikanische Herausforderung. Hamburg 1968
10 Hermann Simon: Die heimlichen Gewinner. Frankfurt am Main 1996
11 Eberhard Hamer und Eike Hamer: Was passiert, wenn der Crash kommt? Wie sichere ich mein Vermögen oder mein Unternehmen? München 2006, S. 39 ff.
12 Ebd., S. 79 ff.
13 Aus der Sicht des deutschen Patrioten und späteren amerikanischen Staatsbürgers Friedrich List begünstigt der Freihandel die führende Wirtschaftsnation: Hier ist das Wissen fortgeschritten und so viel Kapital investiert, dass die bestehenden Unternehmen das Aufkommen von neuen Industrien in anderen Staaten durch Preiskampf verhindern können. List schrieb dies in der ersten Hälfte des 19. Jahrhunderts – damals war Deutschland das Entwicklungsland. Friedrich List: Schriften. Reden. Briefe. Berlin 1930
14 Joan Spero und Jeffrey Hart: The Politics of International Economic Relations. New York 1997, S. 49 ff.
15 www.wto.org
16 Gilpin (1981), S. 156 ff.
17 Joseph Stiglitz: Die Roaring Nineties. Vom Wirtschaftsboom zum Crash. München 2005, S. 210 ff.
18 www.wto.org/english/docs_e/legal_e/final_e.htm
19 Stiglitz (2005), S. 215

20 www.frbatlanta.org/filelegacydocs/J_whi811.pdf

21 Zu Finanzderivaten mehr im Kap. »Finanzderivate und der Verfall der Wirtschaftssitten«

22 Jürgen Dahlkampf und Georg Mascolo: Millionen aus dem Jackpot. In: Der Spiegel, 1. August 2005

23 Ebd.

24 Ebd.

25 Gegen dieses »Beutesystem« hat sich der große deutsche Demokrat, amerikanische Bürgerkriegsgeneral und spätere amerikanische Innenminister Carl Schurz schon im späten 19. Jahrhundert vergeblich gewandt. Carl Schurz: Unter dem Sternenbanner. Lebenserinnerungen 1852–1869. Berlin 1973

26 I. M. Destler: American Trade Politics. System Under Stress. New York 1986, S. 9 ff.

27 Nach heutigen Verhältnissen wären das etwa 2,15 Euro pro Dollar und nur 0,83 europäische Cents! In den letzten sechzig Jahren hat der Dollar also gegenüber der Deutschen Mark und dem Euro zwei Drittel an Wert verloren.

28 Hierzu mehr im Kap. »Europa in der Wirtschaftskrise«

29 Vor vielen Jahren habe ich hierzu meine Diplomarbeit bei meinem verehrten und geschätzten Lehrer Prof. Dr. Karl Kaiser geschrieben. Max Otte: The United States, Japan, West Germany and Europe in the International Economy, 1977–1987: Between Conflict and Coordination. Idstein 1989; siehe auch: Funabashi (1988), S. 9 ff.

30 www.imf.org/external/np/sta/ir/colist.htm

31 Dass sich Reservepositionen schnell ändern können, zeigt der Fall Englands. Vor 1914 war das britische Pfund die dominante Reservewährung, nach 1918 war der Dollar mindestens gleich stark, und in den dreißiger Jahren überholten die USA England.

32 Sven Afhüppe, Beat Balzili, Frank Horning, Armin Mahler und Wieland Wagner: Gleichgewicht des Schreckens. In: Spiegel Spezial: »Die Neue Welt«, 15. November 2005

33 Ralf Beste: Kalter Krieg. In: Der Spiegel, 25. Februar 2006

34 Ezra Vogel: Japan as Number One. London 1979

35 Hierzu mehr im Kap. »Japan und das Gespenst der Deflation«

36 Miegel (2006), S. 63 ff.; Georg Blume und Uwe Jean Heuser: Zwei Länder, eine Mission. In: Die Zeit, 20. April 2006

37 Brenda Cherry: What China eats (and drinks and ...). In: Fortune, 11. Oktober 2004

38 www.cia.gov/cia/publications/factbook/geos/gm.html

39 Dinah Deckstein, Marcus Dettmer, Frank Dohmen, Sebastian Ram-

speck und Wieland Wagner: Der große Know-how-Klau. In: Der Spiegel, 20. Februar 2006

40 Jörn Sucher: Die Deutschen haben Fehler gemacht. Online unter: www.spiegel.de/wirtschaft/0,1518,401081,00.html, 15. Februar 2006

41 Frank Sieren (2005), S. 250

42 Dies ist eigentlich im Widerspruch zu den Regelungen des GATT.

43 Andreas Lorenz und Wieland Wagner: Die Weltfabrik. In: Spiegel special »Die Neue Welt«, 15. November 2005

44 Geoffrey Colvin: America isn't ready. In: Fortune, 29. August 2005

45 Greenspan: Not enough inflation. In: CBSnews.com, 21. Mai 2003

46 Alexander Gerschenkron: Economic Backwardness in History. Cambridge 1962

47 Chris Farrell: Deflation. What Happens When Prices Fall. New York 2004, S. 51

48 Erich Follath: Ein Moloch erwacht. In: Spiegel special »Die Neue Welt«, 15. November 2005

Das Imperium der Schulden

1 Anm. d. Autors

2 Adam Smith: The Wealth of Nations. London 1987, S. 437 (dt.: Der Wohlstand der Nationen. München 1999)

3 Bonner/Wiggin (2006)

4 Ebd., S. 226

5 Siehe S. 102

6 Eigentlich werden hier zwei verschiedene Größen miteinander verglichen – und zwar eine Bestandsgröße (Schuldenstand) mit einer Stromgröße (Inlandsprodukt). Während die Bestandsgröße misst, wie viel Einheiten zu einem bestimmten Stichtag vorhanden sind (z. B. Schulden zum 31. Dezember 2004), misst die Stromgröße die Veränderung, die in einem bestimmten Zeitraum hinzukommt (z. B. Einkommen des Jahres 2004). Je höher allerdings der Schuldenstand ist, desto höher ist bei gleich bleibenden Zinsen der Schuldendienst, und das ist wieder eine Stromgröße.

7 www.federalreserve.gov/releases/housedebt/default.htm

8 Zinssatz, den amerikanische Banken erstklassig solventen Unternehmen berechnen.

9 www.federalreserve.gov/releases/H15/data/Annual_Dec_/H15_PRIME_NA.txt

10 Zudem ist zu bedenken, dass die letzte Erhebung des US Bureau of the Census im Jahr 2000 stattfand, als die Aktienkurse gerade histo-

rische Hochs erreicht hatten. Siehe dazu: www.census.gov/prod/2003pubs/p70–88.pdf

11 Alan Greenspan und James Kennedy: Estimates of home mortgage originations, repayments, and debt on one-to-four-family residences. In: Finance and Discussion Series 2005–41, Federal Reserve Board, S. xx. Online unter: www.federalreserve.gov/pubs/feds/2005/200541/200541pap.pdf, S. 22 ff.

12 Der Median gibt den Wert an, der die Untersuchungsgruppe genau in zwei Hälften teilt. Das heißt: 50 Prozent aller amerikanischen Häuser waren teurer, 50 Prozent billiger. Der Median ist damit besser als der Durchschnitt geeignet, die Verteilung der Gruppe zu beschreiben.

13 www.millersamuel.com/charts/galleryview.php?ViewNode=1067010100bsrIj&Record=1

14 Frank Horning: Demütige Milliardäre. In: Der Spiegel, 23. Januar 2006

15 Hier ist ein Haus gemeint, dessen Preis zugleich den Median der Häuserpreise in Kalifornien angibt.

16 Shawn Tully: Is the housing boom over? In: Fortune, 27. September 2004

17 www.macrovestor.com/homevaluation.html

18 Shiller (2005), S. 13

19 Demütige Milliardäre. A. a. O.

20 Ausführliche Hintergrundberichte zur Subprime-Krise finden Sie unter: http://www.ft.com/indepth/subprime

21 www.fanniemae.com

22 Ebd.

23 Dies entspricht im Übrigen der Organisation vieler amerikanischer Unternehmen und Großkonzerne, bei denen das Spezialwissen stark zentralisiert ist und die Tochtergesellschaften und Außenstellen nur als ausführende Arme dienen. Mit Basel II hat sich die standardisierte amerikanische Form der Kreditvergabe auch in Deutschland und Europa durchgesetzt – mit weit reichenden Folgen für den deutschen Mittelstand.

24 www.fanniemae.com/ir/index.jhtml; www.freddiemac.com/investors/

25 Übersetzung: Warnhinweis bezüglich der bereits veröffentlichten Jahresabschlüsse: Am 22. Dezember 2004 kündigte Fannie Mae an, dass man nicht auf die bereits herausgegebenen Jahresabschlüsse vertrauen solle, da die Börsenaufsichtsbehörde festgestellt hat, dass diese unter Zuhilfenahme von Rechnungslegungspraktiken erstellt wurden, die nicht den allgemeinen Bilanzgrundsätzen entsprechen. Deswegen sollten sich Investoren und andere Interessenten nicht auf die bereits veröffentlichten Jahres- und Quartalsabschlusse verlassen, genauso wenig wie auf die Gewinnzahlen für diese Zeiten, die in unseren Pressemitteilungen veröffentlicht wurden.

www.fanniemae.com/ir/sec/index.jhtml;jsessionid=04PJGOXBFNV
FVJ2FQSHSFGA?s=SEC+Filings

26 Daniel Gross: Didn't pay your mortgage? Don't worry. Online unter:
www.slate.com/id/2132094/fr/rss/

27 Mortgage Bankers Association: www.mbaa.org

28 www.bea.gov/bea/newsrel/gdpnewsrelease.htm

29 Ein kurzes Soziogramm der amerikanischen Gesellschaft findet sich
auch in meinem Buch: Amerika für Geschäftsleute. Das Einmaleins
der ungeschriebenen Regeln. Berlin 1998

30 www.bea.gov/briefrm/saving.htm

31 Ein Außenhandelsüberschuss wirkt sich dabei erhöhend auf das Sozialprodukt, ein Außenhandelsdefizit reduzierend aus. Mit anderen
Worten: Wenn ein Land mehr Waren exportiert als importiert, schafft
dies zusätzliche Nachfrage und damit zusätzliches Einkommen im
Inland.

32 Hierbei handelt es sich um Stromgrößen. Weitere Stromgrößen sind
zum Beispiel Nettokreditaufnahme, Staatsdefizit oder Außenhandelsdefizit. Zu den Bestandsgrößen gehören die Staatsschulden, die
Auslandsschulden sowie Schulden aller Art, Vermögensgegenstände
und Eigenkapital.

33 Diese Größe wird auch »Außenbeitrag« genannt.

34 Für die USA siehe die aktuelle Statistik des Bureau of Economic Ana-
lysis: www.bea.gov/bea/dn/nipaweb/TableView.asp?SelectedTable=
19&FirstYear=2003&LastYear=2005&Freq=Qtr, für Deutschland das
Statistische Bundesamt: www.destatis.de/indicators/d/vgr210ad.
htm

35 Jerry Useem: Should we admire Wal-Mart? Some say it's evil. Others
insist it's a model of all that's right with America. Who are we to be-
lieve? Online unter: www.money.cnn.com/magazines/fortune/for-
tune_archive/2004/03/08/363689/index.htm

36 http://tse.export.gov/

37 Hans-Werner Sinn: Die Basar-Ökonomie. Deutschland: Exportweltmeister oder Schlusslicht? Berlin 2005

38 Bonner/Wiggin (2005), S. 260

39 Jedes gute Ding hat sein Ende, und das japanische Wunder war keine
Ausnahme. Im Kapitel »Das Gespenst der Deflation« beschäftige ich
mich ausführlich mit dem langsamen Siechtum der japanischen
Wirtschaft, das genau zu dem Zeitpunkt begann, als der politische
Druck der Regierung Bush am höchsten war.

40 Miegel (2006), S. 136

41 Marc Brost und Wolfgang Uchatius: Gefangen in der Sparfalle. Online unter: www.zeit.de/2005/35/Sparfalle?page=1

42 www.gesis.org/Dauerbeobachtung/Sozialindikatoren/Daten/System_Sozialer_Indikatoren/keyindik/E017.pdf
43 www.census.gov/hhes/www/income/incxrace.html
44 Warren Buffett (2003)
45 www.bea.gov/bea/di1.htm
46 www.berkshirehathaway.com
47 Siehe Kap. »Das wandernde Zentrum«

Finanzderivate und der Verfall der Wirtschaftssitten

1 Fred Schwed: Where are the Customers' Yachts? New York 1995, S. 135 (deutsch: Und wo sind die Yachten der Kunden? München 2003)
2 Kindleberger (1996), S. 13
3 Günter Ogger: Der Börsenschwindel. Wie Aktionäre und Anleger abkassiert werden. München 2001, S. 43 ff.
4 Galbraith (1962), S. 157 ff.
5 In Deutschland ist dies unter dem Namen »Mindestreservepolitik der Bundesbank« bekannt.
6 Durch Hypotheken abgesicherte Wertpapiere (Anleihen).
7 www.berkshirehathaway.com
8 www.berkshirehathaway.com/annual.html, S. 10
9 www.financialpolicy.org/FPFSPB9.htm; www.isda.org/statistics/pdf/ISDA-Market-Survey-historical-data.pdf
10 Schwed (1995), S. 133
11 Ich habe mich schon während der Spekulationsblase der New Economy kritisch mit Finanzderivaten auseinander gesetzt. Max Otte: Investieren statt sparen. Wie Sie mit Aktien alle fünf Jahre Ihr Vermögen verdoppeln. München 2000, S. 148 ff.
12 www.berkshirehathaway.com/annual.html, S. 10
13 Hamer/Hamer (2006), S. 46
14 Ebd.
15 Ebd.
16 Siehe dazu zum Beispiel die Artikel: Spekulieren mit dem Herrgott. In: manager magazin, 6. Juni 2005; Übersteigerte Renditeträume. In: manager magazin, 5. Juli 2005
17 Eine Dokumentation dieser Wochen findet sich unter: http://transparentre.com/2007/08/17/global-credit-crunch-timeline.aspx sowie http://www.ft.com/indepth/subprime
18 Richard Bookstaber: A Demon of Our Own Design: Markets, Hedge Funds and the Perils of Financial Innovation, Hoboken 2007
19 Loren Fox: Enron. The Rise and Fall. New York 2003; Mimi Swartz

und Sherron Watkins: Power Failure. The Inside Story of the Collapse of Enron. New York 2003

20 www.chron.com/news/specials/enron/

21 Bryan Burrough und John Helyar: Barbarians at the Gate: London 1988

22 http://www.faz.net/s/RubBF53424976DC438985BBA461C86C 95A7/Doc~E7E10CCD32B6E474384C9498425C667D2~ATpl~ Ecommon~Scontent.html

23 Wall Street's Man of the Moment. In: Fortune, 5. März 2007. Siehe auch: http://money.cnn.com/2007/07/03/commentary/kkr_blackstone.fortune/index.htm

24 Härtetest fürs Kartenhaus. In: Der Spiegel, 36/2007

25 http://www.ikb.de/content/de/ir/finanzberichte/gb_2005_2006/index.jsp

26 Batra (1988), S. 23 ff.

27 Is greed still good? In: Fortune, 13. Juni 2005

28 Alexis de Tocqueville: Democracy in America. New York 1969, S. 621 (dt.: Über die Demokratie in Amerika. Ditzingen 1985)

29 Michael Lewis: Wall Street Poker. Heidelberg 2003 und: Geldrausch. München 1993

30 Lewis (1993), S. 1

31 Have they no shame? In: Fortune, 28. April 2003

32 Josef Ackermann unter den Top Five. Online unter: www.managermagazin.de/koepfe/artikel/0,2828,300826,00.html

33 www.dr-wo.de/schriften/feudalismus/personen.htm, siehe auch: www.dr-wo.de/schriften/feudalismus/stundenlohn.htm

34 Nach 1998 stabilisierte sich das Wachstum der Vorstandsbezüge zu einem gewissen Grade, sodass die Zahlen heute denen von 1998 ähneln. Batra (1999), S. 214

35 United Nations, UN Development Report: www.osjspm.org/101_wealth.htm. Das US Bureau of the Census schätzt, dass von 1975 bis 2001 der Anteil der Haushalte mit dem höchsten Einkommen (insgesamt 5 Prozent von der Gesamtbevölkerung) von 15 Prozent auf 21 Prozent des gesamten Einkommens gestiegen ist: www.census.gov/hhes/income/histinc/ineqtoc.html. Das National Bureau of Economic Research legt noch drastischere Zahlen vor: Der Anteil der superreichsten Amerikaner – jenes 1 Prozent der Bevölkerung – am Gesamtvermögen stieg von 8 Prozent im Jahr 1980 auf 9 Prozent im Jahr 1985, 1990 waren es 13 Prozent, 2000 insgesamt 17 Prozent, 14 Prozent im Jahr 2005. Die nächsten 4 Prozent reicher US-Bürger verdienten im selben Jahr 15 Prozent anstelle von 12 Prozent, sodass heute diese

5 Prozent der reichsten Amerikaner zusammen 29 Prozent des gesamten Einkommens einstreichen: www.nber.org/papers/ w11955

36 John K. Galbraith: Der große Krach. Stuttgart 1963, S. 179

37 Dies ist eine Analyse des gegenwärtigen Zustands, kein politisches Programm mit Vorschlägen zu seiner Änderung. Ohne genau zu wissen, wo die perfekte Einkommensverteilung liegt: Es scheint klar, dass eine ungleiche Einkommensverteilung zu Problemen führt.

38 www.cnn.com/2006/US/02/18/powerball.ap/

39 Galbraith (1962), S. 136 f.

40 WorldCom fraud reaches $9bn. Online unter: news.bbc.co.uk/2/hi/business/2407991.stm

41 FlowTex-Skandal: Sieben Jahre Haft für Schmiders Bruder. Online unter: www.faz.net/s/RubC9401175958F4DE28E143E68888825F6/Doc~E267BBB2AF0E8461FB009292261744AE0~ATpl~Ecommon~Scontent.html, 12. März 2002

Die Dollarschwemme und das Versagen der Notenbanken

1 Rüdiger Dornbusch: This expansion will run forever. In: New York-Times, 30. Juli 1998. Der gebürtige Krefelder (1942–2002) war ein hervorragender Lehrmeister für seine Studenten. Aus seiner Schule sind viele berühmte Ökonomen hervorgegangen. Mit seinen Prognosen lag er allerdings oft daneben. Zudem litt er unter einem Immigrantenkomplex: In Amerika war alles gut, Europa war hoffnungslos rückständig.

2 William Greider: Secrets of the Temple. How the Federal Reserve Runs the Country. New York 1989

3 Bob Woodward: Greenspan. Dirigent der Wirtschaft. Hamburg 2001

4 Roland Leuschel und Claus Vogt: Das Greenspan Dossier. 3. erw. Auflage, München 2006

5 Die Geldmenge ist nur einer von vier Faktoren in der fundamentalen Gleichung der klassischen monetären Ökonomie: $M * V = P * Y$. Diese Gleichung beruht auf einer einfachen Tatsache: Immer, wenn jemand Geld ausgibt, nimmt jemand anderes Geld ein, erhält also Einkommen. Sie besagt, dass das Produkt aus Geldmenge (M) und Umlaufgeschwindigkeit (V) gleich dem jährlichen Realeinkommen (Y) mal dem Preisniveau (P), also dem Nominaleinkommen ($P * Y$), ist. Die Umlaufgeschwindigkeit V misst dabei, wie oft Geld in einem Jahr seinen Besitzer wechselt.

6 Siehe auch Kap. »Das Imperium der Schulden«

7 Siehe auch Miegel (2006), S. 135 ff.

8 Siehe auch die Kap. »Das Imperium der Schulden« und »Finanzderivate und der Verfall der Wirtschaftssitten«

9 Klaus Koniarek: Wipper und Kipper und die große Inflation. Online unter: http://private.addcom.de/koniarek/geld/wipper-und-kipper.htm

10 Der deutsche Staat entledigte sich auf diese Weise vor allem der drückenden Verpflichtungen, die ihm durch den Vertrag von Versailles auferlegt worden waren. Kein anderer als John Maynard Keynes, Mitglied der britischen Delegation, hatte die harten Bedingungen für Deutschland kritisiert und war dafür eingetreten, jedem Staat sein wirtschaftliches Existenzrecht zu belassen. Keynes (1919)

11 Das Bureau of Land Services der amerikanischen Regierung stellt freundlicherweise im Internet einen Kaufkraftrechner zur Verfügung. Probieren Sie es selber: http://data.bls.gov/cgi-bin/cpicalc. pl

12 www.federalreserve.gov/boarddocs/rptcongress/annual04/ar04.pdf, S. 264

13 Ebd.

14 In der Bilanz wird das Vermögen (Aktiva) dem Kapital (Passiva) gegenübergestellt. Die Kapitalseite gibt an, woher die Bank (oder ein Unternehmen) ihre Mittel bekommen hat. Das Eigenkapital ist der Anteil, den die Bank oder ihre Eigentümer selber aufgebracht haben. Die Geldbasis (High-Powered Money) ist die Summe aus der sich im Umlauf befindlichen Währung und den Einlagen der Notenbanken. Das ist das durch die Notenbank geschaffene Geld.

15 Summe aller Vermögensgegenstände.

16 www.bundesbank.de/download/ezb/jahresberichte/2004jb_ezb.pdf, S. 194

17 Versuchen Sie es ruhig selber. Gehen Sie auf www.bundesbank.de und geben Sie die Stichworte »Bundesbank Bilanz« oder »Bundesbank Jahresbericht« ein.

18 www.bundesbank.de/statistik/statistik_eszb_zeitreihen.php

19 Übrigens: Als Richard Nixon Arthur F. Burns zum Vorsitzenden der Fed ernannte, sagte der Präsident: »Ich respektiere seine (Burns) Unabhängigkeit. Ich hoffe jedoch, dass er völlig frei zu der Schlussfolgerung kommen wird, dass meine Ansichten diejenigen sind, denen man folgen sollte.« Das Publikum applaudierte. Nixon weiter: »Sie sehen, Dr. Burns, das ist ein stehendes Votum für niedrigere Zinsen und mehr Geld.«

20 http://ingrimayne.saintjoe.edu/econ/Connections/Sources.html

21 Bernd-Thomas Ramb: Vor der nächsten Währungsreform. St. Augustin 2005, S. 70

22 Mackay (1967), S. 1 ff.

23 Im Jahr 1023 wurde staatliches Geld als gesetzliches Zahlungsmittel bestimmt.
24 Mackay (1967), S. 2
25 Ebd., S. 4
26 Ebd., S. 4 ff.
27 Ebd., S. 6
28 Ebd., S 10 ff.
29 Ebd., S. 28 ff.
30 Die Formel für den Geldschöpfungsmultiplikator ist $m = 1/r_m$, wobei r_m der Mindestreservesatz ist.
31 Zwei sehr unterschiedliche Darstellungen zu Greenspans Leben und Zeit sind Woodward (2001) und Batra (2005)
32 William Rutherford: Greenspan fiddled while the economy burned. Online unter: www.looksmarteducation.com/p/articles/mi_m1272/is_2712_133/ai_n6206185
33 www.aynrand.de/
34 Alan Greenspan: Gold and economic freedom. Neu abgedruckt in: Ayn Rand: Capitalism. The Unknown Ideal. New York 1986
35 Bonner/Wiggin (2005), S. 159
36 Ebd., S. 164
37 Ebd., S. 167
38 Ebd., S. 144
39 Woodward (2001)
40 Ben Bernanke: Essays on the Great Depression. Princeton 2004
41 www.federalreserve.gov/boarddocs/speeches/2002/20021121/default.htm
42 Friedrich A. von Hayek: Der Weg zur Knechtschaft. Tübingen 2004
43 DER PRIVATINVESTOR, 2. Februar 2006; www.privatinvestor.de

Japan und das Gespenst der Deflation

1 Clyde Prestowitz: Trading Places: How We Allowed Japan to Take the Lead. New York 1989, S. 4
2 Chalmers A. Johnson: MITI and the Japanese Miracle. The Growth of Industrial Policy, 1925–1975. Stanford 1982
3 In Deutschland war die Debatte nicht ganz so laut: Nach 1945 waren die Deutschen einfach nicht mehr so besessen davon, die Nummer eins zu werden oder zu bleiben, wie es die Amerikaner noch heute sind. Allerdings machten sich auch hierzulande viele – angesichts der offensichtlichen japanischen Übermacht in Industrie und Handel – ernsthafte Sorgen. Bereits in den sechziger Jahren waren die meisten

deutschen Kamerahersteller aufgrund der japanischen Konkurrenz
sang- und klanglos untergegangen. Später folgten die Produzenten
von Unterhaltungselektronik. Im Anschluss daran bekamen Maschinenbau und Automobilbranche ernsthafte Konkurrenz. Eine nennenswerte eigene Computerbranche hatte Deutschland erst gar nicht
aufzuweisen.

4   www.stat.go.jp/english/index/official/213.htm#5

5   Das Volksvermögen ging von 3,5 auf 2,7 Trillionen Yen zurück. www.
stat.go.jp/english/index/official/204.htm#1

6   www.stat.go.jp/english/index/official/203.htm

7   Siehe Kap. »Das wandernde Zentrum«

8   Johnson (1982)

9   Unternehmen mit einem KGV von unter 10 gelten als »billig«, von
10–17 als »normal« bewertet, von 17–30 als »teuer« und darüber als
»sehr teuer«.

10   Bonner/Wiggin (2005), S. 121 ff.

11   Siehe Kap. »Das wandernde Zentrum«, S. 64

12   Bonner/Wiggin (2005), S. 124 ff.

13   Ebd., S. 111 ff., S. 126

14   Krugman (1999), S. 77

15   www.destatis.de/indicators/d/lrbev04ad.htm

16   Harry S. Dent: The Next Great Bubble Boom. How to Profit from the
Greatest Boom in History, 2005–2009. New York 2004, insb. S. 65 ff.
(dt.: Der Jahrhundert Boom. Kulmbach 2005); Thomas Müller: Gewinnen mit Börsenzyklen. Bis 2010 ein Vermögen verdienen. Rosenheim 2005, insb. S. 189 ff.

17   Für Deutschland siehe Müller (2005), S. 189 ff.; für die USA Bon-
ner/Wiggin (2005), S. 230 ff.; für Japan: www.stat.go.jp/english/data/
zensho/1999/2.htm

18   Dent (2004), Müller (2005); Daniel Arnold: The great bust ahead. Online unter: www.thegreatbustahead.com

19   www.stat.go.jp/english/data/zensho/1999/2.htm

20   Dent (2004), S. 17

21   Nicolai D. Kondratieff: Die langen Wellen der Konjunktur. In: Archiv
für Sozialwissenschaften, 56/1926, S. 573–609

22   Die Häufung von Basisinnovationen im Zeitverlauf gilt mittlerweile
als empirisch gesichert, wenn auch die Schlussfolgerungen daraus
sehr unterschiedlicher Natur sind. Roland Wagner-Döbler: Innovationsebben und Innovationsfluten. Online unter: www.wissenschafts-
forschung.de/JB96-97_65-75.pdf

23   Joseph Schumpeter: Kapitalismus, Sozialismus und Demokratie. Tübingen 1993 und Theorie der wirtschaftlichen Entwicklung. Eine Un-

tersuchung über Unternehmergewinn, Kapital, Kredit, Zins und den Konjunkturzyklus. München 1993

24 Müller (2005), S. 204 ff.
25 www.nonlineratlas.de/pdf/pressemitteilungen/2005_06_22_ D21TNS_Infratest_NOA05_zefinal.pdf
26 Holger Schmidt und Johannes Winkelhage: Telekommunikation DSL-Wettbewerb in Gefahr. Online unter www.faz.net/s/RubE2C6E 0BCC2F04DD787CDC274993E94C1/ Doc~EB691A3198DB64B9 F8C2DBD07CE944431~ATpl~Ecommon~Scontent. html
27 Siehe die Kap. »Warum die Krise kommt« und »Das wandernde Zentrum«

Europa in der Weltwirtschaftskrise

1 Servan-Schreiber (1968), S. xiii
2 Miegel (2006), S. 92 ff.
3 1980 betrug der Anteil Europas am Weltsozialprodukt 28 Prozent, 2005 nur noch 20 Prozent. Dieses bedeutet einen relativen Rückgang um 30 Prozent; siehe auch Kap. »Das wandernde Zentrum«.
4 Miegel (2006), S. 26
5 Harald Wozniewski: Wenn das Geld fließt wie der Nil in der Wüste. Online unter: www.dr-wo.de/schriften/nil/index.htm
6 Harald Wozniewski: Die Einkommensentwicklung steht Kopf. Online unter: www.dr-wo.de/schriften/ee/index.htm
7 Max Otte: The Euro and the Future of the European Union. American Council on Germany, Occasional Paper 1998, 5. Juli 1998
8 Otte (1998), S. 20
9 Die Brüsseler Regelungswut ist sprichwörtlich. Das Verordnungswerk umfasst 130 000 Vorschriften, davon zum Beispiel achtundfünfzig über landwirtschaftliche Zugmaschinen. So gibt es eine über Rückspiegel (74/346 EWG), Fahrersitze und Beifahrersitze (78/764 EWG und 76/763 EWG) oder über die Anbringung von Nummernschildern (74/151/EWG). Mecklenburg-Vorpommern (höchste Erhebung: Helpter Berg, 179 Meter) musste eine Seilbahnverordnung in Landesrecht umsetzen, weil sonst 700 000 Euro Strafe fällig geworden wären. Das europäische Amt für Betrugsbekämpfung kann ohne Kontrolle in allen Mitgliedsstaaten polizeilich tätig werden. Selbst im Grundgesetz garantierte Rechte, wie etwa die unantastbare Würde des Menschen, werden von Brüssel relativiert.
10 Siehe hierzu Otte (2000), S. 117–157
11 Sinn (2005 A), S. 190

12 http://europa.eu.int/scadplus/leg/de/lvb/l25014.htm

13 Harald Wozniewski kommentiert: »Wir haben somit seit vierzig Jahren im Schnitt ein Geldmengenwachstum von über 8 Prozent jährlich – worüber sich keiner (außer mir) aufregt! – und trotzdem nur etwa 1 Prozent bis 2 Prozent Inflation (je nach Wirtschaftszweig sogar Deflation). Die Staatsschulden stören mich in diesem Zusammenhang also recht wenig. Viel schlimmer ist m. E. das enorme Geldmengenwachstum, an dem 95 Prozent der Bevölkerung nicht teilhaben – weil dann die Binnenkonjunktur weiter nachlassen muss. Zugleich ist das hohe Geldmengenwachstum ja auch Beleg und Folge einer entsprechend hohen Neuverschuldung. Eigentlich müssten auch die Löhne, die Gehälter, die Preise (!) und die Renten und Sozialleistungen jährlich um 8 Prozent steigen, damit die Bevölkerung ihre Kaufkraft nicht verliert. Die Staatsschulden regen mich wegen der Belastung der nachfolgenden Generationen auf (zum Vorteil der Kreditgeber, also vor allem der Reichen).« Schauen Sie sich dazu das Diagramm in www.bundesbank.de/download/volkswirtschaft/mba/ 2005/200504mba_nationalersp.pdf, S. 25 an. Auch: www.bundesbank.de/download/volkswirtschaft/mba/2005/ 200504 mba_nationalersp.pdf, ebenso: www.dr-wo.de/schriften/rub/index. htm, www. dr-wo.de/schriften/staatsverschuldung/index.htm und www.dr-wo.de/schriften/irrethesen/konjunkturprogramme.htm

14 http://blog.koehntopp.de/index.php?url=archives/831-EU-Verfassung-Wortlaut.html&serendipityProzent5BcviewProzent5D= linear

15 Hans-Jörg Fischer und Peter Hoberg: Neuregelung der degressiven AfA gem. § 7 Abs. 2 EStG: in der Regel nur geringe Vorteile für den Unternehmer. In: Der Betriebsberater, Nr. 9, 27. Februar 2006, S. 484 – 487

16 Sinn (2005 A), S. 320

17 Ramb (2005), S. 9 ff.

18 Ebd., S. 34

19 Ebd., S. 17

20 www.bundesregierung.de/Anlage760204/Grundgesetz.pdf

21 Ramb (2005), S. 70 ff.

22 Siehe auch das Kap. »So bringen Sie Ihr Geld sicher durch die Krise«

23 Ramb (2005), S. 67

24 www.allianz.com/Az_Cnt/az/_any/cma/contents/1072000/saObj_1072563_saObj_986526_Grafikset_AZ_Geldverm_gen_Deutschland_deu_08_051.pdf

25 www.vwl.unimuenchen.de/ls_haufler/lehre/Wipo1/WS_05_06/Materialien/ZEWnews6-05.pdf

26 Wolfgang Uchatius: Vorsicht, Absturzgefahr. Online unter: www.zeit.

de/2006/09/Argument?page=1;www.bundesbank.de/download/presse/reden/2005/20051018_remsperger.pdf; Peter Schneider: Wir Angstsparer. Online unter: www.zeit.de/2006/03/Titel_2fAngstsparer_03

27 Wolfgang Uchatius: Vorsicht, Absturzgefahr. A. a. O.

28 www.destatis.de/download/d/datenreport/2_18gesch.pdf, S. 626

29 www.gomopa.net/Finanzforum/Immobilie-Europa/-40-Prozent-Wertzuwachs-2-Jahren-wann-platzt-Spaniens-Immo-blase.html

30 www.diw.de/deutsch/produkte/publikationen/wochenberichte/docs/04-11-1.html

31 Ebd.

32 Andrew Gowers: Das deutsche Comeback. In: manager magazin, 17. Februar 2006

33 Miegel (2006), S. 30

34 Otte (1998), S. 23

35 Günter Hannich hat hier eine gute Übersicht gegeben, die ich im Folgenden noch etwas erweitert habe, in: Geldcrash. So retten Sie Ihr Vermögen. 6. Auflage 2006

36 www.census.gov/const/quarterly_sales.pdf

37 Carol Loomis: The tragedy of General Motors. In: Fortune, 6. Februar 2006; Online unter: http://money.cnn.com/magazines/fortune/fortune_archive/2006/02/20/8369111/index.htm

Zwischenbilanz

Die Welt in der Finanzkrise

1 An dieser Stelle soll nur eine kurze Chronik der Finanzkrise erfolgen. Mittlerweile gibt es gute Bücher, die die Krise beschreiben, zum Beispiel Wolfgang Köhler, Wall-Street-Panik – Banken außer Kontrolle, Murnau 2008, und Wolfgang Münchau: Vorbeben, München 2008, sowie Harald Schumann/Christian Grefe: Der Globale Countdown, Köln 2008.

2 www.housingdoom.com

3 Siehe »Finanzielle Massenvernichtungswaffen, S. 113 ff., insbesondere S. 120

4 http://www.marketwatch.com/News/Story/portfolio-liquidation-triggers-turmoil-among/story.aspx?guid=%7B9562090F-2CC0-4EE2-ACBF-2688F60061DA%7D

5 Genau dieses Problem hatte ich bereits in der Erstausgabe von *Der Crash kommt* eingehend analysiert, siehe dort S. 79.
6 Siehe Kap. »Japan und das Gespenst der Deflation«, S. 168 ff.
7 http://www.geldade.de/der-wortlaut-des-fmstg.html
8 Siehe hierzu auch: Christian Felber: 50 Vorschläge für eine gerechtere Welt. Wien 2006
9 http://www.bwl-bote.de/20040130.htm
10 www.keine-lobbyisten-in-ministerien.de
11 http://www.bundesbank.de/download/statistik/bankenstatistik/ S101ATIB01013.PDF
12 Siehe Kap. »Das Imperium der Schulden«, S. 84 ff.
13 Philipp Genschel und Frank Nullmeier: Ausweitung der Staatszone – Die Machtgebärden der Politik sind eine optische Täuschung. Wenn die Krise vorbei ist, regiert wieder das Kapital. In: Die Zeit, 6. 11. 2008

Teil II

So bringen Sie Ihr Geld sicher durch die Krise – was Sie jetzt tun sollten

1 Alle Geschichten sind wahr, da es sich bei sämtlichen Personen um Privatkunden aus meiner Geldpraxis handelt.
2 Zum Nachlesen empfehle ich: Günter Ogger (2001)
3 »Bankberater packen aus: ›Ich habe sie betrogen‹ – mit welchen Drücker-Methoden die Banken ihre Kunden ausnehmen«. In: Wirtschaftswoche, 2. 2. 2008
4 http://www.deutsch-amerikanisches-verhaeltniss.de/stupid %20 german %20money.htm; http://de.wikipedia.org/wiki/Stupid_ German_Money
5 Nadine Oberhuber: »Beraten und für dumm verkauft.« In: Frankfurter Allgemeine Sonntagszeitung, 5. Oktober 2008, S. 49
6 Ebd.
7 Diese Anleihen haben ein relativ hohes Insolvenzrisiko, deswegen zahlen die Gläubiger auch höhere Zinsen, um die Käufer den Anleihen angemessen für das Risiko zu kompensieren.
8 Siehe S. 66
9 www.wams.de/data/2003/06/08/114498.html
10 Von Hayek (2005)
11 Prechter (2003), S. 145

12 Siehe Kap. »Finanzderivate und der Verfall der Wirtschaftssitten«
13 Schwarzbuch Börse 2006 – die Schattenseiten des Kapitalmarkts. SdK Schutzgemeinschaft der Kapitalanleger, München, Jan./Feb. 2007
14 Siehe auch Otte (2000)
15 Otte (2000), (2001a, b), (2002)
16 Ebd.
17 www.dai.de/internet/dai/dai-2-0.nsf/dai_publikationen.htm
18 Allerdings betrug der Wertverlust von Mark und Euro in dieser Zeit ca. 80 %, so dass nominal 183 666 Mark auf real 36 733 Mark zusammenschrumpften. Trotz Inflation ist das immer noch eine stolze Summe.
19 Richard Brealy und Stewart Myers: Principles of Corporate Finance. International Edition. New York 2001, S. 154
20 Prechter (2003), S. 153
21 Der Untergang der Medienfonds. In: Frankfurter Rundschau, 12. Februar 2006
22 www.bundderversicherten.de/bdv/Broschueren/Gutundguenstig. pdf
23 Diese Mechanismen habe ich in Kap. 4 ausführlich beschrieben.
24 Wilhelm Röpke: Die Lehre von der Wirtschaft. Bern 1937; Die Gesellschaftskrisis der Gegenwart. Zürich 1942 und: Civitas Humana. Grundfragen der Gesellschafts- und Wirtschaftsreform. Zürich 1944

Kapitalanlagen für die Krise

1 DER PRIVATINVESTOR 5/2006 vom 4.2.2006, S. 9–10
2 www.maningstar.de/de/snapshot/snapshot.aspx?lang=de.defid= f0gbr04h0x&tab=4
3 Turk/Rubino (2005), S.105
4 Ebd., S. 106 f.
5 Siehe S. 146
6 Für eine viel grundlegendere Sicht verweise ich auf die Ökonomen der österreichischen Schule, insbesondere Ludwig von Mises mit seiner »Theorie des Geldes und der Umlaufsmittel« (München 1912) sowie »Human Action« (München 1949). Siehe auch: www.mises.org
7 Turk/Rubino (2005), S. 97 ff.
8 Ebd., S. 188 ff.
9 Siehe S. 21 ff.
10 Siehe Kap. »Japan und das Gespenst der Deflation«
11 Siehe S. 36 ff.
12 Jens Castner und Hartmut Conrad: »Für immer oben«. In: Euro am Sonntag, Nr. 7, 23. April 2006, S. 14–17

13 Ebd., S. 16
14 Simon (1996)
15 Stefan Kotkamp und Max Otte: Die lange Performance von DAX-Dividendenstrategien. In: Kredit und Kapital, 34. Jahrgang 2001/Heft 3, S. 393–417
16 Siehe auch Jens Castner und Max Otte: Deutsche Superinvestoren aus Graham- und Doodsville – Erfolgsgeheimnisse der besten Value-Investoren. München 2007
17 »Einmal den DAX, bitte!« Frankfurter Allgemeine Sonntagszeitung, 7. 9. 2008, S. 55
18 Siehe z. B. Kap. »Finanzderivate und der Verfall der Wirtschaftssitten«
19 Siehe S. 36 ff.

Kommentierte Linksammlung

Investieren in der Krise

www.privatinvestor.de: Die Website meines Instituts für Vermögensentwicklung mit Frage-Antwort-Ecke, Datenbank, persönlichen Musterdepots sowie dem PRIVATINVESTOR, meinem wöchentlichen Aktien- und Kapitalanlagebrief.

www.scsalliance.com: Website der Banque SCS Alliance in Genf/Zürich, die den von mir gemanagten Pléiade Privatinvestor Fonds herausgibt.

www.prudentbear.com: Bären-Website aus den USA mit einigen Bärenfonds.

www.gold-seiten.de: Aktuelles aus dem Bereich Edelmetalle.

www.dai.de: Webseite des seriösen Deutschen Aktieninstituts e. V.

www.finanzbuchverlag.de: Führender und seriöser deutscher Investmentverlag.

www.muenzkabinett-frankfurt.de: Hervorragende Bezugsquelle für Edelmetalle.

www.safehaven.com: Investorensite mit dem Fokus auf Kapitalerhalt.

www.gloomboomdoom.com: Marc Fabers Website mit Fokus aus Krisenvorsorge.

www.aktien-analyse.de: Investorenseite mit Fokus auf Qualitätsaktien.

www.boerse.de: Investorenseite mit Fokus auf Qualitätsaktien.

www.value-analyse.de: Diskussionsforum zu Qualitätsaktien.

Wirtschaftsdaten und allgemeine Quellen

www.yahoo.de/finance, http://finance.yahoo.com/ und www.onvista.de: Finanzwebseiten mit vielfältigen und guten Börseninformationen.

www.bea.gov/bea/di1.htm: US-Außenhandelszahlen, direkt von der Quelle.

www.bundesbank.de, www.ecb.int: Websites von Bundesbank und Europäischer Zentralbank.

www.census.gov: US-Bevölkerungszahlen.

www.destatis.de: Website des Statistischen Bundesamts mit vielen hilfreichen Daten.

www.dieoff.org: Etwas »extremere« Website, die sich mit der Bevölkerungsexplosion und der Erschöpfung der Rohstoffe auseinander setzt.

www.imf.org/external/pubs/ft/weo/2005/02/data/index.htm: Datenbank des internationalen Währungsfonds mit umfassenden internationalen Wirtschaftsdaten.

www.federalreserve.gov, www.federalreserve.gov/rnd.htm: Websites der amerikanischen Zentralnotenbank mit vielen historischen Statistiken.

www.globalpolicy.org/socecon/trade/indexgen.htm: Seite mit globalisierungskritischen Kommentaren.

www.imf.org/external/np/sta/ir/index.htm: Statistik der Währungsreserven einzelner Länder.

www.mbaa.org: Website der amerikanischen Organisation der Hypothekenbanken.

www.mises.org: Website des Ludwig von Mises Instituts mit der Sichtweise der »österreichischen« Ökonomen und einer kritischer Betrachtung der heutigen Entwicklungen.

http://portal.stat.go.jp/PubStat/topE.html: Nationale Statistik-Website Japans.

www.stats.gov.cn/english/: Nationale Statistik-Website der Volksrepublik China.

www.wto.org/english/res_e/statis_e/its2005_e/its05_bysubject_e.htm#trends: Website der Welthandelsorganisation.

www.wtrg.com/prices.htm: Umfassende Analyse der Ölpreisentwicklung.

Quellenverzeichnis

Bücher

Angell, Norman: The Great Illusion. A Study of the Relation of the Military Power to National Advantage (London 1914)

Arnold, Daniel A.: The Great Bust Ahead (2005). Online unter: www.thegreatbustahead.com

Bacevich, Andrew: American Empire (Cambridge, Ma. 2002)

Batra, Ravi: Die große Rezession von 1990 (München 1989)

Batra, Ravi: The Crash Of The Millennium (New York 1999)

Batra, Ravi: Greenspans Betrug (München 2006)

Bernanke, Ben: Essays on the Great Depression (Princeton 2004)

Biedenkopf, Kurt: Die Ausbeutung der Enkel. Plädoyer für die Rückkehr zur Vernunft (Berlin 2006)

Bonner, Bill/Wiggin, Addison: Tage der Abrechnung. Die internationalen Finanzmärkte im Umbruch. Oder: Wie wir die schleichende Wirtschaftskrise des 21sten Jahrhunderts überleben (München 2005)

Bonner, Bill/Wiggin, Addison: Das Schuldenimperium (München n. n. e.)

Bootle, Roger: Das Ende der Inflation (Frankfurt am Main 1997)

Brealey, Richard/Myers, Stewart: Principles of Corporate Finance. International Edition (New York 2001)

Carr, Edward Hallett: The Twenty Years' Crisis (New York 1964)

Chandler, Alfred: Strategy and Structure. Chapters in the History of the American Industrial Enterprise (Cambridge, Ma. 1969)

Chandler, Alfred: Scale and Scope. The Dynamics of Industrial Capitalism (Berkeley 2004)

Cline, William: International Debt. Systemic Risk And Policy Response (Washington 1984)

De Tocqueville, Alexis: Über die Demokratie in Amerika (Ditzingen 1985)

Dent, Harry S.: Die goldenen 2000er Jahre (Kulmbach 1999)

Dent, Harry S.: Der Jahrhundert Boom (Kulmbach 2005)

Destler, I. M.: American Trade Politics. System Under Stress (New York 1986)

Farrell, Chris: Deflation. What Happens When Prices Fall (New York 2004)

Fox, Loren: Enron. The Rise and Fall (New York 2003)

Friedberg, Aaron L.: The Weary Titan (Princeton 1988)

Friedman, Thomas: The Lexus and the Olive Tree (New York 2000)

Friedman, Thomas: Die Welt ist flach (Frankfurt am Main n. n. e.)

Funabashi, Yoichi: Managing The Dollar. From the Plaza to the Louvre (Washington 1988)

Galbraith, John K.: Der große Krach. Ursachen, Verlauf, Folgen (Stuttgart 1963)

Garber, Peter: Famous First Bubbles. The Fundamental of Early Manias (Cambridge 2000)

Gerschenkron, Alexander: Economic Backwardness in Historical Perspective (Cambridge 1962)

Gilpin, Robert: War and Change in World Politics (New York 1981)

Gilpin, Robert: The Political Economy of International Relations (New Jersey 1987)

Glassman, James K./Hassett, Kevin A.: Dow 36,00. The New Strategy for Profiting from the Coming Rise in the Stock Market (New York 1999)

Greider, William: Secrets of the Temple: How the Federal Reserve Runs the Country (New York 1989)

Hamer, Eberhard/Hamer, Eike: Wie kann der Mittelstand die Globalisierung bestehen? (Unna 2005)

Hamer, Eberhard/Hamer, Eike: Was passiert, wenn der Crash kommt? Wie sichere ich mein Vermögen oder mein Unternehmen? (München 2006)

Huntington, Samuel: Kampf der Kulturen (München 1996)

James, Harold: Der Rückfall – die neue Weltwirtschaftskrise (München 2003)

Johnson, Chalmers: MITI and the Japanese Miracle. The Growth of Industrial Policy, 1925–1975 (Stanford 1982)

Kennedy, Paul: Aufstieg und Fall der großen Mächte (Frankfurt am Main 2000)

Keynes, John M.: Die wirtschaftlichen Folgen des Friedensvertrages (München 1920)

Kindleberger, Charles: The World in Depression (Berkeley 1973)

Kindleberger, Charles: Manien. Paniken. Crashs. Die Geschichte der Finanzkrisen der Welt (Kulmbach 2001)

Krugman, Paul: Pop Internationalism (Massachusetts 1997)

Krugman, Paul: Die Große Rezession. Was zu tun ist, damit die Weltwirtschaft nicht kippt (München 2002)

LeBon, Gustave: Psychologie der Massen (Stuttgart 1973)

Lewis, Michael: Geldrausch (München 1993)

Leuschel, Roland/Vogt, Claus: Das Greenspan-Dossier (München 2006)

Lewis, Michael: Wall Street Poker (Heidelberg 2003)

List, Friedrich: Schriften. Reden. Briefe. Band IV. Das nationale Politische System der Ökonomie (Berlin 1930)

Mackay, Charles: Extraordinary Popular Delusions and the Madness of Crowds (New York 1967)

Mandeville, Michael Wells: The Coming Economic Collapse of 2006 (Black Canyon City 2003)

Martin, Hans-Peter/Schumann, Harald: Die Globalisierungsfalle. Der Angriff auf Demokratie und Wohlstand (Reinbek 1997)

Marx, Karl: Das Kapital (Berlin 1969)

Meadows, Dennis L./Meadows, Donella H.: Die Grenzen des Wachstums. Bericht der Club of Rome zur Lage der Menschheit (München 1972)

Mellon, Jim/Chalabi, Al: Wake Up! Survive and Prosper in the Coming Economical Turmoil (Chichester 2005)

Miegel, Meinhard: Epochenwende. Gewinnt der Westen die Zukunft? (Berlin 2006)

Müller, Henrik: Wirtschaftsfaktor Patriotismus (Frankfurt am Main 2006)

Müller, Thomas: Gewinnen mit Börsenzyklen (Rosenheim 2005)

Ogger, Günter: Der Börsenschwindel (München 2001)

Otte, Max: The United States, Japan, West Germany and Europe in the International Economy, 1977–1987: Between Conflict and Coordination (Idstein 1989)

Otte, Max: Amerika für Geschäftsleute. Das Einmaleins der ungeschriebenen Regeln (Berlin 1998)

Otte, Max: Investieren statt sparen. Wie Sie mit Aktien alle fünf Jahre Ihr Vermögen verdoppeln (München 2000)

Otte, Max: So bauen Sie Vermögen auf (München 2001)

Otte, Max: So bekommen Sie Ihre Finanzen in den Griff (München 2001)

Otte, Max: Der OnVista-Führer zur Aktienanalyse (München 2002)

Powers, William: Ayn Rand was wrong. It Turns Out There Is an Afterlife after All (Washington 1996)

Prechter, Robert: Besiege den Crash! (München 2002)

Prestowitz, Clyde: Trading Places. How We Allowed Japan to Take the Lead (New York 1989)

Prestowitz, Clyde: Three Billion New Capitalists. The Great Shift of Wealth and Power to the East (New York 2005)

Ramb, Bernd-Thomas: Vor der nächsten Währungsreform (St. Augustin 2005)

Röpke, Wilhelm: Die Lehre von der Wirtschaft (Bern 1937)

Röpke, Wilhelm: Die Gesellschaftskrisis der Gegenwart (Zürich 1942)

Röpke, Wilhelm: Civitas Humana. Grundfragen der Gesellschafts- und Wirtschaftsreform (Zürich 1944)

Rubino, John: How To Profit From The Coming Real Estate Bust (New York 2003)

Schumpeter, Joseph: Kapitalismus, Sozialismus und Demokratie (Tübingen 1993)

Schumpeter, Joseph: Theorie der wirtschaftlichen Entwicklung. Eine Untersuchung über Unternehmergewinn, Kapital, Kredit, Zins und den Konjunkturzyklus (München 1993)

Schurz, Carl: Unter dem Sternenbanner. Lebenserinnerungen 1852–1869 (Berlin 1973)

Schwarz, Peter/Leyden, Peter/Hyatt, Joel: The Long Boom. A Vision for the Coming Age of Posperity (Massachusetts 1999)

Schwed, Fred: Und wo sind die Yachten der Kunden? (München 2003)

Servan-Schreiber, Jean-Jacques: Die amerikanische Herausforderung (Hamburg 1968)

Shiller, Robert: Irrationaler Überschwang (Frankfurt am Main 2000)

Sieren, Frank: Der China Code (Berlin 2005)

Simon, Hermann: Die heimlichen Gewinner (Frankfurt am Main 1996)

Sinn, Hans-Werner: Ist Deutschland noch zu retten? (Berlin 2005)

Sinn, Hans-Werner: Die Basar-Ökonomie. Deutschland: Exportweltmeister oder Schlusslicht? (Berlin 2005)

Smith, Adam: Der Wohlstand der Nationen (München 1999)

Spero, Joan E./Hart, Jeffrey A.: The Politics of International Economic Relations (New York 1997)

Stiglitz, Joseph: Die Roaring Nineties. Vom Wirtschaftsboom zum Crash (München 2005)

Swartz, Mimi/Watkins, Sherron: Power Failure. The Inside Story of the Collapse of Enron (New York 2003)

Toynbee, Arnold: Kultur am Scheidewege (Hamburg 1949)

Turk, James/Rubino, John: Der Kollaps des Dollars. Der Untergang der Weltwährung (München 2005)

Veblen, Thorstein: Theorie der feinen Leute (Frankfurt am Main 1982)

Vogel, Ezra: Japan as Number One (London 1979)

Von Hayek, Friedrich A.: Der Weg zur Knechtschaft (Tübingen 2004)

Von Mises, Ludwig: Theorie des Geldes und der Umlaufsmittel (München 1912)

Von Mises, Ludwig: Human Action (München 1949)

White, Eugene N.: Crashes and Panics. The Lessons from History (New York 1990)

Woodward, Bob: Greenspan: Dirigent der Wirtschaft (Hamburg 2001)

Artikel

Anonym: Der Untergang der Medienfonds. In: Frankfurter Rundschau, 12. Februar 2006

Abreu, Dilip/Brunnermeier, Marcus: Bubbles and Crashes. In: Econometrica, Econometric Society, Vol. 71(1), 2003, S. 173–204

Afhüppe, Sven/Balzili, Beat/Hornig, Frank/Mahler, Armin/Wagner, Wieland: Gleichgewicht des Schreckens. In: Spiegel special »Die Neue Welt«, 15. November 2005

Baring, Arnulf: Bürger, auf die Barrikaden! Deutschland auf dem Weg zu einer westlichen DDR. In: Frankfurter Allgemeine Zeitung, 19. November 2002

Beste, Ralf: Kalter Krieg. In: Der Spiegel, 25. Februar 2006

Brends, Cherry: What China eats (and drinks and ...). In: Fortune, 11. Oktober 2004

Buffett, Warren: America's growing trade deficit is selling the nation out from under us. Here's a way to fix the problem – and we need to do it now. In: Fortune Vol. 148, No. 10, November 2003

Castner, Jens/Konrad, Hartmund: Für immer oben. In: Euro am Sonntag, 23. April 2006

Dahlkampf, Jürgen/Mascolo, Georg: Millionen aus dem Jackpot. In: Der Spiegel, 1. August 2005

Deckstein, Dinah/Dettmer, Markus/Dohmen, Frank/Ramspeck, Sebastian/Wagner, Wieland: Produktpiraterie: Der große Know-How-Klau. In: Der Spiegel, 20. Februar 2006

Dornbusch, Rüdiger: This expansion will run forever. In: New York Times, 30. Juli 1998

Fischer, Hans-Jörg/Hoberg, Peter: Neuregelung der degressiven AfA gem. § 7 Abs. 2 EStG: in der Regel nur geringe Vorteile für den Unternehmer. In: Der Betriebsberater, Nr. 9, 27. Februar 2006, S. 484–487

Follath, Erich: Ein Moloch erwacht. In: Spiegel special »Die Neue Welt«, 15. November 2005

Fukuyama, Francis: End of history. In: The National Interest Nr. 16, 1989

Geoffrey, Colvin: America isn't ready. In: Fortune, 29. August 2005

Gowers, Andrew: Das deutsche Comeback. In: manager magazin, 17. Februar 2006

Greenspan, Alan: Gold and economic freedom.

Greenspan, Alan/Kennedy, James: Estimates of home mortgage originations, repayments, and debt on one-to-four-family residences. In: Finance and Discussion Series 2005–41

Greenspan: Not Enough Inflation, CBSnews.com, 21. Mai 2003

Hornig, Frank, Demütige Milliardäre. In: Der Spiegel, 23. Januar 2006

Knappmann, Lutz: Immobilienfonds: Inszenierter Zusammenbruch? In: manager magazin, 14. Dezember 2005

Kondratieff, Nicolaus D.: Die langen Wellen der Konjunktur. In: Archiv für Sozialwissenschaft und Sozialpolitik, 56, 1926, S. 573–609

Kotkampf, Stefan/Otte, Max: Die langfristige Performance von Dax-Dividendenstrategien. In: Kredit und Kapital, 34. Jg., 2001/Heft 3

Loomis, Carol: The tragedy of General Motors. In: Fortune, 6. Februar 2006

Lorenz, Andreas/Wagner, Wieland: Die Weltfabrik. In: Spiegel special »Die Neue Welt«, 15. November 2005

Miegel, Meinhard: Angriff aus Asien – wie uns die beiden größten Länder der Welt herausfordern. In: Die Zeit, 20. April 2006

Pitzke, Marc: Spekulieren mit dem Herrgott. In: manager magazin, 6. Juni 2005

Richardson, Matthew/Ofek, Oli: DotCom mania: The rise and fall of internet stock prices. NBER Working Paper No. 8630, 2001

Scheinkman, Jose/Xiong, Wei: Overconfidence and speculative bubbles. In: Journal of Political Economy 2003

Shleifer, Andrei/Vishny Rob: The limits of arbitrage. In: Journal of Finance March 1997

Stilz, Roger: George Soros warnt vor einer Rezession in den USA. In: Die Welt, 10. Januar 2006

Tully, Shawn: Is the housing boom over? In: Fortune, 27. September 2004

Internet-Artikel

Background information on China's accession to the world trade organization: www.ustr.gov/Document_Library/Fact_Sheets/2001/Background_ Information_on_China's_Accession_to_the_World_Trade_Organiza tion.html

Der Untergang der Medienfonds:
www.fachanwalt-hotline.de/content/view/2556/95/

Drastischer Stellenabbau bei Plambeck: Personal fast halbiert: www.welt.de/ data/2005/06/03/726826.html

Eichel plant Werbeverbot für Schweizer Banken:
www.wams.de/data/2003/06/08/114498.html

FlowTex-Skandal – sieben Jahre Haft für Schmiders Bruder: www.faz.net/
s/RubC9401175958F4DE28E143E68888825F6/Doc~E267BBB2AF0E8
461FB009292261744AE0~ATpl~Ecommon~Scontent.html

Josef Ackermann unter den Top Five:
www.manager-magazin.de/koepfe/artikel/0,2828,300826,00.html

Remarks by Governor Ben S. Bernanke: www.federalreserve.gov/board-
docs/speeches/2002/20021121/default.htm

The fall of Enron: www.chron.com/news/specials/enron/

WorldCom fraud reaches $9bn: http://news.bbc.co.uk/2/hi/business/
2407991.stm

Brost, Marc/Uchatius, Wolfgang: Gefangen in der Sparfalle: www.zeit.de/
2005/35/Sparfalle?page=1

Döcke, Patrick: Frust beim Zahlmeister Deutschland: www.tagesschau.
de/aktuell/meldungen/0,1185,OID4436276,00.html

Dodd, Randall: Important new data on derivatives:
www.financialpolicy.org/FPFSPB9.htm

Dullien, Sebastian: Krieg um den Dollar. www.ftd.de/meinung/leitarti-
kel/57361.html

Fischermann, Thomas/Kleine-Brockhoff, Thomas: Der Totalausfall:
www.zeit.de/archiv/2002/07/200207_enron_haupttext.xml?page=1

Gross, Daniel: Didn't pay your mortgage? Don't worry. Why banks are so
afraid to foreclose on you: www.slate.com/id/2132094/fr/rss/

Knappmann, Lutz: Inszenierter Zusammenbruch?:
www.manager-magazin.de/geld/geldanlage/0,2828,390403,00.html

Piketty, Thomas/Saez, Emmanuel: The evolution of top incomes. A historical and international perspective: www.nber.org/papers/w11955

Rutherford, William: Greenspan fiddled while the economy burned:
www.looksmarteducation.com/p/articles/mi_m1272/is_2712_133/
ai_n6206185

Schmidt, Holger/Winkelhage, Johannes: Telekommunikation. DSL-Wettbewerb in Gefahr:
www.faz.net/s/RubE2C6E0BCC2F04DD787CDC274993E94C1/Doc
~EB691A3198DB64B9F8C2DBD07CE944431~ATpl~Ecommon~
Scontent.html

Schneider, Peter: Wir Angstsparer: www.zeit.de/2006/03/Titel_2fAngst-
sparer_03

Sucher, Jörn: Die Deutschen haben Fehler gemacht: www.spiegel.de/wirt-
schaft/0,1518,401081,00.html

Taylor, Alan: Foreign capital in Latin America in the nineteenth and twentieth
centuries: www.econ.ucdavis.edu/faculty/amtaylor/papers/w9580.pdf

Uchatius, Wolfgang: Vorsicht, Absturzgefahr: www.zeit.de/2006/09/
Argument?page=1

Useem, Jerry: Should we admire Wal-Mart?:
www.money.cnn.com/magazines/fortune/fortune_archive/2004/
03/08/363689/index.htm

Wagenknecht, Eberhart: Den Briten geht das Öl aus – das Ende des Aufschwungs scheint gekommen: www.eurasischesmagazin.de/artikel/?ar-
tikelID=20040910

Wagner-Döbler, Roland: Innovationsebben und Innovationsfluten. Kon-
dratieff-Zyklen aus der Perspektive der Wissenschaftsforschung:
www.wissenschaftsforschung.de/JB96-97_65-75.pdf

Whitt, Jospeh: The Mexican Peso Crisis: www.frbatlanta.org/filelegacy-
docs/J_whi811.pdf

Wozniewski, Harald: Geld, Kaufkraft und die Einkommensverteilung:
www.dr-wo.de/schriften/vwl/einkommensverteilung.htm

Wozniewski, Harald: Steuern runter!, Staatsschulden rauf!, Verunsiche-
rung der Bevölkerung: www.dr-wo.de/schriften/staatsverschuldung/
index.htm

Wozniewski, Harald: Die Einkommensentwicklung steht Kopf:
www.dr-wo.de/schriften/ee/index.htm

Wozniewski, Harald: Welchen Stundenlohn müsste jemand haben, um
nach 40 Arbeitsjahren folgende Vermögen verdient zu haben?:
www.dr-wo.de/schriften/feudalismus/stundenlohn.htm

Wozniewski, Harald: Wenn das Geld fließt wie der Nil in der Wüste:
www.dr-wo.de/schriften/nil/index.htm

Internet

http://blog.koehntopp.de/index.php?url=archives/831-EU-Verfassung-
Wortlaut.html&serendipityProzent5BcviewProzent5D=linear
http://data.bls.gov/cgi-bin/cpicalc.pl
http://europa.eu.int/scadplus/leg/de/lvb/l25014.htm
http://ingrimayne.saintjoe.edu/econ/Connections/Sources.html
http://private.addcom.de/koniarek/geld/wipper-und-kipper.htm
http://tse.export.gov
www.allianz.com
www.aynrand.de
www.bea.gov
www.berkshirehathaway.com
www.bundderversicherten.de
www.bundesbank.de

www.bundesregierung.de
www.census.gov
www.cia.gov
www.dai.de
www.destatis.de
www.diw.de
www.dr-wo.de
www.fanniemae.com
www.federalreserve.gov
www.federalreserve.gov/boarddocs/rptcongress/annual04/ar04.pdf
www.fondstelegramm.de
www.gesis.org/Dauerbeobachtung/Sozialindikatoren/Daten/System_
    Sozialer_Indikatoren/keyindik/E017.pdf
www.gomopa.net/Finanzforum/Immobilie-Europa/-40-Prozent-Wert-
    zuwachs-2-Jahren-wann-platzt-Spaniens-Immo-blase.html
www.imf.org/external/np/sta/ir/colist.htm
www.isda.org/statistics/pdf/ISDA-Market-Survey-historical-data.pdf
www.kurtzsuccessors.com/html/schweiz.html
www.macrovestor.com/homevaluation.html
www.mbaa.org
www.millersamuel.com
www.mises.org
www.nonlineratlas.de/pdf/pressemitteilungen/2005_06_22_D21TNS_
    Infratest_NOA05_zefinal.pdf
www.osjspm.org/101_wealth.htm
www.privatinvestor.de.
www.stat.go.jp/english/data/zensho/1999/2.htm
www.stat.go.jp/english/index/official/203.htm
www.stat.go.jp/english/index/official/204.htm#1
www.stat.go.jp/english/index/official/213.htm#5
www.vwl.unimuenchen.de/ls_haufler/lehre/Wipo1/WS_05_06/Material
    ien/ZEWnews6-05.pdf
www.weltpolitik.net
www.wto.org/english/docs_e/legal_e/final_e.htm

Dank!

Besonderen Dank an meinen Kollegen Peter Hoberg, der das gesamte Manuskript las und wichtige Hinweise gab. An Karl-Heinz Thielmann, Bernd-Thomas Ramb, Rechtsanwalt Harald Wozniewski und Norbert Varnholt für wichtige Hinweise. Ulrich Heil für wichtige Korrekturhinweise, die ab der 3. Auflage berücksichtigt wurden.

Kerstin Franzisi und Ursula Hess, die mich bei der Arbeit am Buch, bei der Faktenrecherche und redaktionell in vielfältiger Weise unterstützten. Dieter Aichele, Volker Göbel und ihrem Team. Sie betreiben die Bibliothek der Fachhochschule Worms mit fantastischer Professionalität und Serviceorientierung. Ohne ihre tatkräftige Unterstützung beim Research in Print- und elektronischen Medien hätte ich meine Aufgabe nicht bewältigen können.

Jürgen Diessl, Leiter des Econ-Verlags, der das Projekt von einem frühen Zeitpunkt an unterstützte, Silvie Horch, die es koordinierte, sowie Regina Carstensen, die dem Manuskript als Lektorin den notwendigen Feinschliff gab.

Meinen Partnern und Mitarbeitern im Institut für Vermögensentwicklung: Kerstin Franzisi, Dagmar Kaluza, Gitta Kikulski, Heinz Kikulski, Elionora Markwart, Ronny Stagen, Christof Welzel, Udo Werges. Dank auch den Mitgliedern des Instituts für kritische Fragen und Diskussionen.

Marcel Eichmann, Werner Fritsche, Pascal Frei, Valentin Schiess und Oliver Scheibel von der Banque SCS Alliance in Genf/Zürich.

Meinen Kollegen an der Fachhochschule Worms (www.fh-worms.de) für eine angenehme und produktive Arbeitsatmosphäre.

Und noch einmal Katja, Mutter meiner Kinder und Wegbegleiterin in Krise und Boom.

Über IFVE, Institut für Vermögensentwicklung
Prof. Dr. Otte

Seit 1999 hilft Prof. Max Otte Privatanlegern, unabhängig von Banken und Finanzdienstleistern Vermögen aufzubauen und zu sichern. Das Institut für Vermögensentwicklung IFVE GmbH hat es sich zum Ziel gesetzt, erfolgreiche und praktikable Aktien- und Vermögensstrategien für Privatanleger zu entwickeln.

Mit seinem Analystenteam verfolgt Otte die internationalen Kapitalmärkte und gibt transparente und seriöse Informationen für die Kapitalanlage heraus. Von August 2002 bis November 2008 erzielte er mit seinem Wachstumsdepot eine Rendite von 38,6 Prozent, der DAX eine von 12,2 Prozent. Die Anlageentscheidungen von Prof. Otte können Sie als Mitglied online jederzeit nachvollziehen. So werden Privatanleger in die Lage versetzt, ihre Geldanlageentscheidungen in die eigene Hand zu nehmen.

Als *Internetmitglied* des Instituts können Sie sämtliche Online-Informationsangebote nutzen. Als *Vollmitglied* erhalten Sie einen persönlichen jährlichen Depotcheck. Eine begrenzte Zahl von *Privatkunden* wird von Prof. Otte und seinem Team persönlich beraten. Das Angebot des Instituts können Sie unverbindlich testen:

www.privatinvestor.de/formulare/download.php

Einmal im Jahr unternimmt Prof. Otte eine Vortragsreise durch Deutschland, die Schweiz und Österreich. Informationen zu den Terminen finden Sie unter:

www.privatinvestor.de/html/register/reg_seminare.php

IFVE Institut für Vermögensentwicklung GmbH
Frau Gitta Kikulski
Auf dem Ebenfeld 5a
56567 Neuwied

Tel.: (0 26 31) 97 91 54
Fax: (0 26 31) 97 91 56
www.privatinvestor.de
info@privatinvestor.de

Max Otte
Investieren statt sparen

Wie man mit Aktien ein Vermögen aufbaut
Aktualisierte und überarbeitete Ausgabe

ISBN 978-3-548-37224-2
www.ullstein-buchverlage.de

Wie werden Sie mit Aktien finanziell unabhängig? Wie bauen Sie ein ertragreiches Depot und ein stattliches Vermögen auf? Finanzexperte und Bestsellerautor Max Otte zeigt, wie man solide Investments identifiziert, die richtige Anlagestrategie wählt, unabhängige Kaufentscheidungen trifft – und so bessere Ergebnisse erzielt als mancher Fondsmanager!

»Anleger sollten den eigenen Verstand nutzen. Das Handwerkszeug dafür liefert Max Otte.«
Süddeutsche Zeitung

US323

Thomas Seifert / Klaus Werner
Schwarzbuch Öl
Eine Geschichte von Gier, Krieg, Macht und Geld
Aktualisierte Ausgabe

ISBN 978-3-548-36995-2
www.ullstein-buchverlage.de

Öl – Treibstoff des Kriegs, Ursache von Korruption, Menschenrechtsverletzungen, Bürgerkrieg, Umweltzerstörung, Klimawandel. Der brutale Kampf um die letzten Reserven hat begonnen. Wie kommen wir von der Öl-Droge los? Thomas Seifert und Klaus Werner haben jahrelang hinter den Kulissen der Öllobby recherchiert und zeigen, wie sehr die dramatischen Ereignisse der Weltpolitik mit dem Erdöl zusammenhängen. Kein Thriller könnte spannender sein.

»Das *Schwarzbuch Öl* überzeugt sowohl durch viele, den Leser allerdings in Besorgnis versetzende, Details als auch durch die große Linie, mit der es die Konflikte um das Öl beschreibt.«
Süddeutsche Zeitung

Eric Frey
Schwarzbuch USA

Erweiterte und aktualisierte Ausgabe

ISBN 978-3-548-36998-3
www.ullstein-buchverlage.de

Von der Vernichtung der Indianer bis zur Kriegspolitik George W. Bushs, vom Atomwaffenabwurf über Hiroshima bis zu den Menschenrechtsverletzungen in Guantanamo: Dieses Buch dokumentiert umfassend alle Sünden der amerikanischen Politik – international ebenso wie im eigenen Land.

»Differenziert, abwägend, anschaulich, verständlich und sogar unterhaltend – kein platter populistischer Anti-Amerikanismus, sondern das Werk eines seriösen Politikwissenschaftlers.« *Der Tagesspiegel*

US299

Gertrud Höhler
Jenseits der Gier

Vom Luxus des Teilens

ISBN 978-3-548-36909-9
www.ullstein-buchverlage.de

Immer mehr Menschen ordnen die Rangfolge ihrer Werte neu. Viele von uns entdecken die Lust auf weniger, denn: Gier frisst Freiheit, macht nicht satt, sondern süchtig. Und wir erkennen: Wer herrschen will, muss durch Geben glänzen.

»Überzeugend entwirft Gertrud Höhler die Vision einer Gesellschaft, deren Glücksbringer nicht länger Macht, Reichtum und Konsum sind, sondern Freundschaft, Vertrauen und Wahrhaftigkeit.« *Hörzu*

»Gertrud Höhler ist eine der begehrtesten Beraterinnen für das europäische Top-Management.« *Süddeutsche Zeitung*